Die Weltreligionen

HINDUISMUS, BUDDHISMUS, JUDENTUM, CHRISTENTUM UND ISLAM

SUSAN TYLER HITCHCOCK MIT JOHN L. ESPOSITO

Die Weltreligionen

HINDUISMUS, BUDDHISMUS, JUDENTUM, CHRISTENTUM UND ISLAM

NATIONAL GEOGRAPHIC

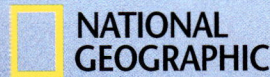

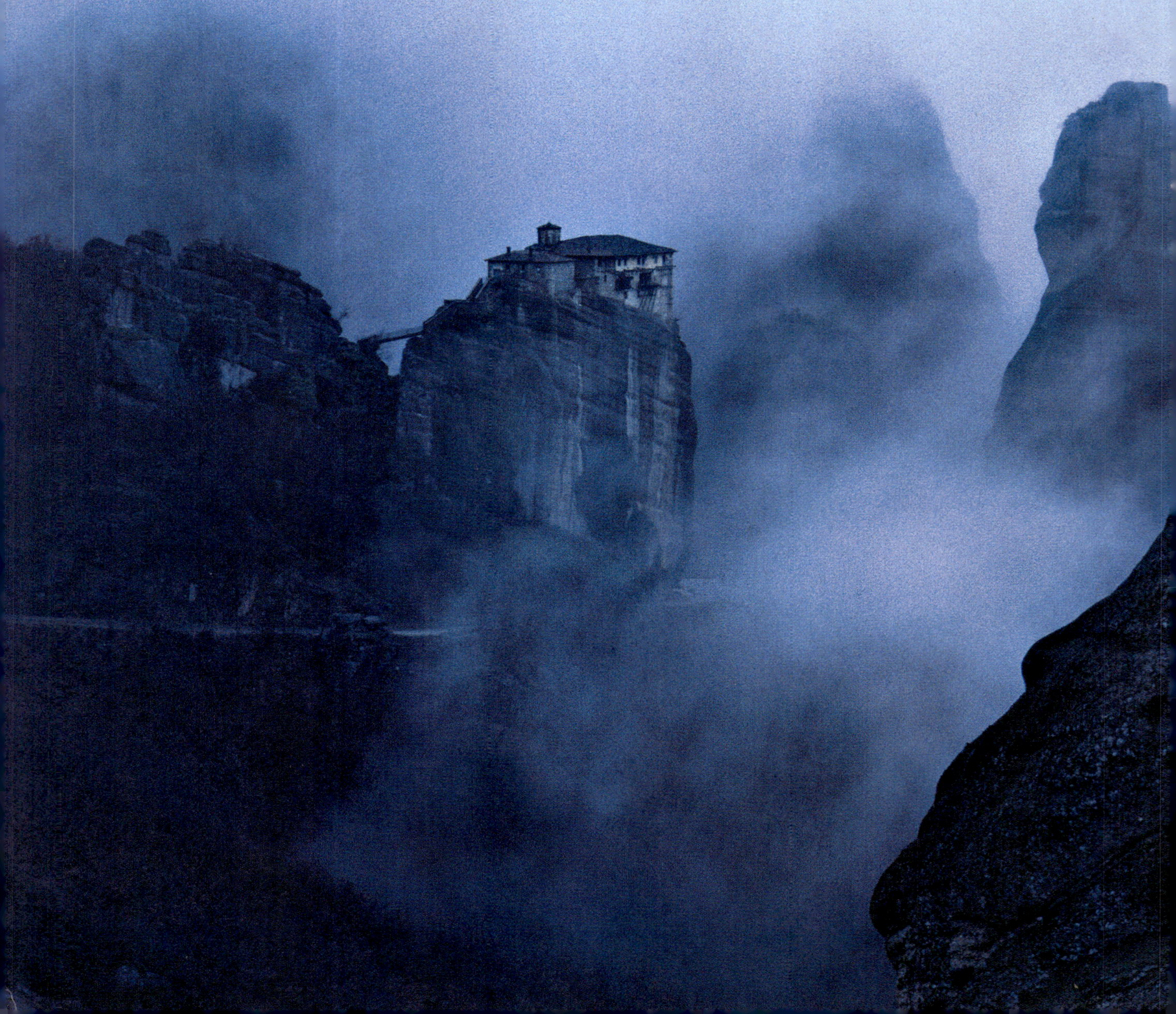

BERATERGREMIUM

Erzbischof Desmond Tutu,
Friedensnobelpreisträger 1984,
Südafrika

Reverend Mpho A. Tutu,
Pfarrerin an der Christ Church,
Alexandria, Virginia, USA

John L. Esposito, Ph.D.,
Professor für Religionswissenschaft und Internationale Angelegenheiten,
Georgetown-Universität, Washington, D. C., USA

Arvind Sharma, Ph.D.,
Professor für Vergleichende Religionswissenschaft,
McGill-Universität, Kanada

Die Ehrwürdige Lobsang Dechen,
Co-Direktorin am Tibetischen Nonnen-Projekt,
Indien

Rabbi Jeremy Rosen, Ph.D.,
Direktor von YAKAR in London,
Großbritannien

Robert L. Wilken, Ph.D.,
Professor für Geschichte des Christentums,
Universität von Virginia, USA

Hibba Abugideiri, Ph.D.,
Privatdozentin für Geschichte, Auszeichnungen und Internationale Angelegenheiten,
George-Washington-Universität, USA

Seine Heiligkeit der Dalai Lama,
Friedensnobelpreisträger 1989,
Indien

Laurie Cozad, Ph.D.,
Privatdozentin für Philosophie und Religionswissenschaft
Universität von Mississippi, USA

FOTOGRAFISCHE MITARBEIT

James Blair
Martin Gray

GEGENÜBER: *Vor den prächtigen Mosaiken der Masjid-i-Jamizur-Moschee im afghanischen Herat wirkt eine verschleierte Gläubige ganz klein.*
VORHERIGE SEITEN: *In allen Religionen haben die Menschen vom Himmel Trost erbeten. Hier das Kloster Rousanou im griechischen Meteora.*

INHALT

VORWORT 11

EINLEITUNG: DESMOND TUTU UND MPHO A. TUTU 12

1. KAPITEL: DIE URSPRÜNGE 14
ESSAY VON JOHN L. ESPOSITO 44

2. KAPITEL: HINDUISMUS 70
ESSAY VON ARVIND SHARMA 100

3. KAPITEL: BUDDHISMUS 132
ESSAY VON LOBSANG DECHEN 158

4. KAPITEL: JUDENTUM 198
ESSAY VON JEREMY ROSEN 246

5. KAPITEL: CHRISTENTUM 262
ESSAY VON ROBERT LOUIS WILKEN 314

6. KAPITEL: ISLAM 330
ESSAY VON HIBBA ABUGIDEIRI 372

EPILOG: SEINE HEILIGKEIT DER DALAI LAMA 396

GEGENÜBER: *Ein junger orthodoxer Jude betet an der Jerusalemer Klagemauer, dem Überrest des zerstörten Tempels Salomos.*

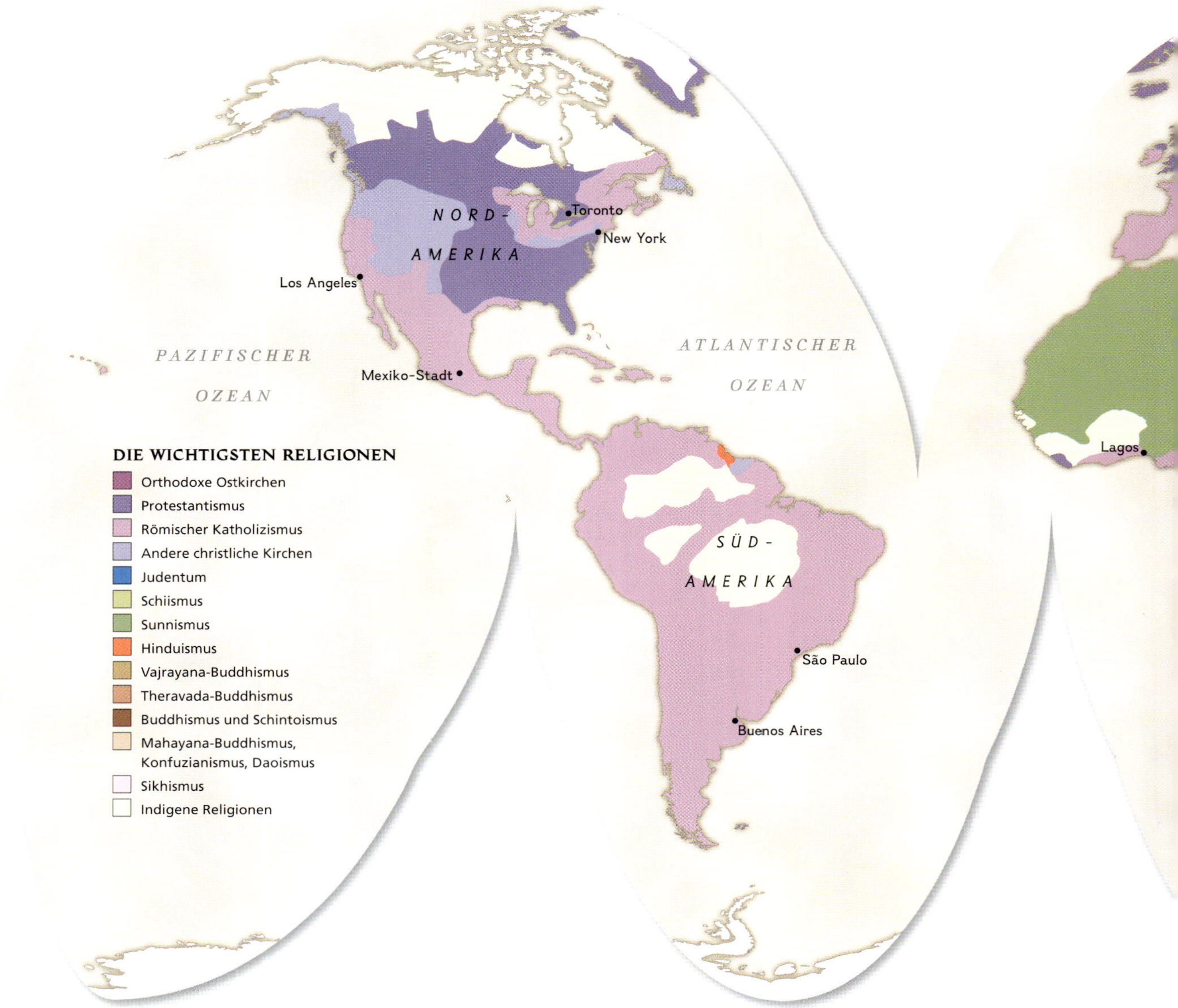

DIE WICHTIGSTEN RELIGIONEN

- Orthodoxe Ostkirchen
- Protestantismus
- Römischer Katholizismus
- Andere christliche Kirchen
- Judentum
- Schiismus
- Sunnismus
- Hinduismus
- Vajrayana-Buddhismus
- Theravada-Buddhismus
- Buddhismus und Schintoismus
- Mahayana-Buddhismus, Konfuzianismus, Daoismus
- Sikhismus
- Indigene Religionen

ANHÄNGER WELTWEIT

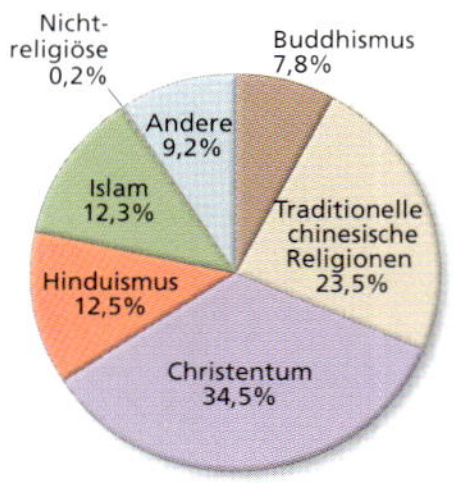

1900

- Nichtreligiöse 0,2%
- Buddhismus 7,8%
- Andere 9,2%
- Islam 12,3%
- Traditionelle chinesische Religionen 23,5%
- Hinduismus 12,5%
- Christentum 34,5%

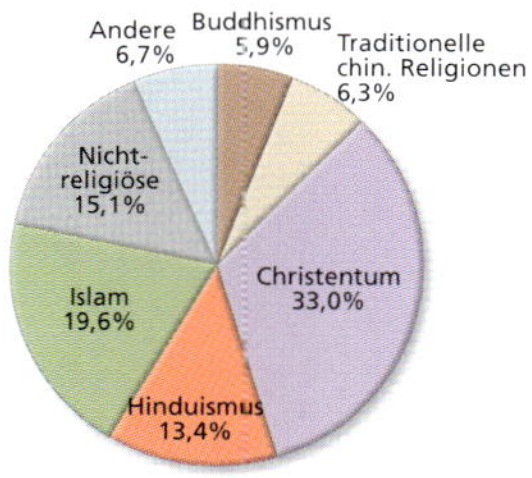

2000

- Andere 6,7%
- Buddhismus 5,9%
- Traditionelle chin. Religionen 6,3%
- Nichtreligiöse 15,1%
- Christentum 33,0%
- Islam 19,6%
- Hinduismus 13,4%

Besonders deutlich zeichnen sich im Lauf der letzten 100 Jahre das Wachstum des Islam und das Schrumpfen der traditionellen chinesischen Religionen ab. Das Christentum, die größte Weltreligion, blieb zahlenmäßig stabil. Heute bezeichnen sich etwas mehr als ein Sechstel der Menschen als atheistisch oder nicht religiös.

ANHÄNGER NACH KONTINENTEN

Asien weist die größte Zahl religiöser Menschen auf – nicht nur, weil auf diesem Kontinent die Hälfte der Weltbevölkerung lebt, sondern weil dort drei der fünf großen Weltreligionen heimisch sind: der Hinduismus in Südasien, der Buddhismus in Ost- und Südostasien und der Islam von Indonesien über die zentralasiatischen Republiken bis zur Türkei. Australien, Europa, Nord- und Südamerika sind überwiegend christlich. In Afrika gibt es viele Millionen Muslime und Christen, aber auch noch eine große Zahl von Animisten.

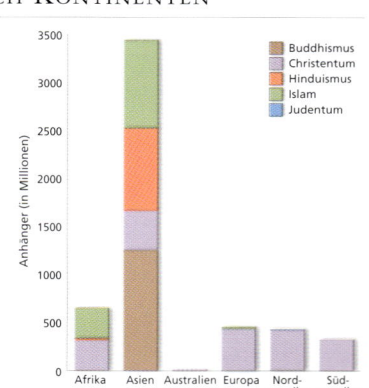

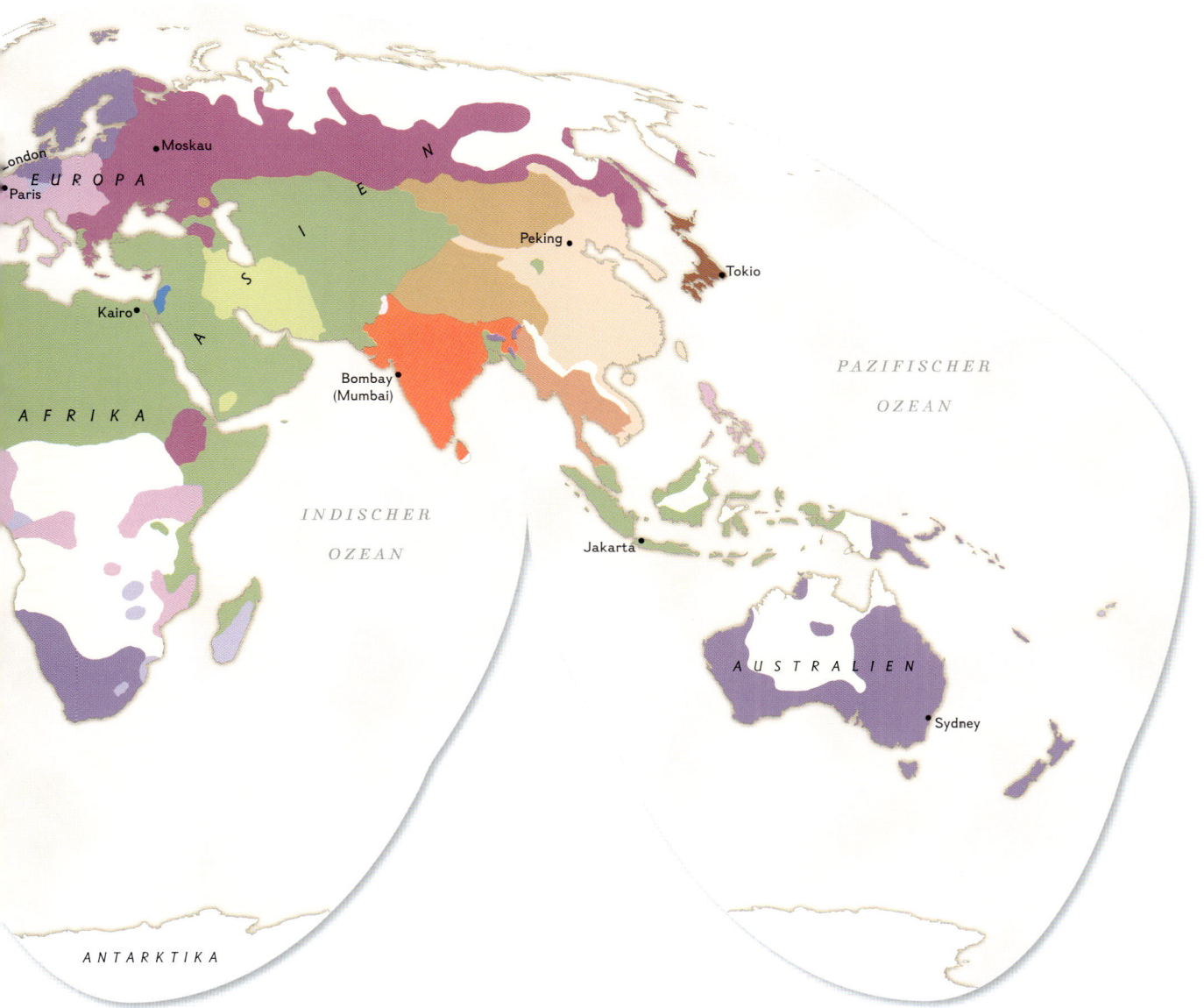

Anhänger nach Ländern

LÄNDER MIT DEN MEISTEN BUDDHISTEN		LÄNDER MIT DEN MEISTEN CHRISTEN		LÄNDER MIT DEN MEISTEN HINDUS		LÄNDER MIT DEN MEISTEN MUSLIMEN		LÄNDER MIT DEN MEISTEN JUDEN	
Land	Buddhisten	Land	Christen	Land	Hindus	Land	Muslime	Land	Juden
1. China	105 829 000	1. USA	235 742 000	1. Indien	755 135 000	1. Indonesien	181 368 000	1. USA	5 621 000
2. Japan	69 931 000	2. Brasilien	155 545 000	2. Nepal	18 354 000	2. Pakistan	141 650 000	2. Israel	3 951 000
3. Thailand	52 383 000	3. Mexiko	95 169 000	3. Bangladesch	15 995 000	3. Indien	123 960 000	3. Russland	951 000
4. Vietnam	39 534 000	4. China	89 056 000	4. Indonesien	7 259 000	4. Bangladesh	110 805 000	4. Frankreich	591 000
5. Birma	33 145 000	5. Russland	84 308 000	5. Sri Lanka	2 124 000	5. Türkei	65 637 000	5. Argentinien	490 000
6. Sri Lanka	12 879 000	6. Philippinen	68 151 000	6. Pakistan	1 868 000	6. Ägypten	65 612 000	6. Kanada	403 000
7. Kambodscha	9 462 000	7. Indien	62 341 000	7. Malaysia	1 630 000	7. Iran	65 439 000	7. Brasilien	357 000
8. Indien	7 249 000	8. Deutschland	62 326 000	8. USA	1 032 000	8. Nigeria	63 300 000	8. Großbritannien	302 000
9. Südkorea	7 174 000	9. Nigeria	51 123 000	9. Südafrika	959 000	9. China	38 208 000	9. Palästina*	273 000
10. Taiwan	4 686 000	10. Kongo, Dem. Rep.	49 256 000	10. Birma	893 000	10. Algerien	30 690 000	10. Ukraine	220 000

*nicht selbstständiges Land

Alle Zahlen sind geschätzt anhand von Daten für das Jahr 2000.
Zu den Ländern, in denen sich besonders viele Menschen als nicht religiös bezeichnen, gehören China, Russland, die USA, Deutschland, Nordkorea, Japan, Indien, Vietnam, Frankreich und Italien.

VORWORT

ZU BEGINN des 21. Jahrhunderts ist die Welt von Kriegen und Terrorismus zerrissen – oft im Namen des Glaubens. Tatsächlich haben sich im Lauf der Geschichte immer wieder Religionen gegenseitig bekriegt, um ihren Glauben zu verteidigen und zu verbreiten.

Uns geht es nicht um Religionskriege. Im Gegenteil – das vorliegende Buch möchte einen Beitrag leisten, diese zu verhindern. Die Absicht steckt bereits im Titel: „Der große NATIONAL GEOGRAPHIC-Atlas der Weltreligionen". Das Buch möchte die Geographie und die Verbreitung der fünf großen Weltreligionen aufzeigen, den Leser durch ihre Geschichte führen. Wir zeigen, wo die einzelnen Religionen entstanden sind, in welchen Landschaften ihre Vertreter heranwuchsen, welche Nomaden, Könige oder erleuchtete Propheten ihre Botschaft verbreiteten. Wir versuchten herauszufinden, was allen gemeinsam ist: der Glaube an ein höheres Wesen; die Überzeugung, dass praktizierte Nächstenliebe dem Geber und Empfänger zum Heil gereicht; der Glaube an ein Leben nach dem Tod. Die sozialen Verhaltensregeln jeder Religion sind einander überraschend ähnlich.

Wir hoffen, dass das Erkennen dieser gemeinsamen Elemente hilft, einander besser zu verstehen. Diese Kenntnis könnte Toleranz fördern und Toleranz den Frieden.

Das Buch hat viele Facetten, ist aber gut verständlich. Wir haben eng mit einem Beratergremium zusammengearbeitet, das uns bei den Formulierungen, der Gestaltung, der Behandlung moderner Religionsfragen und der Auslegung der ältesten philosophischen Texte geholfen hat.

Die Autorin Susan Tyler Hitchcock hat sich von dem Universitätsprofessor John L. Esposito beraten lassen. Der anglikanische Priester und Friedensnobelpreisträger Erzbischof Desmond Tutu eröffnet das Buch zusammen mit seiner Tochter, Reverend Mpho Tutu.

Das erste Kapitel „Die Ursprünge" beschreibt die Anfänge des Glaubens an ein höheres Wesen. In den anschließenden Kapiteln werden die fünf Hauptreligionen in der Reihenfolge ihres Entstehens vorgestellt: Hinduismus, Buddhismus, Judentum, Christentum und Islam. Jede Religion nimmt ihren Anfang in einer bestimmten Landschaft; ausgehend von der Kultur, in der sie entstand, entwickelt sie ihre Eigenart. Sie breitet sich durch den Willen von Menschen aus, die göttliche Führung erfahren. Sie verändert sich mit ihrer Umwelt und eignet sich Züge ihres neuen kulturellen Umfelds an.

In jedem Kapitel zeigt eine Karte den Ursprungsort der jeweiligen Religion und ihre wichtigsten heiligen Stätten. In den laufenden Text sind Zitate aus den heiligen Schriften und Beschreibungen der religiösen Praxis eingefügt. Die Mitglieder des Beratergremiums – Experten für ihre Religion – stellen in eigenen Beiträgen vor, was ihnen persönlich ihr Glaube bedeutet.

An den Schluss setzt Seine Heiligkeit der Dalai Lama eine Botschaft der Hoffnung. Dieses Buch möge den Leserinnen und Lesern vor Augen führen, dass es viele Wege gibt, «ein gutes Herz und einen positiven Geist» zu entwickeln.

DIE HERAUSGEBER

GEGENÜBER: *Die kambodschanische Tempelanlage Angkor Wat aus dem 12. Jahrhundert spiegelt sich in ihrem Wassergraben.*

EINLEITUNG

—Erzbischof Desmond Tutu und Reverend Mpho A. Tutu

Wir schreiben als Vater und Tochter, als christliche Priester. In unserer Glaubensgemeinschaft spielen wir unterschiedliche Rollen, aber uns verbindet eine gemeinsame Mission und das gleiche geistliche Amt. Unsere Aufgabe ist es, auf die Bedeutung der Religion in der Welt von heute hinzuweisen. Wir möchten darauf aufmerksam machen, wie wichtig es für den Weltfrieden ist, über andere Religionen Bescheid zu wissen. Wir haben Freunde quer durch alle Konfessionen. Deren Anhänger haben unseren Glauben eher vertieft als beeinträchtigt: Sie spornen uns an, unsere eigenen Glaubensinhalte genauer in Augenschein zu nehmen.

Wir Menschenwesen sind grundsätzlich darauf angelegt, jemanden oder etwas anzubeten. Dieser religiöse Impuls führt dazu, dass wir entweder Gott anbeten oder etwas Niedrigeres. Der christliche Autor C. S. Lewis bemerkte: «Was Satan unseren fernen Vorfahren in den Kopf gesetzt hat, war die Vorstellung, sie könnten wie Götter werden; könnten alles derart selbst bestimmen, als hätten sie sich selbst erschaffen; könnten ihre eigenen Herren sein und sich an Gott vorbei eine Art selbst erfundenes Glück erwerben. Dieses hoffnungslose Unternehmen ist der Grund für vieles, was die Menschheit hervorgebracht hat: Geld, Armut, Ehrgeiz, Krieg, Prostitution, Klassenunterschiede, Weltreiche, Sklaverei. Es ist die lange, schreckliche Geschichte des Versuchs des Menschen, etwas anderes als Gott zu finden, was ihn glücklich macht.»

Bestenfalls beten wir Gott an, das höchste Wesen. Auf fernen Bergen, in Dschungeln und Wüsten, in winzigen Dörfern und brodelnden Großstädten verehren Menschen das Göttliche. Alle Religionen haben wesentliche Elemente gemeinsam – trotz der Vielgestaltigkeit ihrer geographischen Ursprünge, der unterschiedlichen politischen Bedingungen, unter denen sie ausgeübt werden, und der Vielfalt ihrer Anhänger.

Wir mögen Hindus, Christen, Buddhisten, Muslime oder Juden sein – in jedem Fall weist uns unsere Religion eine Richtung. Sie gibt uns Selbstwertgefühl und das Empfinden, mit dem Universum eins zu sein. Es ist unser Glaube, der unsere Moral stärkt. Es sind unsere religiösen Überzeugungen, die uns zu echten altruistischen Taten anspornen: Menschen jeder religiösen Richtung verzichten auf die Annehmlichkeiten in ihrer Heimat, um sich aktiv in Flüchtlingslagern, Krankenhäusern und Schulen zu engagieren. Gläubige helfen mit Geldspenden, das Leid der Armen zu lindern. Ihre Religion

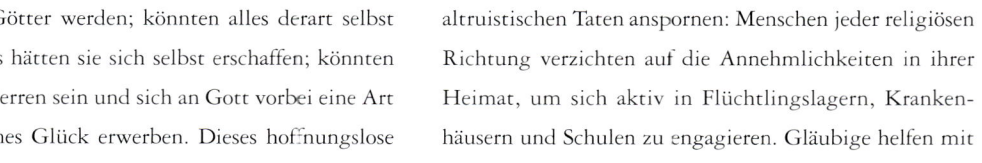

OBEN: Das Aaron-Heiligtum in Jordanien. Der Hohepriester Aaron, ein Bruder Moses', gilt in drei Religionen als Prophet.

bringt Männer und Frauen auf der ganzen Welt dazu, sich tatkräftig um die Randgruppen der modernen Gesellschaft zu kümmern. Unser Glaube schenkt uns die Gewissheit, dass kein Bereich des Lebens dem Schicksal oder Chaos ausgeliefert ist; er verleiht jeder menschlichen Erfahrung einen Sinn. Für den Gläubigen verfügen Gebete über die Kraft, das körperliche Befinden zu beeinflussen. Untersuchungen zeigen, dass Menschen, die beten und für die gebetet wird, größere Heilungserfolge haben als die, die nicht beten oder für die nicht gebetet wird.

Jede Religion geht davon aus, dass wir die Fähigkeit haben, uns ethisch zu verhalten; keine lehrt, es sei gut, zu stehlen, zu morden oder zu betrügen. Gewalttätigkeit und Krieg sind Abirrungen von den hohen Idealen unserer Religionen. Trotzdem sind die Anhänger jeder Glaubenstradition zu Zerstörung fähig. Christen hießen Kreuzzüge, die Apartheid, den Holocaust und die Unruhen in Nordirland gut. Hindus waren für die blutige Vertreibung von Muslimen nach Pakistan verantwortlich. Juden zerstören die Häuser von Palästinensern und fallen immer wieder in Flüchtlingslager ein. Manche Muslime binden sich Sprengsätze an ihren Körper und werden zu Selbstmordattentätern.

Alle Religionen haben das Potenzial, Heilige und Fanatiker hervorzubringen. Der Hinduismus brachte uns die Weisheit Gandhis und den Irrsinn seines Mörders, der Buddhismus den Dalai Lama und Pol Pot. Das Judentum zeigte uns den Mut von Anne Frank und den krankhaften Geist des Fundamentalisten Baruch Goldstein. Das Christentum war die Religion von Mutter Teresa und von Adolf Hitler. Der Islam ist der Glaube des Dichters Rumi und des Terroristen Osama bin Laden.

Doch jede Religion eröffnet auch Wege zur Erlösung. Christen setzten die Abschaffung der Sklaverei durch. Christentum, Islam und Judentum bestärkten die Anführer des Kampfs gegen die Apartheid. Männer und Frauen aller Religionen brachten den Mut auf, dem Holocaust der Nazis die Stirn zu bieten.

Jede Religion weist einen echten Weg zu Gott. Wir sollten dringend hören, was die Anhänger anderer Religionen uns über ihre Suche nach Gott erzählen. Dies könnte der Schlüssel zu Türen sein, die uns bislang verschlossen waren. Im Widerspruch zu unserer eigenen Heiligen Schrift neigten Christen vorschnell dazu, anderen Glaubensrichtungen Einsicht in die Wahrheit abzusprechen und die Überzeugungen anderer Religionen nicht zur Kenntnis zu nehmen. Doch der Gott, der uns erschaffen hat, ist größer als jede einzelne Religion. Es dürfte mehr Wege zu seiner Erkenntnis geben, als wir uns überhaupt vorstellen können. Gott ist so groß, dass er sich nicht in unsere Schublade packen lässt.

Wir Menschen halten uns und unsere Interessen für zentral. Armut, Krieg, Ungerechtigkeit und Unterdrückung entstammen dieser Meinung. Aus religiöser Sicht steht nicht der Mensch im Zentrum. Die Religionen schenken der Welt Hoffnung auf Frieden, weil uns jede Religion nötigt, über unser persönliches Wohl, unsere lokalen oder nationalen Ziele hinauszuschauen und einem Gott zu dienen, der größer ist als wir. Alle Weltreligionen erwarten eine Zeit, in der die Schöpfung wieder mit dem Göttlichen vereint wird. Alle erwarten eine Zeit, in der das Gute endgültig über das Böse siegt, die Hoffnung über die Angst, das Licht über die Finsternis. Und Gott, der Höchste, wird alles in allem sein.

Wir möchten Sie einladen, auf den folgenden Seiten mehr über Religionen zu erfahren: über Ihre eigene Religion und die der anderen Menschen. Die Verständigung zwischen den Religionen ist letztlich eine Verständigung zwischen den einzelnen Gläubigen.

Es gibt eine Macht, die uns umgibt wie die Luft, in der eine stille Harfe schwebt und unsere stummen Saiten anhaucht, ganz wie es ihr gefällt ... Diese Macht ist Gott.

— PERCY BYSSHE SHELLEY

DIE URSPRÜNGE

AUF DER OSTERINSEL, 3700 Kilometer westlich vom südamerikanischen Festland, blicken steinerne Köpfe, fünfmal so groß wie ein Mensch, mit starren Gesichtern grimmig, staunend und unergründlich über den Pazifik. Auf Neuseeland tragen die Maoris Talismane aus Jade von Hei Tiki, der manchen als der erste Mensch gilt, anderen als Fruchtbarkeitsgott. In Südafrika zeigen Felsmalereien einen Mann beim uralten Trancetanz der Buschmänner. Er trägt Fußrasseln und eine Maske mit Antilopenhörnern.

GEGENÜBER: *Ein steinerner* moai *(Wächter) hütet mit umwölktem Gesicht das Geheimnis der Osterinsel.*
FOLGENDE SEITEN: *Naturschauspiele wie in den Virungabergen in Zaire könnten religiöse Gefühle erweckt haben.*

IN ALLEN KULTUREN, zu allen Zeiten haben die Menschen in der Natur eine Macht gesehen, die größer ist als sie selber. Inmitten von Erscheinungen, die sie nicht begreifen konnten, umgeben von Mächten, die sie nicht beherrschten, erblickten sie überall das Heilige. Die Menschen reagierten mit Furcht und Ehrfurcht. Sie wollten diese unerforschlichen Kräfte verstehen, ihre Gunst gewinnen. Sie heiligten bestimmte Phänomene, entwickelten Formen der Anbetung und ließen diese aus ihrem Alltag hervorstechen. In der Kunst und im Kult verliehen sie diesem Gefühl Ausdruck, um mit dem Übernatürlichen in Verbindung zu treten.

Manche Kulturen sahen überall das Wirken von Geistern. Andere entwickelten den Glauben an Götter, an übermenschliche Wesen, die an den Menschen interessiert waren und mit denen sie im Gebet sprechen konnten. Manche dieser Kulturen verehrten viele Götter, andere glaubten an ein höchstes Wesen. In diesen Überlieferungen wollte die Menschheit ihre Stellung im Universum begreifen – in der natürlichen Welt und in der göttlichen Ordnung. Die Menschen mussten Regeln aufstellen, nach denen sie mit dem Göttlichen in Verbindung treten konnten und die sie befolgen mussten, um unter göttlichem Schutz zu stehen, von schweren Prüfungen verschont zu bleiben und im späteren Leben Erlösung zu finden. Sie taten dies durch Gebete und kultische Tänze. Sie brachten Gelöbnisse, Gaben und Opfer dar, entwickelten Riten zur Beschwörung der Götter und Geister. Vor allem war ihnen bewusst, dass es eine Macht gab, die größer war als sie selber.

DIE NATURKRÄFTE

DIE IN DER NATÜRLICHEN Umwelt vorhandenen Kräfte waren für das menschliche Leben bestimmend und notwendig. Sie konnten Furcht, Ehrfurcht, Angst und Abhängigkeit hervorrufen: der Ozean, der wild ans Ufer schlug, der Regen, der mild, segensreich, aber auch sturmgepeitscht sein konnte oder ausblieb, das nützliche Herdfeuer, das zum furchtbaren Widersacher wurde, wenn es außer Kontrolle geriet, Gewitter, Erdbeben, Vulkane und Sandstürme. Die Landschaft und ihre Formen lösten allgemein menschliche Reaktionen aus. Der am Horizont aufragende Berg schien an den Himmel zu stoßen, die finstere Höhle war von dunklen Vorzeichen erfüllt, der mächtige Strom symbolisierte die Möglichkeiten und Grenzen alltäglichen Lebens.

Die Menschen ernährten sich von Pflanzen, die sie in harter Arbeit sammelten oder säten, ernteten und zubereiteten, und auch von Tieren, die gefährlich waren oder abhängig von ihnen. Sie konnten das Klima und das Wetter nicht beeinflussen, sondern nur darauf reagieren. Bestimmte Kreisläufe konnten sie weder ausschalten noch umkehren oder ignorieren: die natürlichen Jahreszeiten und das menschliche Leben mit seinen Einschnitten wie Pubertät, Eheschließung, Geburt und Tod. In Träumen und Wahnzuständen zeigten sich Orte, Menschen, Gefühle und Phantasiegebilde, die sehr real waren, aber im wachen Zustand nie existierten.

Jede dieser machtvollen Erfahrungen hat religiöse Überzeugungen, Gebräuche und Gebete inspiriert, um das Göttliche anzuflehen, zu preisen, in sich aufzunehmen.

Das menschliche Bewusstsein wirft Fragen auf, die durch Fakten, Vernunft und Beobachtung nicht zu beantworten sind. Wer bin ich? Warum bin ich auf der Welt? Darauf gibt es keine einfache Antwort. Die Kulturen hatten ihre Mythen – Erzählungen, die den Ursprung, die Bestimmung und Beziehungen der Menschen, der Natur und des Göttlichen darstellten, Geschichten, in denen die Bedeutung der Götter für die Kultur definiert wurde. Diese Mythen bildeten ein gemeinsames, verbindliches Fundament, aus dem die Antworten auf diese Fragen hervorgingen. Lange vor der Schrift überlieferten sie die Erfahrungen, Offenbarungen und Verheißungen der Vorfahren.

Was kann ich tun, um die Elemente der Natur zu beherrschen? Angesichts der äußeren Gewalten wandten sich

GEGENÜBER: Böse Geister (quinkans) *wachen mit erhobenen Armen auf den Höhlenwänden von Kap York (Australien).*

die Menschen an spirituelle Mächte – in der Hoffnung, bei ihnen Gehör, Schutz und Trost zu finden, in einer Welt, die sich ihrem Verständnis und ihrer Kontrolle entzog.

Sie erklärten die Naturkräfte durch Mythen, die Menschen erfassen konnten. Durch rituelle Praktiken konnten sie dem Unbekannten gemeinschaftlich entgegentreten. Riten waren Verhaltensmuster mit vorgeschriebenen Regeln und Resultaten. Sie konnten gesprochene und gesungene Worte einschließen, Musik, Rhythmen, Tänze und Prozessionen, dazu eine Unzahl von Sinnesreizen, um die Teilnehmer einzubinden. Riten waren Aktivitäten, die aus dem Alltag hervorstachen, um bei nicht menschlichen Wesen Gehör zu finden. Von Generation zu Generation überliefert, stellten diese Bräuche gleichzeitig Bindungen in der Gegenwart und Anschluss an eine frühere Zeit jenseits des individuellen Gedächtnisses her. Rituelle Zeremonien wiederholten und verstärkten die Glaubensvorstellungen, die Menschen miteinander verbanden.

Was kann ich tun, um ein besseres Leben für mich und meine Mitmenschen zu erreichen? Damit sich Menschen zu einer Gemeinschaft oder Kultur verbanden, brauchten sie gemeinsame moralische Regeln. Noch bevor es Staaten gab, wurden Recht und Unrecht sowie die Grenzen des Verhaltens in der Gemeinschaft von den Religionen bestimmt. Ist es wirklich wichtig, wie ich mich verhalte? Die Mythen sollten diese Frage beantworten, indem sie von Idealen

OBEN: *Australische Aborigines dachten, dass ihre Ahnen* (wandjina) *ihre Abbilder auf Felswänden zurückließen.*

kündeten, Belohnungen und Strafen schilderten oder die Sorge göttlicher Wesen um die Menschheit ausdrückten.

Wenn der Tod unsere letzte Bestimmung ist, was kommt danach? Zu den frühesten Belegen für ein religiöses Gefühl – für einen Sinn jenseits der physischen Existenz – gehört die Sorgfalt, mit der vor Zehntausenden von Jahren die Leichname in Gräber gebettet wurden. Was nach dem Tod kommt, ist die Frage, die nicht zu beantworten ist, die Erfahrung, die allen Menschen gemeinsam und doch nie zugänglich ist. Mythen, Kulte und hoch entwickelte Glaubenssysteme entsprangen aus dem tiefen Blick in dieses Geheimnis, das im Zentrum menschlichen Lebens und doch im Gegensatz dazu steht. Sie fanden darin Inspiration für ein ganzes System von Gebräuchen und Lehren, die dem menschlichen Leben einen Sinn geben sollten.

FRÜHESTE ZEICHEN

DAS ERWACHEN der Religion vor Zehntausenden von Jahren war von vielen anderen bedeutenden Entwicklungen begleitet: der Herstellung von Werkzeugen, Bekleidung und Schmuck, dem Bau von Behausungen, der Zähmung des Feuers und den Anfängen eines Symbolsystems, aus dem sich die Sprache und jene Phantasieprojektionen entwickeln konnten, die zu Kunst und Religion führten. So lassen die Gräber und Malereien aus der Altsteinzeit Gebräuche erkennen, die wir religiös nennen können.

Menschliche Relikte, die 70000 Jahre alt sind, machen deutlich, dass der Neandertaler genauso wie der altsteinzeitliche *homo sapiens* den Verstorbenen Gegenstände ins Grab legte. Neben den Gebeinen eines Neandertalerkinds in Teschik-Tasch, einer Grotte in Usbekistan, lagen Knochenschaber und Steinbockhörner. Dieser Brauch könnte die bloße Zuwendung gegenüber einem geliebten Toten anzeigen, doch spätere Grabstätten lassen ein allgemeineres Glaubenssystem erkennen. Die so genannte *red lady*, die man schließlich als einen jungen Mann identifizierte, wurde vor ungefähr 26000 Jahren in der Ziegenhöhle von Paviland im Süden von Wales begraben. Er trug Ringe und einen Hüftschmuck aus Mammutknochen, dazu einen Beutel mit Schneckenhäusern. Seine Gebeine und sämtliche Beigaben waren mit Ocker rot eingefärbt. Die sterblichen Überreste waren sorgfältig ausgebreitet, am Kopf- und Fußende lagen Steinplatten. Neben dem Grab fand man eine Fülle von Pflanzenresten. Die Historiker sehen in solchen Gegenständen und Handlungen die frühesten Belege für den Glauben an ein Leben nach dem Tod und an das Wirken der Ahnengeister unter den Lebenden

Die Höhlenmalereien von Trois Frères in den französischen Pyrenäen sind ungefähr 10000 Jahre alt. Neben Büffeln und Pferden blickt ein phantastischer Zweibeiner mit Schwanz, Hörnern und Klauen von den Wänden herab. Er scheint in Trance zu sein. Vielleicht verkörpert er die Stärke und List, die sich die Jäger damals erhofften, ist also ein verbündeter Gott. Oder aber er symbolisiert die Gefahren der Jagd – als feindlicher Gott. Kunsthistoriker nennen ihn „den Zauberer". Sie sehen in ihm das Urbild eines Menschen, der wegen seiner besonderen Verbindung zur unbekannten jenseitigen Macht von seiner Gemeinschaft verehrt wurde.

Im westlichen Rumänien entdeckten Archäologen die Terrakottastatuetten einer Fruchtbarkeitsgöttin. Schon um 6000 v. Chr. glaubten hier die Menschen der Vinca-Kultur an eine weibliche Gottheit, die Macht über die Natur hatte.

DIE URSPRÜNGE

DIE ANFÄNGE religiöser Praxis sind oft geheimnisumwoben. Ihre Ursprünge verlieren sich im Dunkel der Zeiten. In vielen Kulturen haben sich Mythen gebildet, um die Riten und Glaubensformen der Menschen zu erklären. So erzählten sich die Schwarzfußindianer in den nordamerikanischen Plains von der heroischen Suche und erfolgreichen Heimkehr des jungen Jägers „Narbengesicht". Dieser verliebte sich in eine Jungfrau, die dem höchsten Wesen, der Sonne, versprochen war. Aus Liebe zu ihr machte er sich auf die Suche nach der großen Macht, damit ihm die Sonne die Heiratserlaubnis gab. Er fragte Menschen

DIE URSPRÜNGE

und Tiere, aber niemand konnte ihm helfen, bis ihn zwei Schwäne über ein tiefes Wasser trugen, in dem es von Ungeheuern wimmelte. Am anderen Ufer traf er auf einen jungen Mann, der sich „Frühaufsteher" nannte. Es war der Morgenstern. Er sagte ihm, dass seine Mutter der Mond sei und sein Vater die Sonne. Narbengesicht fand Gefallen an der himmlischen Familie und lebte lange mit ihr zusammen. Am Ende erhielt er die Heiratserlaubnis.

Beim Abschied lehrte ihn die Sonne, wie man eine Medizinhütte baut und benutzt. Sie zeigte ihm die Macht der Medizin und entfernte die Narbe von seinem Gesicht – ein erzählerisches Symbol für die Gesundheit und Fruchtbarkeit, die dieser Brauch seinem ganzen Volk bringen sollte. Nach der Heimkehr baute der junge Schwarzfußindianer eine Medizinhütte, eine Stätte religiöser Andacht und spiritueller Heilung. In der Hütte trug er stets zwei Rabenfedern, die ihm die Sonne gegeben hatte. Als er alt wurde, übergab er die Federn mitsamt ihrer Macht einem neuen Medizinmann. Der Mythos erklärte den Ursprung der religiösen Bräuche dieser Indianer. Er sicherte ihnen die Fürsorge zu, die ihnen die großen unkontrollierbaren Mächte Sonne und Mond entgegenbrachten, die höchsten himmlischen Wesen.

In der breiten Tradition von Mythen, die von den Göttern der wichtigsten Naturelemente und deren Erschaffung erzählen, gibt es alle möglichen Varianten. Viele handeln von der Weltschöpfung. Solche Erzählungen können heutzutage als kulturelle Deutungen gelten, sie können aber auch wie die biblische Geschichte von der Erschaffung der Welt in sieben Tagen von den Gläubigen wörtlich genommen werden.

Steinreliefs aus der Zeit vor 2000 v. Chr., die man in Susa, nahe der heutigen iranischen Stadt Desful, fand, stellen zwei der obersten Götter von Sumer dar, der ersten Hochkultur, die als Wiege der Kulturen und Religionen Mesopotamiens gilt. Der sumerische Himmelsgott An steigt darauf aus dem Meer. Lichtstrahlen gehen von seinen Schultern aus. Sein Fuß ruht auf der Schulter eines knienden Menschen, während er die Stufen zum Weltberg emporsteigt. Der Meeresgott Enki bleibt in der Tiefe zurück.

Sumerische Keilschriften erzählen den Schöpfungsmythos der Göttin Nammu, der Mutter von Amu tu an-ki, Himmel-und-Erde, einem Zwitterwesen aus An und Ki, dem männlichen und weiblichen Element. Aus ihrer Verbindung entstand Enlil, der Gott der Lüfte, der durch sein Blasen die Scheidung von An und Ki, Himmel und Erde bewirkte. In der Hoffnung auf den Segen Enlils, der günstige Witterung bringt, bebauten die Sumerer ihre Felder und sahen im Lebenslauf eine Reihe von Stufen, die aus dem Meer auf die Erde und in den Himmel führten. In Analogie dazu sahen sie ihre Könige die Stufen ihrer Zikkurats emporsteigen, jener bergförmigen Tempel, deren Ruinen an der historischen Stätte von Ur im Irak heute noch stehen.

Frühe Traditionen des Hinduismus stellen die Erschaffung der Welt in Gestalt einer Göttin dar, die auf einer Lotusblüte aus dem Wasser steigt. Ein indisches Relief

GEGENÜBER: Ans Firmament geworfene Kieselsteine? Gottesgaben? Die Urvölker fanden tausendundeine Erklärung für die Sterne.
OBEN: Auf einer steinernen Kalenderscheibe prangt das grimmige Antlitz des aztekischen Sonnengottes.
FOLGENDE SEITEN: Die geheimnisvollen Megalithbauten von Stonehenge bilden einen Kreis in der englischen Salisbury Plain.

aus dem 3. Jahrhundert v. Chr. zeigt die Göttin, begleitet von Elefanten, die mit ihren Rüsseln Krüge halten und daraus das Wasser des Himmels verströmen. Der Segen des Wassers bleibt unter ihr und fällt gleichzeitig auf sie nieder, wie der Fluss und der Regen.

In der Kimberley-Region im Norden Westaustraliens erzählten die Unumbal den Mythos, wie das Wasser in ihr zerklüftetes Bergland kam. Ihr Kosmos entstand aus einem Himmelsgott namens Wallanganda und aus einem Erdgott namens Ungud in Gestalt einer Riesenschlange. Wallanganda besprengte die Erde mit Wasser, Ungud ließ es einsickern. Sie legten sich schlafen, und aus ihren Träumen entstanden die Geschöpfe der Erde. In den nassen Tiefen entdeckte Ungud die *wondjina*: Geister mit weiten, hohlen Augen ohne Mündern. Als sie aus dem Wasser kamen, verbreiteten sie sich über das Land, formten die Berge und Ebenen und erfrischten sie mit Regengüssen. Dann ließen sie sich auf bestimmten Felsen nieder und hinterließen dort ihre Abdrücke, um über die Seen, Flüsse und Quellen zu wachen. In der Nähe einer Schlucht, die ein Nebenfluss des Chapman River ausgespült hatte, wurde in den fünfziger Jahren ein riesiges Panorama roter und schwarzer Höhlenmalereien entdeckt, auf denen man diese und andere Phantasiegestalten erkennt. Archäologen schätzen ihr Alter auf 17 000 Jahre.

Die Haida von den Queen Charlotte Islands in der kanadischen Provinz British Columbia stellten sich die Weltschöpfung andersherum vor. In ihrer „Geschichte des Großen Raben" steht, dass am Anfang das Wasser war: «Es ist noch nicht lange her, da gab es kein Land. Dann schwamm auf dem Ozean ein winziges Etwas, sonst gab es nur offenes Meer. Der Große Rabe setzte sich auf das Etwas.

‹Werde zu Staub›, sagte er, und so entstand die Erde.»

Im Schöpfungsmythos der Pima-Indianer im Südwesten der USA trat der erste Mensch aus der Finsternis und erschuf Himmel und Erde. Er holte einen Stein aus seinem Herzen, zerteilte ihn in lauter Kieselsteine und warf sie an den Himmel, um die Dunkelheit zu erleuchten. Damit die Welt noch heller wurde, zog er einen weiteren Felsbrocken aus seinem Herzen und machte daraus die Milchstraße.

Die Kung-Buschmänner in Botswana sahen in den Sternschnuppen Gaben des Großen Gottes, der die Welt am Anfang geordnet hatte. Er ließ ihnen auch weiterhin Gaben zukommen: Straußeneier, Bienen und Honig, Giraffen, Erdferkel, das Blut, die Sonne und vor allem die Medizingesänge, die die Heiler der Kung feierlich anstimmten. Die Macht in all diesen Gaben nannten sie *ntum*. Sie konnten aber nicht für oder zu *ntum* beten: In der Menschenwelt verbanden sie damit den Tod oder Kampf. Nur einige wenige, ihre Heiler, konnten mit *ntum* in Verbindung treten.

BESCHWÖRUNG DER GÖTTER

DURCH DIE Religionen stellten die Menschen eine Beziehung zu den Göttern her, die sie in den gewaltigen Naturmächten um sich herum erblickten und mit Namen benannten. In Gebeten und Riten sprachen sie mit ihren Göttern und hofften auf deren Segen, um ihre Umwelt besser beherrschen zu können. Auch in der heutigen Zeit, in der die Wissenschaft so vieles über die Naturerscheinungen herausgefunden hat, befinden sich in jedem Augenblick Millionen von Menschen im Gebet oder im Gottesdienst. Sie bitten um göttlichen Beistand bei den Unbilden der Witterung und beten für das Wohl,

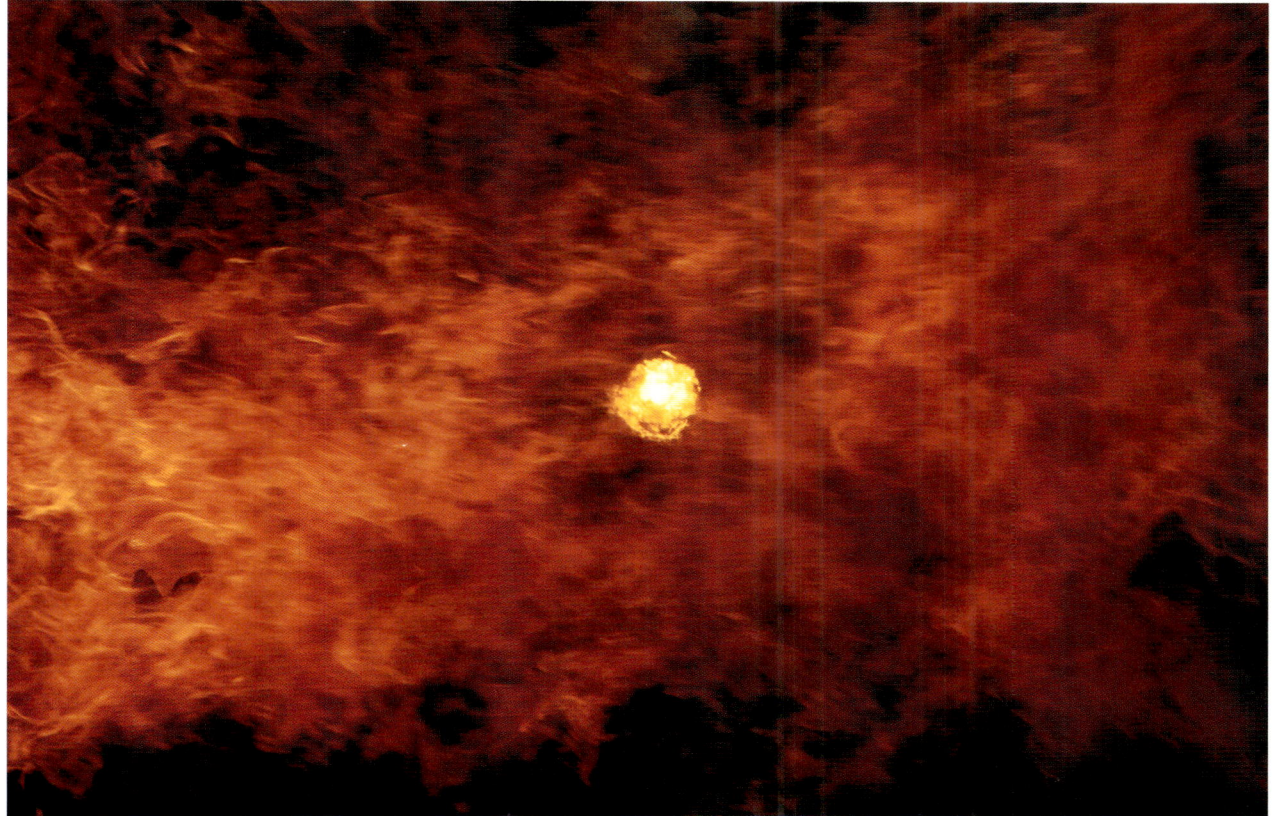

den Schutz und das Glück der lebendigen Wesen, der Menschen und Tiere.

Manche Gläubige versprechen materielle Opfer. Sie wollen fasten, eine Zeit lang auf ihre Lieblingsspeise verzichten oder anstrengende Pilgerfahrten unternehmen. Andere nehmen sich vor, eine schlechte Gewohnheit abzulegen. Sie geloben, nicht mehr zu rauchen, zu spielen oder zu spät ins Bett zu gehen. Wieder andere bringen Gaben dar: Nahrung und Wasser für Tempel- und Hausgötter, Geldspenden für Kirchen, Moscheen und Synagogen sowie Almosen für diejenigen, die weniger besitzen.

In Mexiko auf der Halbinsel Yucatán glauben die Maya während des 1. Jahrtausends, dass sie den Gott Chac bei Laune halten müssten, um mit Regen gesegnet zu werden. Er wohnte im Heiligen Cenote von Chichén Itzá, einem natürlichen Wasserloch, das traditionell als Wohnsitz der Götter galt. In der Mayakunst erscheint er mit Giftzähnen, vorquellenden Augen und langer krummer Nase. Daraus entstand der berühmte Chacmool, die liegende Symbolfigur von Chichén Itzá, dem Zentrum der alten Mayakultur. Mit seitwärts gewandtem Blick hält die steinerne Skulptur zwischen Brust und hochgezogenen Schenkeln eine Opferschale auf dem Bauch.

Sechs Kilometer östlich von Chichén Itzá wurde 1959 eine Höhle entdeckt, deren Tiefen jahrhundertelang nicht erforscht worden waren. Darin lagen mehr als 600 irdene

GEGENÜBER: *Die Schlangengöttin wurde wahrscheinlich in der minoischen Kultur Kretas als Mutter des Lebens verehrt.*
OBEN: *Feuer wütet im Yellowstone-Nationalpark. Die Urvölker versuchten, es durch religiöse Praktiken zu beherrschen.*
FOLGENDE SEITEN: *Wasser – hier der Sambesi in Sambia – erscheint als Schöpfungs- und Zerstörungsmacht in Riten und Mythen.*

Gegenstände: Schalen, Figurinen, Weihrauchgefäße, manche von ihnen fast 2000 Jahre alt. Aus den Details konnte man ersehen, dass das Verlies Gaben für Tlaloc erhielt, den Regengott der Tolteken, die gegen Ende des 1. Jahrtausends die Maya in Chichén Itzá unterworfen hatten. Als die Bewohner des nahen Dorfes von der Entdeckung erfuhren, führten sie besondere Zeremonien durch, bevor die Archäologen die Höhle ausräumen durften. Die Maya von heute erklärten ihnen, dass die Chacs – die Regengötter, deren Bezirk entweiht wurde – besänftigt werden müssten, ebenso die Balams, die über die Höhle und die Quellen wachten. Sonst würden nicht nur die Eindringlinge bestraft, sondern die ganze Bevölkerung.

Andere Maya-Götter waren gefräßiger. Ihre Anhänger glaubten, das höchste Opfer bringen zu müssen – ihr Leben oder das einer geliebten Person –, um sie zu besänftigen und späteren Generationen ihren Segen zu sichern. Ein Beobachter aus dem 16. Jahrhundert berichtete über einen Brauch bei den mächtigen Männern in Chichén Itzá, «nach 60 Tagen Enthaltsamkeit und Fasten bei Tagesanbruch an den Cenote zu gehen und Indianerinnen hineinzuwerfen, die jeder von [ihnen] bei sich hatte. Sie ließen die Frauen darum bitten, dass das Jahr den Bedürfnissen und Wünschen ihrer Herren günstig sein möge».

Manche Frauen, die aus dem Cenote wieder herausgezogen wurden, erklärten, dass sie dort unten von «vielen Menschen ihres Volks» empfangen worden seien. Diese hätten ihnen mitgeteilt, ob es ein gutes Jahr werde. Andere kamen nicht mehr zum Vorschein. Forschungsreisende holten zu Beginn des 19. Jahrhunderts Weihrauchkugeln aus Kopale (einem tropischen Baumharz), Weihrauchgefäße, kupferne und goldene Gegenstände, Schmuckstücke, Jadefiguren, Kultmesser und menschliche Gebeine von Männern, Frauen und Kindern aus der Tiefe.

Die Naturgewalten wirkten oft übermächtig, bösartig und gleichgültig gegenüber menschlichen Belangen. Die

DIE URSPRÜNGE

über den ganzen Erdball verstreuten Vulkane demonstrierten die furchtbare Macht der Natur in ihrer gewaltigsten und schrecklichsten Form. Auf der Hauptinsel von Hawaii spucken Vulkane ihre glühende Lava seit Hunderttausenden von Jahren über das Land und in das umliegende Meer. Der Kilauea an den Südosthängen des Vulkans Mauna Loa gehört zu den größten und aktivsten Kratern der Welt.

Nach dem Inselglauben ist er der Wohnsitz von Madame Pele, einer zornigen Rachegöttin, Schwester einer Meeresgöttin und eines Haifischgotts. Ihr Vater vertrieb sie von ihrer Geburtsstätte Tahiti, weil er ihre Wut nicht mehr ertragen konnte. In einem Kanu fuhr sie – von ihrer Schwester Namaki gejagt – über den Pazifik.

Aus dem unablässigen Streit der zwei Schwestern gingen die Hawaii-Inseln hervor. Pele stieß einen Pfahl ins Meer, ließ Lava ausströmen und bereitete sich ein feuriges Loch, um darin zu wohnen. Die missgünstige Namaki löschte das Feuer mit Flutwellen und verwandelte die Lava in Felsgestein. Pele zog von Ort zu Ort und ließ sich schließlich auf der Hauptinsel nieder. Deren gewaltiges Bergmassiv Mauna Kea war so hoch, dass Namakis Wogen sie nicht mehr erreichten.

Tief unten im Kilauea bleibt Pele nun eine wachsame Göttin, immer bereit zum wütenden Ausbruch. Sie mischt sich unter das Inselvolk, tanzend und kokettierend, oft in Begleitung ihres weißen Hundes. Wenn ein Liebhaber sie verschmäht, wird sie zornig. Sie zankt sich besonders mit der Schneegöttin Poliahu, die auf den 4000 Meter hohen Gipfeln des Mauna Kea und Mauna Loa thront. Pele verkörpert das soziale Gewissen der Inselkultur. Sie kann ausbrechen, wenn die Menschen grausam, gierig oder überheblich werden, besonders dann, wenn sie so vermessen sind, die Götter an Weisheit und Macht übertreffen zu wollen. Auf solche Hybris reagiert sie den Inselmythen zufolge mit einem Ausbruch von feuriger Lava, dichtem Rauch und glühender Asche. Noch heute legen die Hawaiianer überall auf der Insel Kränze aus tropischen Farnen und Blumen auf das Lavagestein, besonders neben rauchende Krater. So bezeugen sie der Gottheit ihre Demut und ihren Respekt, damit ihnen Madame Pele ihre Gunst und Schutz gewährt.

Dieses Band zwischen natürlicher Welt, moralischer Ordnung und göttlicher Macht kommt auch in der Erzählung von Thor zum Ausdruck, dem Donnergott der nordischen Sagen Skandinaviens und Islands. Jedes Donnergrollen bedeutete, dass Thor im Himmel seinen Hammer schwang. Er schleuderte ihn gegen seine Widersacher, verwendete ihn aber auch symbolisch, um Menschen und Dinge zu heiligen. Unablässig kämpfte er mit der Weltschlange Jörmungand, die das Böse verkörperte. Der Sage nach würden sie einander einst im *ragnarök* töten. Dies ist das altnordische Wort für die Götterdämmerung, eine kommende Zeit, in der die Sonne verglühen, das Land brennend im Meer versinken werde und die Sterne erlöschen werden. Nur die Gerechten würden überleben und in einer

GEGENÜBER: *Der Sage nach wohnten die griechischen Götter auf dem Olymp, vielleicht dem heutigen Mytikas im Norden Griechenlands.*
OBEN: *Poseidon war der Herrscher der Meere. Er peitschte die Wogen zu Stürmen und ließ die Erde erbeben.*
FOLGENDE SEITEN: *Der Große Schlangenwall in Ohio (vermutlich aus dem 11. Jahrhundert) windet sich an einem Bergrücken entlang.*

goldenen Halle wohnen. Aber noch war die Welt erfüllt vom Kampf zwischen Thor und dem Bösen, und der Himmel erbebte weiter vom Donnerschlag seines Hammers.

TIERGEISTER

VON FRÜHESTER ZEIT an verehrten die Menschen Tiere als Inkarnationen einer größeren Macht. Bestimmte Tiere galten häufig als Ausdruck eines bestimmten Geistes. Ein Adler verkörperte den Adlergeist, ein Bär das Bären-Wesen. Jeder Tiergeist war Ursprung und Verkörperung der Eigenschaften des lebenden Tiers. Um sich mit diesen Geistern im Kampf gegen das Unbekannte zu verbünden, wollten die Menschen zu ihnen und ihren Tiergestalten ein heiliges Band knüpfen. So sind die Kwakiutl und andere Indianervölker des pazifischen Nordwestens berühmt für ihre geschnitzten Totempfähle – dicke, aufrechte Holzstämme mit eindrucksvollen stilisierten Tierköpfen: Rabe, Frosch, Marder, Wal, Fuchs oder Bär. Oft sind darunter auch phantastische Tiergestalten wie die Sisiutl, aus deren Kopf Fühler und zwei Schlangen entspringen.

In ihren Riten bedeckten sich die Tänzer mit Umhängen aus Fellen und Grasmatten. Sie trugen bemalte Holzmasken nach Art der Tierköpfe auf den Pfählen. Durch die Maske schlüpfte der Gläubige in die Identität des Geistes oder des Gottes und hatte so teil an ihrer Macht.

Eine Kranichmaske der Kwakiutl aus der Sammlung des amerikanischen Ethnologen Franz Boas maß bis zur Schnabelspitze mehr als anderthalb Meter. Der Tänzer vollführte komplizierte Tanzschritte und musste gleichzeitig die Maske bedienen, indem er im Rhythmus der Trommel den riesigen Schnabel auf- und zuklappte. Der Kranichgeist war als Menschenfresser gefürchtet. Seine zentrale Stellung in den winterlichen Kulttänzen gab dem Stamm die Möglichkeit, das Schicksal des Todes hinzunehmen.

Der Tänzer übernahm die Rolle des menschenfressenden Kranichs für seinen Stamm. Indem er dessen bedrohliches Wesen annahm, vollzog er die Versöhnung zwischen dem Tod und den Lebenden. Sie wurden mit dem Erlebnis der Zeremonie als Gemeinschaft gestärkt.

Der Rabe spielte besonders in den Kulturen der nördlichen Regionen Asiens und Nordamerikas eine wichtige Rolle. Er galt dort als ein Gott und zugleich als Gauner.

Bei den Korjaken auf der Halbinsel Kamtschatka im fernöstlichen Sibirien gibt es eine Erzählung, die die Wintersonnenwende mit dem Verhalten eines mythischen Raben erklärt. Rabe und Kleiner Vogel wetteiferten um die Gunst von Yinyé-a-nyúet, der Tochter des Großen Raben. Als Kleiner Vogel ihr Herz gewann, verschluckte der Rabe die Sonne. Daraufhin ging Yinyé-a-nyúet zum Raben, der sie mit geschlossenem Schnabel begrüßte. Sie kitzelte ihn unter dem Flügel. Da musste er lachen, und die Sonne kam wieder zum Vorschein.

Raben bevölkerten die Welt der Geister an der gesamten nördlichen Pazifikküste Nordamerikas. Sie zierten bestimmte Kultgegenstände wie Tanzrasseln, Masken und Trommeln, die bei den Haida auf den Queen Charlotte Islands gefunden wurden, darunter eine bemerkenswerte Rassel in Gestalt eines Mannes, der auf dem Rücken eines Raben liegt und einem Frosch die Zunge ins Maul steckt. Frösche galten als gemeinsame Verbündete von Raben und Menschen, die zwischen beiden eine Verbindung stiften. Sie überbrachten den Stammesführern magische Symbole und Zaubertränke, so wie dieser hier, von Mund zu Mund.

Auch Haustiere verkörperten in den Religionen spirituelle Macht. Die Ägypter brachten Katzen mit dem Sonnengott Re in Verbindung, der ständig vor dem Schlangendämon Apophis auf der Hut sein musste. Immer wenn ihn die Schlange packte und in die Unterwelt schleppte, fiel eine neue Nacht über die Welt. Auf Wandgemälden wird ihr kosmischer Kampf durch eine Katze dargestellt, die sich auf eine Schlange stürzt. Die alten Ägypter verehrten

GEGENÜBER: Dieses Gefäß in Gestalt eines Vogels wurde in einem Grab der altperuanischen Mochica-Kultur gefunden.
FOLGENDE SEITEN: Auf einer Tempelwand in Chiapas (Mexiko) gebieten ein Maya-Herrscher und seine Krieger über ihre Gefangenen.

auch die Göttin Bastet, auf deren Frauenleib ein Katzenkopf sitzt. Sie verkörperte die Kraft der Sonne, die gleichzeitig furchtbar und wohltätig sein konnte. An der Handelsstraße, die in den Nahen Osten und nach Asien führte, lag nahe dem heutigen Zagazig in Unterägypten die alte Residenzstadt Bubastis. Dort versammelten sich die Gläubigen jedes Jahr zu Ehren der Göttin vor einem prachtvollen Tempel aus rotem Granit. Neben dem Tempel befand sich eine Totenstadt, in der mumifizierte Katzen bestattet waren, manche von ihnen in kunstvoll verzierten Sarkophagen.

DIE GEISTERWELT

IN VISIONÄREN ERLEBNISSEN übernahmen oft Tiere die Führung ins Geisterreich. Bis zum 19. Jahrhundert waren die Yahgán auf Tierra del Fuego am Südende Chiles nie auf Menschen aus anderen Kulturen getroffen. Sie wohnten in Grashütten und paddelten mit ihren Kanus auf den rauen Pazifik hinaus. Sie lebten von Fischen, Muscheln, Möwen und Möweneiern, Tümmlern, Robben und gelegentlich Walen. Die Zivilisation begegnete ihnen in Gestalt des Schiffs „Beagle", das den Naturforscher Charles Darwin an ihre Küsten brachte. Später stieß der katholische Priester Martin Gusinde auf das Volk. «Ein Mann schlendert allein die Küste entlang, wie in der Traumwelt verloren, ziellos, ohne bestimmte Gedanken», schrieb Pater Gusinde.

«Plötzlich sieht er sich in ein geistiges Schauen versetzt, das man asikáku nennt. Vor ihm drängt sich eine unübersehbare Schar von Heringen, Walen, Schwertfischen, Geiern, Kormoranen, Sturmvögeln und anderen Tieren. Alle reden schmeichelnd auf ihn ein, zeigen sich liebenswürdig und ihm ganz ergeben, benehmen sich wie die freundlichsten Menschen. Jener

OBEN: *Im Norden Japans imitieren Ainu-Männer und -Frauen den Tanz der Kraniche, um böse Geister zu verscheuchen.*

DIE URSPRÜNGE

Mann ist ganz von Sinnen und weiß nicht, was ihm geschieht: Gefühllos am ganzen Körper, ist er umgesunken und liegt regungslos da. Sein kespix *{die Seele} verkehrt nämlich mit jenen Geistern und empfindet dabei ein außerordentliches Glück.»*

Wieder daheim und immer noch etwas benommen, sinkt der Mann aufs Lager. Die Tiere suchen ihn auch im Traum auf. «Eines bemüht sich mit überschwenglicher Liebenswürdigkeit ganz besonders um ihn», schrieb Gusinde. Dieser Geist wird zum Hilfsgeist des angehenden Schamanen, zu seinem persönlichen Führer in die Welt der Naturgeister.

Die religiösen Vorstellungen von Menschen, die Naturerscheinungen als von Geistwesen beseelt wahrnehmen, werden Animismus genannt (*anima* heißt auf Lateinisch „Seele"). Ein derartiger Glaube zeigte sich deutlich in dem Gespräch zwischen einem Indio und einem christlichen Missionar, das Alexander von Humboldt 1795 im Orinokotal von Venezuela aufzeichnete. «Euer Gott schließt sich in ein Haus ein, als wäre er alt und krank», sagte der Indio. «Der unsrige ist im Wald, auf dem Feld, auf den Sipapubergen, woher der Regen kommt.»

Die keltischen Völker im vorchristlichen Nordwesteuropa verehrten die Macht in den Bäumen und brachten die heimische Pflanzenwelt mit bestimmten Gottheiten in Verbindung. Die bleiche Mondgöttin Cerridwen bewohnte die weiße Birke. Die früchtetragende Eberesche war der Göttin Brigit geweiht. In der Eiche hauste der Donnergott.

Im 3. Jahrhundert v. Chr. ging aus den keltischen Traditionen eine Kaste von männlichen Magiern, den Druiden, hervor. Mit dem Christentum verschwanden die keltischen Riten, aber die frühen Christen fanden Wege, um deren Symbole in den eigenen Glauben einzubinden. So befinden sich an der Kathedrale von Canterbury, die auf einer keltischen Kultstätte errichtet wurde, 70 Porträtskulpturen des Grünen Mannes: eines keltischen Naturgeists in Männergestalt, dem Blätter aus Leib und Gesicht wachsen. Zur Feier von Christi Geburt entlehnten die Christen die Symbole der Stechpalme – von den Kelten wegen ihres immergrünen Laubwerks verehrt – und des Efeus, der für die Kelten die Ranke der Wiederauferstehung war, die nach dem Winter schnell zum Leben erwachte. Auch der moderne christliche Brauch, einen immergrünen Baum mit Lichtern zu schmücken, ging aus dem keltischen Baumkult hervor.

Die Welt der Hopi-Indianer im amerikanischen Südwesten ist von Hunderten von Geistern oder *kachinas* bevölkert. Jeder steht in Verbindung mit einer Pflanze, einem Tier, einem Naturphänomen oder einer Legende: der große Amerikanische Uhu Mongwa, der Schmetterling Palik Mana und der Dachs Honan sowie Koyemsi als Symbol der Erde und Koshari, der Hano-Clown. Bei religiösen Zeremonien tragen die Tänzer heute noch prächtige Kostüme nach Art der verschiedenen *kachinas*. Sie setzen sich Hanos Kopfputz auf, ihre schwarz-weiße Bemalung dient als Freibrief für Späße und Rüpeleien. Die Hopi geben ihren Kindern *kachina*-Puppen in traditioneller Tracht als Talismane. Sie hängen diese auch unter die Dächer ihrer Pueblos, damit die Familie von den Geistern beschützt wird.

REINIGUNGSRITEN

RELIGIÖSE ZEREMONIEN begannen – und beginnen – oft mit speziellen Vorbereitungen, die die kultische Handlung aus dem Alltagsleben herausheben. Sie erweisen damit der spirituellen Sphäre ihren Respekt. Die Alltagskleidung wird durch besondere Gewänder und Kopfbedeckungen ersetzt. So tragen manche Priester das weiße Chorhemd, Gläubige schmücken sich mit Schleiern, Kappen und Gebetsschals. Der Körper kann mit Zeichen und Farben bemalt werden, manchmal nur vorübergehend – durch Kreide, Mehl oder pflanzliche Farbstoffe –, manchmal auch dauerhaft: Tätowierungen und Narben, die der Gläubige bei der Zeremonie empfängt, behält er als Erinnerung an die heilige Handlung sein Leben lang.

Der Gottesdienst beginnt oft mit Reinigungsritualen. Sie beruhen auf Glaubenssystemen, in denen das menschliche

Leben im Vergleich zu den überirdischen Mächten als begrenzt, abhängig und unrein gilt. Deren Vollkommenheit liegt jenseits der menschlichen Vorstellungskraft.

Katholische Gläubige tauchen ihre Finger in eine Schale mit Weihwasser, sobald sie ein Gotteshaus betreten, und vollziehen so einen Reinigungsakt, bevor sie das Kreuz schlagen und um Gottes Segen bitten. In vielen christlichen Konfessionen muss der Mensch getauft werden – eine Form der spirituellen Wiedergeburt, die ihn von seinen Sünden reinigt, bevor er in die Gemeinschaft der Gläubigen aufgenommen wird. Dieses Sakrament kann kurz nach der Geburt vollzogen werden, indem der Kopf des Säuglings mit Taufwasser benetzt wird. Es kann aber auch im späteren Leben stattfinden, in manchen Glaubensrichtungen durch vollständiges Eintauchen in ein Taufbecken oder einen heiligen Fluss.

Muslime waschen sich, bevor sie in eine Moschee eintreten. Sie benutzen einen Gebetsteppich, damit der Ort des Gebets rein ist.

Für die altindischen Vorläufer des modernen Hinduismus war rituelle Reinigung sowohl durch Wasser als auch durch Feuer möglich. Später legten die *aryas* (deutsch: „Arier") Feuerstätten an, auf denen sie Tiere opferten. Sie beschworen Agni, die göttliche Flamme, und ließen den Rauch von den Opfergaben und Räucherkerzen zu den Göttern emporsteigen. Das erste Opfer war der Riese Purusha, der die Welt und ihre Geschöpfe hervorbrachte. Er verzehrte sich selber im Feuer der Schöpfung. Die Priester wiederholten sein Opfer in ihren Riten, um die Ordnung der Welt zu erneuern und zu erhalten.

HEILIGE STÄTTEN

IN VIELEN RELIGIÖSEN Traditionen – beispielsweise bei den Hindus, den alten Griechen, Chinesen und Anhängern des japanischen Schintoismus – wird die Erde selber als heilig betrachtet. In den prophetischen Traditionen des Westens mussten irdische Stätten geweiht und auf diese Weise geheiligt werden, um dann durch den Bau eines Tempels, einer Kirche oder eines Heiligtums zu Andachtsstätten zu werden. In wieder anderen Traditionen wurden bestimmte Orte als heilig verehrt, an denen sich Menschen dem Göttlichen näherten. Quellen, Flüsse, Grotten, Höhlen, Felsen und Berge nahmen eine besondere Bedeutung an. Profane Dinge waren an solchen Stätten nicht geduldet.

Am Fuß des griechischen Bergs Parnass, der 600 Meter über dem Golf von Korinth aufsteigt, speist eine sprudelnde Quelle einen Nebenfluss des Kephisos. Wer dort die Götter verehrte, glaubte, am Nabel der Welt zu sein. Spuren religiöser Aktivität lassen sich an dieser Stätte bis in die mykenische Zeit zu Beginn des ersten vorchristlichen Jahrtausends zurückverfolgen. Python, der Drachensohn der Erdmutter Gaia, galt nach dem Mythos als Wächter der Höhle.

Die Athener übernahmen das Heiligtum im 8. Jahrhundert v. Chr. Sie glaubten, ihr Gott Apollo habe Python getötet und führten den Kampf alle acht Jahre auf. Sie bauten Apollo einen Tempel mit einem bienenkorbförmigen *omphalos* („Nabel"), dem steinernen Symbol, dass diese Stätte – Delphi – das Zentrum der Welt sei. Die Gläubigen vollzogen eine rituelle Reinigung, brachten Apollo ein Opfer dar und befragten das berühmte Orakel: eine Priesterin, die sich in Ekstase mit dem Heiligen in Verbindung setzte. Wenn sie in die Menschenwelt zurückkehrte, tat sie durch Prophezeiungen über das Schicksal von Bürgern und Herrschern den Willen des Gottes kund. Die wohl berühmteste Prophezeiung besagte, dass Ödipus, der König von Theben, seinen Vater töten und seine Mutter heiraten werde. Seine Geschichte ist durch die Dramen von Sophokles überliefert.

An der Grenze zwischen dem heutigen Israel und Syrien, zu Füßen des Hermongebirges, schützt ein

GEGENÜBER: Statussymbole und Ahnentafeln: die aus Rotzedern geschnitzten Totempfähle der nordwestamerikanischen Indianer.
FOLGENDE SEITEN: Kwakiutl-Indianer beschwören ein Ungeheuer zur Rückgabe des von einer Mondfinsternis verdunkelten Mondes.

DIE GLOBALE WIEDERKEHR DER RELIGIONEN

— John L. Esposito, *Georgetown-Universität*

Seit jeher haben Religionen eine bedeutende, ja oft entscheidende Rolle in der Menschheitsgeschichte gespielt. Alle großen Religionen hatten ursprünglich einen umfassenden Anspruch; sie beschränkten sich nicht auf den Einzelnen, sondern übten auf die gesamte Gesellschaft Einfluss aus. Nach der Aufklärung wurde Religion zunehmend zur Privatsache. Mitte des 20. Jahrhunderts glaubte man nicht nur an die Trennung von Kirche und Staat, die den amerikanischen Gründervätern als hehres Prinzip galt. Man sah in der Säkularisierung aller gesellschaftlichen Bereiche – Politik, Wirtschaft, Recht und Erziehung – ein Erfordernis der Modernisierung. Die Theologen sprachen von einer Entmythologisierung der heiligen Schriften. Intellektuelle Bildung wurde häufig an einem weltlichen Liberalismus gemessen, im Gegensatz zur Religion. Den Entwicklungsländern schien nur die Wahl zwischen Tradition und Moderne zu bleiben.

All das hat sich gegen Ende des 20. Jahrhunderts geändert. Weite Teile der Welt erlebten ein allgemeines Wiederaufleben und eine Politisierung von Religionen.

Dies kehrte den Prozess der Modernisierung um, den viele für unumstößlich gehalten hatten. Das Christentum, das in europäischen Ländern wie Deutschland oder Frankreich einen jähen Niedergang erfuhr, findet in Asien, Afrika und Lateinamerika rapiden Zulauf. In den USA sprechen Präsidenten offen über ihren Glauben. Das Gebetsfrühstück *(prayer breakfast)* gehört zum Alltagsgeschäft.

Diese Wiedererstarkung des Glaubens hat sich auch in der Weltpolitik gezeigt. Eine aufputschende Mixtur aus Religion, Nationalismus und Ethnizität erwies sich als nachhaltige Quelle von Einheit und Zwietracht. Von Nordirland bis zum Kosovo, vom Irak bis nach Sri Lanka hat dies die Bevölkerungen polarisiert und Konflikte geschürt. Häufig ist jetzt von einer „Entsäkularisierung der Gesellschaft" die Rede, weil die Religion in den innenpolitischen, transnationalen und internationalen Beziehungen immer mehr als entscheidender Faktor erkannt wird.

Die islamische Revolution im Iran in den Jahren 1978 bis 1979 war ein Signal für die gegenwärtige Renaissance des Islam. Von Nordafrika bis Südostasien trat er erneut als

oben: *Mit Kerzen in der Hand beten Gläubige zu Gott.*

bedeutende Kraft der politisch-sozialen Entwicklung auf. Radikale islamistische Bewegungen haben sich einem Feldzug der Gewalt verschrieben, um bestehende Regierungen zu destabilisieren oder zu stürzen. Gemäßigte Islamisten, die für eine Entsäkularisierung der Gesellschaft eintreten, wurden in Gesellschaft und Politik zunehmend aktiv.

In Israel hofierten kandidierende Premierminister und amtierende Regierungen religiöse Führer und Parteien. Gebietsansprüche und Siedlungspolitik wurden religiös begründet, Regierungen mussten sich mit Fundamentalisten und extremistischen Gewaltpredigern auseinander setzen.

In Lateinamerika hat die katholische Befreiungstheologie mit ihrer „Option für die Armen" soziale und politische Reformbestrebungen inspiriert. In Brasilien, Nicaragua, El Salvador, Kolumbien und Venezuela entstanden christliche Basisgemeinden. Auch in Polen und im übrigen Osteuropa trieben die christlichen Kirchen Reformen voran. Sie spielten eine entscheidende Rolle beim Sturz des Kommunismus.

Ein säkularisierter Staat wie Indien hat vielfältige Konflikte erlebt, die durch religiösen Nationalismus begründet sind, von den Unabhängigkeitsbestrebungen der Sikhs im Pandschab bis zum muslimischen Aufstand in Kaschmir. In Zentralasien geht der wiederaufkommende islamische Nationalismus mit neuen religiös-politischen Bestrebungen in der russisch-orthodoxen Kirche einher.

Dieses Aufleben ist nicht nur eine soziale und politische Erweckungsbewegung. Es steht für die Suche nach Identität, Authentizität und Gemeinschaft. Es ist das Verlangen, dem persönlichen und politischen Leben einen Sinn zu verleihen. Viele Menschen sind zu ihren religiösen Traditionen zurückgekehrt. Die Erneuerer der drei abrahamitischen Religionen wollen ihre Gesellschaften reislamisieren, rechristianisieren oder rejudaisieren. Ähnliche Bewegungen finden sich im Hinduismus, Buddhismus und in anderen Glaubensformen.

Gemeinsam ist den meisten religiösen Erneuerungsbewegungen eine Rückkehr zu den Fundamenten des Glaubens. Sie betonen wieder den Primat der göttlichen Allmacht, den Bund zwischen Gott und den Menschen, die zentrale Bedeutung des Glaubens, die Verantwortung für die Schöpfung und die Gleichheit aller Gläubigen in ihrer Gemeinschaft. Ihre Anhänger lesen wieder in der Heiligen Schrift. Soziale Ungerechtigkeit, Gewalt und Unterdrückung treibt viele Menschen in die Gotteshäuser. Religiöse Ereignisse werden neu interpretiert. Sie dienen als Quellen von göttlicher Führung und Befreiung.

Nach wie vor zeigt unsere Welt die zwei Gesichter der Religionen: ihren überirdischen Glanz und ihre dunkle Kehrseite. Sie breiten sich weiter aus, werden im Leben des Einzelnen zunehmend wichtiger. Sie haben aber auch in ihren Traditionen zu Spaltungen geführt und gesellschaftspolitische Auseinandersetzungen geschürt. Ihre dunkle Seite, Terrorismus und Gewalt, hat sich in zahlreichen Konflikten von Ägypten bis Indonesien gezeigt. Die Terroranschläge vom 11. September 2001 und ihre Folgen haben die Tiefe des Hasses und seine weltweiten Implikationen enthüllt. Es ist wichtig zu begreifen, wie stark Religion mit Politik und Wirtschaft zusammenhängt. Theologien des Hasses gibt es heute in vielen Religionen. Sie bedrohen das moralische und soziale Gefüge unserer Gesellschaften. Sie äußern sich im wachsenden Antisemitismus, in „Islamophobie" und in den Konflikten von Religionsgemeinschaften in vielen Teilen der Welt.

Buddhismus, Hinduismus und Islam haben sich einen festen Platz im Erscheinungsbild westlicher Gesellschaften erobert. Die Realitäten der Globalisierung erfordern wechselseitiges Verständnis und gegenseitigen Respekt, der auf dem Wissen um die religiösen Überzeugungen und Traditionen unserer Mitbürger beruht.

Naturreservat die waldumsäumten Bäche und Wasserfälle, die als Hauptquellen des Jordan schon in vorgeschichtlicher Zeit verehrt wurden. Die Gegend war im 3. Jahrhundert v. Chr. als Stätte des Pan-Kults bekannt. Der griechische Gott, halb Mensch, halb Ziegenbock, sorgte in den Herden für Fruchtbarkeit. Er konnte unter den Menschen aber auch Angst und „panischen" Schrecken verbreiten. Das Wasser sprudelte an dieser Stätte aus Felsgrotten und sammelte sich in schattigen Höhlen. Seine Verehrer überbrachten Pan ihre Opfergaben, indem sie diese in die Hauptgrotte warfen. Die in die Felswände geschlagenen Nischen sind heute noch sichtbar. Sie enthielten einst Statuen von Pan, seiner Geliebten Echo und seinem Vater Hermes, dem Götterboten.

FESTE UND FEIERTAGE

IM VERLAUF der Jahreszeiten wurden bestimmte Tage als heilig betrachtet. Sie unterbrachen den Alltag, die Menschen beschäftigten sich mit ihrem Verhältnis zu den spirituellen Mächten. In Regionen, die so weit vom Äquator entfernt sind, dass man den Wechsel der Jahreszeiten bemerkt, feiert man seit jeher die Frühlings- und Herbst-Tagundnachtgleiche sowie die Sommer- und Wintersonnenwende. Stonehenge, das kreisförmige Steinmonument auf der englischen Salisbury Plain, wurde zwischen 2500 und 1900 v. Chr. an einem Ort errichtet, der schon 1 000 Jahre zuvor als Kultstätte gedient hatte. Das Licht sollte vermutlich zurzeit der Sommersonnenwende in einem besonderen Winkel in die komplizierte Anlage fallen und bei Sonnenuntergang zwischen den Steinen eindrucksvolle Schatten werfen.

Die Kelten teilten als Erben der Stonehenge-Tradition den Kalender in acht Teile ein: in die zwei Tagundnachtgleichen, die zwei Sonnenwenden und vier Zeitpunkte dazwischen: den Sommerausklang Samhain (1. November), den Winterausklang Imbolc, die Zeit der Geschichtenerzähler (1. Februar), den Maifeiertag Beltane (1. Mai) und das Lichterfest Lughnasadh (1. August). Jeder der acht Feiertage wurde mit einer besonderen rituellen Zeremonie begangen.

Die alten Griechen erklärten den Wechsel der Jahreszeiten mit der Sage von Demeter, der Göttin des Ackerbaus und des Getreides. Sie wohnte mit Zeus im Götterpantheon auf dem Olymp. Manche Wissenschaftler vermuten in ihrem griechischen Namen den Wortstamm von „Mutter", was auf ihre Herkunft aus einer noch älteren Erdmuttergöttin verweist.

Demeters Tochter Persephone wurde von Hades geraubt, dem Gott der Unterwelt und Herrn der Toten. Er wohnte im gleichnamigen Hades, der finsteren Unterwelt auf der gegenüberliegenden Seite des Styx.

Vor Schmerz über den Verlust ihrer Tochter verlor Demeter das Interesse an den Ernten und Jahreszeiten. Das Getreide hörte auf zu wachsen. Sie zog nach Eleusis – um 1000 v. Chr., als man an diesen Mythos glaubte, nach Athen und seinem Hafen Piräus die bedeutendste griechische Stadt. Doch Zeus wollte die Sterblichen wieder bei der Feldarbeit sehen. Er überredete Hades, Persephone zwei Drittel des Jahres bei ihrer Mutter verbringen zu lassen. Während dieser Zeit wuchsen und blühten die Pflanzen und trugen Früchte. In den Monaten, in denen Persephone in die Unterwelt zurückkehrte, wurde die Erde kalt. Die Pflanzen welkten dahin und schliefen, bis sie im nächsten Jahr aufs Neue ins Land der Lebenden kam.

In Eleusis entstand ein jährlicher Zyklus von Demeterkulten, die die wichtigen Momente im landwirtschaftlichen Jahr feierten: Pflügen, Säen, Aufkeimen, Wachsen, Ernten und Dreschen. Dieser Zyklus bestimmte 10000 Jahre lang den jahreszeitlichen Rhythmus des menschlichen Lebens.

Auch die natürlichen Tageszeiten – Morgen, Mittag, Nachmittag, Sonnenuntergang und Abend – sind wichtige rituelle Anhaltspunkte, besonders für die tägliche Andacht. Sie rufen die Moslems fünfmal am Tag, die Juden dreimal, die Christen zweimal zum Gebet.

GEGENÜBER: Der babylonische Herrscher Hammurabi glaubte, im Auftrag der Götter zu herrschen, um sein Land zu erleuchten.

DIE URSPRÜNGE

DIE LEBENSZYKLEN

DIE ZEREMONIEN im Jahresverlauf vermittelten ein Gefühl von Kontrolle über die Natur und von ewiger Wiederkehr. Die Feste im Verlauf des menschlichen Lebens bezeichneten Momente des Übergangs im Verhältnis des Einzelnen zur Gemeinschaft und zu den göttlichen Mächten. Bei der Geburt eines Kindes hat jede soziale Gruppe das Bedürfnis, es in der Gemeinschaft zu begrüßen. Die meisten Kulturen haben auch eine besondere Zeremonie, um für das Kind göttlichen Schutz zu erbitten.

Bei den Blood Indians in Saskatchewan (Kanada) beging ein Stammesältester die Taufzeremonie. Er unterzog sich einer rituellen Reinigung, indem er duftendes Süßgras verbrannte, und bemalte das Gesicht des Kindes mit den Stammeszeichen: Linien aus rotem Ocker unter den Augen und über den Lippen. Er hob das Kind feierlich empor, um es der Sonne zu zeigen und bat diese mit Gesängen, das neue Stammesmitglied durch ihr strahlendes Licht zu führen und zu beschützen.

Mannbarkeitsriten markierten den Übergang von der Kindheit zum Erwachsenenalter. Bei den Pende in Zaire führten die erwachsenen Männer die herangereiften Knaben jedes Jahr in ein Initiationslager außerhalb des Dorfes. Sie legten gestreifte Umhänge aus Bast und Baumrinde an sowie lange Strohröcke um Hals, Hüften, Handgelenke und Knöchel. Manche setzten Hörner auf, andere schmückten sich mit künstlichen Riesenaugen. Die Gewänder dieser *minganji,* wie die Zeremonienmeister genannt wurden, brachten ihre besondere Beziehung zu den Totengeistern zum Ausdruck. Sie führten mit den Initianden und um diese herum geheimnisvolle Tänze auf. Anschließend brachten sie sie ins Dorf zurück, wo sie zu Männern erklärt wurden.

Für die Anhänger des Candomblé, eines brasilianischen Kults mit afrikanischen Ursprüngen, kann ein junger Mann auch heutzutage erst dann in die Religion initiiert werden, wenn er von einem Geist, einem *orixa,* gerufen wird. Danach wird er sechs Monate lang isoliert. Die Gläubigen gehen davon aus, dass er in eine Trancewelt eintritt und sich dort in ein Pferd verwandelt, das von einem Gott geritten wird. In einem besonderen Kulthaus lassen ihm Priester und Priesterinnen Ziegenblut und Federn von sieben Vögeln auf seinen geschorenen Kopf fallen. Nach dieser Reinigungszeremonie begrüßt ihn die Gemeinde mit einem Fest, in dem die Brasilianer die Wiedervereinigung mit ihrer afrikanischen Vergangenheit feiern.

Viele Riten in aller Welt markieren auch den Eintritt der Frauen ins Erwachsenenalter. Einer der großartigsten ist das Sonnenaufgangsfest der Apachen, in dem die Indigenen des amerikanischen Südwestens zusammen mit der jungen Frau ihren Schöpfungsmythos darstellen. Während der 96-stündigen Zeremonie trägt sie prächtige Gewänder mit langen weißen Fransen, ein buntes Tuch und eine Perlenkette mit Federn. Ihre Familie wählt eine Patin aus, eine ältere Frau, die sie durch diesen Übergangsritus hindurchführt. Sie gießen der jungen Frau eine Mixtur aus weißem Lehm und Maismehl über den Kopf, die während der ganzen Zeremonie in ihrem Haar und auf ihren Kleidern klebt. Später wird sie mit leuchtend gelben Rohrkolbenpollen als Symbol der Fruchtbarkeit überschüttet. Die Tänze, Gesänge und Gebete dauern vier Nächte lang. In bestimmten Momenten der Zeremonie läuft die Initiandin in die vier Himmelsrichtungen – bei Tagesanbruch der aufgehenden Sonne entgegen. Ihre Patin massiert ihren Körper und besingt seine Veränderungen. «Jetzt gehst du in die Welt», singt sie. «Du wirst erwachsen und verantwortlich... Geh deinen Weg mit Ehre und Würde... Denn du wirst die Mutter eines Volkes werden.»

Auf Bali, wo sich der Hinduismus mit einheimischen Traditionen mischt, ist die Pubertät die Zeit, in der sich junge Frauen und Männer der Zahnfeilung unterziehen. Die *mepandes* oder *metatah* genannte Zeremonie wird von einem Mann aus der Priesterkaste durchgeführt. Sie dient der Vorbereitung auf die Ehe. Die männlichen und weiblichen

GEGENÜBER: Die Kultstätte Machu Picchu wurde, dem Himmel nah, von den Inka ins Granitgestein der peruanischen Anden gehauen.

Teilnehmer werden zu diesem Anlass mit farbenprächtigen, golddurchwirkten Gewändern festlich gekleidet. Die Jungen tragen ein Schwert, die Mädchen Blumen. Beide sind auf besondere Weise geschminkt. Der Priester knackt zu Beginn der Zeremonie eine gelbe Kokosnuss und weiht sie zum kultischen Spucknapf. Die Luft ist erfüllt von Weihrauch und Blütenduft. Mit einer Feile flacht er die vorspringenden oberen Eckzähne ab, damit das böse Tier im Menschen verschwindet. Die vier oberen Schneidezähne dazwischen werden zurechtgeschliffen. Alle Anwesenden wissen, dass diese sechs Zähne die sechs menschlichen Laster symbolisieren – Wollust, Gier, Zorn, Trunkenheit, Dummheit und Neid – und dass die jungen Menschen nach der Zeremonie gereinigt sind. Sie können nun Erwachsenenpflichten übernehmen. Jungen und Mädchen spucken den beim Feilen entstandenen Staub in die geweihte Kokosnuss. Sie wird später im Familientempel beigesetzt und übt dort weiterhin ihre Macht aus.

Andere Übergangsriten, in denen junge Menschen die religiösen Pflichten eines Erwachsenen übernehmen, sind die christliche Konfirmation, die jüdische Bar Mizwa oder Bat Mizwa und der hinduistische Initiationsritus, bei dem der Heranwachsende nach Vollendung seiner ersten Lebensstufe eine heilige Schnur verliehen bekommt.

Die eheliche Verbindung zweier Menschen muss seit jeher durch eine religiöse Zeremonie geheiligt und mit dem Segen der Gemeinschaft versehen werden. Hochzeitsriten sind immer fröhlich und aufwendig. Die Braut ist häufig weiß gekleidet: als Symbol ihrer Jungfräulichkeit. Das Tragen eines Brautschleiers lässt sich mindestens bis ins antike Rom zurückverfolgen, wo Bräute ihren ganzen Körper mit einem roten Schleier bedeckten, bevor sie zur Hochzeit kamen. Das Abnehmen des Schleiers bedeutet die Enthüllung und Hingabe der Braut gegenüber dem Ehemann.

Auch Blumen und andere Fruchtbarkeitssymbole spielten im Lauf der Geschichte eine wichtige Rolle. In Syrien trugen muslimische Bräute duftende Sträuße aus Orangenblüten. Bräute im antiken Griechenland trugen Weizengarben und Kronen aus Stechpalmenzweigen. Ein ständig wiederkehrendes Motiv ist auch der Fruchtbarkeitswunsch der Gemeinschaft: Reis, Weizen, Mais oder andere getrocknete Körner werden über das Paar geworfen, wenn es die Hochzeitszeremonie verlässt. Der Hochzeitskuchen ist seit Jahrhunderten ein wichtiger Bestandteil der Feier. In vorderasiatischen Darstellungen aus dem ersten vorchristlichen Jahrtausend teilen sich die Neuvermählten einen Kuchen aus Sesamkörnern. In anderen Fällen streuen die Verwandten ihnen die Krümel ins Ehebett.

DER TOD UND SEIN SINN

RELIGIÖSE ZEREMONIEN markieren jeden neuen Lebensabschnitt, doch kein Ereignis wird so feierlich begangen wie der Tod, das letzte Geheimnis und eigentliche Motiv vieler Andachtsformen. Die Totengeister – ganz gleich, ob man sie im Traum sieht, im Glauben beschwört oder mit ihnen Verbindung aufnimmt – spielten in vielen früheren Kulturen eine lebendige Rolle und tun es häufig heute noch. Viele indigene Religionen leiten ihre Weisheit und Macht von den Ahnen ab.

Die Manu im Bismarckarchipel im Nordosten von Papua-Neuguinea nennen den Geist des Familienoberhaupts, so lange es lebt, „Herr Geist". Nach seinem Tod hängen sie seinen Schädel an die Tür, damit er weiterhin über das Haus wacht.

Die Zulu in Südafrika glauben, dass der Geist eines alten Mannes nach seinem Begräbnis in die Steppe wandert und im Dorf als Schlange erscheint: ein Zeichen, dass er zu den Ahnen gegangen ist. Die Ahnen, denen ihre Tänze und Gaben gelten, sind für die Zulu die Quelle von Dürre, Regen, Fruchtbarkeit, Trockenheit, Seuchen und guten Ernten.

In der nördlichen Hemisphäre gedenkt man traditionell am ersten Novembertag der Toten. Im amerikanischen

GEGENÜBER: In der Opferschale des Chacmool in der mexikanischen Ruinenstadt Chichén Itzá lagen die Gaben für den Regengott.

Halloween-Fest haben sich frühe Samhain-Riten erhalten, in denen die Kelten mit nächtlichem Feuerschein die dunkle Jahreszeit bannten. Die römischen Eroberer dehnten das Fest auf zwei Tage aus. Sie verknüpften das Totengedenken mit einem Erntefest zu Ehren der Baum- und Obstgöttin Pomona. Als die Christen die Britischen Inseln beherrschten, gaben sie den heidnischen Festen eine neue Bedeutung. Sie nannten den 1. November zum Gedenken an ihre Heiligen und Märtyrer „Allerheiligen", den darauf folgenden Tag „Allerseelen". Der 31. Oktober wurde vielfach als „All Hallows Evening", als Abend vor Allerheiligen, gefeiert – abgekürzt Halloween.

Ähnlich feiern die Mexikaner jedes Jahr an den zwei ersten Novembertagen das Totenfest (*dia de los muertos*). An diesen Tagen sollen die Totengeister in die Häuser zurückkehren. Die mexikanischen Familien stellen für sie reich gedeckte Gabentische mit Kerzen, Kränzen und Blumen auf. Darauf stehen alle möglichen Speisen, die eigens für dieses Fest zubereitet werden, besonders *pan de muerto*, das Totenbrot, das in Form von Gebeinen oder menschlichen Gestalten die Seelen verkörpern soll. Andere Familien besuchen mit einem üppigen Picknick die Gräber. Ein fröhliches Feuerwerk ruft die Gläubigen zur Messe. Trotz der Aufnahme christlicher Symbole und Riten ist das mexikanische Totenfest vermutlich genauso wie Halloween eine Assimilation älterer einheimischer Bräuche.

Viele Kulturen salbten ihre Toten mit Duftstoffen ein, damit der Leichnam eines verstorbenen Familienmitglieds eine Zeit lang zu Hause aufgebahrt werden konnte. Bei manchen Völkern kamen die Verwandten nach einigen

DIE URSPRÜNGE

Monaten oder Jahren zurück, um in einer zweiten Zeremonie die Gebeine zu bestatten. Die Einäscherungspraktiken in Europa und Indien stammen aus der Jungsteinzeit oder aus noch früheren Epochen. Im alten Rom wurden die Leichname vornehmer Männer vor der Einäscherung für einige Tage oder eine Woche lang aufgebahrt. Die Toten der unteren Schichten wurden normalerweise am nächsten Tag verbrannt. Der römische Senat untersagte im 5. Jahrhundert v. Chr. die Einäscherung innerhalb der Stadtgrenzen. Doch der Brauch selber wurde fortgesetzt, indem eine Prozession von Trauergästen und Musikanten den Leichnam vor die Stadtmauern trug. Er wurde auf einem Scheiterhaufen verbrannt, die Asche kam in ein Tongefäß. Wohlhabende Römer schlossen sich Bestattungsgesellschaften an. Sie zahlten monatliche Beiträge, damit ihre Urne in ein Columbarium kam – eine geschützte Gruft, in der die Familie eine Gedenktafel anbringen konnte.

Die vorderasiatischen Kulturen zogen die Erdbestattung der Einäscherung vor. Judentum, Christentum und Islam wurden davon beeinflusst. Eine Ausnahme bildeten die altpersischen Zarathustra-Anhänger. Deren Nachfahren, die iranischen und indischen Parsen, setzten ihre Toten nach alten Bräuchen bei. Der amerikanische Schriftsteller Mark Twain sah 1895 in Indien eine parsische Trauergesellschaft, vor der eine Prozession weiß gekleideter Leichenträger den Verstorbenen zur letzten Ruhe in den „Turm der Stille" trug. «Wir haben das Grab, die Gruft, das Mausoleum, den Gottesacker, den Friedhof», heißt es in seiner „Reise um die Welt", «aber wir haben kein Wort, das so erhaben wäre wie dieses... Als die Trauernden in die Nähe des Turms gelangt waren, dem sich niemand mit Ausnahme der Träger auf weniger als 30 Fuß nähern darf, machten sie kehrt und schritten zu einem der Gebetshäuser zurück, um für die Seele ihres Toten zu beten. Die Träger schlossen die einzige Tür des Turms auf und verschwanden darin. Kurz darauf kamen sie mit der Bahre und dem Leichentuch zurück. Die Tür wurde verriegelt. Dann erhob sich die Schar der Geier. Sie stürzten in den Turm hinab, um den Leichnam zu verschlingen. Nur ein sauber abgenagtes Skelett war von ihm übrig, als sie nach ein paar Minuten wieder ausschwärmten.»

Wochenlang blieb das Skelett im „Turm der Stille", vom Regen ausgewaschen, von der Äquatorsonne gebleicht. Dann kamen die Leichenträger zurück und warfen es in den Turmschacht. «Es ward nie mehr gesehen, nie mehr berührt.» Der Leichnam galt den Parsen als unrein. Nur diejenigen, die mit der lebenslangen Tätigkeit des Leichenträgers betraut waren, durften ihn berühren. Sie wurden zu diesem Zweck immer wieder neu eingekleidet. Der Tod macht alle gleich. «Die Gebeine der Reichen und der Armen, der Berühmten und der Namenlosen liegen alle zusammen im selben Schacht.»

In manchen Überlieferungen heißt es, dass die menschliche Rasse einst unsterblich war. Der Tod war die Strafe der Götter für einen anfänglichen Frevel. Bei einem zentralafrikanischen Pygmäenstamm wurde erzählt, dass der erste Mensch, Masupa, zwei Söhne und eine Tochter hatte. Einer der Söhne ist der Stammvater der Pygmäen, der andere der eines Nachbarstammes. Die Tochter versorgte das Haus mit Wasser und Holz. Sie lebten in Glück und Frieden und mussten nur ein einziges Gesetz ihres Vaters befolgen: Sie durften ihn niemals sehen. Die Tochter stellte ihm Wasser und Holz vor die Tür, bis sie eines Tages ihre Neugier nicht mehr bezähmen konnte. Sie versteckte sich hinter einem Türpfosten. Als der Vater die Hand nach dem Wasserkrug ausstreckte, erblickte sie seinen reich geschmückten Arm. Er sah nicht aus wie der eines gewöhnlichen Menschen.

Masupa war außer sich vor Wut. Er rief seine drei Kinder vors Haus – ließ sich aber immer noch nicht sehen – und teilte ihnen mit, dass er sie verlassen müsse. Sie hätten nun im Elend zu leben und hart zu arbeiten. Er gab ihnen Werkzeuge und Waffen und lehrte sie, Eisen zu schmieden. Seiner Tochter sagte er, dass sie von allen dreien die größten

GEGENÜBER: Über einer kultischen Feuerstätte wird ein australisches Aborigines-Kind mit beißendem Rauch getauft.
FOLGENDE SEITEN: Tänzer, die Totengeister verkörpern, lassen Jungen aus Sambia den Schmerz des Beschneidungsritus vergessen.

DIE URSPRÜNGE

Schmerzen erleiden würde, sobald sie Kinder bekäme. Heimlich und immer noch ungesehen ging Masupa den Fluss hinab in den Wald. Bald bekam seine Tochter ihr erstes Kind. Sie nannte es „Der-Tod-kommt" und starb nach zwei Tagen. Seitdem entging niemand mehr dem Schicksal des Todes.

JENSEITS DES TODES

MANCHE KULTUREN fanden Mittel zur Konservierung der Toten. Die Ägypter ab dem 3. vorchristlichen Jahrtausend, die Inka im 15. Jahrhundert und die australischen Aborigines an der Torresstraße in neuerer Zeit hatten ihre besonderen Mumifizierungsmethoden. Wie keine andere Kultur ehrten die alten Ägypter ihre Verstorbenen mit aufwendigen Begräbnisriten und ehrfurchtgebietenden Grabstätten. Das ägyptische Pantheon umfasste ein ganzes Heer von Göttern. Der Sonnengott Re schuf Shu, den Gott der Lüfte, und Tefnut, die Göttin der Feuchtigkeit. Diese brachten wiederum den Erdgott Geb und die Himmelsgöttin Nut zur Welt. Deren Kinder waren Isis und Osiris. Der Pharao stand zwischen den Göttern und Menschen, um der diesseitigen Welt die göttliche Ordnung zu bringen. Zu Lebzeiten galt er als Inkarnation von Horus, dem Sohn von Isis und Osiris, der meist mit einem Falkenkopf dargestellt wurde. Nach seinem Tod vereinigte er sich mit Osiris, der nicht nur als Gott der Fruchtbarkeit, sondern auch als Totengott galt.

Der Mensch bestand nach dem Glauben der alten Ägypter aus verschiedenen Teilen. Dazu gehörten *ren*, der Name, *ba*, die Seele, *ka*, die Lebenskraft, und *ach*, der Geist, der nach dem Tod den Körper verlässt und bei den Göttern am Sternenhimmel zu neuem Leben erwacht. Das *ka* blieb zurück und musste deshalb nach dem Tod speziell behandelt werden, besonders bei einer hochgestellten Persönlichkeit wie dem Pharao oder einem Mitglied des Königshauses. Der Leichnam wurde mumifiziert, wobei sich in dieser Prozedur technisches Wissen mit religiösem Glauben vermischte. Als Osiris von seinem missgünstigen Bruder Seth getötet wurde, sammelte seine Frau und Schwester Isis seine Körperteile zusammen, wickelte sie in Leinentücher und erweckte ihn wieder zum Leben. Wann immer Ägyptens Oberste Priester den Leichnam eines Pharaos einbalsamierten und einwickelten, wiederholten sie den Mythos. Sie glaubten, dass der *ach*, der sich noch im Körper befand, bald bei den Göttern weiterleben würde.

Zur Zeit des Neuen Reichs im 13. Jahrhundert v. Chr. verkündet das „Ägyptische Totenbuch", eine Grabinschrift, wie der Weg in das Leben nach dem Tod verläuft. Die Toten fuhren auf einem Fluss in die Unterwelt. Der schakalköpfige Gott Anubis wog die Seelen der Verstorbenen gegen die Feder der Wahrheit. Nur die, die leichten Herzens und in ihrem irdischen Dasein ehrbar und rechtschaffen waren, würden in den Himmel kommen. Wer als würdig beurteilt wurde und die gefährliche Fahrt durch die Unterwelt überlebte, stieg am nächsten Morgen mit dem Sonnengott Re zum Himmel empor. Dies ist wohl das früheste kulturelle Zeugnis für den Glauben an ein ewiges Leben nach dem Tod. Auf den Bildern vom Totengericht sieht man stets einen Vogel mit menschlichem Antlitz auf der Waagschale sitzen und das Urteil erwarten. Er stellt den *ba* oder die Seele der Person dar, über die gerichtet werden sollte.

Andere Kulturen bereiteten sich auf das Unbekannte nach dem Tod vor, indem sie darstellten, welche Stationen die Verstorbenen passieren mussten und was sie dabei erlebten. Nach daoistischer Überlieferung fuhren die Seelen der Toten zur Hölle und mussten schwere Prüfungen durchmachen, um für ihre Sünden zu büßen. Zur Zeit der nördlichen und südlichen Dynastien Chinas im 5. und 6. Jahrhundert war die daoistische Hölle das Reich des Kaisers Fengdu: eine Unterwelt von riesigen Ausmaßen, in der die Berge mehr als 4000 Kilometer hoch aufragten. Dorthin fuhren die Seelen, um das Urteil des Kaisers entgegenzunehmen. Er zog das Tun ihrer lebenden Verwandten mit in Betracht, denn ihre Opfergaben konnten ihn zu einem

GEGENÜBER: *Die Mumie eines geopferten Inka-Knaben, der Opfergaben und ein Paar Sandalen auf seinen Weg ins Jenseits mitbekam.*

milderen Urteil bewegen. Der Seele wurden weniger harte Prüfungen auferlegt, bevor sie in den Himmel kam.

Ein Jahrhundert später, in der Tang-Dynastie, entwickelte sich eine neue, noch komplexere Tradition, die wahrscheinlich aus einem hinduistischen Mythos hervorging. Nach diesem Glauben wurde das Schicksal der Toten von zehn Königen, den Yamas der Zehn Hallen, bestimmt. Sie waren je für ein Kontingent aus dem Heer der ankommenden Seelen zuständig. Ein allmächtiger Yama-König – in der buddhistischen Ikonografie Tibets sechsarmig mit grimmiger Miene, Drachenzähnen und Flammenhaar dargestellt – empfing die Toten in der ersten Halle und schickte sie nach einem ersten Urteilsspruch in die eigentliche Gerichtshalle. Eine Seele, die im früheren Leben ihre Mitmenschen betrogen hatte, kam in die zweite Halle, die Eishölle. Eine andere, die als gierig verurteilt wurde, kam in die fünfte, die Klagehölle. Wer seine Eltern nicht geehrt hatte, wurde in der achten Halle dem Höllenlärm ausgesetzt.

Nur wer in den Augen des Yama-Königs wahrhaft tugendhaft war, durfte sich in der zehnten Halle auf die Seelenwanderung vorbereiten. Seine Seele begann in einem neuen Körper ein neues Leben. Ein Gott namens Mongpo gab ihr unterwegs einen Zaubertrank, der alle Erinnerung auslöschte. In der Ming- und Qing-Dynastie vom 14. bis ins 19. Jahrhundert haben diese Gerichts- und Höllenvisionen die Chinesen so stark beschäftigt, dass sie den Yamas beim Tod eines nahen Verwandten stets ihre Gebete und Gaben darbrachten, um sein künftiges Los zu erleichtern.

RELIGION UND KULTUR

ZU ALLEN ZEITEN haben sich Menschen, die durch eine gemeinsame Identität und Geschichte verbunden waren, mit ihren Mythen, Glaubensformen und Riten dem Unbekannten oder Überirdischen genähert. Die Gemeinschaft wurde von moralischen Gesetzen und Verhaltensmaßregeln geformt. Aus den großen Erzählungen, die von der Geburt und dem Tod der Götter, von ihren Abenteuern, Verbindungen und Konflikten handelten, erfuhren die Menschen, wie die Welt aussah und welchen Platz sie darin einnahmen.

Die Antworten auf jene Fragen, die dem menschlichen Bewusstsein innewohnen, finden sich in den mythischen Kreisläufen der Praktiken indigener Völker, aber auch in den mündlichen und schriftlichen Überlieferungen der Weltreligionen.

In den Eigenschaften Gottes, der Götter oder Geister spiegelten sich die Ängste und Hoffnungen der Menschen wider. Die Führer der Gemeinschaft spielten dabei eine wichtige Rolle. Häufig übernahmen sie den Part des Mittlers zwischen Menschen- und Geisterwelt. Feierliche Riten schlugen mit Farben, Bewegungen, Klängen und Düften alle Sinne in ihren Bann. In manchen Zeremonien herrschte ehrfürchtige, trauernde, geheimnisvolle Stille, andere schäumten über vor lärmender Aktivität, ausgelassen oder furchteinflößend. Aufwendige Masken und Kostüme wurden nur zu diesem Anlass geschaffen oder von Generation zu Generation weitergegeben. Die Menschen versammelten sich zur religiösen Feier, um im Kreis der Gläubigen neue Kraft zu gewinnen und ihre gemeinsame Identität zu festigen.

Als die spanischen Eroberer in die Neue Welt kamen, stießen sie auf völlig unbekannte Hochkulturen mit Mythen und Riten, die sie in Europa oder Vorderasien nie gesehen hatten. Im Jahr 1532 fielen die Truppen von Francisco Pizarro im peruanischen Cajamarca ein. Die Inkakultur, die sie dort antrafen, war erst 300 Jahre alt. Der von Pizarro gefangen gesetzte Herrscher Atahualpa galt als Nachkomme des allmächtigen Sonnengotts Inti und der Erdgöttin Pachamama. Jeder König erbte den Titel Sapan Intiq Churin, „Einziger Sohn der Sonne", dazu die königlichen Diademe, Gewänder und Attribute aus Gold. Der Inka saß auf einem goldenen Thron im herrlichen Sonnentempel, der ebenfalls mit Gold überzogen war. Die Tempelpriester vollzogen kultische Riten. Auch Frauen, die ein Keuschheitsgelübde abgelegt hatten, nahmen an den Priesterkulten teil. Sie hießen Sonnenjungfrauen.

Das Sonnenfest Inti Raymi wurde alljährlich zur Wintersonnenwende gefeiert, wenn die Sonne in der südlichen Hemisphäre am höchsten und längsten am Himmel steht.

DIE URSPRÜNGE

Wenn sich das Inkavolk mit kultischen Liedern und Lobgesängen versammelt hatte, erhob der Sohn der Sonne goldene Becher, die mit *chicha* (Maisbier) gefüllt waren. Er vergoss einen Teil als Gabe für Inti, trank einen Teil davon selber und bot einen Teil den Adligen seines Hofstaats an.

Dann wohnte er einer Opferhandlung seines Obersten Priesters bei, der mit einem goldenen Messer die Brust eines schwarzen oder weißen Lamas aufschlitzte. Aus dem noch pochenden Herzen sagte er die Geschicke des kommenden Jahres voraus. Dann bündelte der Oberste Priester mit einem polierten Goldmedaillon die Sonnenstrahlen und entzündete ein heiliges Feuer. Die spanischen Eroberer ließen das Inti-Raymi-Fest im Jahr 1572 verbieten. Die Quechua, die Inka-Nachfahren im Peru von heute, feiern heute erneut ihre Verwandtschaft mit der Sonne. Sie führen die Zeremonie alljährlich im Sommer in Cuzco durch.

Ein eindrucksvolles Beispiel, wie religiöse Visionen und Kulte ein Gefühl der Gemeinschaft stiften, lieferten Anfang des 20. Jahrhunderts die nordamerikanischen Indianer mit ihrem Geistertanz. Zu einer Zeit, als die indigenen Kulturen im ganzen Westen der USA durch weiße Siedler und Soldaten dezimiert wurden, trat bei ihnen ein Führer auf: Wovoka, ein Paiute-Indianer aus Nevada. Während einer Sonnenfinsternis im Jahr 1889 fiel er in Trance. Wieder bei Bewusstsein, erklärte er, er sei im Himmel gewesen, wo die indianischen Ahnen in Frieden und Überfluss lebten. Er kehre mit Weisungen für sein Volk zurück: Sie sollten in Frieden leben, hart arbeiten und eine religiöse Zeremonie durchführen – den Geistertanz. «Ihr sollt alle sechs Wochen tanzen», hieß es in seiner Botschaft, die er in einer Indianerschule in Carlisle/Pennsylvania niedergeschrieben hat. «Weigert euch nicht, für die Weißen zu arbeiten, und streitet nicht, so lange ihr bei ihnen seid», befahl er. «Wenn die Zeit kommt, wird es keine Krankheiten mehr geben, jeder wird wieder jung.»

Wovokas frohe Botschaft verbreitete sich schnell unter den Stämmen, die zum größten Teil in staatlichen Reservaten lebten. Die Lakota im Dakota-Territorium fassten seine Botschaft kämpferisch auf. Sie glaubten, sie könnten durch den Geistertanz die Weißen vertreiben, die Ahnen zur Erde zurückholen und den Büffel vermehren – das heilige Tier, das als Quelle von Nahrung, Kleidung und Behausung diente und von den Weißen fast ausgerottet worden war.

Z. A. Parker, eine Lehrerin aus dem Pine-Ridge-Reservat im Dakota-Territorium, hielt dort im Juni 1890 ihre Beobachtungen von einem Geistertanz fest. Ungefähr 300 Zelte bildeten einen Kreis um einen zentralen Tanzplatz. In der Mitte stand eine große Kiefer, «bedeckt mit bunten Tüchern, Adlerfedern, Vogelbälgen, Klauen und Hörnern – lauter Gaben für den Großen Geist».

Der Tanz wurde von Medizinmännern und denjenigen angeführt, «denen es vergönnt gewesen war, eine Vision zu haben», in der sie mit verstorbenen Freunden und Ahnen gesprochen hatten. Männer und Frauen trugen besondere Kultgewänder, die mit Federn geschmückt waren, bemalt mit «Vögeln, Pfeilen und Bögen, Sonne, Mond und Sternen und allem, was sie in der Natur erblickten». 300 bis 400 Menschen tanzten im Rhythmus der Trommeln im Kreis herum. Sie legten die Hände auf die Schultern ihrer Vorderleute und sangen «Vater, ich komme.» Dann, so heißt es in Parkers Aufzeichnungen:

> «... hielten sie inne, blieben aber im Kreis stehen, und nun ertönten die schrecklichsten und herzzerreißendsten Klagen, die ich jemals gehört habe – sie weinten, jammerten, stöhnten und schrien ihr Leid heraus und riefen ihre verstorbenen Freunde und Verwandten beim Namen, während sie den Staub zu ihren Füßen aufnahmen... und auf ihre Häupter warfen. Schließlich richteten sie die Augen gen Himmel, falteten die Hände hoch über ihrem Kopf und standen aufrecht und reglos da. Sie beschworen die Macht des Großen Geistes, dass er ihnen erlauben möge, ihre Verstorbenen zu sehen und zu sprechen.»

Die Zeremonie dauerte fünf Tage, unterbrochen von Reinigungsriten im nahen Fluss. Viele Teilnehmer verloren das Bewusstsein. Ihre Stammesgenossen warteten gespannt

auf ihre Rückkehr, um zu hören, ob sie wie Wovoka das himmlische Totenland erreicht hatten. Die Ekstase des Tanzes, die ihm innewohnende Feindseligkeit gegenüber den Weißen und das von ihm entfachte Gemeinschaftsgefühl wurde den US-Behörden unheimlich. Als Reaktion verübten sie das Massaker von Wounded Knee und übernahmen endgültig das Land der Indianer.

RELIGIONEN GESTERN UND HEUTE

DIE MENSCHLICHE FAMILIE teilt viele gemeinsame Erfahrungen, ganz gleich in welcher Geschichtsperiode, in welcher Kultur oder welchem Land. Wenn ein Mensch in die Welt blickte, sah er Dinge, die er weder beherrschte noch verstand. Er sah Mächte, die ihn mit ihrer unerbittlichen Gewalt überwältigen konnten. Viele Gegebenheiten des Daseins standen nicht in seiner Macht: Freude und Leid, Lust und Schmerz, Gesundheit und Krankheit, Geburt und Tod. Es entsprach aber dem menschlichen Bewusstsein, dass es nach Erkenntnissen strebte und Formen fand, in denen die Zukunft vorhersehbar wurde.

Von Beginn der Menschheit an war die Religion eine Quelle des Trosts, die auf viele Fragen eine Antwort gab: Wer bin ich? Warum bin ich auf der Welt? Wie soll ich leben? Ist mein Leben wichtig? Was kann ich in diesem Leben erhoffen? Was erwartet mich nach dem Tod? Diese Fragen und Ängste fanden in allen Religionen Gehör. Sie sind eng mit den Grundfragen der heutigen Weltreligionen verbunden.

Der religiöse Trieb hat die frühesten Entwicklungen begleitet, die den Menschen zu dem machten, was er heute ist: die Ausbildung von Sprache und sozialer Organisation,

DIE URSPRÜNGE

der Gebrauch von Symbolen, um Gedanken auszudrücken und aufzuzeichnen. Die großen kulturellen Wandlungen gingen mit bedeutsamen Veränderungen in der religiösen Praxis einher. Der Übergang von Nomaden- und Wildbeuterkulturen zum sesshaften Bodenbau vollzog sich von 4000 bis 3000 v. Chr. vor allem in den fruchtbaren Flusstälern des Euphrat und Tigris in Mesopotamien, des Nil in Ägypten und des Indus in Asien. Als die Menschen sich niederließen, um Felder zu bewirtschaften und Vieh aufzuziehen, entwickelten sich Städte und Handelsbeziehungen, entstanden schriftliche Aufzeichnungen, städtische Herrschafts- und Verwaltungsinstanzen, ein Gesetzeskodex, öffentliche Arbeiten – und religiöse Zentralinstitutionen. Fundobjekte aus dem alten Sumer, der ersten Hochkultur, verdeutlichen das Zusammenspiel dieser neuartigen Lebensformen. Die Keilschrift auf einer Tontafel, datiert auf ungefähr 2350 v. Chr., berichtet von der Pilgerfahrt einer Herrschergattin aus der Stadt Girsu (heute Tello genannt), eine von den Archäologen gut erforschte irakische Ausgrabungsstätte. Sie besuchte sechs Tempel mit 13 Göttern und opferte ihnen Ziegen, Schafe und Lämmer.

Der babylonische König Hammurabi leitete die Autorität seines um 1780 v. Chr. verfassten Gesetzeswerks von den Göttern her. Er führte seine Macht auf Anu, den Erhabenen, und auf Bel, den Herrn des Himmels und der Erde, zurück. Anu und Bel gründeten die Stadt Babel als «ewiges Königreich», und «riefen mich bei dem Namen Hammurabi, hervorragender Fürst, der die Götter ehrt, um in das Land Gerechtigkeit zu bringen, die Bösen zu vernichten ... und das Land zu erleuchten».

Auf diese Weise wurden alle Gesetze aus Hammurabis berühmtem Kodex – über Verbrechen, Scheidung, Adoption, Erbschaft, Militärdienst, Zins- und Lohnsätze – durch den weltlichen Herrscher von den obersten Göttern verkündet. Religion und Staat waren in weiten Teilen der frühen Geschichte nicht voneinander zu trennen. Viele Gelehrte nehmen an, dass die wachsende Bedeutung von Alleinherrschern in Städten mit gewaltigen Reichtümern und riesiger Territorialmacht den Aufstieg des Monotheismus – den Glauben an ein einziges höchstes Wesen – begünstigt hat.

Die Religionen und ihre moralischen Gesetze haben die Geschichte geprägt. Dieses Buch beschäftigt sich mit fünf der großen Weltreligionen: Hinduismus, Buddhismus, Judentum, Christentum und Islam. Im Jahr 2000 haben nach zuverlässigen Schätzungen ungefähr 77 Prozent der fast sechs Milliarden Menschen – und fast 90 Prozent derer, die überhaupt einer Konfession anhängen – eine dieser fünf Religionen ausgeübt. Die Erkundung ihrer Geschichte und Lehren beginnt in den großen Flusstälern, die als Wiege der Zivilisation gelten. Aus diesen Regionen gingen im Lauf von Jahrtausenden die großen Weltreligionen hervor. Ihre Entwicklungen, bei denen es immer wieder zu Umwegen, Umkehr und Veränderungen kam, müssen auch aus der Wechselwirkung zwischen dem Menschen und seinen materiellen Umweltbedingungen verstanden werden.

Seit Urzeiten haben die Menschen versucht, die Kräfte der Natur, das Zusammenspiel mit ihrer Umwelt und den Sinn ihres Lebens zu verstehen. Auf vielerlei Weise haben sie versucht, sich in der Realität zu orientieren: auf der Grundlage und im Einklang mit der Geographie der sie umgebenden Welt, aber niemals nur darauf beschränkt.

Auch heutige religiöse Lehren und Bräuche sind zu bestimmten Zeiten, an bestimmten Orten entstanden. So wie die Glaubensformen und Riten indigener Traditionen mit ihrem Ursprungsort verbunden waren und auf ihre geschichtlichen, gesellschaftlichen und geographischen Bedingungen reagierten, so sind auch die in diesem Buch dargestellten Religionen an die Schauplätze gebunden, an denen sie ihren Anfang nahmen. Der „Atlas der Weltreligionen" zeigt ihre Ursprünge und Entwicklungsformen. Er vermittelt wichtige Einsichten über die anhaltende Bedeutung religiöser Lehren und Kulturen in vielen Teilen unserer Welt. □

GEGENÜBER: Die Pyramiden von Giseh dienten den Pharaonen nach ihrem Tod als Himmelsleitern für den Aufstieg zur Sonne.
FOLGENDE SEITEN: Köpfe griechisch-persischer Götter bewachen einen königlichen Grabhügel in Nemrud Dagi (Türkei).

EIN MAGISCHER ORT

MIT VORGESTRECKTEM Kinn als Verkörperung von Macht erhebt sich einer von fast 900 *moai* („Wächtern") vor der kahlen Landschaft eines der abgelegensten Orte der Welt – der Osterinsel (Rapa Nui) im Südpazifik (oben). Wer schuf diese Statuen und warum? Wie haben die Menschen die durchschnittlich 14 Tonnen schweren Steinblöcke transportiert? Die Antworten liegen noch immer im Dunkeln, aber Archäologen sind der Ansicht, dass die polynesischen Inselbewohner die imposanten Statuen aus Vulkangestein aufstellten, um ihre Ahnen zu verehren. Die *moai* waren die Mittler zwischen Himmel und Erde. Sie sollten das Volk mit den Göttern verbinden.

GEGENÜBER: Felsmalereien schmücken einen Höhleneingang auf der Osterinsel. *FOLGENDE SEITEN:* Sieben *moai* blicken auf einen *ahu*, einen Platz, auf dem kultische Riten und Tänze aufgeführt wurden.

WIE GRABSTEINE auf einem Berg stehen riesige Statuen an den Hängen eines erloschenen Vulkans (unten). Die Osterinsulaner haben das weiche Vulkangestein mit schweren Steinhacken bearbeitet, um die *moai* herzustellen.

Einige stehen immer noch unvollendet am Gipfel. Neben den Felsen, in die Reliefs von Vogelmenschen eingeritzt waren (gegenüber), stürmten junge Männer aus allen Clans alljährlich die Klippen hinab, um zur kleinen Insel Motu Nui zu schwimmen. Wer das erste Seeschwalbenei auf dem Eiland fand, hatte gewonnen. Der Sieger präsentierte es seinem Sippenchef, der als irdischer Vertreter des Schöpfergottes den Ehrentitel des „Vogelmannes" (*tangatu manu*) erhielt.

Wer ist ohne Anfang und Ende, mitten im Chaos; wer ist der Schöpfer des Universums, der die Vielfalt der Formen hervorbringt? Wer ist es, der das Universum umfängt – wer ihn als Gott erkennt, der ist befreit von allen Fesseln.

— Shvetashvatara Upanischad

HINDUISMUS

SEIT JAHRTAUSENDEN beginnen die gläubigen Hindus ihren Tag damit, dass sie den Fluss grüßen. Seiner Geschichte, Symbolik und Leben spendenden Kraft gedenkend, steigt der Hindu ins kühle, frische Wasser, legt die Handflächen zusammen und spricht ein uraltes Gebet. Er bittet um einen Zustand der Reinheit von Körper, Geist und Seele. Das Wasser – ein Element, das vom Menschen weder hergestellt noch zerstört werden kann – verbindet den Hindu von heute mit dem Beginn der Zeit und des Glaubens.

GEGENÜBER: Eine Gläubige grüßt den Sonnenaufgang an der Mündung des Ganges in den Golf von Bengalen.
FOLGENDE SEITEN: Nebelschleier liegen über dem heiligen Ganges und Varanasi, einem spirituellen Zentrum der Hindus.

ZWEI DER großen Religionen der Welt, Hinduismus und Buddhismus, entstanden in Asien auf dem indischen Subkontinent. Von den fünf Weltreligionen ist der Hinduismus die älteste. Wandlungsfähig und von großer Integrationskraft, hat er sich den Bedürfnissen der Menschen in den verschiedensten Landschaften, Zeiten und Kulturen angepasst.

In vieler Hinsicht gleicht die hinduistische Religion dem Land, das sie hervorgebracht hat: als riesiges Ganzes umfasst sie die unterschiedlichsten Facetten. Der indische Subkontinent wird im Norden von schroffen Gebirgen, im Süden von einem der großen Ozeane begrenzt. Zwei Flusssysteme beherrschen seine innere Geographie: der Indus im Westen mit der historischen Geburtsregion der Religion und der Ganges im Osten, von den Hindus als der heiligste aller Flüsse verehrt.

Das Territorium des indischen Subkontinents wurde im Lauf der Zeit vielfach in Stammesgebiete, Fürstentümer und Königreiche unterteilt. Die Menschen sprechen Hunderte verschiedener Sprachen und Dialekte. Ein uraltes Klassensystem teilt die Bevölkerung in Kasten ein. Deren Bezeichnungen und die regionale Herkunft spiegeln sich in den Familiennamen wider. Doch Millionen von Gläubigen sind durch den Hinduismus miteinander verbunden.

Die Bevölkerung Indiens wurde im Jahr 2003 auf knapp über eine Milliarde Menschen geschätzt. Mehr als 800 Millionen folgen einem der vielen Pfade des Hinduismus. In Indien leben weltweit die meisten Hindus. Der Hinduismus wird auch in den Nachbarregionen Indiens praktiziert sowie in Gebieten, in die Inder ausgewandert sind (Karibik, Ostafrika, Südostasien und Großstädte Europas und Nordamerikas). Über Jahrtausende hat der Hinduismus die verschiedensten Glaubensformen in sich aufgenommen. Das, was wir im Westen Hinduismus nennen, heißt in Indien *sanatana-dharma*, „Ewige Religion". Sie war immer eine Religion vieler Götter, vieler Farben und vieler Feste. Nach der hinduistischen Überlieferung wandert die Seele durch einen Kreislauf zahlreicher Leben. Der Funke der Göttlichkeit manifestiert sich in vielen unterschiedlichen Lebewesen, vom kleinsten Insekt bis zum spirituellen Führer. Und inmitten dieser enormen Vielfalt des Lebens zeigt sich „das Eine": Ein göttliches Prinzip, das alles durchdringt, alles vereint, das ewig, transzendent und absolut ist — das *brahman*.

DIE FLUSSTÄLER

DIE GESCHICHTE des Hinduismus beginnt an den Ufern des Indus. („Hindu" oder „Sindhu" waren ursprünglich geographische Bezeichnungen für den Indus. Später wurden sie auf die angrenzenden Gebiete und ihre Bewohner ausgeweitet.) Der Indus fließt im Südwesten der Höhen Kaschmirs durch Pakistan und mündet 2 900 Kilometer von seiner Quelle entfernt ins Arabische Meer. Westlich des Flusses erhebt sich das Sulaimangebirge, weiter im Nordwesten der Hindukusch. Nach Osten hin erstreckt sich die Wüste Thar. Nomaden zog es stets in das Flusstal, wo fruchtbare Böden ständige Siedlungen begünstigten. Hier entstand – wie ungefähr zur gleichen Zeit in den Tälern von Euphrat und Tigris – eine der ersten Zivilisationen der Welt.

In den zwanziger Jahren des letzten Jahrhunderts stießen Archäologen im Industal auf Gebäude und Artefakte einer 4500 Jahre alten hoch entwickelten Kultur mit großen Städten. Inzwischen hat man mehr als 300 solcher Stätten gefunden. Ihr Gebiet erstreckt sich von Allahdino an der Indusmündung über das 650 Kilometer weiter nördlich gelegene Manda nach Sutkagen Dor nahe der iranischen Grenze im Westen – von dort bis zum oberhalb des Golfs von Khambat gelegenen Lothal im Osten. Die wichtigsten Ausgrabungsstätten sind die Städte Mohenjo-Daro und Harappa. Nach Letzterer wurde diese frühe Kultur benannt. Alle Hinweise lassen vermuten, dass sie ähnlich hoch entwickelt war wie die Kulturen der Sumerer und Ägypter.

Die Ruinen in Mohenjo-Daro lassen sich auf das 3. Jahrtausend v. Chr. datieren. Es gab dort gepflasterte Straßen, die

GEGENÜBER: Hindus, die sich spirituelle Reinigung durch die heiligen Wasser des Ganges erhoffen, baden in Varanasi am Flussufer.

HINDUISMUS

in einem strukturierten Raster um einen zentralen Hügel angeordnet waren. Der Komplex war aus gebrannten Ziegelsteinen über der Hochwassergrenze des Indus errichtet. Er enthielt Kornspeicher, Versammlungshallen und ein großes erhöhtes Wasserbecken, das vermutlich rituellen Zwecken diente. Man schätzt, dass die Bevölkerung auf dem Höhepunkt ihrer Kultur 35 000 bis 40 000 Menschen zählte. Brunnen und eine Kanalisation weisen darauf hin, dass die gesamte Stadt mit Wasser versorgt war. 480 Kilometer weiter nördlich fanden Archäologen bei Ausgrabungen in Harappa eine ähnlich komplexe Kultur, die sich über zwei Jahrtausende hinweg entwickelt hatte.

Die Artefakte aus Harappa sind hoch interessant. Werkzeuge und Waffen wurden aus Stein, Kupfer und Bronze hergestellt. Symmetrische Figurinen in sitzender Position, mit überkreuzten Beinen und auf den Knien liegenden Händen, weisen auf die spätere Meditationshaltung der Hindus und Buddhisten. Tausende von Siegeln, zwischen zweieinhalb und fünf Quadratzentimetern groß, sind aus Steatit – Speckstein – geschnitten. Vermutlich wurden sie als eine Art Unterschrift oder Besitzmarke in weichen Ton gedrückt. In die Siegel sind Schriftzeichen und Bilder geritzt – Stiere, Elefanten, Tiger, Rhinozerosse, gelegentlich auch eine menschliche Gestalt –, die noch nicht entziffert wurden. An den Stätten der Harappa-Kultur wurden keine Objekte oder Strukturen gefunden, die einen eindeutig religiösen Charakter haben. Aber bestimmte Indizien lassen vermuten, dass die Funde Vorläufer von späteren bekannten Bildnissen und religiösen Symbolen sind.

Mitte des 2. Jahrhunderts v. Chr. vollzog sich ein tiefgreifender Wandel in den Harappa-Städten. Lange Zeit nahmen die Historiker an, dass die Bevölkerung damals von Invasoren dezimiert oder nach Osten vertrieben worden ist. Es ist aber auch möglich, dass Klimaveränderungen zu Dürreperioden führten, den Lauf der Flüsse veränderten, die Bewässerungssysteme störten und so eine Auswanderung aus dem Industal erzwangen. Erdbeben könnten zu Verwüstungen geführt und den Fluss des Indus unterbrochen haben. Was auch immer geschehen ist – um 1500 v. Chr. hatten sich neue Einwanderer aus Zentralasien in der Region niedergelassen. Sie nannten sich *aryas*, eingedeutscht „Arier". In ihrer Sprache, dem Vorläufer des Sanskrit, bedeutete dies „edel" oder „rein". Ihre Kultur vermischte sich mit den Überresten der Harappa-Zivilisation und breitete sich nach Osten aus, in das Tal des anderen großen Flusses Indiens, des Ganges. Viel von dem, was wir über dieses Volk wissen, stammt aus den Veden, einem alten Kanon von Hymnen und Rezitationen. Sie gelten als der erste Korpus heiliger Schriften der Welt. Während des größten Teils des 1. Jahrtausends v. Chr. blühte die vedische Kultur in ganz Zentral- und Nordindien. Sie bildet den Unterbau aller Glaubenslehren und religiöser Praktiken der Hindus.

DIE ERSTEN HEILIGEN SCHRIFTEN

DIE HINDUS glauben, dass die Veden, ihre uralten heiligen Bücher, schon immer existiert haben. Sie offenbaren ewige Wahrheiten, die über die Zeitalter hinweg überliefert wurden. Gelehrte betrachten sie als eine Sammlung von Texten, die seit 1500 v. Chr. zusammengetragen und mündlich überliefert wurden, bis man sie fast 2000 Jahre später niederschrieb. Es gibt vier Veden. Der Rigveda, der älteste, und der Samaveda umfassen Lobeshymnen (Verse und Lieder) an die Götter. Der Yajurveda enthält Opfersprüche, der später zusammengestellte Atharvaveda Gebete und magische Formeln für Gesundheit und Wohlergehen.

«Zu Anfang regte und entwickelte sich der Goldene Embryo» – so steht es in der Schöpfungshymne des Rigveda. «Einmal geboren, war er der eine Herr aller Wesen. Er erhielt diesen Himmel und diese Erde. ... Welchen Gott sollen wir mit diesem Trankopfer ehren?» Erkenne viele Götter an,

GEGENÜBER: Frühe Schriftformen schmücken Tontafeln, die um 2000 v. Chr. in der Harappa-Kultur hergestellt wurden.
FOLGENDE SEITEN: Die Ruinenreihen in Mohenjo-Daro spiegeln die starre soziale Ordnung der alten Kultur des Industals wider.

HINDUISMUS

scheint die Antwort auf diese rhetorische Frage zu sein: Varuna, der «durch die Kraft seines bloßen Willens die hohe Krone des kosmischen Baums aufrechterhält»; Indra, «der die Sonne und die Morgenröte erschuf und der die Wasser lenkt»; Rudra, «der den Donnerkeil schwingt»; Vishnu, der mit der Sonne, und Agni, der mit dem Feuer assoziiert wird. Die Flüsse Indiens erscheinen als Göttinnen, über sie alle herrscht Sarasvati, «deren grenzenloser, ununterbrochener Fluss, lebhaft und schnell dahinfließend, mit stürmischem Grollen voranschäumt». Dieser heute nicht mehr existierende Fluss könnte ein Nebenfluss des Indus gewesen sein, der im Himalaja entsprang und am Rand der Wüste Thar westwärts floss. Er soll mit Ganges und Yamuna zusammengeflossen sein.

Hymne für Hymne werden die vielen Götter und Göttinnen des vedischen Universums benannt, oft mit Dingen und Kräften in der Natur assoziiert. Der Regen und die Fluten werden häufig angesprochen. Für die Anrainer der ostasiatischen Flüsse, die in der Regenzeit über die Ufer treten, stellten sie Mächte dar, die über Leben und Tod entschieden. «Möge der Fluten Kind meine Lieder huldvoll annehmen», fleht eine Hymne des Rigveda.

Viele vedische Hymnen richten sich an Soma, einen Gott, der mit einem berauschenden Pflanzensaft in Verbindung gebracht wird. Eines der zehn Bücher des Rigveda ist ausschließlich ihm gewidmet. «O Soma, der du auf dem Weg fließt, mache uns besser, als wir sind.» Lange Rezitationen wurden gesprochen, während der Priester den Soma zubereitete und einnahm oder ihn als Geschenk an die Götter ins Feuer schüttete. Zwar sind die Gesänge durch die Veden überliefert, aber die botanische Identität der Pflanze bleibt ein Rätsel. Verschiedene Theorien gehen von Rhabarber, Cannabis, aus Getreide destilliertem Alkohol oder dem halluzinogenen Fliegenpilz aus.

Hunderte von Hymnen im Rigveda wenden sich an Agni, den Gott des Feuers. «O Agni, du Strahlender, in den das heilige Öl gegossen wird, verbrenne unsere Feinde, die von Dämonen beschützt werden», sangen die vedischen Priester. Angesichts des Stellenwerts, den diese Hymnen in dem alten Kanon heiliger Schriften haben, wird deutlich, dass Opferrituale eine zentrale Rolle in den vedischen Praktiken spielten. Um die Gunst der Götter zu erlangen, brachte man ihnen Öle, saftreiche Pflanzen, Stroh und Tiere dar. Die Opfergaben wurden in ein zeremoniell entfachtes Feuer geworfen, und während der physische Anteil der Gaben verbrannte, wurde ihre Essenz als Rauch zu den Göttern emporgetragen. Im Yayurveda finden sich detaillierte Regeln für die Opfer. Oft raten die Veden, zu bestimmten Zwecken bestimmten Göttern Gaben darzubringen. «Wer aus unbekannten Gründen lange Zeit krank ist, sollte Prajapati ein Tier ohne Hörner opfern», lautet eine Empfehlung, die sich auf den Gott bezieht, dessen Name auf Sanskrit „Herr der Geschöpfe" bedeutet. Anklänge an diese uralten Praktiken sind bis heute erhalten. Auch wenn die tägliche Andacht der Hindus ihren lokalen oder Hausgottheiten gewidmet ist, verehren sie noch andere Götter. So besuchen sie zum Beispiel den Tempel der Lakshmi, der schönen Göttin des Glücks und des Reichtums, wenn sie auf Nachwuchs hoffen.

Indra, der Schöpfergott, ist das Oberhaupt der vedischen Götter. Als Herr über das Wetter bringt er nicht nur Blitz und Donner, sondern auch den ersehnten Regen und wird daher zugleich gefürchtet und geliebt. Er wird häufiger als alle anderen der Dutzenden von Göttern angerufen, die im Rigveda erwähnt sind. Indra ist der mächtige Krieger, der auf einem weißen Elefanten reitet und den Schlangendämon Vritra mit seinen Donnerkeil *(vajra)* tötete. Mit demselben Streich spaltete er die Wolkenburg, in der Vritra die Regenkühe gefangen hielt und befreite diese, so dass sie wieder Regen spenden konnten.

Indra und Agni, Macht und Feuer, regieren in den uralten Veden ein ganzes Pantheon von Göttern. Diese Weltanschauung, die um das 1. Jahrtausend v. Chr. ostwärts in das Tal des Ganges getragen wurde, war die Quelle des

GEGENÜBER: Der elefantenköpfige Ganesha (hier ein Relief im Shiva-Tempel in Prambanan auf Java) soll bei neuen Projekten helfen.

ATLAS DER WELTRELIGIONEN

Hinduismus. (Der Begriff „Hinduismus" wurde allerdings erst im 19. Jahrhundert im Westen geprägt.)

DER GANGES

SEIT URALTER ZEIT verehren die Hindus den Ganges als heiligsten aller Flüsse. Seine Quelle liegt in einer eisigen Höhle namens Gaumukh („Mund der Kuh"). Sie wird aus dem Gangotri-Gletscher gespeist, der zwischen den Gipfeln des Bhagirathi im Himalaja glitzert. Aus über 4000 Metern stürzt der dort noch nach dem Berg benannte Fluss hinab.

An der Stelle, an der Alaknanda und Bhagirathi in den Bergen zusammenfließen, beginnt der eigentliche Ganges. Die Flüsse Ghaghara, Gandak, Kosi und Brahmaputra aus dem Himalaja-Hochland sowie die Yamuna und der Mahanadi aus Zentralindien münden in ihn ein. Von den Quellgebieten bis zur Mündung hat der Ganges eine Länge von mehr als 2400 Kilometern. Auf den ersten 160 Kilometern ein wilder Bergfluss, tritt er bei Hardwar in eine sanfte, hügelige Ebene ein. Er wird breiter, und von hier bis zum Indischen Ozean beträgt sein Gefälle nur noch knapp einen Meter pro fünf Kilometer. Dieser fruchtbare Streifen wird die Ganges-Ebene genannt.

Vor 3000 Jahren begannen die Anrainer des Ganges, den Wald zu roden und den Boden zu pflügen. Vielleicht führte die Suche nach Eisenerzvorkommen zur Besiedelung

OBEN: *Pilger an einem Feuer am Ufer des Bhagirathi, eines von den Hindus verehrten Gletscherstroms, der den Ganges speist.*
GEGENÜBER: *Eiszapfen glitzern am Gaumukh („Mund der Kuh"), der im Himalaja gelegenen Quelle des heiligen Ganges.*

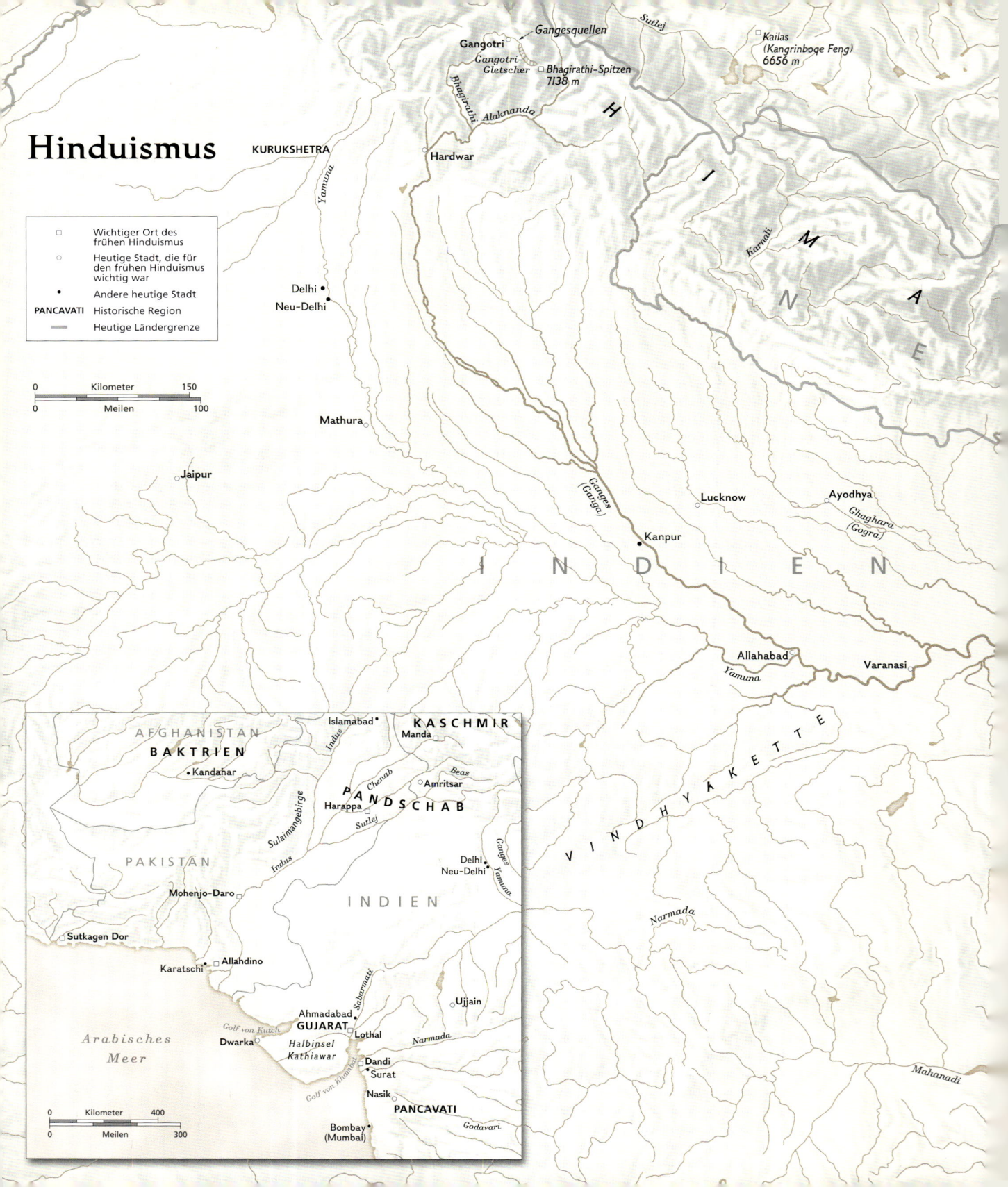

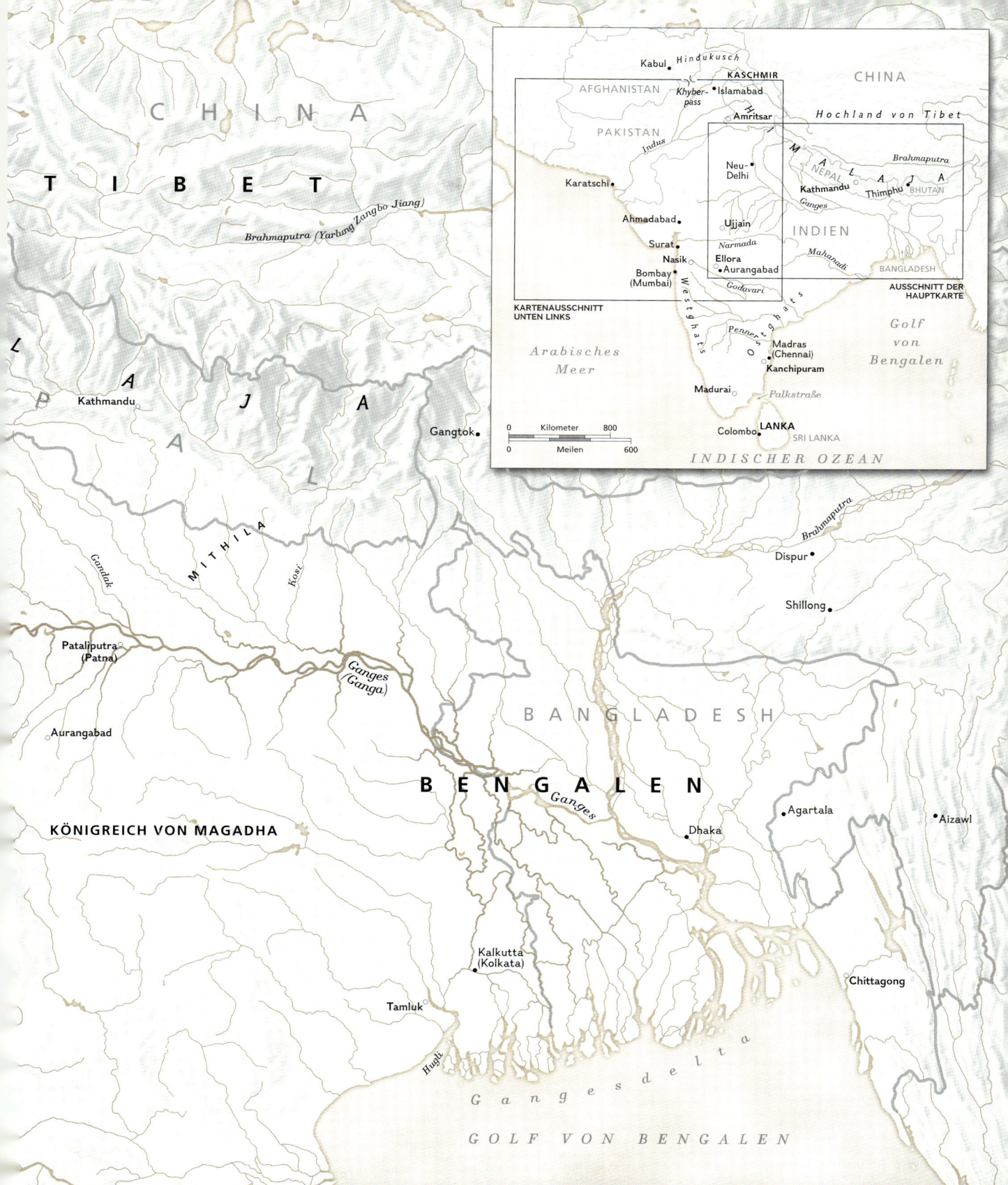

der Ebene. Die Menschen in der Gegend begannen um 700 v. Chr. Eisenerz zu verwenden. Sie bauten damals mit groben Metallwerkzeugen Reis an, der die Klimaextreme in dieser Monsunregion verträgt. Die Siedler befolgten die von den vedakundigen Priestern vorgeschriebenen Regeln, um Erfolg beim Ackerbau zu haben. Der Ganges lieferte das Wasser für die Felder, aber auch zum Trinken, Kochen, Baden und Waschen. Die Reinigung des Körpers im Fluss wurde zu einem heiligen Ritual, das noch heute ausgeführt wird.

DIE LEBENSWEISE DER HINDUS

DIE VEDEN erklären das Universum als Folge eines großen kosmischen Opfers. Als Purusha (wörtlich „der Mensch"), der mythische, ursprüngliche, ewige Mensch den Göttern geopfert wurde, entstand die Welt der Dinge. Verschiedene Teile des geopferten Körpers wurden zu Teilen der sichtbaren Welt. Der Mond entstand aus Purushas Geist, die Sonne aus seinem Auge, das Firmament aus seinem Kopf und die Erde aus seinen Füßen. Dieser Hymne zufolge entstanden die vier Hauptunterteilungen der hinduistischen Gesellschaft.

Als sie den Purusha teilten, wie viele Teile machten sie da?
Wie nennen sie seinen Mund, seine Arme?
Wie nennen sie seine Schenkel und Füße?
Der Brahmane war sein Mund, aus seinen beiden Armen wurden die Kshatriyas gemacht.
Seine Schenkel wurden zu den Vayshyas, aus seinen Füßen wurden die Shudras gemacht.

Die heiligen Schriften verfügten, dass es eine Hierarchie unter den Menschen geben solle. Ein Individuum wurde in eine der vier Klassen oder *varnas* (Sanskrit für „Klasse", „Farbe") geboren. Die Kasten haben jedoch nicht nur etwas mit den vier *varnas* zu tun, sondern auch mit *jati*, „Geburt". (Heute gibt es unzählige Kasten – für jeden Beruf, jedes Volk –, die meist *jati* genannt werden.) Die Brahmanen oder Priester bildeten den höchsten *varna*. Agni war ihr spezieller Gott. Die Brahmanen führten religiöse Rituale aus, empfingen für die Götter bestimmte Opfergaben und gaben ihr Wissen über die Veden weiter. Zu einem Leben der Verantwortung und Privilegien bestimmt, wanderten sie von Ort zu Ort oder schlossen sich begüterten Familien an. Tempel entstanden in Indien erst ein weiteres Jahrtausend später.

Die öffentlichen Schreine und Hausaltäre konnten sehr schlicht sein. Sie enthielten immer einen *linga,* ein symbolisches Zentrum. Die Tradition des *linga* geht vermutlich auf einen ehemaligen Phalluskult zurück. Das Wort selbst bedeutet „Phallus", aber auch „Symbol". Über die Jahrhunderte hat sich der *linga* in der religiösen Praxis der Hindus zu einem monolithischen runden Schaft entwickelt, der in einem Schoß, der weiblichen *yoni,* steht. Als Vereinigung des Männlichen und Weiblichen wird er mit der Leben spendenden Kraft des Gottes Shiva assoziiert. Im Lauf der Zeit entstand eine breite Vielfalt, was Größe, Material und die Ausschmückung angeht. Der *linga* ist bis heute der Brennpunkt der täglichen Andacht *(puja)* eines Hindus.

Dem nächsten *varna* gehörten die *kshatriyas* an. Zu Kriegern und Adeligen geboren, waren sie besonders dem Gott Indra verbunden. Bis Mitte des 1. Jahrtausends v. Chr. hatten sich entlang des Gangestals viele kleine Königreiche, sogar einige Republiken entwickelt. Reichtum, Status und religiöse Begünstigung gingen Hand in Hand. Wenn ein *kshatriya* Macht anhäufte, steuerte er oft Mittel zur Errichtung eines Schreins oder Tempels bei. Er gewann so nicht nur das Wohlwollen der Götter, sondern auch der Priester.

Am Flussufer entwickelten sich blühende Städte. Die wichtigste war Varanasi. Die alte Hindu-Stadt hatte im Lauf

GEGENÜBER: Freudig wird der Monsunregen begrüßt, der den Äckern der Flusstäler Indiens die jährlichen Überschwemmungen bringt.
FOLGENDE SEITEN: Pilger rudern zum Ajgaivinath, einem Shiva-Tempel auf einer Landzunge im Ganges. Kühe sind den Hindus heilig.

HINDUISMUS

der Zeit viele Namen erhalten. Im Altertum hieß sie Kashi, „die Leuchtende", oder Anandavana, „Wald der Glückseligkeit"; die anglisierte Form lautet Benares. Die Stadt liegt oberhalb des Zusammenflusses von Varuna und Ganges, die Landschaft lädt zur Andacht ein. Gläubige waten in das langsam fließende Wasser, um zu trinken und zu baden. 70 verschiedene *ghats* – Plätze oder breite Stufen – führen zum Fluss hinunter und ziehen sich an ihm entlang. Tägliche Waschungen wurden schon vor Jahrhunderten zu einem festgeschriebenen religiösen Ritual. Noch heute begrüßt täglich eine große Menschenmenge den Tag durch ein Bad, mit dem Körper und Geist gereinigt und alle Vergehen abgewaschen werden. Die Menschen hoffen, in hohem Alter in Varanasi zu sterben, so dass ihre Asche in den Fluss gestreut werden kann und sie aus dem Kreislauf der Geburten befreit werden.

Nach dem alten Kastensystem gehörten die meisten Menschen dem dritten *varna*, den *vayshyas* an – den Bauern, Kaufleuten und Handwerkern. Wie die Schenkel des Purusha für seinen Körper, waren sie die Muskeln und die treibende Kraft der Gesellschaft. Sklaven und Leibeigene gehörten ebenso wie die Bewohner eroberter Gebiete zum vierten *varna*, den *shudras*. Ohne sie könnte die Gesellschaft weder stehen noch sich fortbewegen. Doch sie galten, wie die Füße, als unrein und niedrig. Zwei soziale Gruppen verkomplizierten das Bild des Universums: die Frauen, die den Klassenstatus ihrer Väter und Ehemänner annahmen, und die Menschen, die noch unter den *shudras* angesiedelt waren. Diese wurden in den folgenden Jahrhunderten *parias*, „die Unberührbaren", genannt. Heute ist die Bezeichnung *dalit* („die Unterdrückten") gebräuchlicher.

Von Jungen, die in eine der drei höheren Klassen geboren wurden, erwartete man, dass sie einem exemplarischen Lebensweg folgten, der vier Lebensstufen *(ashramas)* umfasste: *brahmacarya, garhasthya, vanaprastaya, sannyasa*. Als Schüler erlernten sie die alte physische Disziplin des Yoga (Sanskrit für „Joch"), durch die man anstrebte, sein körperliches Dasein mit dem kosmischen Körper zu vereinen. Wichtig in dieser Phase ist ein Guru (Lehrer), der seinen Schüler in weltlichen und religiösen Angelegenheiten belehrt. Die Jungen widmeten sich dem Studium der alten Veden und rezitierten die philosophischen Kommentare zu den heiligen Schriften. Vor der ersten Stufe wurde ihnen ihre Mündigkeit in einer Zeremonie bestätigt. Sie bekamen eine Schnur, die sie von jetzt an über der linken Schulter trugen. Die Verleihung der Schnur markierte eine zweite, spirituelle Geburt. Als „Zweimalgeborener" besaß der Junge das Recht, die Veden zu studieren. Nun begann die zweite Stufe seines Lebens: die des Hausherrn, dessen Pflicht es war, nach *artha* und *kama*, Wohlstand und Sinnesgenüssen, zu streben. Seine Familie suchte aus ihrem Stand eine unverheiratete Frau für ihn aus.

Die heutigen Hochzeitsbräuche der Hindus erinnern an das alte Ritual. Braut und Bräutigam werden für das

GEGENÜBER: Eine verbrannte Opfergabe steigt mit dem Rauch zu den Göttern auf, während ein Hindu-Priester Gebete rezitiert.
OBEN: Diese phallische Statue (lingam) strahlt die Kraft Shivas aus, des Hindu-Gottes der Zerstörung und Schöpfung.
FOLGENDE SEITEN: Ein Yogi in der Baum-Stellung meditiert bei Sonnenaufgang vor friedlicher Kulisse.

HINDUISMUS

Ereignis mit Sandelholzpaste und duftendem gelben Kurkuma-Öl gesalbt, das die Fruchtbarkeit fördern soll. Unter einem mit Blumen bestreuten Baldachin, unter dem ein Hochzeitsfeuer brennt, schlingt der Priester einen Knoten, der die Kleidung von Braut und Bräutigam miteinander verbindet. Um den Segen der Götter zu erbitten, gibt er eine Opfergabe aus *samagri* – einer duftenden Paste aus geriebenem Sandelholz, Kräutern, Zucker, Reis und *ghee* (geklärte Butter) – in das Feuer. Während der Bräutigam nach Osten und die Braut nach Westen schaut, rezitiert er Hymnen aus den Veden. Das Paar schüttet Getreide in die Flammen und geht siebenmal – in manchen Gegenden viermal – um das Feuer herum. Dabei singt es die Gelübde.

Im wichtigsten Teil der Zeremonie macht das Brautpaar gemeinsam sieben Schritte, entweder vorwärts oder um das Feuer. Bei jedem Schritt bittet es um einen anderen Segen. Ein Gebet für ihre Vereinigung beschließt das Ritual: Das Paar ist verheiratet.

Sobald eine Familie aufgebaut war, sollte der Patriarch nach alter Tradition die dritte Stufe seines Lebens betreten, die des „Waldeinsiedlers". Er übergab die Verantwortung für die Familie seinem ältesten Sohn und widmete sich ganz dem Studium der heiligen Schriften. Auch wenn er keinen Wald aufsuchte, sollte er sich aus dem Alltag zurückziehen. Seine Frömmigkeit sollte die der großen Weisen widerspiegeln, die tatsächlich in die Wildnis gingen, wo sie, wie man

GEGENÜBER: *Ein junger Mann empfängt die heilige Schnur, die das zweite Stadium eines dem Hinduismus geweihten Lebens markiert.*
OBEN: *Am 27. November 2003, einem glückverheißenden Tag, heirateten Tausende von Hindus und feierten auf Neu-Delhis Straßen.*

glaubte, besser mit den Göttern kommunizieren konnten.

Im vierten Stadium seines Lebens wurde der Mann zum *sannyasin* und folgte dem Ideal des *sadhu*, des Heiligen, der alle weltlichen Bande abstreifte und zu einem heimatlosen Wanderer wurde. Die *sadhus* entsagten Heim und Besitz, wanderten von Dorf zu Dorf. Sie lebten von gespendeter Nahrung und kamen in Einsiedeleien unter. Einige trugen Gewänder, andere blieben nackt. Wieder andere ließen ihre Haare wachsen oder rasierten sich den Kopf bis auf eine einzige Strähne, die zu einem Knoten gebunden wurde.

Auch heute noch folgen mehrere 100 000 Männer – sowie einige Frauen – diesem Weg und werden zu hinduistischen *sadhus*. Nicht alle durchlaufen das Stadium des Hausherrn. Je nach Sekte führen sie ein vorgeschriebenes Initiationsritual durch. Manche schneiden im Wald einen Stab und tragen ihn zwei Tage mit sich, bevor sie ihn in einem Opferfeuer verbrennen. Andere fertigen sich völlig neue Kleider an. Sie hüllen sich in mit Safran gefärbte orangefarbene Roben. Die Farbe symbolisiert die Reinigung des Geistes von allen Begierden. Einige Riten spiegeln das Begräbnisritual der Hindus wider, denn ein *sadhu* zu werden heißt, für die alltägliche Welt zu sterben.

Wenn ein Mensch starb, salbte man in den höheren Klassen den Leichnam mit Öl und Kräutern und verbrannte ihn nach einem bis in alle Einzelheiten vorgeschriebenen Zeremoniell. Damit gab man die Elemente des Körpers ihrer kosmischen Quelle zurück. Die öffentliche Verbrennung ist auch heute noch die bevorzugte Bestattungsform in der hinduistischen Welt. Sie gilt als der letzte der Übergangsriten eines Lebens. Der Tradition folgend bereitet eine Hindu-Familie den Leichnam zu Hause für die Verbrennung vor. Der älteste Sohn der Familie schert sich das Haupt. Dann tragen die Trauernden den Toten auf einem Holzgestell in einer Prozession zu einem öffentlichen Verbrennungsplatz. Dort wird der Leichnam auf einen Scheiterhaufen gelegt, den der älteste Sohn entzündet. Die Trauergemeinde umringt das Feuer und singt Mantras aus den Veden. Danach sammeln sie Knochenreste und Asche ein und streuen sie in einen Fluss, bevorzugt den Ganges. Zehn Tage später bringt die Familie dem Fluss zehn *pindas* (Reisbällchen) dar, um den Geist des Verstorbenen auf seiner Reise in die nächste Inkarnation zu nähren.

Der Glaube an die Reinkarnation (Wiedergeburt) durchdringt das gesamte System des Hinduismus. Darin hat jedes Lebewesen eine Seele, die den *samsara,* einen Kreislauf durch viele körperliche Formen durchläuft. Sie unterliegt einem Rhythmus wiederholter Geburten und Tode, der sich endlos fortsetzen kann. Auf Grund des Karmagesetzes –

OBEN: *Ein bis zum Hals eingegrabener Hindu-*sadhu *sucht durch rituelle Selbstkasteiung Erleuchtung und meditiert.*
GEGENÜBER: *Das Zeichen* (tilak) *auf der Stirn des* sadhu *zeigt an, dass er der religiösen Untergruppe der Shakta angehört.*

HINDUISMUS

Karma ist Sanskrit für „Tat" – bestimmen die Taten des gegenwärtigen Lebens den Charakter des nächsten. Ein Leben großzügiger Gottesverehrung wird in der nächsten Inkarnation belohnt. «Wie der Mensch handelt, wie er sich verhält, so wird er», heißt es in einem alten Hindu-Text. «Wer immer Gutes tut, wird gut; wer immer Schlechtes tut, wird schlecht. Durch gute Werke wird ein Mensch heilig; wer Schlechtes tut, wird böse.»

Die Lehre der Wiedergeburt bildete sich während des 1. Jahrtausends vor Christus im Gangestal heraus. Einige Historiker sehen darin eine Reaktion auf die wachsende Macht der Priester und auf die von ihnen durchgeführten Rituale. Die Reichen und Mächtigen wollten mehr als den Anteil eines Lebens von der Gunst der Götter ansammeln, lautet eine Theorie, das Versprechen künftiger Leben spendete ihnen diesen Trost. Das Versprechen eines Lebens nach dem Tod begann um das Jahr 500 v. Chr. in den heiligen Schriften Indiens aufzutauchen. Die Lehre vom Karma, die zu einem moralischen und sozialen Regulativ im gegenwärtigen Leben wurde und die Reinkarnation versprach, gehörte zu einem Bündel neuer religiöser Ideen, die begannen, die uralte vedische Tradition umzuformen.

Als das Leben im Gangestal durch Handel und wirtschaftliche Stabilität reicher wurde, kam eine religiöse Gegenbewegung auf. «Zerbrechlich, fürwahr, sind diese Boote, die Opfergaben», heißt es in einem Kommentar zu den Veden. «Nichts Ewiges ist durch Dinge zu gewinnen, die selbst nicht ewig sind.» Die Anhänger dieses neuen Glaubens schworen dem Reichtum und den Opfergaben ab und suchten ihren spirituellen Lohn im Inneren. Diese Wende markiert einen Schritt zum Hinduismus von heute und war der Ausgangspunkt von zwei neuen Religionen: dem Jainismus und dem Buddhismus.

Die Brahmanen wanderten durch das Gangestal und leiteten Rituale, indem sie die alten Texte rezitierten und kommentierten. Ihre Lehren sind in den Upanischaden überliefert. Zwischen 700 und 200 v. Chr. verfasst, ist allen Upanischaden das neue Konzept eines kosmischen Bewusstseins gemeinsam, das das Weltall und das Individuum durchdringt. Dieses kosmische Bewusstsein wird – im Gegensatz zum personifizierten Gott Brahma, mit dem es nicht verwechselt werden darf – das *brahman* genannt. Es ist die ewige, absolute Wirklichkeit, die nicht vom gewöhnlichen Denken und Sprechen erfasst werden kann. Alle Versuche, sich das *brahman* vorzustellen, statt die wesenhafte Einheit mit ihm wirklich zu erfahren, führen nicht weiter.

«Der Mensch möge über seinen Geist als *brahman* meditieren», heißt es in einer der Upanischaden. Damit wird das wirkliche, unsterbliche, innere Wesen des Menschen als das erkannt, was das gesamte Universum durchdringt. «Er ist mein Selbst im Herzen, kleiner als ein Reiskorn, kleiner als ein Roggenkorn, kleiner als ein Senfsame … Er ist ebenfalls mein Selbst im Herzen, größer als die Erde, … größer als der Weltenraum, größer als all diese Welten.» Der Same des *brahman* in jedem Menschen wird *atman*, die Seele, genannt. Das letzte Ziel besteht darin, die Einheit von *atman* und *brahman*, von Einzelseele und Allseele, zu erfahren. Das führt dann zu *moksha*, der endgültigen Befreiung aus dem Kreislauf von Geburt, Tod und Wiedergeburt.

Unter dem Einfluss der Upanischaden und anderer Kommentare, die gegen Ende des 1. Jahrtausends v. Chr. entstanden, betonte der Hinduismus fortan mehr den spirituellen als den materiellen Reichtum. Auf Grund des neuen Konzepts der Gewaltlosigkeit *(ahimsa)*, das untersagte, einem Lebewesen in Wort, Gedanken oder Tat ein Leid zuzufügen, gab man das Opfern von Tieren auf. Allerdings wurden viele rituelle Praktiken beibehalten: die Reinigungsrituale und das Darbringen symbolischer Gaben an die Götter. Feuer und Wasser behielten ihre Bedeutung. Der Gott Brahma, der über die vielen einzelnen Götter der Veden gestellt wurde, löste diese Götter nicht ab. Und die Betonung des *atman* im Inneren bedeutete auch nicht das Ende des physischen Rituals. Die neuen Ideen repräsentierten einen größeren Kosmos, in dem sich das Rad der

GEGENÜBER: Tote, die auf den Scheiterhaufen am Ufer des Ganges in Varanasi verbrannt werden, sollen Erlösung erlangen.

WAS HINDUISMUS FÜR MICH BEDEUTET

—ARVIND SHARMA, *McGill-Universität*

ES WAR IN INDIEN, ich muss damals acht Jahre alt gewesen sein. Die ganze Nacht hatte ich das Krächzen von Radiomeldungen gehört, in den schlaflosen Stunden spürte ich vage die Anwesenheit von flüsternden Menschen. Am Morgen bemerkte ich überall eine hektische Aktivität, besonders bei denjenigen, die kleine weiße Kappen trugen.

Man versammelte uns Kinder um den Esstisch und eröffnete uns, dass ein großer Mann, bekannt für seine Gottes- und Menschenliebe, am vergangenen Abend umgebracht worden war. Wir sollten dafür beten, dass seine Seele Frieden finden möge. Also beteten wir für einige beklommene Minuten in Stille.

In dem Alter ist man noch unschuldig genug, um an die Macht der Gebete zu glauben. Ich erinnere mich, dass ich damals das aufrichtigste Gebet meines Lebens sprach.

Es war der 31. Januar 1948. Am Tag zuvor war Mahatma Gandhi in Delhi erschossen worden. Die weißen Kappen – von Gandhi in den 1920er Jahren populär gemacht – waren aus handgesponnenem Stoff und symbolisierten Indiens Sehnsucht nach Unabhängigkeit. Die „Gandhi-Kappen" wurden von seinen Anhängern und den Mitgliedern der Indian National Congress Party getragen.

Der Hinduismus, im Grunde undefinierbar, wird von jeder Generation für ihre Belange neu definiert. Für meine war die prägende Gestalt Mahatma Gandhi. Wir teilten mit ihm eine Vision des künftigen Indiens, die er so erklärte:

Ich wünsche mir, dass alle Menschen, nicht nur in Indien, sondern auf der ganzen Welt, zu besseren Menschen werden, indem sie miteinander in Kontakt treten. Wenn das geschähe, dann würden wir in einer besseren Welt leben, als wir sie heute haben. Ich trete für die größtmögliche Toleranz ein und arbeite auf dieses Ziel hin. Ich bitte die Menschen, jede Religion vom Standpunkt ihrer eigenen Anhänger aus zu untersuchen. Ich erwarte vom Indien meiner Träume nicht, dass es eine einzige Religion entwickelt, dass es entweder ganz hinduistisch, ganz christlich oder ganz muslimisch ist. Aber

OBEN: *Die Silhouette des dem Hindu-Gott der Schöpfung geweihten Brahma-Tempels hebt sich gegen den Pushkarsee ab.*

ich wünsche mir, dass es umfassend tolerant ist und seine Religionen Seite an Seite zusammenarbeiten.

Ein integraler Teil seiner Vision war die religiöse Toleranz. Als Hindu, der in Indien aufwächst, hört man so viel über die Toleranz des Hinduismus, dass man beginnt, sie für selbstverständlich zu halten, ohne sich ihrer Bedeutung wirklich bewusst zu sein. Gandhis Vision wurde für mich überraschend lebendig, als ich in der Zeitung über ein Gespräch zwischen dem verstorbenen Sri Chandrasekhara Bharati, einem Swami vom Sringeri Pitha in der Nähe von Madras, und einem amerikanischen Touristen las. Dieser wollte zum Hinduismus konvertieren, weil er vom Christentum enttäuscht war:

«Das ist in der Tat sehr schade», antworte ihm der Swami. «Aber sagen Sie ehrlich, ob Sie ihm eine wirkliche Chance gegeben haben. Haben Sie die Religion Christus' wirklich verstanden, haben Sie danach gelebt?»

«Ich fürchte, das kann ich nicht von mir behaupten, mein Herr.»

«Dann möchte ich Ihnen raten, zuerst ein wahrer Christ zu sein. Leben Sie wirklich nach dem Wort des Herrn. Wenn Sie sich dann noch immer unerfüllt fühlen, ist es an der Zeit sich zu überlegen, was man tun kann.»

Der Weise erläuterte in aller Gelassenheit:

«Es ist kein Zufall, dass Sie als Christ geboren wurden. Gott hat es so bestimmt, weil Ihre Seele durch die *samskaras* (Prägungen), die sie durch Ihr Karma (Handeln) in vergangenen Leben erworben hat, eine Struktur erhalten hat, die im christlichen Lebensstil ihre größte Erfüllung finden kann. Deshalb liegt Ihre Erlösung dort und nicht in irgendeiner anderen Religion. Was Sie ändern müssen, ist nicht Ihr Glaube, sondern Ihr Leben.»

«Dann, mein Herr», rief der Amerikaner aus, «besteht Ihre Religion also darin, aus einem Christen einen besseren Christen, aus einem Muslim einen besseren Muslim und aus einem Buddhisten einen besseren Buddhisten zu machen. Heute habe ich noch eine weitere große Seite des Hinduismus kennen gelernt.»

Ich dachte, dieses Gespräch habe mir geholfen, besser zu verstehen, was Toleranz bedeutet. Aber als ich in den Vereinigten Staaten lebte, begriff ich, dass mein Verständnis noch nicht tief genug war. Ich hörte von einer Begegnung des Rabbi Richard Rubenstein mit Swami Muktananda, der in Amerika viele Anhänger hat. Zu jener Zeit war Rabbi Rubenstein unzufrieden mit der Richtung des Judentums, der er angehörte, er fühlte sich eingeengt. Nachdem der Rabbi dem Swami seine Situation erklärt hatte, sagte dieser: «Ich hoffe, Sie glauben nicht an Ihre Religion; ich glaube nicht an meine.» Er erklärte, dass die eigene religiöse Identität so etwas wie ein Schutzgitter ist, mit dem man ein junges Pflänzchen schützt. Wenn dieses zu einem Baum geworden ist, kann das Gitter zu einem Hindernis für das weitere Wachstum werden. Man sollte sich keine großen Gedanken machen, wenn das geschähe.

Das heißt allerdings nicht, dass jeder Standpunkt recht ist. Wer einmal heftig von den Stürmen des Wandels, für die man als Hindu vielleicht besonders offen oder verwundbar ist, geschüttelt wird, sollte an die folgenden Worte Gandhis denken. Sie bleiben gültig, wo und wann immer Zivilisationen aufeinander stoßen: «Ich möchte, dass die Kulturen aller Länder so frei wie möglich um mein Haus wehen können. Aber ich lasse mich nicht umwehen.»

Der Hinduismus wird mich so lange faszinieren, wie er Gandhis Vision eines „umfassend toleranten" Indiens verpflichtet bleibt.

Lebewesen, Götter, Dämonen und Menschen ununterbrochen drehte. Die Familiengottheit, ein lokaler Gott oder eine der vielen Emanationen von Shiva – sie stellten für den Hindu nur verschiedene Pfade der Annäherung an das Göttliche dar. Auch heute noch wählt der gläubige Hindu zwischen verschiedenen Wegen der spirituellen Erfüllung: etwa dem Karma-Yoga (Pfad des rechten Handelns in der Welt), dem Jnana-Yoga (Pfad der intellektuellen Erkenntnis), dem Raja-Yoga (Meditation mittels physischer und mentaler Disziplin) und dem Bhakti-Yoga (Pfad der Hingabe), den die meisten Hindus wählen. Er ist vor allem auf Vishnu oder Shiva ausgerichtet.

Im Lauf der Jahrhunderte gesponnene Legenden aus der Welt der Götter und zeitgemäßere Interpretationen von deren Bedeutung für das ethische Verhalten der Menschen wurden zu den 18 *puranas* – Sanskrit für „Alte Erzählungen" – zusammengestellt.

JAINISMUS UND DIE GEBURT DES BUDDHISMUS

UM 600 V. CHR. wurde in einer *kshatriya*-Familie in Kundagama, in dem erstarkenden Königreich Magadha, dem heutigen Bundesstaat Bihar, ein Junge namens Vardhamana geboren. Er wurde in der alten Religion geschult und erhielt die Hanfschnur, die einem jungen Mann seiner Kaste bei Erreichen der spirituellen Reife zeremoniell verliehen wurde. Er heiratete, und das Paar bekam eine Tochter. Mit 30 Jahren ließ Vardhamana seine Familie in der Obhut seines Bruders zurück und betrat die nächste Stufe seines spirituellen Pfades. Nur mit einem Baumwolltuch bekleidet, machte er sich nach Süden in den Urwald auf. Er fand in Höhlen Unterschlupf und ernährte sich von Früchten. Nach zwölf Jahren, so wird erzählt, erlangte er Erleuchtung. Für die folgenden 30 Jahre wanderte er barfuß – in manchen Versionen der Geschichte auch nackt – durch Nordost- und Zentralindien und lehrte seinen Glauben: Gebt weltliche Güter und Freuden auf, schadet niemals einem Lebewesen, findet die spirituelle Wahrheit durch Fasten und Meditation.

Dieser Lehrer – er erhielt später den Namen Mahavira, „Großer Held" – wurde zum Gründer der Religion des Jainismus. In den folgenden Jahrhunderten entstand ein umfangreicher Korpus von Schriften. Sie umfassten die von Mahavira vorgelebten Glaubenssätze: Selbstdisziplin, Meditation, Vegetarismus, Loslösung von weltlichen Gütern und *ahimsa*, „Gewaltlosigkeit". Die Jainas glauben, dass Mahavira der 24. in einer Linie von *tirthankaras* („Furtbereitern") war, die eine Brücke von dieser Welt zum Zustand der spirituellen Erleuchtung darstellen. Der Jainismus kennt keine höchste Gottheit, ist aber von einer reichen und farbigen Palette von *tirthankaras* und spirituellen Wesen bevölkert, zu denen auch die Muttergottheit Ambika gehört.

Das Königreich von Magadha dehnte sich allmählich nach Nord- und Zentralindien aus. Vom 6. Jahrhundert v. Chr. an war das Industal bis zum Himalaja unter der Kontrolle Persiens gewesen. Im Jahr 327 v. Chr. drang Alexander der Große von Baktrien (dem heutigen Afghanistan) in die Region ein, aber als seine Truppen meuterten, war er gezwungen, sich zurückzuziehen. 322 v. Chr folgten Armeen unter dem Herrscher Chandragupta Maurya. Seine Streitkräfte eroberten die nordwestlichen Gebiete.

Chandraguptas Regierungszeit begründete eine Familiendynastie, die beinahe ein Jahrhundert überdauerte und den größten Teil des indischen Subkontinents unter sich vereinigte. Von ihm selbst heißt es, er habe dem Thron entsagt und sich in ein Jaina-Kloster in Shravana Belgola in Südwestindien zurückgezogen. Zu dieser Zeit hatten wandernde Asketen die Religion bereits entlang der Ostghats nach Süden getragen.

Shravana Belgola ist bis heute einer der Hauptpilgerorte der Jainas. Jede dieser Pilgerstätten wird von einer riesigen Statue des Gommateshvara Bahubali überragt, dem Sohn des ersten *tirthankara*. Die größte dieser Statuen überragt die Grabstätte von Chandragupta in Shravana

GEGENÜBER: *Opfer von Milch und Gewürzen fließen an der Statue des Jaina-Prinzen Gommateshvara hinab, der der Welt entsagte.*

HINDUISMUS
AUSGEWÄHLTE SCHRIFTEN

Die heiligen Schriften der Hindus werden unterteilt in *shruti*, das, was „offenbart" wurde – die heiligsten Texte – und *smriti*, das, was „überliefert" wurde. Zu den *shruti* gehören die uralten Veden (sakrale Hymnen), die Brahmanas, die diese kommentieren, sowie die Aranyakas und Upanischaden, philosophische Spekulationen zu den Opferriten. Zu den *smriti* gehören die Worte des Weisen Manu, dessen ethischer Kodex die Pflichten jeder Kaste und die verschiedenen Stadien des Lebens beschrieb. All diese Texte werden zusammen die Veden genannt.

DIE BRIHADARANYAKA UPANISCHAD 4.5–8

Jede Tat hat nach dem Konzept des Karmas und der Wiedergeburt, der „Seelenwanderung", ihre Auswirkungen. Während eine Seele durch viele Körper reist, erntet sie in jedem Leben, was sie in der Vergangenheit gesät hat.

Ein Mensch, der anhaftet, geht mit dieser Tat
Genau zu jenem Ort an dem
Sein Geist und sein Charakter hängen.
Ans Ende seines Tuns gelangt, kehrt er,
Was immer er in dieser Welt getan,
Aus jener Welt zurück in diese Welt,
Zurück zum Tun.

Das ist der Weg eines Menschen, der begehrt.
Ein Mensch ohne Begierde – der ohne Wünsche ist, der von Wünschen befreit ist, dessen Wünsche erfüllt sind, dessen einziger Wunsch die Verwirklichung des Selbst (atman) *ist – erlangt „Unsterblichkeit". Er ist* brahman *und geht ins* brahman. *Hierzu gibt es den folgenden Vers:*

Sind sie alle verbannt,
Die Begierden, die im Herzen lauern,
Dann wird der Sterbliche unsterblich
Und erlangt brahman *in dieser Welt.*

DIE CHANDOGYA UPANISCHAD 4:15.5

Wenn solch ein Mensch stirbt, dann spielt es keine Rolle,
ob die Totenrituale ausgeführt werden oder nicht.
Er geht in jedem Fall in die Lichtstrahlen ein.
Aus diesen in den Tag und von dort in die helle Monatshälfte, in der der Mond zunimmt.
Von dort in das Halbjahr, in dem sich der Aufgangspunkt der Sonne nach Norden hin verschiebt,
und von da in das Jahr. Vom Jahr gelangt er in die Sonne,
aus der Sonne in den Mond und aus dem Mond in den Blitz.
Dort befindet sich eine Person, die aber keine menschliche Gestalt hat. Sie führt ihn zum brahman.
Dies ist der Weg der Götter, der Weg zum brahman. Wer diesen Weg geht,
der kehrt nicht mehr ins menschliche Getriebe zurück. Er kommt nicht mehr wieder.

DER GESETZESKODEX MANUS

Verletze andere nicht, tue niemandem Leid an durch Gedanke oder Tat, sprich kein Wort, das deinen Mitkreaturen Schmerzen zufügt. Wer es sich zur Gewohnheit macht, seine Ahnen zu grüßen und ihnen ständig Ehre zu erweisen, der nimmt an vier Dingen zu: Länge des Lebens, Wissen, Ruhm und Stärke. ... Mache dich nicht von anderen abhängig, sondern stütze dich auf dich selbst. Wahres Glück entsteht aus dem Selbstvertrauen. ... Durch Falschheit wird ein Opfer vergeblich; durch Selbstzufriedenheit verliert man den Gewinn der Askese; durch Prahlen wird das Gute einer Opfergabe zunichte gemacht.

HINDUISMUS

Belgola. Die 19 Meter hohe Statue, aus einem einzigen Granitblock herausgeschlagen, gilt als größte freistehende Skulptur Indiens, vielleicht der Welt. Alle zwölf Jahre findet hier das Mahamastakabhisheka, das wichtigste Fest der Jainas, statt. Tausende von Pilgern steigen über 700 Stufen zu der Statue hinauf und übergießen sie mit *ghee* (geklärter Butter), Zinnober, Milch, Kokosmilch, Kurkumapaste, Mohnsamen, Honig, Safran, Goldstaub und silbernen Münzen.

Ungefähr 40 Jahre nachdem der Begründer des Jainismus seine spirituelle Wanderschaft begann, verließ auch ein anderer junger indischer Edelmann namens Siddharta Gautama sein Heim, um nach einem neuen Lebenssinn zu suchen.

Die beiden neuen Religionen, Jainismus und Buddhismus, wurden bald von der Mehrzahl der Reichen und Mächtigen in Indien angenommen. Das Reich der Mauryas blühte weiter in der 36-jährigen Regierungszeit von Ashoka, Chandraguptas Enkel, der von 272 bis 236 v. Chr. regierte und zum Buddhismus konvertierte. Mit seiner Hilfe verbreitete sich die Religion von Pataliputra, der Hauptstadt der Mauryas, nach Westen und Süden über einen Großteil des indischen Subkontinents. Tempel wurden errichtet, Schulen und Klöster gegründet. All das verringerte die Macht der vedischen Priesterschaft.

Handel und Invasionen brachten weiterhin Einflüsse aus unbekannten Regionen nach Indien. Mediterrane Seefahrer tauschten Kupfer, Gold und Sklaven aus Afrika und dem Mittleren Osten gegen indische Edelsteine und Schildplatt. Händler zogen von Westen über Land durch Anatolien, Persien und Afghanistan nach Indien. Eine Route aus China führte über den Himalaja in die Hafenstadt Tamluk.

Die ungefähr 80 Kilometer südöstlich von Delhi an der Yamuna gelegene Stadt Mathura war ein Knotenpunkt der Handelsrouten. Hier vollzog sich ein ständiger Austausch von Gütern und Kulturen. Handwerker schnitten Statuen aus dem roten Sandstein der Gegend. Mathura wurde ein Zentrum der religiösen Skulptur. Buddha-Darstellungen aus dieser Region lassen sich bis auf das 1. Jahrhundert v. Chr. zurückdatieren. Spätere Skulpturen repräsentieren drei Religionen: Jainismus, Buddhismus und Hinduismus.

Nach dem Tod Ashokas zersplitterte der Kontinent wieder in kleinere Territorien. Vor allem aus dem Nordwesten kamen Eindringlinge ins Land. Starke Stimmen hauchten der alten Religion neues Leben ein.

GÖTTER UND HELDEN DER HINDUS

IM 1. JAHRTAUSEND V. CHR. tobten viele Schlachten am Oberlauf des Ganges. Eine hat die Phantasie der Hindus seither besonders beflügelt: nahe der Stadt Kurukshetra in Nordwestindien trafen die Pandavas und Kauravas, zwei rivalisierende Fraktionen innerhalb einer Familie, in einer Schlacht aufeinander. Der 18 Tage dauernde Krieg gab Anstoß zu Tausenden von epischen Strophen und einer Philosophie, die für den Hinduismus zentral ist.

Als Arjuna, ein junger Krieger auf Seiten der Pandavas, sich auf seinem Streitwagen dem Schlachtfeld näherte, zauderte er, entsetzt, dass er Familienmitglieder und Freunde töten sollte. «Krishna, Krishna», sagte er zu seinem Wagenlenker, «jetzt, da ich auf meine Blutsverwandten blicke, ... zittern meine Glieder. ... Wie kann ich noch an Macht und

OBEN: *Die aus Stein gehauenen Räder des Wagens von Surya, dem Sonnengott, schmücken das Fundament seines Tempels in Konark.*

Genüsse, ja an mein eigenes Leben denken, wenn ich all diese Lehrer, Väter, Söhne und Großväter sowie Onkel, Schwiegerväter, Enkel, Schwager ... hier stehen sehe, bereit, ihr Leben und ihr Gut im Kampf gegen uns aufs Spiel zu setzen?« Er legte seine Waffen nieder. In seiner Antwort offenbart Krishna, dass er kein niederer Wagenlenker, sondern eine Inkarnation Vishnus ist. Seine auf dem Schlachtfeld an Arjuna gerichteten Worte, mit denen er ihn drängt, klaren Geistes zur Tat zu schreiten, bilden den „Gesang des Erhabenen" („Bhagavad Gita"), eine der populärsten heiligen Schriften des Hinduismus. Sie ist ein Teil des „Mahabharata", eines Epos von 106 000 Strophen in 18 Büchern, das zwischen 300 v. Chr. und 300 n. Chr. entstanden ist.

Das andere große Epos des klassischen Hinduismus, das „Ramayana", ist eine indische Odyssee, die auch wegen des geographischen Raums, den sie umspannt, interessant ist. Prinz Rama, ihre Hauptfigur, verlässt sein Heim in Ayodhya. Er reist 320 Kilometer ostwärts nach Mithila, ein Gebiet in der heutigen Grenzregion zwischen Indien und Nepal. Dort begegnet er der schönen Sita und führt sie als Gemahlin nach Hause.

Durch Intrigen seiner Stiefmutter aus seinem Heim verbannt, begibt sich Rama, begleitet von Sita und seinem Halbbruder Lakshmana, auf eine 14 Jahre dauernde Reise. In Pancavati, an den nordöstlichen Ausläufern der zentralindischen Vindhyakette, fühlt sich eine Dämonin zu Rama

OBEN: *Meerjungfrauen flehen Krishna um Gnade an, der auf dieser Miniatur gegen eine giftige Schlange kämpft (14. Jahrhundert).*
GEGENÜBER: *In Nordindien wird Hanuman verehrt, der Affenkrieger, dessen Abbild jeder Gemeinde Glück bringen soll.*

HINDUISMUS

hingezogen und greift Sita aus Eifersucht an. Als Ramas Bruder der eifersüchtigen Frau Ohren und Nase abschlägt, rächen sich ihre Brüder mit Unterstützung einer Armee von Dämonen. Der schlimmste Dämon, der zehnköpfige Ravana, verwandelt sich in einen wandernden Asketen und entführt Sita.

Auf der Suche nach seiner Frau gewinnt Rama die Freundschaft von Sugriva, dem Affenkönig von Kishkindhya. Sugrivas Heerführer in Affengestalt, Hanuman, der „Sohn des Windes", schließt sich der Suche nach Sita an. Er entdeckt sie an einem Ort namens Lanka, jenseits des Meeres. Hanuman kann mit einem Satz dorthin springen, aber für Rama und seine Armee von Affen-Gefolgsleuten muss eine Brücke gebaut werden. Rama rettet Sita und kehrt nach Ayodhya zurück. Es beginnt das Ram Rajya, eine Zeit des Friedens und der Harmonie, die als Indiens mythisches Goldenes Zeitalter gilt.

Hindus auf der ganzen Welt durchleben die Geschichte von Ramas Suche nach Sita und ihre Rettung in Inszenierungen bei jährlichen Festen, bei denen sie oft mit farbenfrohen Masken oder überlebensgroßen Puppen aufgeführt wird. Während eines zehntägigen Fests namens Dasserah im frühen Herbst verbrennen die Bauern ein Bildnis des Ravana. Diwali, das „Fest der Lichter", ist der Höhepunkt des Dasserah-Fests; es erinnert an Ramas Rückkehr nach Ayodhya und Krishnas Sieg über einen Dämon der Finsternis. In ganz Indien werden zu diesem Anlass die Häuser geputzt und mit Lichterketten geschmückt. Man glaubt, dass Lakshmi, die Göttin des Glücks und des Reichtums, die Häuser segnet, die sauber und hell erleuchtet sind. Die Feiernden stehen vor Sonnenaufgang auf und entzünden Kerzen, die im Haus in Glück verheißenden symbolischen Mustern aufgestellt sind. Sie entzünden Feuerwerk, besuchen Freunde und Verwandte und teilen Süßigkeiten mit allen Nachbarn in der letzten Nacht des Hindu-Jahrs.

Es ist verführerisch, in Ramas Bestimmungsort die Insel Sri Lanka zu sehen. Einige Gelehrte nehmen jedoch an, dass die Geschichte sich auf die Stadt Lanka in Zentralindien bezieht. Der Text fand zur Zeit des Aufstiegs der Gupta-Dynastie, die Indien vom 4. bis zum 7. Jahrhundert wiedervereinigte, seine endgültige Form. In dieser Epoche, die auf Grund ihres Reichtums und Handels, ihrer Kunst, Literatur und des Einflusses ihrer Kultur auf den Osten als Indiens klassisches Zeitalter gepriesen wird, herrschte religiöse Vielfalt. Die Machthaber entschieden sich oft nicht für eine Religion, sondern förderten mehrere.

Die Gupta-Dynastie begann 350 n. Chr., als Chandragupta I. aus der alten Hauptstadt Pataliputra durch Heirat und Eroberung weitere Gebiete hinzugewann. Sein Reich dehnte sich nach Westen bald bis Allahabad aus. Sein Sohn Samudragupta setzte die Eroberungszüge fort – vom Himalaja bis zum Fluss Narmada und nach Osten bis zum Golf von Bengalen. Es heißt, er habe das alte Pferdeopfer *(ashvamedha)* aus den Veden durchgeführt, um den Göttern für seinen Sieg über die neun Könige im Norden und die zwölf Könige im Süden zu danken. Der nächste König in dieser Linie, Chandragupta II., eroberte weitere Länder im Westen und dehnte das Reich über den indischen Subkontinent aus.

Die Gupta-Dynastie blieb bis ungefähr 650 n. Chr. an der Macht. In dieser Periode nahm die Vielzahl der hinduistischen Götter ihren Platz in einem hierarchisch geordneten Beziehungssystem ein, das bis heute besteht. Der Hinduismus wurde zu einem dichten Gewebe mit vielen verschiedenen Fäden, in dem die phantastischen mythischen Gestalten und kosmischen Persönlichkeiten miteinander verknüpft sind.

Brahma, die höchste Gottheit, besitzt vier Köpfe. Es heißt, dass für ihn ein Tag so lang ist wie 2,16 Milliarden Menschenjahre. Im indischen Alltag wird er kaum verehrt. Vishnu, der Güte und Gnade verkörpert, wird oft als blauhäutiger Prinz dargestellt, dessen vier Hände symbolische Gegenstände halten: ein Muschelhorn, eine goldene Scheibe *(chakra)*, eine mit Juwelen besetzte Keule und eine Lotosblüte. Andere Darstellungen zeigen ihn als blauhäutigen

GEGENÜBER: Farbenprächtige Wandteppiche mit Szenen aus dem Ramayana sind eine Spezialität der Kunstweberinnen von Mithila.

Butterdieb, der fröhlich zwischen Lotosblüten tanzt. Vishnu inkarniert sich als Fisch, Schildkröte, Wildschwein und Mann-Löwe sowie als Zwerg, kriegerischer Brahmane namens Rama, *kshatriya*-König Rama, Krishna, der Buddha und als Kalkin, der als Held auf einem Schimmel reitet. Diese zehn Verkörperungen werden ebenfalls ikonografisch dargestellt. Shiva, der für Anmut und Glück steht, hat oft ein drittes Auge auf der Stirn; um seine Taille oder seinen Hals ringeln sich Schlangen, an seiner Seite hält er einen Dreizack. Er kann auch als Nataraja, „Herr des Tanzes", erscheinen, der mit einer Hand das Universum in die Existenz trommelt und es mit der anderen durch Feuer wieder zerstört. Ganesha, der Sohn von Shiva und Überwinder von Hindernissen, hat einen Elefantenkopf und einen runden Bauch.

Die Welt der Göttinnen ist ebenso bunt. Sarasvati, die Gefährtin Brahmas, ist die Göttin des Wissens und der Weisheit. Sie sitzt auf einer von Schwänen umgebenen Lotosblüte. Zwei ihrer vier Arme halten eine Gebetskette und ein Buch, mit den anderen beiden spielt sie eine *vina*, die Vorläuferin der Sitar, ein Lauteninstrument. Lakshmi, die Göttin des Glücks und des Reichtums, hält ein Muschelhorn, eine Schale voll Ambrosia und zwei Lotosblüten in ihren vier Händen. Durga, eine der vielen Emanationen von Shivas Gefährtin Shakti, reitet einen grimmigen Löwen. Die schreckliche Kali lässt ihre rote Zunge heraushängen. Sie trägt eine Halskette aus Totenschädeln sowie einen Rock aus abgeschlagenen Armen. Kali verkörpert das Prinzip der Dunkelheit, dennoch spürt sie rücksichtslos alles Übel auf und zerstört es.

Die hinduistische Religion kennt Tausende von anderen Göttern, Göttinnen, Dämonen und übernatürlichen Wesen. Viele sind lokale Gottheiten, die in das größere Ganze der Religion aufgenommen wurden. Götter und Göttinnen sterben und kehren in neuen Gestalten zurück. So ging Uma, Shivas Gattin, in das Opferfeuer, wurde als Parvati wiedergeboren und heirate Shiva erneut. Außerdem zeigen sich die Götter und Göttinnen in verschiedenen Verkörperungen. Vishnu erscheint in zehn verschiedenen Inkarnationen. Shakti, die Muttergottheit, manifestiert sich als Bhuvaneswari, Durga, Chandika oder Kali. Sie selber wird als ein Aspekt Shivas angesehen. Die Götterwelt ist eine komplizierte, sich verändernde, miteinander verwobene Gesellschaft von Charakteren, eine weitere Ausdrucksform der reichen Vielfalt des Hinduismus.

Bildnisse der Götter finden sich in bescheidenen Hausaltären und großen öffentlichen Tempeln. Die Hindus glauben, dass die Gottheiten in ihren Darstellungen anwesend sind. Deshalb gehen sie äußerst ehrerbietig mit diesen um; man badet und kleidet sie, schmückt sie mit Blumengirlanden, salbt sie mit duftenden Ölen. Ein Hindu-Tempel ist in vieler Hinsicht eher ein Heim für den dort residierenden Gott als eine Versammlungsstätte für die Gläubigen. Sie dürfen sich dem Bildnis nicht direkt nähern, sondern müssen es im Uhrzeigersinn umwandeln. Die Andächtigen gehen und stehen, setzen sich aber nicht hin. In vielen hinduistischen Tempeln gibt es einen vorgeschriebenen Pfad um das innere Heiligtum. In manchen komplexeren Tempeln gehen die Gläubigen auf diesem Pfad durch sieben nach innen abgestufte architektonische Bereiche. Traditionsgemäß werden die Tempeltore mittags für eine Weile geschlossen, damit sich die Gottheiten im Inneren ausruhen können.

Zur Zeit des Gupta-Reichs entstanden zwei Sekten, die sich in ihrer Verehrung auf Vishnu beziehungsweise Shiva konzentrierten und jeweils einen über alle anderen Götter erhoben. Eine dritte Sekte betonte die Verehrung der hinduistischen Göttinnen, die in der Muttergöttin Shakti verkörpert sind. Bis heute unterscheidet man vor allem unter den *sadhus*, den Heiligen, zwischen Vaishnavas (Verehrer von Vishnu), Shaivas (Verehrer von Shiva) und Shaktas (Verehrer der Göttin in ihren verschiedenen Erscheinungsformen). Die Vaishnava-*sadhus* malen sich oft vertikale Striche auf die Stirn, die Shaiva-*sadhus* horizontale Striche und die Shakta-*sadhus* Punkte. Die Vaishnavas tragen weiße Gewänder, die Shaivas safrangelbe und die Shaktas rote. Die verschiedenen Sekten betonen verschiedene Richtungen in Hinblick auf die Schriften und das Denken, aber im Großen und Ganzen leben sie harmonisch zusammen.

OBEN: *Durch Mehrfachbelichtung entsteht das Bild einer vielarmigen Tänzerin bei einem Hindu-Fest zu Ehren der Göttin Durga.*

DAS ZEITALTER DES ISLAM UND DER SIKHISMUS

VOM 7. JAHRHUNDERT an kamen Muslime nach Indien – zuerst aus Arabien später aus Afghanistan. Bis zum 16. Jahrhundert hatten diese die Oberhoheit in Nordindien erlangt: Das große Mogulreich bestand bis zum frühen 18. Jahrhundert. Es bezog seine Legitimität aus einer islamischen Ideologie, stützte sich aber auf die intime Kenntnis der Hindu-Kultur und die Förderung ihrer Tempel. Der eigentliche Hinduismus lag damals brach, aber aus der Verbindung von Hinduismus und Islam entstand eine neue Religion: der Sikhismus.

Im späten 15. Jahrhundert verweigerte ein Hindu-Junge namens Nanak in einem Pandschab-Dorf weit im Norden Indiens die Einweihungsschnur. «Möge Gnade die Baumwolle sein, Zufriedenheit die Schnur, Enthaltsamkeit der Knoten und Wahrheit die Schlinge», soll er erklärt haben. Er wurde ein Rechnungsführer für die muslimischen Autoritäten. Eines Tages ging Nanak mit Freunden zum Baden an den Fluss Beas. Er blieb drei Tage lang unter Wasser, wo Gott sich ihm offenbarte. Schließlich kam er wieder an die Oberfläche, in Licht getaucht, zu einem neuen Glauben inspiriert, der weder hinduistisch noch muslimisch war. Er reiste viel, kritisierte die formalistischen Züge beider Religionen, wies körperliche Riten und heilige Bildnisse zurück und lehrte stattdessen innere Reinheit. Es heißt, dass seine Anhänger ihn vor seinem Tod fragten, ob

HINDUISMUS

er nach muslimischer Tradition begraben oder nach hinduistischer verbrannt werden solle. Er antwortete, Muslime und Hindus sollten Blumen neben seinen Leichnam legen. Die Gruppe, deren Blumen sich länger hielten, sollten das Ritual bestimmen. Sie taten wie geheißen. Am nächsten Tag fanden sie nur noch die Blumen.

Guru Nanak war der erste der zehn Gurus, der Heiliger Männer der Sikh-Religion, die zwischen dem 15. und 18. Jahrhundert lebten. Ihr Einfluss war sowohl religiöser als auch politischer Natur. Im 17. Jahrhundert waren die Sikh-Führer zu einer solchen Bedrohung für die muslimischen Autoritäten geworden, dass sie aus ihren Dörfern vertrieben wurden. Die Sikhs versteckten sich für mehrere Generationen in den Vorgebirgen des Himalaja, bevor sie sich unter der Führung von Ranjit Singh erhoben und den Pandschab zu einem Sikh-Königreich erklärten.

Heute ist der Pandschab ein indischer Bundesstaat. Die Sikhs sind dort weiterhin eine wichtige religiöse und politische Kraft. Der Goldene Tempel von Amritsar ist ihr heiligster Schrein. Im späten 16. Jahrhundert erbaut, beherbergt er den Adi Granth, ihre heilige Schrift. 1984 führten die Feindseligkeiten zwischen Sikhs und der Regierung von Indira Gandhi zu gewaltsamen Unruhen. Bei einem Angriff der indischen Armee auf den Tempel verloren mehrere hundert Sikhs ihr Leben. Sieben Monate später wurde Indira Gandhi von zweien ihrer Sikh-Leibwächter ermordet. Es dauerte länger als ein Jahrzehnt, um die Anlage des Goldenen Tempels wiederherzustellen. Zum Gedenken an die bei dem Angriff Getöteten ließ man die Einschusslöcher in einer der Tempelwände.

HEILIGE STÄTTEN

STÄDTE UND TEMPEL, Flüsse und Berge sind eng mit bestimmten Hindu-Gottheiten verbunden. Zu den Verbindungen kam es auf Grund von Geographie, Geschichte und Mythologie. Der wunderschöne Jagad-Mandir-Tempel in der Nähe von Dwarka ist hierfür ein Beispiel.

Dwarka ist am äußeren Rand der Halbinsel Kathiawar gelegen, knapp 240 Kilometer von der Indusmündung ins Arabische Meer entfernt. Der Überlieferung nach wurde die Stadt von Krishna gegründet, der in diese Region zog, nachdem er Arjuna in der Schlacht beigestanden hatte. Eine Passage im „Mahabharata" beschreibt einen Besuch Arjunas im neuen Heim Krishnas, der mit einer riesigen Flutwelle zusammenfällt, die die Stadt heimsucht. Meeresarchäologen, die seit den achtziger Jahren des 20. Jahrhunderts in der Nähe von Dwarka arbeiten, haben unter Wasser Artefakte und Mauerwerk gefunden, die die Geschichte einer überfluteten Stadt aus der Harappa-Zeit zu bestätigen scheinen.

Eine wichtige Gestalt des 8. Jahrhunderts war der vedische Philosoph Shankara. Er gründete zahlreiche Klöster, von denen die vier wichtigsten jeweils eine Himmelsrichtung markierten. Sie sollten die praktizierenden Hindus in ganz Indien miteinander verbinden. Er nannte sie die Vier *dhams* oder „Göttlichen Wohnstätten". Im Westen wählte er Dwarka, das damals offenbar schon als heilige Stätte bekannt war. Im Hafen der Stadt legten Schiffe aus dem Persischen Golf an. Die günstige Lage für den Handel mit Indien brachte Dwarka genügend Reichtum, um Tempel zu bauen. Während der muslimischen Herrschaft wurden die hinduistischen Bauwerke in der Stadt niedergerissen. Der große Tempel, der heute dort steht, stammt aus dem Jahr 1730. Sein Vorläufer soll jedoch schon vor 2500 Jahren von Sambha, dem Enkel Krishnas, errichtet worden sein. Das riesige Bauwerk, dessen höchste Turmspitze 60 Meter hoch ist, wird von 72 Sandstein- und Granitpfeilern getragen. Es enthält ein Bildnis von Sri Ranchhodrayji, einer Emanation von Krishna. Vor der Küste liegt die kleine Insel Bet Dwarka, auf der ein weiterer Tempel den Ort markiert, an dem Krishna gestorben sein soll.

Um von den Wohnstätten Krishnas, einer Inkarnation

GEGENÜBER: Der Goldene Tempel von Amritsar im Pandschab enthält den Adi Granth, die heilige Schrift der Sikhs.
FOLGENDE SEITEN: Der Legende nach waren die 60 Meter hohen Türme des Tempels von Dwarka einst ein Wohnort Krishnas.

Vishnus, zu einer der Wohnstätten Shivas, des anderen hohen Gottes, zu gelangen, müssen die Hindus vom Meer zu einem der höchsten Berge der Welt pilgern – dem 6714 Meter hohen Kailas in Tibet. Seine vier schroffen Flanken weisen in die vier Himmelsrichtungen. Der Berg, von den Hindus als Wohnort Shivas verehrt, ist für die Buddhisten ebenfalls heilig: als Stätte eines von ihnen verehrten Bohisattvas. Für die Jainas ist er der Ort, an dem ihr erster *tirthankara* die Erleuchtung erlangte. Der Kailas wurde auch als Zentrum des Universums, Nabel der Erde, Kleinod des Schnees und Land der Götter bezeichnet.

Für weltliche Augen ist der Berg abschreckend und lebensfeindlich. Doch die hinduistische Kunst und Literatur ist voll von Geschichten, in denen dieser Ort im entlegensten Himalaja ein Liebesnest für Shiva und seine Gefährtin Parvati ist. Spirituell Suchende umwandeln den Gipfel in über 6000 Meter Höhe. Auf einem 20 Kilometer langen Pfad benötigen sie dafür ein bis drei Tage.

Wenige verlassen die Region, ohne in das kalte Wasser des Sees Manasarowar eingetaucht zu sein. «Wenn der Manasarowar deinen Körper berührt, wirst du ins Paradies eintreten und von den Sünden von einhundert Geburten befreit sein», schrieb der Dichter Kalidasa. Im Umkreis des Sees entspringen die Quellwasser von vier großen Flüssen: des Indus und des Sutlej – sie fließen nach Westen ins heutige Pakistan – sowie des Karnali und des Brahmaputra, die ostwärts zum Ganges hin fließen. Um den See herum liegen acht buddhistische Klöster – seit der chinesischen Besatzung Tibets 1950 gespenstisch verlassen.

Knapp 1600 Kilometer südlich dieser Naturwunder vollbrachten die Anhänger des Hinduismus, Buddhismus und Jainismus ein Wunder von Menschenhand. Während des Gupta-Reichs schufen sie in Ellora nahe Aurangabad im westlichen Zentralindien aus Basaltstein insgesamt 34 Bauwerke, frei stehende Statuen und Reliefs. Als wollten sie Shiva auf seinen Reisen nach Süden eine Heimstatt bieten, bauten die Handwerker von Ellora einen komplexen Tempel – nicht indem sie Gestein aufeinander schichteten, sondern indem sie es aus dem Felsen herausschlugen. Sie trugen ungefähr 400 000 Tonnen Stein ab, bis die Tempelanlage entstanden war, die sich über 5 500 Quadratmeter hinzieht und deren höchster Turm 27 Meter erreicht. In einer nahe gelegenen Höhle, der Sita-ki-Nahani, findet sich ein 4,5 Meter hohes Relief, das Shiva bei einer seiner Lieblingsbeschäftigungen zeigt: dem Tanz. Er schwenkt seine vielen Arme mit seinen Symbolen in der Luft. Die auf dem Bildnis dargestellte Geschäftigkeit des Gottes ist eine seiner vielen Eigenschaften. Shiva ist der Mittler, der ein Gleichgewicht zwischen den widerstreitenden Dualitäten der Existenz, zwischen Schöpfung und Zerstörung, herstellen kann.

Auch im Mündungsbereich des Mahanadi, dem fruchtbaren Reisanbaugebiet an der Ostküste Indiens, gibt es eine Ansammlung von Tempeln. Ashoka eroberte dieses Gebiet im 3. Jahrhundert v. Chr. In den felsigen Hügeln schlugen Jaina-Asketen Wohnhöhlen in den Fels. Während verschiedener Perioden entstanden mehr als 100 Tempel in einem Umkreis von ungefähr 160 Kilometern. Man nennt dieses Gebiet zu Ehren der drei größten Orte Bhubaneswar, Konark und Puri das „Goldene Dreieck von Orissa". Bhubaneswar und die dazugehörenden Tempel liegen am See Bindu Sagar. Es heißt, Shiva habe den See geschaffen, um den Durst Parvatis zu löschen. In Konark scheinen zwölf aus dem Fels geschlagene Räder den Tempel zu tragen. Sie erzeugen die Illusion, das Gebäude sei der Wagen des Sonnengottes, dem der Tempel geweiht ist. In Puri umgibt eine sechs Meter hohe Mauer einen Komplex mit 120 Tempeln und Schreinen; viele der breiten, pyramidenförmigen Türme sind in kräftigem Rot angemalt. Hier findet jedes Jahr Rathayatra, das Wagenfest, statt. Die Feiernden heben einen großen bunt bemalten Wagen über ihre Köpfe und ziehen damit durch die Straßen der Stadt. Darin residiert Jagannatha, der Herr des Universums, eine weitere Verkörperung von Vishnu. Sein maskenhaftes Gesicht und die hervorquellenden Augen lassen vermuten, dass er

GEGENÜBER: Der Shiva geweihte Kailas-Tempel wurde in Ellora in Westindien in den Berghang geschlagen.

Das göttliche Sehen
Eine tägliche Praxis

Die meisten Hindu-Familien haben einen Hausaltar, vor dem sie ihre Gottesverehrung (*puja*) vollziehen. Dort befindet sich eine Statue oder ein Bild einer bestimmten Familien-Gottheit, umgeben von Darstellungen anderer Götter, von Heiligen, Gurus und Ahnen. Ein Schälchen Wasser, Räucherwerk, eine Glocke, Butterlampe oder Kerze stehen bereit. Einmal am Tag versammelt sich die Familie vor dem Altar. Das Oberhaupt läutet die Glocke, entzündet das Räucherwerk und bittet die Gottheit, herabzusteigen. Ihre Präsenz in der zentralen Statue, dem *murti*, zu spüren, nennt man *darshana*, „durch den Anblick Gottes Segen erfahren". Dann wird die Kerzenflamme zum Lobpreis vor der Gottheit geschwenkt. Man würdigt ihre Gegenwart, indem man die Statue wäscht, neu kleidet, ihr Blumen und Geschenke darbringt sowie ihr Speisen (*bhogs*) und Wasser opfert. Nachdem die Gottheit die Speisen empfangen hat, werden diese (jetzt *prasada* genannt, weil sie von der Gottheit gesegnet wurden) von der Familie gegessen.

Manche Hindus suchen zur *puja* zudem einen Tempel auf, um die Wirkung zu vergrößern. So gewinnen sie gutes Karma, hoffen auf eine günstige Wiedergeburt. Dem Aufbau des Tempels liegt die Idee zu Grunde, dass der Gläubige sich mit jedem Schritt tiefer in einen sakralen Raum hineinbegibt, immer mehr Abstand von den Illusionen des Alltags gewinnt und in die letzte Wirklichkeit des Göttlichen eindringt. Der Gläubige durchschreitet einen Bogengang und betritt eine rechteckige Säulenhalle. Von dort gelangt er in eine dunkle *garbhagriha* („Schoßkammer"), das innere Heiligtum, in dem sich das Bildnis der Gottheit befindet – von Shiva, Vishnu, Shakti oder einem lokal verehrten Gott. Nachdem die Gläubigen Gaben dargebracht haben, die der Priester entgegennimmt, umwandeln sie die innere Kammer im Uhrzeigersinn und rezitieren Gebete.

In einem Hindu-Tempel lebt mindestens ein Priester, der sich um den *murti* kümmert. Anders als bei einem Familien-*murti* ist die Statue in einem Tempel der ständige Wohnsitz der Gottheit. Er wird mit alten Riten aufgestellt, die in der Rezitation eines Mantras kulminieren, einer sakralen Anrufung, die darum bittet, dass der Atem des Lebens die Statue durchdringt. Die Priester führen zu Sonnenaufgang, mittags, bei Sonnenuntergang und um Mitternacht ein Ritual durch, um eine gastliche Atmosphäre für das Verweilen der Gottheit zu schaffen.

Allen *pujas* liegen die gleichen rituellen Handlungen zu Grunde. Durch Anrufungen, Lobpreis und das Darbringen von Opfergaben verbindet der Hindu sich mit dem Göttlichen.

ursprünglich eine animistische Gottheit war, die später in den Hinduismus integriert wurde.

DIE WIEDERBELEBUNG UND AUSBREITUNG DES HINDUISMUS

MIT DEM ENDE des Gupta-Reichs um 550 n. Chr. wurde es jahrhundertelang still um die hinduistische Religion und Kultur. In den führenden Schichten herrschte zuerst der Buddhismus, dann der Islam vor. Vom 16. bis zum 18. Jahrhundert hatte das Mogul-Reich mit der Hauptstadt Delhi die Macht auf dem Subkontinent. Der Islam war in Nordindien die Staatsreligion, aber der Hinduismus starb nicht. Innerhalb der Familie wurde die Andacht fortgesetzt. Es gab noch immer Einsiedler, die asketisch in Höhlen und Klöstern meditierten. Gelehrte trugen weiterhin zur Überlieferung der Hindu-Philosophie bei, einige der größten Werke der religiösen hinduistischen Dichtung wurden im Norden verfasst. Im Süden und in abgelegenen Gebieten behielten Hindu-Führer die territoriale Macht. Das Kastensystem wurde stärker differenziert und unterschied nun nach wesentlich mehr Kriterien als den vier *varnas*.

Während dieser Periode errichteten portugiesische Händler Stützpunkte an der Westküste. Niederländische Fregatten, beladen mit indischer Baumwolle aus Gujarat, Indiens westlichster Provinz, segelten aus der Hafenstadt Surat entweder ins Rote Meer oder nach Afrika um das Kap der Guten Hoffnung. Als die Briten begannen, sich für Indien zu interessieren, wurden sie von der niederländischen Präsenz im Westen abgeschreckt. Allerdings hieß der lokale hinduistische Herrscher eines kleinen Fischerdorfes im Südwesten sie willkommen: Madraspatam lag ungefähr 600 Kilometer von der Südspitze Indiens entfernt an der Koromandelküste. 1644 errichtete die englische Handelskompanie mit Unterstützung der britischen Krone das Fort Saint George und gründete Madras. 1661 erhielten die Briten durch königliche Heirat Inseln in einer Bucht 250 Kilometer südlich von Surat. König Charles II. schenkte den Engländern in Indien diese Besitztümer, und sie gründeten dort die Stadt Bombay. 1674 wurde Bombay (heute Mumbai) das Hauptquartier der späteren Ostindischen Kompanie. Ein muslimischer Potentat im Nordwesten stimmte der Errichtung eines britischen Handelszentrums nahe der Hugli-Mündung zu. 1702 wurde dort Fort William errichtet. Aus dem nahe gelegenen Dorf Kalikata wurde bald die Stadt Kalkutta.

Die Entstehung dieser drei Städte – Madras (heute Chennai), Bombay und Kalkutta (heute Kolkata) – markiert den Beginn des modernen Indien, das von der westlichen Kultur dominiert, aber von seiner hinduistischen Identität durchdrungen war. Der Hinduismus, verkörpert von Mohandas Karamchand Gandhi, spielte eine wesentliche Rolle in Indiens mehr als 50-jährigem Kampf um Unabhängigkeit. Gandhi nahm den Lebensstil eines *sadhus* an. Er trug ein Lendentuch, lebte asketisch und verkündete die Prinzipien der Gewaltlosigkeit und Autarkie. Er setzte sich leidenschaftlich dafür ein, dass das indische Volk wieder selbst über die Rohstoffe seines Landes verfügen durfte. Dabei konzentrierte er sich auf ein lebenswichtiges Mineral, das in Indien reichlich vorkommt, jedoch streng von der britischen Kolonialmacht kontrolliert wurde: Salz.

Salz war lange Zeit eines der wichtigsten Produkte in zwei Regionen Indiens gewesen: im Marschland von Gujarat und in den Salzebenen von Orissa entlang der Ostküste. Besonders das Orissa-Salz wurde auf dem ganzen Subkontinent und in Europa geschätzt. Als die britischen Kolonialisten nach Indien kamen, waren sie vor allem deshalb bemüht, den indischen Salzmarkt zu kontrollieren, um so den Handel mit dem minderwertigeren Salz ihrer Heimat zu protegieren. Ein 1804 von der Ostindischen Kompanie erlassenes Dekret erklärte das Orissa-Salz zum britischen Monopol. Es verbot die private Gewinnung sowie seinen Transport. Dieses Vorgehen führte zu Hunger und Epidemien unter den Indern, die seit Generationen ihren Lebensunterhalt aus der Gewinnung von Salz bezogen hatten. Zuerst revoltierten sie mit Gewalt, dann handelten sie verdeckt mit Salz. Daraufhin zogen die Briten eine Zollgrenze zwischen Orissa und Bengalen, dem Zentrum der Kolonialmacht. Sie pflanzten entlang der Grenze zwischen den zwei indischen Staaten eine vier Meter hohe, dreieinhalb Meter dicke Hecke, die die Salzschmuggler zurückhalten sollte. 1866 wurde Orissa von einer schweren Hungersnot heimgesucht. 1888 begannen die Inder, ihren Protest gegen die britische Salzpolitik politisch zu organisieren.

Im März 1930 begab Gandhi sich auf seinen historischen Salzmarsch. Dieser war sowohl eine religiöse Pilgerschaft als auch ein politischer Akt des zivilen Ungehorsams. Der Brennpunkt seines Protests lag in der westlichen, Salz produzierenden Region Indiens, seiner Heimat. Ausgangspunkt war der Sabarmati-Aschram, sein Hauptquartier in Ahmadabad, östlich von Gujarat. In einem so genannten Salz-*satyagraha* (*satyagraha* ist Sanskrit für „Festhalten der Wahrheit") wanderte er mit 78 Begleitern von Dorf zu Dorf. Jeder Tag begann bei Sonnenaufgang mit einer rituellen Waschung in einem Fluss. Als Gandhi 25 Tage später, nach fast 400 Kilometern, sein Ziel erreichte, hatten sich ihm Tausende von Menschen angeschlossen. Am Morgen des 6. April 1930 stand er am Strand von Dandi an der Küste des Arabischen Meers und vollzog die einfachen Schritte der hier schon seit Jahrhunderten ausgeübten primitiven Salzgewinnung. Er hob ein Stück der sonnengetrockneten Salzkruste auf und missachtete damit symbolisch das britische Gesetz. Zur gleichen Zeit sammelten fast 2000 Kilometer entfernt an der Küste von Orissa andere Protestierende Salz mit ihren Händen. Sympathisanten trompeteten auf Muschelhörnern und warfen Blütenblätter in die Luft.

Die Briten reagierten mit Gewalt. Gandhi und andere Anführer wurden ins Gefängnis geworfen. Doch die Demonstrationen gingen weiter. Am 5. März 1931 übergaben die Briten die Salzgewinnung wieder in die Hände der Menschen, die auf diesem Land lebten. Als Indien 16 Jahre später seine Unabhängigkeit erlangte, betrachtete man den Salzmarsch als Wendepunkt auf dem Weg dahin.

Doch die Unabhängigkeit im Jahr 1947 brachte auch neue Probleme. Das Land teilte sich in den säkularen Staat Indien mit einer Hindu-Mehrheit und einen davon abgetrennten muslimischen Staat Pakistan (Ost und West) – trotz der Versicherung Gandhis und anderer Führer, dass Muslime im unabhängigen Indien sicher sein würden. 17 Millionen Menschen wurden während der blutigen Unruhen, die dieses Ereignis begleiteten, vertrieben, eine Million wurde getötet. 1971 trennte sich Ost- von Westpakistan ab und wurde zu dem unabhängigen Staat Bangladesh. 1990 führte ein Mitglied der Bharatiya Janata Partei (BJP) einen Rath Yatra (Wagenzug) durch Nordindien, um die hinduistische Forderung zu unterstreichen, einen Tempel am Geburtsort des göttlichen Helden Rama zu errichten. Die Protestierenden reisten mit Bussen und Zügen an die Ausläufer des Himalaja nach Ayodhya, dem legendären Geburtsort Ramas. Sie suchten die Stelle auf, an der einst ein großartiger Hindu-Tempel gestanden haben soll, der im 16. Jahrhundert von einem Mogul-Herrscher dem Erdboden gleichgemacht wurde. Militante hinduistische Nationalisten kehrten 1992 zurück und verwüsteten die Moschee an diesem Ort. Ayodhya und das jährliche Rath Yatra sind weiterhin Brennpunkte der fortwährenden Auseinandersetzungen zwischen Hindus und Muslimen im 21. Jahrhundert. Die

OBEN: *Der Bürgerrechtler Mohandas Gandhi im Gespräch mit Jawaharlal Nehru, dem ersten Premierminister Indiens.*

Zugehörigkeit Kaschmirs ist zwischen Indien und Pakistan umstritten. Beide Nationen beharren darauf, dass das vorwiegend muslimische Gebiet Teil ihres Herrschaftsbereichs sein sollte.

DER HINDUISMUS HEUTE

IM KONTEXT EINER RELIGION, die ihre Flüsse so verehrt, erhalten die Umweltbelange im 21. Jahrhundert einen bitteren Beigeschmack. Schon vor Jahrtausenden wurde dem Ganges durch primitive Bewässerungskanäle Wasser entnommen. Die Briten waren jedoch die ersten, die im großen Stil Kanäle bauten. Neue Pläne, indische Flüsse zu stauen und in ein neues Bett zu leiten, um den Dekhan, das riesige zentrale Hochland Indiens, zu bewässern, werden aus politischen und ökologischen Gründen kritisiert.

Verschmutzung stellt eine massive Bedrohung für Indiens Flüsse dar. Tausende, ja Millionen von Hindus strömen an den Ganges. Sie baden in ihm, trinken sein Wasser, nutzen es zum Kochen, Wäschewaschen, zur Abwasserentsorgung und streuen die Asche der Toten hinein. Erstaunlicherweise bestätigen moderne Messungen die alten Aussagen über die Reinigungskraft des Flusses. Organische Materie zerfällt im Ganges 15- bis 25-mal schneller als in anderen Flüssen. Dennoch verkraftet Mutter Ganga ihre Nutzung durch den Menschen nicht mehr. Wassertests an den meistbesuchten Stellen zeigen, dass die Werte der aus Fäkalien stammenden Kolibakterien 1000-mal höher sind als zulässig. Durch das verunreinigte Wasser ausgelöste Krankheiten wie Cholera, Typhus, Hepatitis und Amöbenruhr wüten unter den indischen Volk.

1985 hat die indische Regierung den „Ganges-Aktionsplan" in Kraft gesetzt. Sie lässt seitdem Kläranlagen entlang des Flusses bauen und führte eine Regulierung der industriellen Abwässer ein. Der privaten Stiftung „Sankat Mochan Foundation" gehen die staatlichen Anstrengungen nicht weit genug. Sie hat alternative Strategien und Technologien vorgeschlagen. Der Leiter der Stiftung, Veer Bhadra Mishra, ein Hindu-Priester und Ingenieur, betont die Notwendigkeit, alte Glaubenssätze mit modernen Lösungen zu kombinieren. Eine Möglichkeit, die Belastung der Umwelt zu verringern, bestünde darin, einige der ältesten Riten des Hinduismus umzuformen. Allein in Varanasi finden jährlich schätzungsweise 40000 Leichenverbrennungen statt. Der dafür benötigte Brennholzverbrauch hat bedrohliche Folgen für den Forstbestand. Die Regierung ließ elektrische Krematorien bauen, aber viele Inder halten an dem Glauben fest, dass nur die Flammen eines Holzfeuers den Geist des Verstorbenen zu den Göttern tragen.

Die fortbestehenden Andachtsformen des Hinduismus lassen täglich Zehntausende von Menschen in die Flüsse Indiens steigen. Nirgends wird das deutlicher als während der Kumbhamela. Das rituelle Massenbad lockt regelmäßig Millionen von gläubigen Hindus nach Allahabad, wo die Yamuna – und die mythische Sarasvati – in den Ganges fließen. Nach der Legende trug Garuda, Vishnus geflügeltes Reittier, gerade heiligen Nektar über den Himmel, als er von Dämonen angegriffen wurde. Als er sich verteidigte, ließ er vier Tropfen fallen. Sie heiligten die Orte, wo sie den Boden berührten: Allahabad, Hardwar, Ujjain und Nasik. An diesen Orten wird die Kumbhamela gefeiert, aber Allahabad gilt als der heiligste von ihnen. Die genaue Zeit für die Versammlung wird nach dem Planetenstand berechnet. Das glückverheißende Datum kehrt in Allahabad alle zwölf Jahre wieder. Im Februar 2001 kamen dort ungefähr 70 Millionen Menschen im Verlauf des dreiwöchigen Fests zusammen. *Sadhus* aller Sekten tauchten zusammen mit Hindus aus allen Schichten in das Flusswasser ein. Die Kumbhamela von Allahabad im Jahr 2001 war die größte religiöse Versammlung der Weltgeschichte.

Heute leben vier von fünf Hindus in Indien, aber der Hinduismus ist auf jedem Kontinent präsent. Er hat sich vor allem durch Auswanderung und kulturelle Kontakte verbreitet, nicht durch missionarische Aktivitäten. Schon zur Zeit des Gupta-Reichs verbreiteten sich Hindu-Praktiken von Ostindien aus, später dann über die südwestlichen maritimen Handelsrouten. Spuren davon finden sich heute noch auf Bali. Die Insel unterscheidet sich durch ihre

Hindu-Kultur vom übrigen Indonesien, das zu fast 90 Prozent muslimisch ist. Bali war im 16. Jahrhundert ein Zufluchtsort für Hindus aus Java. Es blieb in den folgenden Jahrhunderten relativ isoliert und entwickelte eine eigene Kultur. Der balinesische Hinduismus hat sich mit Zweigen des Buddhismus und dem indigenen Glauben zu einer farbenfrohen Religion verbunden, die für ihre Gamelan-Musik und das *wayang*, das Schatten-Puppentheater, bekannt ist. Der Pura Besakih an den Hängen des Gunung Agung gilt als der heiligste der fast 20 000 Tempel der Insel. Er besteht aus einem Komplex von 30 verschiedenen Tempeln. Im Inneren des Haupttempels Pura Panatarang Agung befindet sich ein dreisitziger Schrein für Vishnu, Shiva und Brahma.

Alle 100 Jahre feiern die balinesischen Hindus der Tradition gemäß ein Ritual namens Eka Dasa Rudra. Darin wird der Kampf zwischen den Dämonen in der Unterwelt, den Göttern im Himmel und den Menschen, die dazwischen den Ausgleich herstellen, nachgestellt. Bildnisse der Götter werden von der ganzen Insel hinab zum Meer getragen, wo sie zeremoniell gereinigt werden. Männer in den traditionellen Auslegerbooten opfern den Dämonen des Meeres ein mit Gold und Silber geschmücktes Wasserbüffelkalb. Auf dem Höhepunkt des Fests kommt die gesamte Bevölkerung in Besakih zusammen, bringt den Göttern Geschenke dar und opfert von der Schlange bis zum Adler alle möglichen Tiere. Das Opfer soll Rudra, den schrecklichsten Dämon, milde stimmen und für ein weiteres Jahrhundert Gesundheit und Reichtum sicherstellen.

Die Ungeduld der Moderne und ein Gespür für die kommerziellen Möglichkeiten haben zu einer häufigeren Ausführung der mit Eka Dasa Rudra verbundenen Zeremonien geführt. Die Tradition wurde zum ersten Mal erschüttert, als Indonesiens Präsident Sukarno die Priester im

Jahr 1963 überzeugte, das Ritual früher als üblich abzuhalten. Während der Vorbereitungen für das Fest ereignete sich am Gunung Agung zum ersten Mal seit 1350 wieder ein heftiger Vulkanausbruch, der 2000 Menschen tötete und Zehntausende zur Evakuierung ihrer Dörfer zwang. Daraufhin sagten einige, die Götter brächten ihren Zorn über das Sukarno-Regime zum Ausdruck. 16 Jahre später wurde das Eka Dasa Rudra des 20. Jahrhunderts schließlich durchgeführt. Das Datum für die nächste Zeremonie steht noch nicht fest, aber sie wird vermutlich vor 2079 abgehalten.

Erst zu Beginn des 19. Jahrhunderts breitete sich der Hinduismus auch in den Westen aus. Als die Kolonialmächte die Sklaverei verboten, suchten die europäischen Zuckerfabrikanten in Afrika und Asien nach billigen Arbeitskräften für ihre Plantagen in Westindien, auf den Karibischen Inseln. Zwischen 1841 und 1847 wurden beinahe 50 000 angeheuerte Arbeiter in das damalige Britisch-Guayana an der Nordküste Südamerikas verfrachtet. Die 12 000 Arbeiter aus Indien erwiesen sich als am kräftigsten, auch wenn viele auf Grund des ungewohnten Klimas und der Arbeitsbedingungen krank wurden und starben. 1883 war bereits ein Viertel der Bevölkerung von Britisch Guayana indisch, und es kamen immer mehr Inder. Auf der nahe gelegenen Insel Trinidad, ebenfalls eine ehemalige britische Kolonie, ist heute ein Drittel der 153 000 Insulaner indischer Abstammung. In den Ländern der Karibik gibt es daher heute lebendige Hindu-Kulturen, die von afrikanischen, angelsächsischen und einheimischen Traditionen beeinflusst sind.

Das Holi genannte Frühlingsfest wurde in Trinidad und Tobago zu einem Fest namens Phagwa. In der hinduistischen Tradition feiert Holi den Sieg des Guten über das Böse, wie er sich in der Geschichte von Prahlada widerspiegelt: einem Jungen, dessen Hingabe an Vishnu seinen eigenen Vater, einen Shiva-Anhänger, eifersüchtig machte. Der Vater beauftragte die Dämonin Holika, die Tante des Knaben, diesen zu verbrennen, aber das Feuer verschlang sie selbst und ließ Prahlada unberührt. Ähnlich wie die Feiern in Indien geht auch die karibische Version auf das Jahr 1845 zurück. Die Phagwa-Festgemeinde verbrennt an einem Abend ein Bildnis der Holika; am nächsten Tag bewerfen oder übergießen sich die Menschen in einem rauschenden Fest gegenseitig mit greller, *abir* genannter Farbe: entweder als pinkfarbenes Pulver oder in Wasser aufgelöst. Musiker ziehen durch die Straßen und singen *chowtals* – fröhliche Lieder mit Texten, in denen sich Hindi und Englisch mischen. Sie begleiten diese mit *dholaks*, klassischen indischen Trommeln, und *dhantals*, einem Perkussioninstrument, das es nur auf Trinidad gibt.

Heute stehen auf allen Kontinenten der Welt Hindu-Tempel. Der Einfluss des Hinduismus hat inzwischen das Alltagsleben vieler nichthinduistischer Menschen erreicht. Als Ausweg aus dem Materialismus der westlichen Welt haben im späten 20. Jahrhundert hinduistisch inspirierte Meditations- und Yogapraktiken Eingang in die moderne Kultur in aller Welt gefunden. Eine Sekte, die im 20. Jahrhundert besonders starke Verbreitung fand, war die „Hare-Krishna-Bewegung". Mitte der 1960er Jahre von Bhaktivedanta Swami Prabhupada gegründet, der in die Vereinigten Staaten ausgewandert war, zog die Bewegung viele amerikanische und europäische Jugendliche an. Auch andere hinduistische Gurus, etwa der Maharishi Mahesh Yogi, Bhagwan Shree Rajneesh (Osho) und Swami Satchidananda, wurden weltberühmt.

Viele spirituell Suchende aus dem westlichen Kulturkreis reisen nach Indien. Der Pilgertourismus hat Hochkonjunktur. Die Karte der Hindu-Nation ist übersät mit Schreinen, Tempeln, heiligen Stätten, Aschrams und Orten für das heilige Bad. Die Massen neugieriger Ausländer halten die einheimischen Hindu-Gläubigen jedoch nicht davon ab, still der uralten Praxis nachzugehen, an einem Flussufer die Morgenröte zu begrüßen – mit zusammengelegten Händen im Dialog mit den Göttern.

GEGENÜBER: *Pilger auf dem Weg zu den Schreinen von Palni in Südindien, wo die Hindus einen Sohn Shivas verehren.*
FOLGENDE SEITEN: *Die Zeltstadt, die bei der Kumbhamela von Allahabad für die Millionen von Gläubigen errichtet wurde.*

FEIERN

JUNGE FRAUEN des Volks der Bhil in Zentralindien haben sich herausgeputzt, um auf dem Bhagoriya-Fest, dem „Fest der Entlaufenen", potenzielle Ehemänner zu beeindrucken (oben). Ein Mann, der an einer der Frauen interessiert ist, braucht ihr nur ein Betelblatt anzubieten. Wenn die Frau ihn akzeptiert, greift sie ihn und beginnt mit ihm zu tanzen (rechts). Dies signalisiert, dass sie verlobt sind. Jetzt muss noch die Höhe der Mitgift geklärt werden, die die Brautfamilie zu zahlen hat.

Hindu-Feste wie das Bhagoriya erfüllen oft mehrere Zwecke auf einmal. Sie verbinden die Religion mit der Kultur von Volksstämmen wie den Bhil und dienen der Reinigung, Erneuerung und Abwehr von bösen Kräften auf das Alltagsleben. Solche uralten Hindu-Feste sind typisch für die vielen Feiern, die im Lauf eines Jahres in Indien abgehalten werden.

FOLGENDE SEITEN: *Pilger baden in den Kapildhara-Fällen unweit der Quelle der Narmada.*

Der Berg ist der Berg, und der Weg ist derselbe wie eh und je. Wahrlich, was geändert ist, das ist mein eigenes Herz.

— Zen-Buddhistisches Gedicht

BUDDHISMUS

Irgendwann im 5. Jahrhundert v. Chr. wurde Maya, der Gattin des Königs Shuddhodana, in den Vorgebirgen südlich des Himalaja ein Sohn geboren. Der König, ein Mitglied der *kshatriyas* (Krieger-Kaste), war ein mächtiger Patriarch des herrschenden Shakya-Stamms in der Hauptstadt Kapilavastu. Der Legende nach hatte Königin Maya die Zeit des Vollmonds im Mai gewählt, um zu ihren Eltern zu reisen, die etwas weiter östlich lebten. Sie wusste, dass sie bald niederkommen würde. Einige Monate zuvor hatte sie geträumt, dass sie in einem goldenen Gebäude lag.

GEGENÜBER: *Das „Kloster des Tigerhaus" klebt an einer Felswand in Bhutan, umgeben von den Bergen des Himalaja.*
FOLGENDE SEITEN: *Buddhistische Stupas auf der heiligen Ebene von Bagan in Birma im sanften Licht der Morgenröte.*

TROMPETEN KÜNDETEN die Ankunft eines großen weißen Elefanten an. Dieser trug mit seinem Rüssel eine Lotosblüte, wandelte dreimal um Maya herum und trat dann in ihren Körper ein. In diesem Moment, so heißt es in einigen buddhistischen Schriften, «wurden all die zehntausend Welten plötzlich durch und durch erschüttert». Als die Königin ihrem Ehemann von dem Traum erzählte, sagten weise Männer am Hof voraus, dass der kommende Sohn entweder über die ganze Welt herrschen oder ein Buddha – ein „Erwachter", „Erleuchteter" werden würde.

In der Nähe von Lumbini machte Königin Maya in einem Hain von Sal-Bäumen Rast und badete in einem Teich. Als sie aus dem Wasser stieg, hielt sie sich an einem Ast fest und lächelte beim Anblick der wilden Blumen. In dem Moment erschienen zwei himmlische Wesen und übergossen sie mit Wasser und Lotosblüten. Maya spürte die Wehen kommen; sie lehnte sich an einen Feigenbaum, und ein Kind trat aus ihrer Seite hervor. Es war in strahlendes Licht gehüllt und konnte bereits laufen und sprechen. «Dies ist meine letzte Geburt», rief der Junge aus. Auf Grund dieses und anderer glückverheißender Zeichen wurde der junge Prinz Siddhartha genannt, „Er, der sein Ziel erreicht hat".

Heute sind von Siddharthas königlicher Stadt Kapilavastu nur noch Ziegelreste und ein alter Graben übrig. Sie liegen in einem ungefähr 100 Hektar großen Gebiet in der Terai-Region des heutigen Nepal. Ausgrabungen in Tilaurakot – man nimmt an, dass sich hier die alte Hauptstadt der Shakyas befand – haben Artefakte und Reste von Bauwerken zu Tage gefördert, die in mehreren Schichten die Vergangenheit enthüllen. Die ältesten Lehmwände und Keramiken stammen ungefähr aus der Zeit von 600 v. Chr. Bearbeitetes Erdreich in Hügeln und Gräben lässt sich mit der Radiokarbonmethode auf Anfang des 1. Jahrtausends v. Chr. datieren. Das rechtfertigt die Annahme, dass hier schon zu Lebzeiten des Buddha eine Stadt existiert hat.

Der junge Prinz Siddhartha Gautama wuchs in einem Palast auf, wo er von der Außenwelt und dem Leiden der Menschen unberührt blieb. Der König verwöhnte seinen Sohn mit allen sinnlichen und künstlerischen Genüssen. Wie es sich für einen künftigen König gehörte, wurde Siddhartha auch in der Kriegskunst geschult; außerdem ließ Suddhodana den Prinzen durch Brahmanen in der Religion der Veden unterweisen. Alle waren zufrieden, als der junge Prinz heiratete und seine Frau ihm einen Sohn gebar.

Dann änderte sich Siddharthas Leben dramatisch. Er ging auf Erkundung außerhalb der Palastmauern und sah Dinge, die ihm bisher noch nie begegnet waren: einen von Krankheit verunstalteten Menschen, einen altersschwachen Greis, einen Leichnam. Alter, Krankheit und Tod waren ihm bisher verborgen geblieben. Nun berührte ihn das menschliche Leiden zutiefst. Er fing an, über die Welt und seinen Platz darin nachzudenken. Im Vorübergehen sah er einen *sadhu*, einen hinduistischen Wandermönch, der den weltlichen Freuden entsagt hatte, um sich der Suche nach größerer Weisheit zu widmen. Von dieser Lebensweise kann ich lernen, sagte sich Siddhartha.

Daraufhin, so wird erzählt, verabschiedete er sich von seiner Frau und seinem Sohn, während diese schliefen, schlich sich durch das Palasttor, schor sich das Haupthaar mit seinem Schwert und hüllte sich in das schlichte Gewand eines Waldasketen. Siddhartha Gautama wanderte südwärts in die Ganges-Ebene. Dort lebte er zusammen mit anderen Wanderasketen in Höhlen und erbettelte seine Nahrung. Nach sechs Jahren Wanderschaft und strengster Askese war Gautama dem Tod nahe. Er setzte sich unter einen Feigenbaum am Ufer des Nairanjana, nahe dem Dorf Uruvela, dem heutigen Bodh Gaya. Es war am Abend des Vollmonds im Mai, zur gleichen Jahreszeit, in der er geboren wurde. «Dort sah ich eine wundervolle Landschaft, einen klar strömenden Fluss, eine liebliche Furt und ein nahes Dorf», schrieb Gautama später. Er nahm etwas Reis und Milch mit Honig zu sich – eine Frau aus dem Dorf hatte es ihm gebracht – und zog sich dann in die Meditation zurück.

Aus dieser Meditation entsprang eine religiöse

GEGENÜBER: Ein Mönch betet am Bodh-Gaya-Schrein in Bihar, an der Stelle, wo der Buddha Erleuchtung erlangt haben soll.

Bewegung, die zur viertgrößten organisierten Religion der Welt werden sollte. Heute bekennen sich fast 375 Millionen Menschen zum Buddhismus. Hauptsächlich in Indien, China, Südostasien, Korea und Japan ist er ein lebendiger Glaube, eine unauslöschliche kulturelle Kraft. Die Geschichte seines Ursprungs ist von Mythen überlagert, aber die Religion begann zweifellos mit einer historischen Persönlichkeit, an einem Ort, den man heute noch aufsuchen kann.

DER PFAD DES BUDDHA

SIDDHARTHA GAUTAMA erlangte um das Jahr 530 v. Chr. in Bodh Gaya Erleuchtung. Er widerstand den Versuchungen, mit denen der Dämon Mara ihn heimsuchte, und erhob sich als Buddha, „der Erwachte", aus seiner Meditation. Er lebte weitere 45 Jahre, wanderte über die Handelsrouten im heutigen Nordindien und Nepal und lehrte in Städten wie Vaishali, Rajagriha und Varanasi, nicht weiter als 250 Kilometer von seinem Geburtsort entfernt.

«Ich habe Befreiung durch Auslöschung meines Ichs erlangt», sagte er den Menschen, denen er begegnete. Seine Erleuchtungserfahrung hatte ihn zum Konzept des *anatman* (Nicht-Selbst) geführt – im Gegensatz zum *atman*, der physisch realen und unzerstörbaren Seele im Hinduismus. Alles Existierende unterliegt dem Gesetz der Vergänglichkeit. Die Wirklichkeit ist deshalb ein Prozess. Der Mensch besitzt keine dauerhafte Existenz, sondern besteht aus einer sich ständig verändernden Kombination der fünf *skandhas* (Aggregate). Diese sind: der physische Körper, der aus Erde, Feuer, Luft und Wasser besteht; Empfindungen, die durch Sinneskontakte entstehen; Wahrnehmungen dieser Eindrücke als gut, schlecht oder neutral; gewohnheitsmäßige mentale Regungen, die die Aktivitäten des Geistes mit denen des Körpers verbinden; und Bewusstsein, das durch die Erfahrung der äußeren Welt mittels Körper und Geist entsteht. Der Buddha empfahl einen „Mittleren Weg". Dieser bestand weder in den Sinnesgenüssen der Reichen – sie vertrauten darauf, die Gunst der Götter zu gewinnen, indem sie die Priester mit Geschenken überhäuften – noch in der Selbstverleugnung der Asketen, die sich körperlich kasteiten, weil sie glaubten, das werde ihnen spirituellen Verdienst einbringen. Entschlossen, diese Lektion mit allen Menschen zu teilen, suchte der Buddha fünf Asketen aus seinen Tagen als *bhikkhu* (Bettelmönch) auf. Er fand sie in der Nähe von Varanasi, an einem Ort für stille Meditation.

Zuerst verspotteten ihn die *bhikkhus*, als sie sahen, wie gesund und strahlend er aussah. Seine Antwort ist als eine der zentralen Lehren des Buddhismus überliefert:

«Die folgende, o *bhikkhus*, ist die Edle Wahrheit vom Weg, der zur Vernichtung des Leidens führt. ... Durch die Übung liebender Güte habe ich die Befreiung des Herzens erreicht. So bin ich sicher, dass ich nie mehr in eine weitere Geburt zurückkehren werde. Ich habe hier und jetzt das Nirwana erlangt.»

Er gab ihnen Unterweisungen zu den „Vier Edlen Wahrheiten", die den Kern seiner Lehre darstellen:

1. Das gesamte weltliche Dasein ist Leiden.

2. Ursache des Leidens ist die Begierde bzw. der „Durst" nach Sinnenlust, Werden und Nichtwerden, wodurch die Wesen an den Daseinskreislauf gebunden werden.

3. Das Leiden kann beendet werden, wenn der Durst vollständig verschwindet.

4. Der Weg zur Vernichtung des Leidens ist der edle achtgliedrige Pfad.

Die Botschaft des Buddha folgte in ihrer Form der Vorgehensweise der alten indischen Ärzte, die in derselben Reihenfolge die Symptome, die Ursache, die Möglichkeit einer Heilung und das Heilmittel für eine Erkrankung aufführten. Die Prinzipien des Buddha gingen von einem Glauben an die Reinkarnation aus, an den Kreislauf von Geburt, Tod und Wiedergeburt, den er das „Rad des Lebens" nannte. Das Festhalten an den Angelegenheiten der Welt kettet den Menschen an dieses sich ewig drehende Rad. Der

GEGENÜBER: *Yama, der Gott des Todes, hält das „Rad von Leben und Wiedergeburt" in den Klauen (tibetisches Rollbild, 19. Jahrhundert).*

Buddha forderte die Menschen heraus, sich aus dem Kreislauf zu befreien.

Als Heilmittel schlug er eine Abfolge von Übungen vor. Sie können den Buddhisten auf seinem Weg zum Nirwana voranbringen und dazu führen, die ständige Wiedergeburt zu beenden. Die einzelnen Schritte wurden im Lauf der Zeit zum „Edlen Achtfältigen Pfad" kodifiziert, der sich in drei Abteilungen einteilen lässt:

I. Zur „Übung der Weisheit" gehören:

1. Rechte Anschauung
2. Rechter Entschluss

Der Buddhist betrachtet die Welt voller Erbarmen. Er beabsichtigt das Beste für sie, ohne Hass und Grausamkeit.

II. Zur „Übung der Moralität" gehören:

3. Rechte Rede
4. Rechtes Handeln
5. Rechter Lebenserwerb

Der Buddhist widmet sich der Verbesserung der Welt. Er vermeidet es, sich mit Magie abzugeben und anderen ein Leid zuzufügen.

III. Zur „Übung der geistigen Disziplin" gehören:

6. Rechte Anstrengung
7. Rechte Achtsamkeit
8. Rechte Versenkung

Der Kern der buddhistischen Praxis ist ein fortgesetztes Bemühen um Klärung und Beruhigung des Geistes, die Entwicklung der Leidenschaftslosigkeit von Körper und Geist und dadurch die Annäherung an höhere Bewusstseinszustände, die nur durch fortgeschrittene Meditation zu erreichen sind. Die Menschen, die diesem Lebensstil folgen, werden zu *arhats* (Heiligen), die kein Begehren mehr verspüren und für die es daher keine Wiedergeburt mehr gibt.

Durch seine Rede inspiriert, von seiner Erleuchtung überzeugt, wurden die früheren fünf Weggefährten zum ersten *sangha* („Gemeinschaft der Praktizierenden") – bis heute der Prototyp der buddhistischen Gemeinschaften. Zusammen beschlossen sie, den *dharma* zu lehren – die Lehre von der Wahrheit und dem Pfad der Erleuchtung, wie der Buddha sie demonstrierte. Bis heute drücken Buddhisten mit folgender Formel ihren Glauben aus:

Ich nehme Zuflucht zum Buddha.
Ich nehme Zuflucht zum dharma.
Ich nehme Zuflucht zum sangha.

Die Zuflucht zu den „Drei Kostbarkeiten" – dem Buddha, seiner Lehre und seiner Gemeinschaft – besteht darin, sich von materiellen Genüssen, mentalen Sorgen und weltlichen Belangen abzuwenden. Diese drei Verpflichtungen haben ihren Platz im Leben jedes Buddhisten.

Nach der Karma-Lehre, die es nicht nur im Hinduismus, sondern auch im Buddhismus gibt, beeinflusst das Handeln in diesem Leben unmittelbar die künftigen Leben. Jede positive Tat vergrößert den Vorrat am karmischen, religiösen Verdienst des Einzelnen und stellt sicher, dass er im nächsten Leben Fortschritte hin zur Erleuchtung machen kann. Buddhisten sammeln auf verschiedenste Weise Verdienst an: indem sie den Armen

OBEN: *Einer von vier zehn Meter hohen goldenen Buddhas im Ananda-Tempel von Bagan.*
GEGENÜBER: *Ein Lehrer meditiert neben einer Buddha-Statue in Orissa in Indien, von jeher ein Zentrum buddhistischer Studien.*
FOLGENDE SEITEN: *Uralte Bewässerungsanlagen sind heute noch in der Nähe von Puri am Golf von Bengalen in Gebrauch.*

geben, gute Taten vollbringen und Andacht üben. Diese kann vor einem Hausaltar stattfinden, bei einem Stupa oder Schrein. Die Hände zusammenlegen, eine Blume darbringen oder beten – all diese Andachtsformen können religiösen Verdienst einbringen. Einige Gläubige drehen Gebetsmühlen – Metallzylinder, die auf eng zusammengerollten Papierstreifen geschriebene Gebete enthalten. Viele Buddhisten glauben, dass diese Verdienste übertragbar sind. Eine wohltätige Handlung oder Andacht kann für jemand anderen durchgeführt werden und bringt einem wiederum selbst religiösen Verdienst ein.

In seiner Lehre betont der Buddha den Wert eines liebevollen Lebens. Gier, Hass und Unwissenheit sind die Wurzeln allen Übels. «Begehren, Leidenschaft und der Durst nach Leben, das überall Lust sucht» – so Buddhas Definition der Selbstsucht –, stellen die Wurzel allen Leidens dar. Er rät allen, den Weg des jungen Edlen zu gehen, der «den Pfad beschreitet, welcher zur Auslöschung des Leidens führt, der gründlich alle Leidenschaften aufgibt, der den Zorn beherrscht, der den eitlen Hochmut des ‚Ich bin' vernichtet, der die Unwissenheit zurücklässt und Erleuchtung erlangt». Dieser Weg steht allen Menschen ungeachtet ihrer Kaste offen, wie der Buddha in einer Parabel unterstreicht:

Als Ananda einst im Auftrag des Buddha unterwegs war, kam er an einem Dorfbrunnen vorbei. Er sah dort eine junge Frau und bat sie um einen Schluck Wasser. «O Brahmane», antwortete sie in Übereinstimmung mit den strengen Kastenregeln, «ich bin zu unwürdig, als dass ich Euch Wasser geben dürfte. ... Ich stamme aus niederer Kaste.»

«Ich fragte nach Wasser, nicht nach der Kaste», entgegnete Ananda.

Die junge Frau war hocherfreut und tat wie ihr geheißen. Als Ananda weitergezogen war, ging sie zum Buddha und erklärte ihm ihre Liebe zu seinem Schüler. Er sagte, es sei nicht Ananda, den sie liebe, sondern desssen Güte. «Wahrlich, es liegt großes Verdienst in der Großzügigkeit eines Königs, der freundlich zu einem Sklaven ist», fuhr er fort. «Aber noch größeres Verdienst gewinnt der Sklave, der nicht auf das Unrecht achtet, das er erleidet, und der allen Menschen gegenüber Freundlichkeit pflegt. ... Du stammst aus niederer Kaste, aber die Brahmanen können von dir lernen. Bemühe dich, nicht vom Pfad der Gerechtigkeit abzukommen, und du wirst die adelige Glorie einer Königin überstrahlen.»

Auch wenn der Buddha ein Leben in Armut befürwortete und sich nicht um Kastenunterschiede kümmerte, gewann er den Respekt der Mächtigen. König Bimbisara, der Führer von Magadha, bewirtete ihn in Rajagriha. Bimbisara hörte mit 30 Jahren eine Predigt des Buddha und wurde daraufhin sein Laienanhänger. Er schenkte ihm einen Bambuswald, in dem sich der Buddha gerne aufhielt. Der König ließ Behausungen für den Buddha und seine Anhänger errichten. Er gilt als der erste große Gönner des Buddhismus.

Die Wandermönche des 1. Jahrtausends v. Chr. suchten im Sommer, der Jahreszeit der heftigen Regengüsse, nach trockenen Unterkünften. Der Buddha schlug seinen Anhängern vor, sich während der Regenzeit zu versammeln und gemeinsam unter ein Dach zurückzuziehen. In den letzten 25 Jahren seiner Lehrtätigkeit kam er mit ihnen jährlich in der Stadt Shravasti zusammen. Dort warteten sie als Gäste eines Kaufmanns namens Anathapindika, der den Buddha sprechen gehört hatte, das Ende der Monsunzeit ab. Ihr Gastgeber ließ ein siebenstöckiges Gebäude für sie errichten, das Balkone und Versammlungshallen, überdachte Wandelgänge, Bäder, Brunnen sowie einen Lotosteich enthalten haben soll. Es entstand das Jetavana-Kloster, in dem der Buddha viele seiner wichtigen Unterweisungen gab. Spuren des Komplexes sind bis heute erhalten. An nahe gelegenen Stätten, die Teil der alten Stadt Maheth sind, haben Archäologen Gebetsperlen und Halbedelsteine, kupferne Armreifen und einen Ohrring gefunden; außerdem kleine Tierfiguren und Dachziegel aus Terrakotta. Die Gegenstände aus der Zeit des Buddha weisen darauf hin,

GEGENÜBER: Die steinernen Fußabdrücke am Kloster in Bodh Gaya sind ein Symbol des Buddha.

dass Shravasti damals eine reiche Handelsstadt war.

Auch Frauen wollten Buddhas Pfad folgen. Ihre Stellung im damaligen Indien gewährte ihnen dieses Privileg eigentlich nicht. Sie wurden im Allgemeinen als Mündel und Diener der Männer angesehen. Der Vater übergab sie bei ihrer Hochzeit dem Ehemann. Der Überlieferung nach war Mahaprajapati, Buddhas Tante und Ziehmutter, die erste Frau, die die Gründung eines eigenen Nonnenordens vorschlug. Der Buddha stimmte nicht sofort zu, gab ihrem Drängen aber schließlich nach. Zwei weitere Frauen – vom Buddha selber als Nonnen angenommen – werden in der Überlieferung genannt: Khema, die schöne Frau von König Bimbisara, und Subha, die Tochter eines reichen Goldschmieds. Doch trotz solcher Präzedenzfälle für den Pfad der *bhikkuni,* der buddhistischen Nonne, starb diese Tradition in den Ländern, die der Theravada-Richtung folgen, aus. Heute gibt es in einigen Ländern Anstrengungen, die *bhikkuni*-Tradition wieder zu etablieren. So ist in China, Tibet und besonders in Korea die Gemeinschaft der buddhistischen Nonnen stark geblieben. Von dort strahlt sie nun wieder auf Nationen aus, in denen sie verloren gegangen ist oder nie existiert hat.

In seinem 80. Lebensjahr kehrte der Buddha nicht nach Shravasti zurück. In der Nähe von Kushinagara, ungefähr 80 Kilometer nördlich seines Geburtsorts Lumbini, bekam er starke Bauchschmerzen und musste seine Wanderung unterbrechen. Der Buddha wusste, dass sein Ende nahte. Er legte sich auf die rechte Seite, mit dem Kopf nach Norden, in einem schattigen Hain auf ein Lager nieder, das Ananda für ihn zwischen zwei Sal-Bäumen aufgeschlagen hatte. Obwohl es nicht die Jahreszeit dafür war, erblühten die beiden Bäume, die Luft war von himmlischer Musik erfüllt. «Es ist wahr, dass ich keinen Körper mehr annehmen werde», tröstete der Buddha seine Schüler. «Lasst also die Wahrheit und die Regeln des Ordens, die ich für euch niedergelegt habe, nach meinem Fortgang euer Lehrer sein.» Seine letzten Worte waren: «Alle zusammengesetzten Dinge müssen wieder zerfallen, aber die Wahrheit wird für immer bleiben. Arbeitet sorgsam für eure Befreiung!»

IN BUDDHAS FUSSSPUREN

NACH DEM TOD des Buddha bereiteten seine Schüler den Leichnam zeremoniell für die Verbrennung vor. Als sie den Scheiterhaufen anzündeten, antwortete die materielle Welt: «Die Sonne und der Mond hörten auf zu scheinen, die friedlichen Ströme zu beiden Seiten schwollen reißend an, die Erde bebte, ... während Blätter und Blüten frühzeitig zu Boden regneten, so dass ganz Kusinara [Kushinagara] knietief mit Mandara-Blüten bedeckt war,» heißt es in der Überlieferung. Die Anwesenden hatten keinen Zweifel, dass der Buddha das Nirwana erlangt hatte. Der Legende nach wurden die Asche und die aus den Überresten des Scheiterhaufens zusammengesammelten Knochenstücke in acht Teile geteilt und dann in die Städte gesandt, in denen der Buddha bereits eine Anhängerschaft gewonnen hatte.

Zur Aufbewahrung der Reliquien wurden riesige Hügel, Stupas genannt, errichtet. Der Stupa (ursprünglich Sanskrit für „Haarknoten") ist eine uralte architektonische Form. Erst häufte man Erde über der Asche der Toten auf, später verstärkte man die Hügel und bedeckte sie mit einer Schicht von Steinen. Der Stupa entwickelte sich zu einem zentralen Element der buddhistischen Architektur. Spätere Stupas enthielten zum Teil Altarräume, in die Besucher eintreten konnten. Sie entwickelten sich zu großartigen Bauwerken, die mit Stilelementen der jeweiligen Kultur zum charakteristischen Kennzeichen der Religion wurden. Der *dagoba* in Sri Lanka, der tibetische *chorten,* der *chedi* in Südostasien und die japanische *pagoda* sind alle Variationen des Stupas. Wenn Buddhisten einen Stupa besuchen, umschreiten sie ihn im Uhrzeigersinn. So erweisen sie dem Geist Ehre, den die darin enthaltene Reliquie repräsentiert.

In dem Jahrhundert nach Buddhas Tod fanden zwei Konzile des *sanghas* mit ungefähr 500 Anhängern statt, um

GEGENÜBER: Basreliefs auf einem Tor zum Großen Stupa von Sanchi in Indien (5. Jh. n. Chr.) illustrieren das Leben des Buddha.

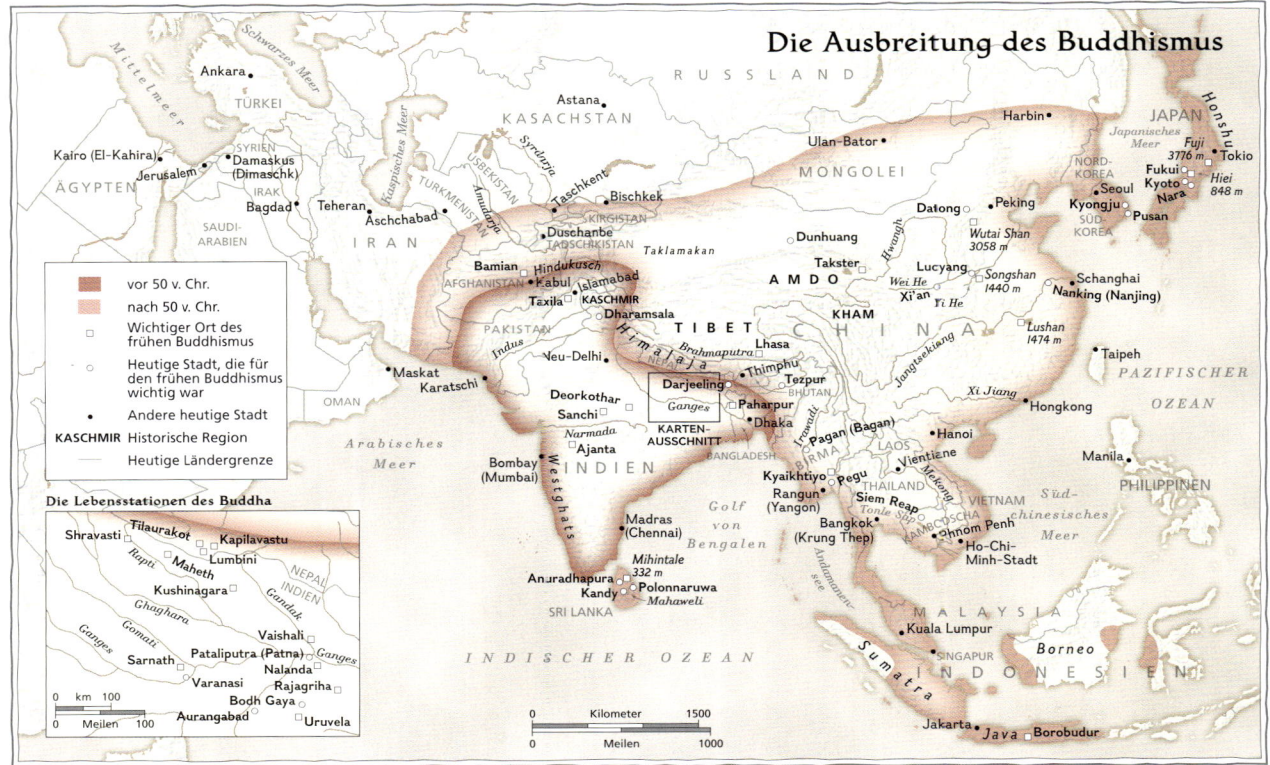

den zentralen Kanon der Lehren des Gründers festzuschreiben. Zum buddhistischen Universum gehören genau wie im Hinduismus Götter, Göttinnen und Dämonen. Sie sind Teil eines Zusammenhangs von Wesen, der sich von den Höllenbewohnern bis zu den erhabensten Göttern erstreckt; die Menschenwelt ist in der Mitte angesiedelt. Auf den Konzilien legten die Mitglieder des *sanghas* auch die Verhaltensregeln für buddhistische Mönche fest. Dem Beispiel des Buddha folgend, sollten sie ein reines Leben führen, jenseits von den Belangen der Geschäftswelt und des Materialismus; sie sollten sich jedoch nicht völlig von den Laien isolieren. Es sollte einen freizügigen Austausch zwischen den Menschen geben, die ihr Leben ganz nach dem Vorbild des Buddha ausrichteten, und denen, die versuchten, seine Weisheit in einem eher weltlich orientierten Leben anzuwenden. Jede Gruppe sollte der anderen helfen. Ein Mönch sollte den *dharma* durch Unterweisung und sein eigenes Vorbild lehren. Der Laie – egal ob armer Arbeiter, reiche Kaufmannsgattin oder edler Prinz – sollte für das Essen, die Unterkunft und Kleidung der Mönchsgemeinschaft sorgen. Diese Praxis hat sich bis heute gehalten.

Während des Zweiten Buddhistischen Konzils kam es zu philosophischen Meinungsverschiedenheiten, die die Religion letztlich in zwei unterschiedliche Schulen spaltete. Die orthodoxeren Mitglieder des Konzils glaubten, nur der Buddha selber sowie einige herausragende historische Vorgänger hätten den Zustand der Buddhaschaft erreichen können. Die Abweichler glaubten, auch andere Menschen könnten zu Buddhas werden, indem sie dem Pfad des Meisters folgten. Sie nannten diese Bodhisattvas: Wesen, die nach dem Erwachen, der Erleuchtung streben – Menschen auf dem Weg zur Buddhaschaft. Die Konservativeren glaubten an ein Leben der Meditation zum Zweck der Selbstbefreiung. Die Abweichler hielten diese Praxis für zu selbstbezogen. Ihrer Ansicht nach sollte der praktizierende Buddhist ein Teil der Welt sein und anderen Menschen helfen.

Bis Anfang des 1. Jahrhunderts n. Chr. waren aus diesen unterschiedlichen philosophischen Anschauungen

BUDDHISMUS

zwei klar getrennte Schulen geworden. Die Anhänger, die allen Gläubigen die potenzielle Buddhaschaft zugestanden, nannten ihre Lehre das Mahayana oder „Große Fahrzeug", weil ihre Interpretation die Religion für eine größere Zahl von Menschen öffnete. Sie nannten die andere Schule abwertend das Hinayana oder „Kleine Fahrzeug", doch sie wurde auch Theravada oder „die Lehre der Älteren" genannt. Beide Schulen entwickelten ein unterschiedliches Schrifttum, das allerdings viele Grundgedanken gemein hat: der Buddha als Religionsstifter, die „Vier Edlen Wahrheiten", der „Edle Achtfältige Pfad" und die Betonung strenger geistiger Disziplin. Was als philosophischer Unterschied begonnen hatte, wurde zu einem geographischen. Der Theravada-Buddhismus wird hauptsächlich in Sri Lanka sowie in den südostasiatischen Ländern Birma, Thailand, Laos und Kambodscha praktiziert. Der Mahayana-Buddhismus herrscht in Tibet, Bhutan, Nepal, China, Taiwan, Korea, Japan und Vietnam vor. Die Trennung hat dazu geführt, dass man den Theravada-Buddhismus kurz als „südlichen", das Mahayana als „nördlichen" Buddhismus bezeichnet.

DER FROMME KÖNIG

DIE GEOGRAPHISCHE Verbreitung des Buddhismus in Indien ist weitgehend Ashoka, dem König des Maurya-Reiches zu verdanken. Geboren 304 v. Chr., trat er die Nachfolge des Königreichs von Magadha an. Er war einer von mehreren Enkeln von Chandragupta, des ersten Herrschers dieser Dynastie. Vermutlich ließ Ashoka einige seiner Brüder ermorden, um den Thron des Vaters zu erlangen. 262 v. Chr. eroberte er Kalinga, das heutige Orissa. Offenbar hinterließen Gewalt und Leid, deren Zeuge er auf dem Schlachtfeld geworden war, einen tiefen Eindruck bei ihm, denn nach dem Krieg wandte er sich mit großer Inbrunst dem Buddhismus zu. In den verbleibenden 30 Jahre seines Lebens verwandelte sich sein Eroberungsdrang in das Bemühen, den *dharma* (die Lehre) zu verbreiten. In ganz Zentralindien stehen Dutzende von Steinsäulen, in die Ashoka Edikte für die Völker seines Reiches einmeißeln ließ.

«Alle Menschen sind meine Kinder», heißt es auf einer Säule in Kalinga. «Was ich für meine eigenen Kinder wünsche, ... das wünsche ich für alle Menschen.» Viele der Säulen waren von vier brüllenden Löwen gekrönt, die nach Norden, Süden, Westen und Osten schauten. Das Bild symbolisiert heute die indische Nation – insofern passend, als der Buddhismus unter Ashoka zur Grundlage der Zivilisation wurde und Religion und Staat miteinander verband.

Nach der Überlieferung ließ Kaiser Ashoka die acht Teile der Überreste Buddhas aus ihren Heiligtümern holen; er teilte sie weiter auf und verbreitete sie über sein gesamtes Reich. Für jede Reliquie ließ Ashoka einen Stupa bauen, damals bereits eine Form für monumentale Bauwerke. Auf einem sanften Hügel westlich des heutigern Bhopal errichtete er zum Beispiel acht Stupas; dazu gehört auch der Kern des Bauwerks, aus dem sich später der Große Stupa von Sanchi entwickelte. Dessen Außenmauer, eine Kuppel von 36 Meter Durchmesser, entstand ungefähr 150 v. Chr. Der Stupa enthält einen Wandelgang um die Kuppel herum sowie eine Treppe zu einem *harmika,* einer viereckigen Plattform auf der Spitze. Darüber erhebt sich ein *chattra,* ein Sonnenschirm mit vielen Ebenen, der zum Himmel zeigt. Die vier Tore sind mit Reliefs geschmückt. Die älteren davon entstanden bis zum 1. Jahrhundert v. Chr. Sie stellen den Buddha noch nicht als Mensch dar, sondern zeigen hauptsächlich seine Symbole: den Lotos für seine Geburt; den Sonnenschirm für seine Lehrtätigkeit auf der Wanderschaft; das Rad für seine Lehre; den Baum für seine Erleuchtung und den Fußabdruck als Symbol seiner Gegenwart in der Welt. Von Ashoka errichtete Stupas wurden in Shravasti, Sarnath, Lumbini und auf Sri Lanka entdeckt.

Ashoka war der Gastgeber des Dritten Buddhistischen Konzils. Von diesem aus sandte er Missionare zur Verbreitung der Lehre in alle Himmelsrichtungen. Einige reisten die Nebenflüsse des Ganges aufwärts und über die Pässe des Himalaja bis nach Zentralasien. Sie pflanzten dort den Samen eines Glaubens, der Jahrhunderte später in buddhistischen Zentren wie Bamian in Afghanistan aufblühte. Einige reisten bis zur Westküste Indiens, von da mit dem

BUDDHISMUS

Schiff weiter nach Ägypten. Sie reisten auf dem Land- und Seeweg auch nach Süden und Osten und trugen den Buddhismus nach Birma und Thailand. Ashokas Sohn Mahinda soll ihn nach Ceylon (heute Sri Lanka) gebracht haben. So begann der Buddhismus auch jenseits von Indien Wurzeln zu schlagen.

DER BUDDHISMUS IN INDIEN

NOCH FÜR JAHRHUNDERTE nach der Regierungszeit Ashokas existierte der Buddhismus gemeinsam mit dem Jainismus und Hinduismus. Es gab jedoch auch Perioden, in denen Herrscher, die fanatische Anhänger der hinduistischen Religion waren, die buddhistischen Heiligtümer angriffen. So lässt der Zustand der Bauwerke von Deorkothar vermuten, dass die dortigen Stupas absichtlich zerstört wurden, wahrscheinlich bald nach 200 v. Chr. unter Pushyamitra Sunga, einem Befürworter des Hinduismus. Andere Herrscher unterstützten den Buddhismus großzügig, darunter interessanterweise die zentralasiatischen Herrscher, die im 1. Jahrhundert n. Chr. von Norden her nach Indien eindrangen. Von ihren Machtzentren in den Gebirgsregionen des heutigen Afghanistan, Pakistan und Kaschmir aus eroberten die Kushana-Könige Territorien ostwärts bis nach Pataliputra (heute Patna), der alten Stadt des Magadha-Reiches. Münzen aus Kupfer, Silber und Gold – um 100 n. Chr.

GEGENÜBER: Wandgemälde aus dem 5. Jahrhundert in den Höhlen von Ajanta in Indien zeigen Szenen aus Buddhas Leben.
OBEN: Spärliches Licht streift eine Buddha-Statue in einem aus dem Fels geschlagenen Heiligtum in den Ajanta-Höhlen.

geprägt – zeigen auf einer Seite König Vima, auf der anderen den Hindu-Gott Shiva. Münzen, die ein bis zwei Jahrzehnte später geprägt wurden, zeigen einen stehenden oder sitzenden Buddha. Nur noch fünf dieser seltenen Kupfermünzen sind heute bekannt. Es sind die einzigen Geldstücke, die je ein Bild des Buddha getragen haben.

Die frühesten Buddha-Statuen entstanden während des 2. und 3. Jahrhunderts n. Chr. in dem zentralasiatischen Königreich Gandhara. Weit entfernt von dem Prototyp der heute bekannten Buddha-Bildnisse, gleichen einige dieser Statuen eher dem griechischen Gott Apollo. Mit ihren schmalen Lippen und lockigem Haar lassen sie den andauernden hellenistischen Einfluss in der Region erkennen. Buddha-Statuen wurden später zu wichtigen Bestandteilen der Religionsausübung, aber das war nicht immer so. Der Türsturz des östlichen Tors von Sanchi, der auf 50 n. Chr. datiert ist, zeigt in der Mitte ein Pferd, das von einem Sonnenschirm geschützt wird, aber keinen Reiter trägt. Symbole repräsentierten den Buddha, aber seine körperliche Präsenz galt als etwas, das menschliche Augen und Kunstfertigkeit nicht zu erfassen vermochten. Im Lauf der Zeit erschienen jedoch Darstellungen des Buddha in Gemälden und Wandfriesen, die seine Lebensgeschichte zeigten. Seine physische Repräsentation blieb zwischen den beiden Schulen des Buddhismus umstritten. Die frühe orthodoxe Tradition des Theravadas betrachtete Buddha-Bildnisse als Sakrileg (das gilt heute nicht mehr für sie). In der Mahayana-Tradition galten sie als angemessene, wenn nicht gar notwendige Objekte der Meditation. Die Proportionen der Gestalt Buddhas und seine Kleidung wurden heftig diskutiert. Es entstand ein reichhaltiges Vokabular von symbolischen Hand- und Körperhaltungen. Im Zuge der Ausbreitung des Buddhismus nahmen die Bildnisse spezifische Charakteristika der jeweiligen Region an.

In den Höhlenkomplexen, die von Mönchen in die Berghänge der Westghats geschlagen wurden, findet sich eine phantastische Mischung der Ästhetik von Theravada und Mahayana. Die Höhlen von Ajanta in der Nähe von Aurangabad lassen wie die nahe gelegenen Heiligtümer der Hindus und Jainas in Ellora erkennen, dass Jahrhunderte lang daran gearbeitet wurde. Ungefähr 200 v. Chr. bis 700 n. Chr. haben buddhistische Mönche labyrinthisch verschachtelte Tempel mit Hunderten von Skulpturen in den Wänden aus Schichten von Granit, Gneis und Basaltlava herausgemeißelt. Die Historiker können nur Vermutungen über die Techniken anstellen, mit denen die Mönche säulengestützte Versammlungshallen mit wundervoll gewölbten Decken, Meditationszellen, Schreine und Statuen erstellt haben. Allein der Ajanta-Komplex besteht aus 29 Höhlen. Basreliefs und Wandgemälde – einige von ihnen 2000 Jahre alt – schmücken viele der Innenwände. Die Höhlengemälde von 100 bis 250 n. Chr. wurden entsprechend der Theravada-Ethik gemalt. Sie benutzen symbolische und natürliche Motive und stellen den Buddha nicht persönlich dar. Die Gemälde in der Mehrzahl der Höhlen stammen jedoch aus der Zeit von 500 bis 650 n. Chr. Sie erzählen die Lebensgeschichte des Buddha. Höhepunkt ist eine sechs Meter lange Figur, die ihn sterbend darstellt.

Nicht alle buddhistischen Mönche haben sich in Höhlen zurückgezogen. Unter der Schirmherrschaft der Gupta-Dynastie entwickelten sich in Indien buddhistische Universitäten. Das große Lehrinstitut in Nalanda, ungefähr 15 Kilometer stromabwärts von Pataliputra am Ganges gelegen, wird oft als erste Universität der Welt bezeichnet. Der ungefähr 14 Hektar große Komplex enthält die roten Ziegelreste von Klöstern, Tempeln und Stupas, die in Höfen und Gärten lagen. Die Klostergebäude, ausgerichtet in Nord-Süd-Richtung, folgen einem ähnlichen Muster. Sie bestehen aus einem äußeren Viereck von Einzelzellen, die sich zu einem Innenhof mit einem Schrein hin öffnen. Ein Augenzeugenbericht aus dem 7. Jahrhundert vermittelt einen Einblick:

«Es gab viele Innenhöfe. ... Kostbare Terrassen breiteten sich aus wie Sterne, und Jadepavillons hatten Spitzen wie Berggipfel. Der Tempel ragte auf in den Nebel. ... Ströme blauen Wassers schlängelten sich durch die Parks. Grüne Lotosblüten funkelten zwischen den Blüten der Sandelholzbäume. ... Die Wohnbereiche waren vier Stockwerke hoch, die Balken in allen Regenbogenfarben bemalt, geschmückt mit geschnitzten Tieren».

Zu Beginn des 7. Jahrhunderts lebten 10 000 Menschen in Nalanda – nach obiger Quelle hauptsächlich buddhistische Mönche, aber auch Förderer und Besucher. Alle Menschen der Umgebung versorgten die Gelehrten mit Kleidung, Nahrung, Unterkunft und Medizin. Die Themen auf dem Lehrplan waren breit gefächert und ökumenisch: Grammatik, Medizin, Mathematik, weltliche Literatur, die Veden und andere Klassiker, die Lehrtexte sowohl der Theravada- als auch der Mahayana-Schule.

Die Grundlagen der buddhistischen Lehre finden sich im *tripitaka* (wörtlich „Drei Körbe"). Diese Schriften – ursprünglich auf Palmblätter geschrieben und in drei Körben aufbewahrt– wurden während des Ersten Konzils nach den Erinnerungen der Menschen, die den Buddha begleitet hatten, zusammengestellt: sie sind am ehesten Augenzeugenberichte über sein Leben und seine Lehre. Der *tripitaka* ist in drei Abteilungen unterteilt: der *sutrapitaka* (die Darlegungen, die mit Episoden aus dem Leben des Buddha verbunden sind); der *vinaya pitaka*, der die Regeln für die Mönchsgemeinschaft enthält; und der *abhidharmapitaka* mit Analysen der Lehren, der sich Fragen der Philosophie und Psychologie widmet. Aber auch über diese Texte gibt es keine volle Übereinstimmung unter den buddhistischen Schulen. Der Mahayana-Buddhismus verehrt zahlreiche zusätzliche *sutras* – Darlegungen, die der Tradition zufolge vom Buddha selber gesprochen wurden, die von westlichen Gelehrten aber auf die Periode zwischen 100 v. Chr. und 200 n. Chr. datiert werden. Da die gesamte Literatur anfangs mündlich überliefert wurde und die frühesten Buddhisten verschiedene Sprachen sprachen, hat sich die Suche nach der endgültigen Interpretation dessen, was der Buddha meinte, als sehr schwierig erwiesen. Es gibt hierzu eine umfangreiche Literatur von Kommentaren.

Die akademische Diskussion spielte bereits zu früher Zeit eine wichtige Rolle im buddhistischen Leben. Nordöstlich von Nalanda im heutigen Bangladesch entwickelte sich eine weitere beeindruckende Mönchsgemeinschaft. Sie wurde von den mächtigen Königen der Pala-Dynastie protegiert, die vom 8. bis zum 12. Jahrhundert ganz Nordindien beherrschten. Die Ruinen des Somapura Mahavira in Paharpur können nur noch eine ungefähre Ahnung von der Größenordnung vermitteln.

Der Somapura Mahavira war das größte, aber auch letzte buddhistische Kloster, das auf dem Indischen Subkontinent gebaut wurde. Vom 11. Jahrhundert an sorgten die nach Indien eindringenden muslimischen Herrscher dafür, dass der Islam die führende Rolle spielte. Es gab Zeiten, in denen die Invasoren die Gebäude und heiligen Bildnisse der Buddhisten zerstörten. Aber zu dieser Zeit hatte sich ihre Lehre schon Tausende von Kilometern in alle Himmelsrichtungen ausgebreitet. Der Buddhismus schlug in vielen anderen Ländern Wurzeln und kam dort zur Blüte, während er im Land seiner Geburt immer schwächer wurde.

DER BUDDHISMUS IN SRI LANKA

DER LEGENDE NACH begann die Geschichte des Buddhismus auf der Insel Sri Lanka mit der Begegnung zwischen dem Weisen Mahinda und König Devanampiya

OBEN: *Die Lotosblüte erhebt sich unbefleckt aus dem Schlamm. Sie wurde deshalb zu einem Symbol für den Buddha und seine Lehre.*

Tissa. Mahinda wurde von seinem Vater, dem indischen Kaiser Ashoka, auf Reisen geschickt, um die Botschaft des Buddhismus zu verbreiten. Tissa folgte seinem Vater Mutasiva im Jahr 247 v. Chr. als Herrscher des zentralen Nordwestens der Insel auf den Thron. Er regierte 40 Jahre lang.

Der Weise und der König trafen sich der Legende nach erstmals auf dem Aradhana Gala, dem felsigen Vorsprung eines Bergs, am glückverheißenden Tag des Vollmonds im Mai. König Tissa stand neben einem Mangobaum, als plötzlich Mahinda neben ihm erschien. Vier weitere Gestalten tauchten auf ebenso geheimnisvolle Weise auf. Zuerst dachte Tissa, er sehe *yakkas* vor sich, Geister von Seen, Flüssen, Bergen und Bäumen, die auf der Insel verehrt wurden. Als er die Männer fragte, wer sie wären, antworteten sie: *shramanas*, Wandermönche. Dann erklärten sie: «Aus Erbarmen sind wir hierher gekommen.» Auch Sanghamitra, die Schwester Mahindas, kam nach Sri Lanka. Sie pflanzte einen Ableger des Baumes von Bodh Gaya, unter dem der Buddha Erleuchtung erlangt hatte, und führte den Nonnenorden ein. Tissa nahm schon bald den Buddhismus an. Mahinda blieb auf der Insel und lebte in einer Höhle, die später ihm zu Ehren Mihindu Guha genannt wurde. Ein Stupa, der für die Überreste seiner sterblichen Hülle gebaut wurde, steht ganz in der Nähe.

Breite Steinstufen führen zu der buddhistischen Gemeinschaft hinauf, die sich auf dem Mihintale entwickelte (so wurde der Berg der ersten Zusammenkunft von Mahinda und Tissa später genannt). Die Schule blieb ihren frühen Ursprüngen treu – der orthodoxeren Theravada-Philosophie. Der *tipitaka* wurde auf Sri Lanka erstmals im Jahr 29 n. Chr. schriftlich niedergelegt. Die Texte, die in Pali, einer dem Sanskrit ähnlichen Sprache, auf zerbrechlichen Palmblättern aufgezeichnet wurden, sind die einzigen bekannten Exemplare in dieser Sprache. Im Theravada-Buddhismus wird Sri Lanka noch immer als der Ort verehrt, wo seine heiligsten Schriften, der Pali-Kanon, entstanden.

Im 5. Jahrhundert n. Chr. lebten bereits ungefähr 2000 Mönche in nahegelegenen Höhlen und Häusern. Steintafeln aus dem 10. Jahrhundert, auf denen die Klosterregeln eingemeißelt sind, stehen heute noch in den Ruinen. Die Torpfeiler, Geländer und Wandornamente zeigen Schnitzereien in Tier- und Blütenformen. Charakteristisch für viele Stätten auf Sri Lanka sind wundervolle „Mondsteine" – verzierte halbkreisförmige Steinstufen, mit denen die Treppen buddhistischer Schreine beginnen. In den Mondstein in Anuradhapura sind sechs verzierte Bögen eingraviert: steinerne Bänder aus Blättern, Blüten sowie vier symbolischen Tieren – Elefant, Löwe, Pferd, Stier – und im Zentrum Lotosblüten, ein Symbol für das Nirwana.

Heute praktizieren 70 Prozent der Bevölkerung Sri Lankas den Buddhismus und stehen in Dauerkonflikt mit den anderen 30 Prozent, den hinduistischen Tamilen. Sie pilgern über einen Weg, der 16 heilige Stätten der Insel miteinander verbindet. Drei davon soll der Buddha selbst besucht haben. Die Pilger besuchen Polonnaruwa. In dem nahe gelegenen Gal Vihara, auch „Höhle der Geister der Erkenntnis" genannt, wurden im 12. Jahrhundert kolossale Buddha-Statuen aus dem Granitfelsen geschlagen: ein sieben Meter hoher stehender Buddha und eine doppelt so lange liegende Figur. Ein dritter Buddha sitzt in der klassischen Erleuchtungsposition von Sri Lanka.

Die Pilger reisen auch nach Kandy im Süden, wo der rechte Eckzahn des Buddha im Sri Dalada Maligawa, dem „Tempel der Reliquie des Heiligen Zahns" aufbewahrt wird. Jeden Sommer erfüllt das Esala-Perahera-Fest die Stadt mit Musik, Farben und Tanz – ein populäres Ritual, in dem die Überschneidung von Buddhismus, Hinduismus und der indigenen Naturreligion der Insel dargestellt wird. Der Heilige Zahn wird in einer goldenen Schatulle auf einem geschmückten Elefanten durch die Straßen geführt. Vier weitere Elefanten tragen die Insignien der vier *devalas*, der untergeordneten Gottheiten, zu denen der Hindu-Gott Vishnu gehört, der Wohltäter von Lanka. Im letzten Morgengrauen des zwei Wochen dauernden Fests treffen sich

GEGENÜBER: *Eine Frau betet an der Buddha-Statue von Mihintale, einem Ort auf Sri Lanka, zu dem die Gläubigen im Juni pilgern.*

vier Priester, die die *devalas* repräsentieren, bei einer alten Furt und vollführen die „Zeremonie des Wasserdurchschneidens". Sie zerteilen den Mahaweli mit einem goldenen Schwert und sammeln Wasser, das die Götter für ein weiteres Jahr versorgen soll.

DER BUDDHISMUS IN ZENTRALASIEN

ZUSAMMEN MIT den Göttern reisten auch die Ideen über die große Seidenstraße, die den Mittelmeerraum und den Mittleren Osten mit Indien und China verband. Die Verbreitung des Buddhismus nach Westen und Osten lässt sich an Stationen auf dieser Route festmachen.

Bereits im 3. Jahrhundert n. Chr. waren Einflüsse der mächtigen Förderer des Buddhismus in die schroffen Gebirgsregionen des Hindukusch gedrungen. Wie in Indien führten die buddhistischen Mönche auch hier ein asketisches Leben in Felshöhlen. Eine Gemeinschaft entstand im Lamghan-Tal in der Nähe von Bamian in Afghanistan. Hier befand sich eine Oase, ein wichtiger Rastplatz auf dem trockenen, steinigen Pfad, der Kabul mit dem südlichen Zweig der Seidenstraße verband. Bamian liegt in ungefähr 2 700 Meter Höhe zwischen Bergketten, die auf beiden Seiten bis zu 4 800 Meter hoch aufragen. Die Buddhisten hinterließen dort Monumente, die für die Ewigkeit gedacht waren.

Indem sie sich tief in den Kalkstein vorarbeiteten, schlugen sie zwei kolossale Buddha-Statuen (55 und 39 Meter hoch) aus dem Felsen heraus – jede von Wänden umgeben, die mit ornamentalen und symbolischen Bildern reich bemalt waren. Die kleinere Statue wurde vermutlich im frühen 3. Jahrhundert n. Chr. fertig gestellt, die größere ungefähr 200 Jahre später. Augenzeugenberichte erzählten, dass die Statuen mit Gold bemalt und prächtig

OBEN: *Im Jahr 2001 zerstörten muslimische Extremisten die Buddha-Statue von Bamian und hinterließen eine 50 Meter hohe Lücke.*

geschmückt waren. Im Jahr 2001 bezeichneten die muslimischen Führer der afghanischen Taliban die großartigen Kunstwerke als Götzenbilder und ordneten ihre Zerstörung an. Die Felsschreine wurden gesprengt, die tragenden Wände beschädigt. Mittlerweile ist eine internationale Initiative zur Restaurierung der Buddhas angelaufen.

Die Figuren in Bamian waren nicht die einzigen buddhistischen Heiligtümer in Zentralasien. Überreste von Stupas und Klöstern wurden in ganz Westturkestan gefunden. Artefakte in Museen rund um die Welt sind Zeugnisse der Geschichte des Buddhismus in dieser Gegend. Im Jahr 2001 kündigten Archäologen eines neuen Museums in Duschanbe in Tadschikistan an, sie würden eine 14 Meter lange Statue eines liegenden Buddhas ausstellen. Diese stammte aus dem Ajinatepe-Kloster in Kayfırkala, ungefähr 300 Kilometer nördlich von Bamian. Sowjetische Archäologen hatten die Figur aus dem 5. Jahrhundert 1966 entdeckt. Sie hatten kleinere Artefakte und Gemälde von Ajinatepe nach Moskau geschickt, die große Statue aber aus politischen Gründen in Teile zerlegt und beschlagnahmt. Doch nachdem Tadschikistan den Status einer eigenen Nation erhalten hat, arbeiten nun tadschikische Kuratoren mit internationaler Unterstützung an einer Restaurierung der Figur.

DER WEG NACH CHINA

EINIGE DER LEBENDIGSTEN Berichte über den Buddhismus in Zentralasien stammen aus den Aufzeichnungen chinesischer Pilger, die im 1. Jahrhundert n. Chr. – damals erreichte China die Kunde von der buddhistischen Lehre – nach Westen zur Quelle ihrer neuen Religion gereist sind. Die Gelehrten gingen rasch an die Arbeit und übersetzten die Kerntexte. Bis 350 n. Chr. waren bereits mehr als 1000 Texte ins Chinesische übertragen.

399 n. Chr. brach ein Reisender namens Faxian im Alter von 65 Jahren von der Stadt Chang'an (dem heutigen Xi'an), der alten Hauptstadt der Han im nördlichen Zentralchina, zu einer Pilgerfahrt auf. Die Stadt war im frühen 1. Jahrhundert untergegangen, erfuhr jedoch dank einer wachsenden buddhistischen Gemeinschaft eine Wiedergeburt. Von Chang'an aus wanderte Faxian nach Dunhuang, eine Oase und ein militärischer Vorposten, der weit im Westen Chinas an dem Punkt lag, wo die Seidenstraße sich in die nördliche und die südliche Route gabelte. Die Große Mauer erreichte hier ihren westlichsten Punkt. Faxian blieb wahrscheinlich für eine Weile in Dunhuang, da er es als Ehre empfand, bei den Mönchen der Mogao-Höhlen, knapp 20 Kilometer südlich in der Wüste Gobi, leben zu dürfen. Die Mönche bewahrten das Erbe des legendären „Bodhisattvas von Dunhuang" – eines unter zwei Namen, Dharmakshema und Zhu Fu, bekannten Mannes. Er hatte mit der Übersetzung indischer heiliger Schriften ins Chinesische wegbereitende Arbeit geleistet.

Im Jahr 1900 wuchs der Ruhm dieses Erbes, als ein Wächter der Ausgrabungsstätte von Mogao den Weg in eine neue Höhle fand. Hier entdeckte man Tausende von buddhistischen Manuskripten und Gemälden, die ein Jahrtausend lang verborgen geblieben waren. Zu der bemerkenswerten Sammlung gehörten auch einige gedruckte Bücher, darunter das „Diamant-Sutra". Im ältesten der Bücher ist als Druckdatum der „13. Tag des 4. Mondes des neunten Jahres von Xiantong" vermerkt (der 11. Mai 868). Viele Objekte aus der „Höhle der Tausend Buddhas" wurden verkauft oder in andere Länder fortgeschafft. Heute überwacht die chinesische Dunhuang-Akademie die Konservierung, Erforschung und Ausstellung dieser Höhle sowie der 570 anderen Höhlen, der 60 000 Quadratmeter Wandgemälde und 3000 bemalten Statuen, die in der Nähe gefunden wurden.

Von Dunhuang aus durchquerte Faxian die Wüste Taklamakan mit einer Kamelkarawane. «In dieser Wüste gibt es sehr viele böse Geister und heiße Winde», schrieb er. «Man findet keine Wegweiser, außer den verrottenden Knochen toter Menschen.» Doch Faxian überlebte und gelangte bis nach Taxila im heutigen Pakistan am Fuß des Hindukusch. Von dort aus reiste er nach Süden und Osten und besuchte alle bedeutenden buddhistischen Stätten entlang des Ganges. Er schloss seine Rundreise auf dem Seeweg ab, fuhr die Küste südwärts nach Sri Lanka und Sumatra,

DIE GESCHICHTE EINER BUDDHISTISCHEN NONNE

—VON LOBSANG DECHEN, *Tibetisches Nonnen-Projekt*

SCHON ALS KLEINES Kind in einer Schule für tibetische Flüchtlinge im indischen Kullu habe ich die Mönche und Nonnen bewundert. Ich wusste, dass ich mein Leben mit der Praxis des Buddhismus verbringen wollte. Einmal besuchte Seine Heiligkeit der Dalai Lama unsere Schule. Er sagte, wir sollten zum Wohle dieses Lebens fleißig lernen. Das machte mir klar, dass die Schule nur diesem Leben zugute kommen würde. Wir Buddhisten glauben nicht nur an vergangene Leben, sondern auch daran, dass wir noch viele

Leben haben werden, die wir durch unser heutiges Handeln beeinflussen können. Ich wollte etwas tun, das mein Glück in künftigen Leben sicherstellen, aber mich auch auf dem Pfad zur Erleuchtung voranbringen würde. Ich wusste, dass dies nur durch religiöse Praxis zu erreichen war. Mein endgültiger Entschluss, Nonne zu werden, stand nach dem Vortrag Seiner Heiligkeit fest.

Ich bat den Direktor unserer Schule, mich nach Dharamsala in das Ganden Chöling Nonnenkloster zu schicken. Eine der beiden Oberschwestern nahm mich als Schülerin an. Das Kloster war erst kürzlich eingerichtet worden und hatte nur zehn Nonnen. Sie hatten kein geregeltes Studienprogramm und führten auch nur gelegentlich Gruppengebete durch. Meine Lehrerin ging nach drei Monaten auf Pilgerschaft. Ich wurde auf die Schule des tibetischen Kinderdorfs in Dharamsala geschickt.

Da ich Nonne war, durfte ich an Sonn- und Feiertagen ins Kloster gehen, um dort an den speziellen Gebetszeremonien teilzunehmen. Als ich die Mönche vor dem Haupttempel in philosophische Debatten vertieft sah, war ich fasziniert. Ich wollte lernen, wie sie zu diskutieren.

1979 schloss ich die zehnte Klasse an der Schule des tibetischen Kinderdorfs ab und wollte in eine Institution eintreten, wo ich die höhere buddhistische Philosophie erlernen könnte. Zu jener Zeit gab es solche Universitätskurse nur am Buddhistischen Institut für Höhere Studien in Sarnath, aber Frauen waren dort nicht zugelassen. Deshalb versuchte ich als Nächstes, an der erst kurz zuvor eingerichteten Schule für Buddhistische Dialektik in Dharamsala

OBEN: *Menschen bewundern ein riesiges auf Seide gemaltes Rollbild* (thangka) *des Buddha im Ganden-Kloster von Lhasa.*

als Tagesstudentin aufgenommen zu werden. Damals studierten dort keine Nonnen, und wieder wurde ich nicht angenommen.

Der Direktor und die Lehrer der Schule des Kinderdorfs ermutigten mich, die zwölfte Klasse abzuschließen. Es war eine gute Alternative. Einige meiner Freundinnen haben die Schule verlassen und sind in Nonnenklöster eingetreten; aber da es damals dort kein Erziehungsprogramm gab, haben sie weder ihre weltliche Ausbildung abgeschlossen, noch konnten sie die traditionelle monastische Schulung absolvieren.

Nachdem ich die zwölfte Klasse beendet hatte, trat ich in das College des St.-Bede-Konvents in Shimla ein. Dort machte ich meinen B. A., danach in Chandhigarh meinen B. Ed. Nach dem Abschluss lehrte ich acht Jahre lang Englisch und Geographie an der Schule des tibetischen Kinderdorfs. Ich war gerne Lehrerin, doch es war ein Problem für mich, nicht an den jährlichen Frühjahrsunterweisungen des Dalai Lama teilnehmen zu können. Die Eröffnung des Schuljahrs fiel auf denselben Termin.

In den Winterferien besuchte ich die buddhistischen Pilgerorte. Wenn ich die Ruinen der einst wundervollen Tempel sah, wurde ich an die Vergänglichkeit erinnert. In einem Winter machte ich in Bodh Gaya, dem Ort, an dem der Buddha Erleuchtung erlangte, meine ersten 100 000 Niederwerfungen. Ich brauchte einen Monat und 20 Tage dafür. Früher war ich anfällig für Krankheiten gewesen, aber die Übung verbesserte meine Gesundheit. Sie hat wohl das schlechte Karma, das Krankheiten verursacht, gereinigt.

Seit Mitte der 1980er Jahre erhält die Erziehung der Nonnen in der tibetischen Gemeinschaft in Indien immer mehr Priorität. Derweil hatte es auch in Tibet nach vielen Jahren der totalen Unterdrückung religiöser Praxis eine gewisse Liberalisierung gegeben. Hunderte von Menschen wurden Mönche und Nonnen und begannen, die Klöster wieder aufzubauen. Bis 1987 hatte sich diese Bewegung zu einem politischen Kampf um die Befreiung Tibets entwickelt, auch Nonnen demonstrierten friedlich in Lhasa. Die Reaktion der chinesischen Regierung war prompt und brutal: Viele von ihnen wurden verhaftet, gefoltert und ins Gefängnis geworfen. Nach ihrer Freilassung durften sie nicht wieder in ihre Klöster eintreten, sondern mussten in ihre Dörfer zurückkehren. Viele Nonnen wagten den gefährlichen Marsch über den Himalaja und ersuchten in Indien um Asyl.

Im Frühjahr 1991 erreichte eine große Gruppe von Nonnen Dharamsala; sie waren sehr geschwächt. Damals wurde das Tibetische Nonnen-Projekt ins Leben gerufen, das sich um die Neuankömmlinge kümmern und Nonnenklöster einrichten sollte. Ich wurde gebeten, für das Projekt zu arbeiten und nahm die Aufgabe an.

Heute sind in den meisten Nonnenklöstern Erziehungsprogramme eingerichtet. Die Nonnen erhalten eine traditionelle monastische Schulung, eine Ausbildung in religiöser Kunst und säkularen Bereichen wie Mathematik, Naturwissenschaft und Englisch.

Mir selber macht es viel mehr Freude, mit Nonnen zu arbeiten, da ich mich dabei in einer spirituellen Umgebung befinde. Außerdem kann ich an den Frühjahrsunterweisungen Seiner Heiligkeit in Dharamsala teilnehmen.

Er sagt, dass wir leiden, weil unser Geist nicht „gezähmt" ist; dass wir die wahre Natur unseres Geistes nicht kennen, der deshalb von schädlichen Emotionen kontrolliert wird, die wir von einem Leben mit ins nächste nehmen. Die Lehren sind dafür da, dass wir sie zur Beherrschung unseres Geistes anwenden. Sie sind mir eine große Hilfe, wenn ich mit anderen Menschen zu tun habe. Auch wenn es nicht leicht ist, erfahre ich doch, wie sich die Dinge nach vielen Jahren täglicher Praxis ändern.

bevor er wieder nordwärts nach Nanking segelte. Er kam fast 16 Jahre nach seiner Abreise in seine Heimat zurück.

Fast 200 Jahre später machte sich ein anderer chinesischer Mönch nach Westen auf. Als Xuanzang 629 n. Chr. auf der Seidenstraße reiste, hatte sich der Buddhismus bereits über einen großen Teil von Zentral- und Ostchina und entlang der Küstenregionen und Inseln von Südostasien ausgebreitet. In Xuanzangs chinesischer Heimat war die Religion schon gründlich institutionalisiert. Chang'an war dabei, zu einer riesigen Stadt anzuwachsen und beheimatete eine der wichtigsten buddhistischen Universitäten. Von hier aus reiste Xuanzang nach Dunhuang, dann weiter auf dem nördlichen Zweig der Seidenstraße bis nach Indien. Er besuchte heilige Stätten auf dem ganzen Subkontinent. Bei seiner Heimkehr nach Chang'an wurde er nach 16 Jahren Abwesenheit als Held empfangen. Der Kronprinz Li Zhi ließ für die Unterbringung der Hunderten von mitgebrachten heiligen Manuskripten eigens eine Pagode errichten.

Archäologen der Neuzeit stützten sich bei ihrer Suche nach heiligen Stätten in Indien auf die Reiseberichte von Faxian und Xuanzang. Die beiden Pilger hatten Lumbini und Bodh Gaya bereits verfallen vorgefunden, doch auf Grund ihrer Beschreibung der Landschaftsformen und Ruinen konnten Gelehrte des 19. Jahrhunderts die beiden Stätten identifizieren.

500 n. Chr. gab es in China bereits eine komplexe religiöse Kultur. Neolithische Fundstätten lassen die prähistorischen Wurzeln der chinesischen Ahnenverehrung erkennen. Die alten Friedhöfe wurden mit eleganten Behältern für Nahrung und Getränke ausgestattet, die die Verstorbenen auf der Reise ins Jenseits laben sollten. Andere uralte Artefakte geben Hinweise auf 3000 Jahre alte Praktiken der Orakelbefragung. Linguisten und Archäologen erklären so die gefundenen Schriftfragmente, die in Schulterblattknochen von Ochsen und in Schildkrötenpanzer eingeritzt wurden. Offenbar gravierten Schamanen Fragen in diese Materialien ein, erhitzten sie dann in einem rituellen Feuer und lasen die Antwort aus den Rissen, die sich durch die Hitze bildeten.

KONFUZIANISMUS UND DAOISMUS

IN DIE REICHE KULTUR Chinas waren zwei organisierte Religionen eingewoben. Konfuzianismus und Daoismus waren zu der Zeit, als es zu den ersten Kontakten mit dem Buddhismus kam, bereits wohl etabliert. Konfuzius (die latinisierte Form von K'ung Fu-t'zu, Meister Kong) wurde 551 v. Chr. geboren, fast zur gleichen Zeit wie Mahavira, der Religionsstifter des Jainismus, und der Buddha. Selber eher Philosoph als ein religiöser Führer, lehrte er eine Sicht der Welt und der Rolle des Menschen, die sich während mehrerer Phasen der langen Geschichte Chinas von einer Morallehre zu einer Art Staatsreligion entwickelte. Die Verantwortung des Einzelnen begann zu Hause: Kinder sollten ihre Eltern achten und ihnen gehorchen. Nach diesem Modell wurden die Regeln für den Staatsbürger, für die Sittlichkeit und die soziale Ordnung entwickelt. «Bewahrt Treue und Ehrlichkeit als erste Prinzipien», lautet ein Spruch aus dem „Lun Yu", den „Gesprächen" des Konfuzius, eines der zentralen Werke des Konfuzianismus. Die praktische Schlichtheit dieser Worte mit ihrer Betonung von Treue und Rücksichtnahme charakterisiert seine Philosophie. Konfuzius betonte, dass respektvolles Verhalten im Hier und Jetzt der Schlüssel zum größeren Ziel der sozialen Harmonie sei. Er ging grundsätzlich davon aus, dass der Mensch gut sei.

Die Geschichte und Botschaft des Daoismus ist nicht so leicht festzunageln. Historisch gesehen war der Daoismus das Resultat von mehreren religiösen Volksaufständen im China des 1. und 2. Jahrhunderts n. Chr. Sein heiliges Buch, das „Daodejing", wird der legendären, vielleicht auch mythischen Gestalt des Laozi zugeschrieben, angeblich ein älterer Zeitgenosse von Konfuzius. Die neue Religion

GEGENÜBER: Besucher erklimmen die „Himmelstreppe", die zum Gipfel des Taishan, des Wohnorts der daoistischen Götter, führt.
FOLGENDE SEITEN: Der Kopf des 70 Meter hohen Leshan-Buddha überragt eine Felswand in der chinesischen Provinz Sichuan.

griff transzendentale Züge der alten Naturreligionen auf. *Dao* ist ein Begriff zur Bezeichnung der unfassbaren, einheitlichen Kraft des Universums und zugleich des Wegs, dem man folgen sollte. «Der Mensch nimmt sein Gesetz von der Erde; die Erde nimmt ihr Gesetz vom Himmel; der Himmel nimmt sein Gesetz vom *dao*. Das Gesetz des *dao* ist sein ‚Sein, was es ist'», heißt es im „Daodejing", das in einem Zeitraum von 60 Jahren wahrscheinlich von 300 bis 240 v. Chr. zusammengestellt wurde. Solche Glaubenssätze und ergänzenden Riten, die von Priestern aus dem Volk, nicht von Mitgliedern des Hofes ausgeführt wurden, hatten einen geheimnisvollen Reiz. Die Anhänger des Daoismus sollten nicht, wie vom Konfuzianismus verlangt, Regeln für das äußere Verhalten befolgen, sondern selber ein passives Gefäß für das universale *dao* werden. Der Daoismus stellte den Konfuzianismus einerseits in Frage, war aber in anderer Hinsicht eine Ergänzung zu ihm. Der Buddhismus war der dritte Faden in dem komplexen chinesischen Gewebe.

BODHIDHARMA

UM 500 N. CHR. folgte ein Prinz aus Südindien dem Rat seines buddhistischen Meisters und reiste nach China. Da man seine Lehre bei Hof im Süden Chinas nicht zu schätzen wusste, wanderte er weiter nach Norden. Der Legende nach überquerte er den Jangtsekiang auf einem Schilfblatt. Sein Ziel war der Song Shan, ein Massiv heiliger Berge, das sich schroff aus Chinas zentraler Ebene erhebt. Alle drei großen Schulen der chinesischen Religion hatten zwischen den Felsgipfeln des Song Shan Heiligtümer errichtet: die Daoisten den Zhongyue-Tempel, die Konfuzianer die Songyang-Akademie und die Buddhisten das Shaolin-Kloster, das zum Geburtsort der Chan-Schule des Buddhismus werden sollte.

Bodhidharma, wie dieser beinahe mythische Reisende später genannt wurde, blieb im Shaolin. Er war ein Musterbeispiel der Selbstkontrolle. Es heißt, er habe sich seine Augenlider abgeschnitten, um während der Meditation nicht einzuschlafen. Die Lehren Bodhidharmas und seiner Nachfahren in der Chan-Schule durchdringen die Praxis des chinesischen Buddhismus bis heute. Der körperliche Aspekt seiner Lehren hatte Einfluss auf die stark ritualisierte und spirituell aufgeladene Kampfkunst Kung-Fu. Seine intellektuellen und spirituellen Lehren wurden als Chan- (japanisch: Zen-) Buddhismus bekannt – beide Wörter bedeuten Meditation. Diese Form war von da an charakteristisch für die buddhistische Praxis in Ostasien. «In der Leere gibt es keine Weisheit und nichts, das zu erlangen wäre», sagt das „Herz-Sutra". Es enthält die für das Chan/Zen und andere Schulen des Mahayana zentrale Lehre von der „Leere" *(shunyata)*. «Da es nichts zu erlangen gibt, ist der Geist des Bodhisattvas, der in der transzendenten Weisheit verweilt, ohne Behinderung. Da er ohne Behinderung ist, ist er ohne Furcht. Über jeglichen Irrtum und alle Täuschung hinausgehend, erreicht er [schließlich] das endgültige Nirwana.»

Dem Beispiel des Buddha zu folgen, bedeutet für die Anhänger des Chan/Zen, die persönliche und direkte Erfahrung des Nirwana, die Erleuchtung, zu suchen – ungefärbt von der Überlieferung und Erwartungen. Kleine Momente des Erwachens erfährt der Buddhist durch die Disziplin der Meditation oder durch das Aufblitzen von Einsicht durch die meditative Übung mit einem *koan* (chinesisch: *kong an*), eine paradoxe Herausforderung, eine Aussage oder Geste, die nicht mit dem rationalen Denken zu verstehen ist. Das früheste *koan* wurde präsentiert, als der Buddha eines Tages vor seinen Anhängern keine Lehrrede hielt, sondern nur schweigend eine Blume in die Höhe hob. Was bedeutete das? – Es bedeutete gar nichts! Im Chan-Buddhismus kommt man dem wahren Wissen näher, indem man eine Erfahrung wie diese kontempliert und nicht versucht, sie in Worte zu fassen. Die Meister des Chan-Buddhismus sind bekannt für die *koan*-artigen Antworten, die sie ihren Schülern gaben. Ein Meister namens Tozan wog gerade Flachs ab, als ein Schüler ihn fragte: «Was ist Buddha?» Tozan antwortete: «Drei Pfund Flachs.»

Das Shaolin-Kloster wurde zu einem wichtigen Zentrum der kombinierten Übung von physischer und mentaler Disziplin im Dienst des buddhistischen Glaubens. Im

14. Jahrhundert – das Chan war in China bereits im Niedergang – sah die herrschende Klasse der Manchu- oder Qing-Dynastie die buddhistischen Mönchssoldaten als Bedrohung an und verbot ihre Praktiken. Diese führten die Übungen jedoch im Verborgenen weiter. Während des „Nordfeldzugs" 1926 wurden das Kloster und die nahen Gebäude durch Chiang Kai-sheks Truppen stark beschädigt. Der Komplex wurde inzwischen wieder aufgebaut. Heute ist er für seine Kung-Fu-Schule ebenso bekannt wie für sein buddhistisches Kloster. Auf seinem Gelände stehen immer noch 200 steinerne Stupas: Der „Wald der Stupas" erinnert an die Mönche aus vergangenen Jahrhunderten.

Der Song Shan, einer von fünf heiligen Bergen in China, spielt eine zentrale Rolle in einem alten Mythos, der den Himmel als Kreis, die Erde als Quadrat beschreibt. Im Zentrum des Quadrats stand der Song Shan als Spiegelbild des Himmelszentrums, umgeben von vier heiligen Bergen in den vier Himmelsrichtungen. Schon von grauer Vorzeit an verehrten die Chinesen ihre Berge als heilige Wohnorte der Götter und Zufluchtsorte für spirituell Suchende.

Der Wutai Shan im Norden besteht aus einer Gruppe von fünf herausragenden Gipfeln, der höchste ist 3000 Meter hoch. 48 Tempel und Klöster ballen sich um die Gipfel und in den schützenden Tälern zusammen. Dazu gehören das Nanchan Si und das Fuguang Si, zwei von drei erhaltenen Holzklöstern aus der Tang-Zeit. In den Hallen des Longquan Si, des „Drachenquelle-Klosters", finden sich Dutzende von Buddha-Bildnissen, darunter vor allem Statuen des Budai, eine Inkarnation des künftigen Buddha Maitreya, dargestellt als „Lachender Buddha" – eine eigentümliche chinesische Figur mit dickem nackten Bauch, einer Bettelschale und einem Reisesack über der Schulter. Dieser

OBEN: *Der Tempel von Pu Tuo Shan auf der Insel Punio steht auf einem der fünf Berge, die für chinesische Buddhisten heilig sind.*

BUDDHISMUS
AUSGEWÄHLTE SCHRIFTEN

DIE GRUNDFORM der heiligen buddhistischen Schrift ist das Sutra, in dem ein bestimmter Aspekt der Lehre behandelt wird. Theravada-Buddhisten verehren den *tipitaka* („Drei Körbe"), den Gesamtkanon ihrer Schule. Er ist nach den Behältern benannt, in denen ceylonesische Mönche die Texte aufbewahrten, die im 1. Jahrhundert v. Chr. erstmals auf Palmblätter niedergeschrieben wurden. Die wichtigsten Theravada-Suttas enthalten die Unterweisungen, die dem historischen Buddha zugeschrieben werden. Die Mahayana-Buddhisten verwenden ebenfalls einen großen Teil des *tipitaka*, fügten aber Sutras hinzu, die Bodhisattvas zugeschrieben werden. Andere Schulen haben ihre eigenen Versionen der Schriften.

AUS DEM TIPITAKA

ÜBER NIRWANA

Dieser Mönch, der frei ist von Wünschen und Begierde,
Erlangt die Todlosigkeit, den unwandelbaren Zustand des Nirwana ...
Die Standhaften verlöschen wie eine Lampe ...
Wo Kein-Ding das Eiland des Nicht-Jenseits ist.
Nirwana nenne ich es – die völlige Auslöschung von Altern und Tod.

ÜBER ERBARMEN

Niemals wird auf dieser Welt der Hass
Durch weiteren Hass besänftigt.
Besänftigt wird er nur durch Liebe –
Dies ist ein ewiges Gesetz.

Sieg gebiert Hass,
Denn die Besiegten liegen in Kummer danieder.
Der gelassene Mensch ruht in Frieden
Jenseits von Krieg und Niederlage.

AUS DEM AVATAMSAKA SUTRA („Blumengirlanden-Sutra")

Ich werde ein guter Arzt sein für die Kranken und Leidenden. Ich werde jene, die vom Weg abgeirrt sind, auf den rechten Pfad führen. Ich werde eine helle Leuchte sein für jene in der Finsternis und werde die Armen und Elenden ihre verborgenen Schätze aufdecken lassen.

SCHLECHTES MIT GUTEM VERGELTEN

Ein törichter Mensch, der gehört hatte, dass der Buddha dem Prinzip des Großen Wohlwollens folgte, das besagt, dass man Schlechtes mit Gutem vergelten soll, beleidigte den Buddha. ... Als er mit seinen Beschimpfungen aufhörte, fragte der Buddha ihn: «Mein Sohn, wenn ein Mensch ein Geschenk ablehnt, das ihm angeboten wird, wem gehört es dann?» Der Mann antwortete: «Dem, der es angeboten hat.»

«Mein Sohn», sagte der Buddha, «ich lehne es ab, deine Beleidigungen anzunehmen, und fordere dich auf, sie selbst zu behalten. Werden sie nicht für dich eine Quelle des Elends sein? ... Ein verdorbener Mensch, der einen Tugendhaften beschimpft, ist wie jemand, der nach oben schaut und gen Himmel spuckt. Der Speichel befleckt nicht den Himmel, sondern er fällt auf ihn selbst zurück und beschmutzt seine Person.» Beschämt ging der Mann von dannen, aber er kam wieder und nahm Zuflucht zum Buddha.

BUDDHISMUS

Buddha ist inspiriert von der Gestalt des Mönchs Budai, der im 10. Jahrhundert durch die Lande gewandert sein soll. Er war wegen seines Humors beim Volk sehr beliebt und gab sich erst in seiner Todesstunde als Inkarnation des künftigen Buddha Maitreya zu erkennen. Der Buddhismus fasste in China zuerst im Norden Fuß. Im Lauf der Jahrhunderte breitete er sich nach Osten und Süden aus. Aus der spirituellen Praxis einflussreicher Mönche, Dichter und Lehrmeister sowie unter der Schirmherrschaft regionaler Herrscher entwickelten sich im 1. Jahrtausend nicht weniger als zehn neue unterschiedliche Schulen des Buddhismus in China.

Wenn sich ein lokaler Herrscher dem Buddhismus zuwandte, tat er das oft nicht nur mit dem Herzen, sondern auch mit seiner Schatzkammer. So führten zum Beispiel von 454 n. Chr. an Dao Wudi und vier nachfolgende Kaiser im nördlichen Reich Chinas ein riesiges Bauprojekt durch. Sie errichteten einen fünfstöckigen Tempel sowie fünf fünf Meter hohe Buddha-Statuen aus vergoldeter Bronze. Dafür waren schätzungsweise 122 Tonnen Kupfer notwendig. 515 n. Chr. gab es ungefähr 14 000 buddhistische Tempel und Klöster in China, 1 367 allein in Luoyang. Jedes Projekt übertraf das vorangegangene. Den Höhepunkt bildete eine neunstöckige Pagode, die 30 Meter hoch aufragte, bis sie durch Blitzschlag zerstört wurde. Ähnliche kaiserliche Initiativen führten zu einer Reihe buddhistischer Schreine mit exquisiten Skulpturen in Höhlen in Nordchina. Die Yungang-Höhlen westlich von Datong bestehen aus 42 Sandsteingrotten; die Longmen-Höhlen weiter im Süden enthalten mehr als 97 000 Statuen, die aus den Kalksteinwänden am Ufer des Yi herausgeschlagen wurden.

In einer Höhlenskulptur aus dem 6. Jahrhundert sitzt ein Buddha in einer Lotosblüte, die rechte Hand in der Schutz gewährenden Geste erhoben. Über ihm erheben sich blühende Bäume. Er ist umgeben von Bodhisattvas, über allem schweben himmlische Figuren. Dies ist der Buddha Amitabha, der „Buddha des Grenzenlosen Lichts" in seinem Buddha-Land der Glückseligkeit – jenem künftigen Leben, das der so genannte Reines-Land-Buddhismus seinen Anhängern verheißt. Diese Vision schenkte auch dem armen Arbeiter Hoffnung, und so verbreitete sich der Reines-Land-Buddhismus unter den Laien in China besonders schnell. Er betonte die meditative Rezitation des Buddha-Namens. Die neuen Ideen der Schule standen manchmal im Widerspruch zum Chan-Buddhismus.

Der Reines-Land-Buddhismus wird oft auf einen buddhistischen Mönch namens Hui-yuan zurückgeführt, der auf dem Berg Lushan in der Jiangxi-Provinz lebte und die so genannte Weiße-Lotos-Gesellschaft gründete. Die Schönheit dieser Landschaft wird mit ihren dunstverhangenen Bergen, blumenübersäten Pfaden, glitzernden Teichen und tiefen Schluchten ihrem mythischen Ruf gerecht. Auch wenn Mao Zedong den religiösen Glauben und die spirituelle Praxis im chinesischen Volk auslöschen wollte, wählte er doch dieses Paradies als Wohnort.

Der Buddhismus hatte seine Blütezeit in China vom 1. bis zum 13. Jahrhundert. Dann machte eine Renaissance des Konfuzianismus diesen wieder zur vorherrschenden Religion. Der Buddhismus kam zwar aus Indien, aber in China enthielt er entscheidende Prägungen. Momentan erlebt er dort eine neue Welle der Popularität.

OBEN: *Ein Gemälde aus der Zeit der Song-Dynastie zeigt den daoistischen Philosophen Laozi auf einem Wasserbüffel.*
FOLGENDE SEITEN: *Eine ältere Frau betet mit brennendem Räucherwerk in der Hand in der Stille des Nan-Pu-Tempels in Xiamen.*

DER BUDDHISMUS IN INDONESIEN

IN DEN LETZTEN zwei Jahrzehnten des 7. Jahrhunderts n. Chr. begab sich der chinesische Pilger Yi-jing auf eine 20-jährige Forschungs- und Pilgerreise. Er besuchte buddhistische Stätten in ganz Indien und Zentralasien und sammelte dort heilige Schriften, die er zur Übersetzung nach China mitnahm. Seine Reiseroute führte ihn auch in das indonesische Königreich Sriwijaya, damals bereits ein wichtiges Zentrum des Buddhismus, dessen Macht sich nach Norden bis über die Malaiische Halbinsel erstreckte. In Zentraljava kam nicht lange danach das Saliendra-Königreich an die Macht. Es hinterließ der Nachwelt die bemerkenswerte buddhistische Architektur von Borobudur.

Die Tempelanlage, oberhalb eines Sees zwischen zwei Hügeln gelegen, stellt ein dreidimensionales quadratisches Mandala – eine sakrale Struktur – dar, das symmetrisch um einen zentralen Stupa angeordnet ist. Skulpturen zeigen den spirituellen Pfad der Gläubigen, der die Stadien im Leben des Buddha widerspiegelt.

Der Pilger umschreitet das terassenförmig angeordnete Heiligtum im Uhrzeigersinn zuerst auf den unteren galerieartigen Wandelgängen. Wandreliefs stellen die Geschichte des Buddha in seinem letzten und den vorangegangenen Leben dar. Erst wenn der Besucher die unteren Galerien durchschritten hat – sie stellen *kamadhatu*, den Bereich der Begierde, dar –, erreicht er den nächsthöheren Rundgang. Er repräsentiert *rupadhatu*, den Bereich der Form, in der buddhistischen Philosophie die Ebene jenseits der weltlichen Belange. Die Skulpturen an diesen Wänden stellen den Pfad des Bodhisattvas dar, über den als höchster Bodhisattva Maitreya, der Buddha des nächsten Zeitalters, wacht. Hat der Pilger diesen Teil des Tempels umwandelt, kann er zur nächsten Ebene aufsteigen: *arupadhatu*, der Bereich der Formlosigkeit. Darüber steht der zentrale Stupa. Manche glauben, er sei mit Absicht leer gelassen worden, um das Nirwana zu versinnbildlichen – die Glückseligkeit jenseits allen Vorstellungsvermögens. Borobudur scheint kurz vor 1000 n. Chr. plötzlich verlassen worden zu sein, vielleicht infolge eines Vulkanausbruchs. Der Tempel lag fast ein Jahrtausend unter Asche und Vegetation begraben. Zu Beginn des 19. Jahrhunderts wurde er von niederländischen Archäologen wieder entdeckt. Heute praktiziert nur ein Prozent der Indonesier den Buddhismus.

DER WEG NACH KOREA

UM 375 N. CHR. waren buddhistische Mönche aus China an zwei der drei Königshöfe von Korea eingeladen worden. Als die drei Königreiche im 7. Jahrhundert unter der Herrschaft des Hauses Silla vereinigt wurden, hatte dessen Führer bereits den Buddhismus angenommen. Uisan, ein Philosoph des 7. Jahrhunderts, präsentierte die Vision einer harmonischen Gemeinschaft, die auf dem Reines-Land-Buddhismus basierte. Er beschrieb seine koreanische Heimat als ein Buddha-Land, reich an heiligen Plätzen, und half dem koreanischen Volk, sich ihr Land als ungeteilten Herrschaftsbereich vorzustellen. Vom 6. Jahrhundert an diente eine praktische Mischung von Buddhismus und Konfuzianismus als Staatsreligion. Der in der alten Silla-Hauptstadt Kyongju gebaute Bulguksa-Tempel steht heute noch. Ursprünglich 535 gegründet, wurde er 751 unter der Aufsicht des königlichen Premierministers Kim Dae-seong fertig gestellt. Ungefähr eine Stunde Fußmarsch vom Bulguksa entfernt liegt am steilen östlichen Hang des Toham das aus dem Granit geschlagene buddhistische Heiligtum der Sokkuram-Höhle. Der komplexe Vorraum wird von acht *devas* – indischen Göttern, die den Ruf des Buddha gehört haben – und zwei muskelbepackten steinernen Wächtern belebt. Vom Eingang aus gelangt der Gläubige durch einen kurzen Korridor tiefer in die Höhle. Er passiert vier furchteinflößende Himmlische Könige – traditionelle koreanische Figuren, die die vier Himmelsrichtungen repräsentieren und mit ihren Füßen Dämonen zertrampeln. Noch weiter im Inneren, im zentralen Heiligtum, sitzt eine Buddha-Statue aus weißem koreanischen Granit – umgeben von einem Basrelief von Bodhisattvas.

Die Erbauer von Sokkuram ließen sich vermutlich von chinesischen Höhlenheiligtümern wie denen von Dunhuang inspirieren. Allerdings bearbeiteten die Chinesen niedrig liegende Felswände aus relativ weichem Sand- und Kalkstein. Die Koreaner nahmen es mit einem Berg aus solidem Granit in 760 Meter Höhe auf. Sie schnitten Blöcke aus dem Felsen und fügten sie ohne Mörtel zu Fußböden, Wänden und Decken zusammen. Mit Hilfe nicht überlieferter Techniken schufen sie eine natürliche Belüftung, durch die sich die Innenausstattung erhielt. Die nachfolgenden konfuzianischen Regierungen ließen Sokkuram verfallen. Wohlmeinende Denkmalschützer umhüllten Anfang des 20. Jahrhunderts die Höhle mit Beton, woraufhin Wasserlecks und Erosion zunahmen und Moos auf den Skulpturen wuchs. Arbeiten in den 1960er Jahren haben die Probleme zum Teil gelöst. Die Pilger unserer Tage müssen über die modernen technischen Installationen hinwegsehen, um eine Ahnung von dem Eindruck vor 1500 Jahren zu erhalten.

Unter den heutigen Koreanern ist der Buddhismus der vorherrschende Glaube, insbesondere die Jogye-Schule, die dem Chan und Zen entspricht. Von dem koreanischen Mönch Taego Pu gegründet – er war Mitte des 13. Jahrhunderts nach China gereist –, verehrt diese Schule besonders „die Drei Juwelen": die Klöster Tongdo-sa, Haein-sa und Songgwang-sa. Tongdo-sa, das älteste der drei, liegt auf dem Yongjuk-san in der Nähe von Pusan. Der Besucher erreicht

OBEN: *Buddha-Statuen im Höhlentempel von Sanbangsa, einem buddhistischen Heiligtum auf der koreanischen Insel Chejo Do.*

das Kloster nur über die „windlose Brücke", durch einen Wald von „windlosen Kiefern": eine Passage, die die Reinigung der Sinne symbolisiert – die Voraussetzung für die Annäherung an das Göttliche.

DER BUDDHISMUS IN JAPAN

523 N. CHR. wurde ein prächtiges Stück Kampferholz auf einer der vom Kaiser von Yamato regierten Inseln angespült. Diener brachten das Holz zu ihrem Herrn. Es war ein kostbares Stück Zimtkampferholz, das die Bildhauer des Hofs wegen seiner engen Maserung, seines scharfen Geruchs und des natürlichen Schutzes gegen Schädlinge besonders schätzten. Um dem Geschenk der See die höchste Ehre zu erweisen, ließ der Kaiser daraus eine Buddha-Statue schnitzen. Als Modell stellte er seinen Handwerkern eine kleine Buddha-Figur aus vergoldeter Bronze zur Verfügung, die er Jahre zuvor von Gesandten des Hofes von Baekje, dem südlichsten der drei Königreiche Koreas, erhalten hatte.

Ob Legende oder Tatsache – es ist eine Möglichkeit, die frühe Geschichte des Buddhismus in Japan so zu erzählen. Koreanische Herrscher, die sich bereits zum Buddhismus bekannt hatten, ließen den japanischen Herrschern im 6. Jahrhundert n. Chr. buddhistische Statuen, Schriften und Banner überbringen: aus diplomatischen und missionarischen Gründen. Anfangs traten nur Edelleute zu der neuen Religion über, darunter Yomei – er gilt als erster japanischer Kaiser, der den Buddhismus praktizierte –, seine Schwester, die Kaiserin Suiko, und sein Sohn, Prinz Shotoku. Unter ihnen wurde Nara zur Kaiserstadt. Shotoku sorgte für die Gründung von mehr als 40 buddhistischen Tempeln und Klöstern, darunter der bis heute erhaltene Horyuji, vermutlich das älteste Holzbauwerk der Welt.

200 Jahre später ließ der Kaiser Shomu gleich vor den Toren der Stadt den Todaiji bauen – den „Großen Osttempel". Die Anlage war so groß wie der Kaiserpalast und enthielt den Daibutsuden, die „Halle des Großen Buddha". Shomu wandte das gesamte handwerkliche Können und den Reichtum seines Landes auf, um den Tempel und die gut 17 Meter hohe Buddha-Statue darin errichten zu lassen. Der Daibutsuden brannte während eines Bürgerkriegs im 12. Jahrhundert nieder. Er wurde wieder aufgebaut, nur um 400 Jahre später erneut in einer Schlacht zerstört zu werden. Das heutige Gebäude wurde 1708 vollendet.

SCHINTOISMUS

IM 18. JAHRHUNDERT war der Buddhismus zur japanischen Volksreligion geworden, indem er überlieferte Glaubensformen wie den Schinto integriert hatte. Die Welt des alten Japan war von *kami* genannten Naturgottheiten bevölkert. Nach dem schintoistischen Epos „Nihon Shiki" aus dem 8. Jahrhundert gab es acht Millionen von ihnen. Zu den *kami* gehörten Gottheiten, die an bestimmten Orten lebten, die Geister natürlicher Phänomene und von Tieren, Ahnengeister sowie die Götter, Göttinnen, Helden und Heldinnen der Volksmythen. Manche *kami* waren lokaler spezifischer Natur, andere hatten einen breiten Einfluss, wie die Sonnengöttin Amaterasu Omikami oder der Reisgott Inari. Zur Zeit des Aufstiegs von Prinz Shotoku war der Schintoismus bereits eine entwickelte Religion – vielfältig genug, um die vielen Praktiken auf all den verschiedenen Inseln Japans umfassen zu können, und doch so organisiert, dass er das Volk in einer Religion mit gemeinsamen Praktiken und Überzeugungen vereinen konnte. Der Schintoismus (*shinto*: Weg der Götter) trennte sich nie von seinen Wurzeln in der Natur: ungewöhnliche Formationen wie ein großer Baum, ein massiver Felsen oder eine sprudelnde Quelle konnten zu einem Schrein werden, in dem ein *kami* residierte. An diesen heiligen Stätten stellten die Gläubigen *torii* auf, sakrale Tore, die den Übergang von der gewöhnlichen in die spirituelle Welt markieren.

Für die Schinto-Gläubigen schien der Buddhismus

GEGENÜBER: Ein schintoistisches Tor auf der Insel Miyajima in Japan ist den Schintoisten und Buddhisten gleichermaßen heilig.

zuerst eine Bedrohung. So kam es im folgenden Jahrhundert zu Auseinandersetzungen zwischen den Herrschenden, die sich der neuen Religion zuwandten, und denen, die auf der alten beharrten. Angesichts der Bereitschaft des Schinto, an eine Vielzahl von spirituellen Verkörperungen zu glauben, wurde der Buddha in seinen verschiedenen Erscheinungsformen mit den zu ihm gehörenden Bodhisattvas nach und nach auch vom japanischen Volk verehrt. Die buddhistischen Lehrer stellten die beiden Religionen als miteinander vereinbar dar. Buddhistische Tempel wurden neben Schinto-Schreinen erbaut. Gegen Ende des 1. Jahrtausends verband die religiöse Bewegung des *ryobu schinto* („Doppelter Schinto") die Gottheiten von Schinto und Buddhismus systematisch miteinander. Sie behauptete, jeder *kami* träume von seinem *bosatsu* (japanisch für Bodhisattva) und erklärte Schinto-Gottheiten zu Beschützern der buddhistischen Lehre. Auch heute noch enthält ein japanischer Haushalt meist einen Schinto-Schrein für die Familiengottheiten und einen buddhistischen Altar, auf dem die Geister der Ahnen, der Buddha und mehrere Bodhisattvas verehrt werden. Manche Japaner nennen ihre Götter *kami-hotoke* – Kami-Buddha.

Als die Japaner den Buddhismus annahmen, wurde das Universum der Bodhisattvas vielfältiger, der buddhistische Glaube veränderte sich deutlich. Der historische Buddha wurde wieder Shakyamuni, „der Weise aus dem Stamm der Shakyas", genannt. Avalokiteshvara – der in China und Japan gewöhnlich die weibliche Form der Guanyin beziehungsweise Kannon annimmt – ist der Bodhisattva des grenzenlosen Erbarmens. Er hat seine eigene Erleuchtung hintangestellt, um anderen Wesen zu helfen. Maitreya, gütig und liebevoll, ist der himmlische Buddha, der die Lehren in der Zukunft neu beleben wird. Jeder dieser Bodhisattvas – und viele andere – ist ikonografisch durch eine bestimmte Haltung, Farbe, Bekleidung und ein bestimmtes Attribut charakterisiert. So finden sich über dem Kopf der Kannon noch zehn weitere Köpfe. Diese traten hervor, als ihr Kopf vor lauter Kummer über die riesige Zahl der Wesen zersprang, die der Rettung bedürfen. Kannon wird auch als Göttin der Fruchtbarkeit angerufen; es gibt insgesamt 33 Erscheinungsformen von ihr. Vier Pilgerwege verbinden 33 heilige Orte miteinander, an denen sie verehrt wird.

In einem Land der Vulkane ist es nicht erstaunlich, dass Berggipfel als die heiligsten Orte angesehen werden. Der Fuji, der heiligste von allen, ragt mit seinem schneebedeckten Gipfel 3776 Meter auf; er gilt als Wohnort einer Schinto-Göttin – ursprünglich eines Feuergottes, dann einer Göttin der blühenden Bäume – oder sogar als diese selbst, die bei jährlichen Pilgerfahrten verehrt wird. Auf zwei Bergen weiter im Westen wurden einst die Zentren zweier großer Schulen des japanischen Buddhismus gegründet. Saicho und Kukai, zwei junge japanische Edelleute, reisten im frühen 9. Jahrhundert zusammen nach China, um dort den Buddhismus zu studieren. Als sie zurückkehrten, gründeten beide je ein Kloster: Saicho eines auf dem Berg Hiei in der Nähe von Kioto und Kukai eines südlich davon auf dem Koyasan auf der Halbinsel Kii-Sanmyaku.

Der von Saicho gelehrte Tendai-Buddhismus versprach jedem die Buddhaschaft, verlangte jedoch 12 Jahre strenger

OBEN: Ein Darsteller des japanischen Volkstheaters Kabuki, das vermutlich aus Parodien buddhistischer Rituale entstanden ist.
GEGENÜBER: Besucher eines Tempels auf der Insel Shikoku bringen dem Yakushi Nyorai, dem Medizinbuddha, Räucherwerk dar.

Dem Buddha Nacheifern
Eine tägliche Übung

DIE INDIVIDUELLE MEDITATION und das Gebet sind die grundlegenden Übungen des Buddhismus. Fürsprache von Priestern und der Besuch eines Tempels sind nicht nötig. Buddhisten aller Traditionen vollziehen jeweils zu Neu-, Voll- und Halbmond religiöse Praktiken. Entweder sie fasten und meditieren zu Hause, besuchen einen Tempel oder nehmen an Darlegungen der Lehre teil. Viele Buddhisten betrachten die dreimonatige Regenzeit als besondere Zeit für die Reinigung des Geistes und die Meditation. Dieser Brauch geht auf den Buddha zurück, der seinen *sangha,* die Gemeinschaft seiner Anhänger, während jeder Regenzeit zur Klausur versammelte.

Die Gläubigen eifern dem Buddha, dem „Erwachten", nach und versuchen, ihr Leben nach seinem Vorbild auszurichten. Sie verehren ihn in Bildnissen, aber auch in lebenden Meistern, widmen sich dem *dharma,* seiner Lehre, und schließen sich einem *sangha* an. Die von Mönchen, Nonnen, aber auch von Laien abgelegten Gelübde führen zu einer Ethik der Gewaltlosigkeit, Gelassenheit, Mäßigung und Einfachheit, die man in dem Satz zusammenfassen könnte: «Hilf anderen Wesen, wenn du kannst. Wenn du es nicht kannst, dann schade ihnen wenigstens nicht.»

Eine Form der buddhistischen Meditation, die man im Sitzen, Stehen oder Gehen praktizieren kann, besteht darin, den Geist innerlich zu sammeln und zu beruhigen (*shamatha*). Dies ist die Voraussetzung, um durch geistige Übungen tiefe Einsicht in das Wesen der Welt zu erlangen (*vipashyana*). Beide Übungen sind auf dem Weg zur Erleuchtung (*bodhi*) unerlässlich.

Viele Theravada-Buddhisten verbringen einige Zeit in einem Kloster, ohne sich lebenslang dem monastischen Leben zu verpflichten, wie es im Mahayana üblich ist. Mönche und Nonnen scheren ihr Haupthaar, tragen schlichte Roben, legen Gelübde der Enthaltsamkeit und des Zölibats ab. Männer und Frauen leben getrennt. Im Kloster folgen alle einem gemeinsamen Ablauf; sie beginnen den Tag früh gemeinsam mit Gebeten, stiller Meditation und Rezitation und verbringen viele Stunden mit dem Studium der heiligen Schriften. Der Tag wird wiederum mit Gebet, Rezitation und Meditation abgeschlossen. Viele Nonnen und Mönche nehmen nach dem Mittagessen nur noch Getränke zu sich. Am Morgen ziehen die Theravada-Mönche durch die Straßen, um ihr Essen zu erbetteln. Dadurch geben sie den Gläubigen Gelegenheit, durch Großzügigkeit religiösen Verdienst zu erwerben. Alle Buddhisten kümmern sich gern um den lokalen *sangha,* um ihm dafür zu danken, dass er den Weg des Buddha zum Wohl der Gemeinschaft beschreitet.

Disziplin von allen, die den monastischen Pfad wählten. Der Shingon-Buddhismus von Kukai (nach seinem Tod Kobo Daishi genannt) betonte die rituelle Rezitation und die Kontemplation von Mandalas als Methoden zur Befriedung des Geistes und Erlangung der Erleuchtung. Auf dem Hiei gibt es noch heute ein aktives Tendai-Kloster, auf dem Koyasan liegen zahlreiche Shingon-Tempel und -Klöster. Pilger, die dem Shingon-Pfad folgen, reisen immer noch nach Shikoku, um Kobo Daishis 1 500 Kilometer lange Pilgerschaft um die Insel und zu ihren 88 Tempeln zu wiederholen.

DER ZEN-BUDDHISMUS

ZWEI GROSSE Schulen der Chan-Tradition haben sich in Japan weiterentwickelt und sind dort bis heute aktiv: das Rinzai- und das Soto-Zen; in ihnen entwickelte sich jene Form geistiger Schulung, die heute weltweit als das Zen bekannt ist. Dogen Zenji, der die Soto-Schule in Japan etablierte, wurde im Jahr 1200 geboren. Er übte den Buddhismus zuerst auf dem Hieizan aus. Auf der Suche nach einem tieferen Begreifen der Religon reiste er nach China, das zu seiner Zeit noch als Hort der buddhistischen Weisheit galt. Dort traf er seinen Meister und soll im Alter von 27 Jahren Erleuchtung erlangt haben.

Nach Japan zurückgekehrt, versuchte Dogen, das Augenmerk des japanischen Buddhismus wieder auf die Schlichtheit und Disziplin der essenziellen Botschaft des Buddhismus zu lenken, um so einen gemeinsamen Nenner für alle Schulen zu schaffen. Bodhisattvas, heilige Schriften, Rituale und Objekte – sie galten dem Zen als Äußerlichkeiten. Sie konnten hilfreiche Werkzeuge sein, aber auch zu verlockenden Ablenkungen werden, zum Selbstzweck, der den Übenden vom Pfad der Erleuchtung abbrachte.

Als bester Weg, um die eigene Buddha-Natur zu verwirklichen, gilt im Zen das *zazen*, die „Sitzende Meditation". Dogen beschrieb diesen Zustand als «Körper und Geist fallen lassen». Mit einem für den Chan/Zen-Buddhismus charakteristischen Paradoxon formulierte er den *zazen* folgendermaßen: «Diesen Zustand sollte jeder erfahren. Es ist, als häufte man Früchte in einen Korb ohne Boden oder gösse Wasser in eine Schale mit Loch. Wie viel man auch anhäuft oder hineingießt, man kann sie nicht füllen. Wird dies erkannt, ist der Boden des Eimers herausgefallen. Doch gibt es noch die kleinste Spur von begrifflichem Denken, das dich sagen lässt ‹Ich habe dieses Verständnis› oder ‹Ich habe jene Einsicht›, dann spielst du nur mit Trugbildern.»

Dogens Kloster, das Eiheiji in der Provinz Fukui an der Nordküste der zentraljapanischen Insel Honshu, ist heute noch aktiv. Wie viele andere buddhistische Stätten überlebte es eine Periode der modernen japanischen Geschichte, in der die Meiji-Herrscher den Buddhismus zu Gunsten eines nationalistischeren Schinto-Glaubens verboten hatten. Heute sind beide Religionen wieder miteinander verknüpft. Viele japanische Familien heiraten in einem Schinto-Schrein, folgen im Sterbefall aber buddhistischen Ritualen. Die Japaner pflegen bis heute die Tradition der Mammut-Kultstätten. 1995 wurde der „Wolkenkratzer-Buddha" genannte Amida-Buddha von Ushiku, 50 Kilometer nördlich von Tokio, fertig gestellt – mit 120 Metern die größte Bronzestatue der Welt.

DER BUDDHISMUS IN SÜDOSTASIEN

IN GANZ SÜDOSTASIEN fand der Buddhismus in eine Welt Eingang, die, wie in Japan, bereits von den Geistern lokaler Urreligionen bevölkert war. Hier war sie zudem noch von Einflüssen des früher eingedrungenen Hinduismus gefärbt. Theravada-Missionare waren von Indien und Sri Lanka aus über Land und zu Wasser bereits im 1. Jahrhundert nach Südostasien gekommen. Vertreter des Mahayana reisten nach 700 n. Chr. von China aus nach Süden. In einigen Regionen wurde die Religion gründlicher absorbiert als in anderen, aber die Stupas weisen überall in Südostasien auf die Anwesenheit des Buddhismus hin.

Die hybride Energie des religiösen Erbes dieser Region ist in einer sich über viele Quadratkilometer hinziehenden Ruinenlandschaft im nordwestlichen Kambodscha heute noch zu spüren. Von Schlingpflanzen und Baumwurzeln überwuchert, markieren die Überreste den Ort einer majestätischen Metropole, erbaut an der Mündung des Flusses Siem Reap in den Tonle Sap, den „Großen See". Zuerst Yashodharapura genannt, war sie Regierungssitz und religiöse Hauptstadt der Khmer. Ihr Reich hatte sich vom 9. bis zum 12. Jahrhundert immer weiter ausgedehnt und schließlich fast die gesamte Südostasiatische Halbinsel umfasst. Die Paläste und Häuser aus Holz sind seit langem verschwunden, doch die aus Sandstein und Laterit erbauten Tempel sind vom Zahn der Zeit zwar mitgenommen, aber nicht zerstört.

Im Herzen der Stadt stand der Angkor Wat. Dieser großartige Tempelkomplex spiegelte in seiner Struktur die Symmetrie des Universums, mit seinen Pagodenspitzen den zentralen Weltberg Meru wider. Ein Wassergraben umgab den heiligen Bezirk ringförmig. Von den Wänden sahen göttliche Gesichter herab. Zur Welt der Geister, die den Angkor Wat und seine Außentempel bevölkern, gehören *nagas,* schlangenförmige Bewohner der Unterwelt, und lokale Naturgeister; Menschen, die arbeiten oder sich vergnügen; Götter, *devas* und Dämonen des Hinduismus, insbesondere Shiva, der als der Beschützer des Reiches angesehen wurde; Bodhisattvas und Buddhas, darunter der historische Buddha; und eine Abfolge von Herrschern.

Mehr als 100 Tempel auf einem ungefähr 60 Kilometer langen Dschungelstreifen sind Zeugnisse verschiedener Herrschaftsperioden und sich verändernder religiöser Überzeugungen. Im Jahr 1431 besiegte die Thai-Armee das Khmer-Reich. Vielleicht haben buddhistische Mönche in der verlassenen Stadt noch für eine Weile ein spirituelles Leben aufrechterhalten; aber als der französische Entdecker Henri Mouhot 1858 auf die Ruinen stieß, schien ihm Angkor verlassen zu sein. Heute versuchen internationale Initiativen, die heilige Stätte vor dem Verfall und den Folgen des Krieges zu retten. Still und leise sind auch die buddhistischen Mönche wiedergekommen.

Eine glorreiche buddhistische Dynastie regierte vom 11. bis zum 13. Jahrhundert in Birma (heute Myanmar). König Anawratha ließ sich vom Theravada-Buddhismus Sri Lankas inspirieren. Er vereinigte den Norden und den Süden seines Landes. In seiner Stadt Pagan (heute Bagan) am Irawadi (heute Ayayarwady), gut 600 Kilometer oberhalb der Mündung in die Andamanensee gelegen, ließ er Berichten zufolge Tausende von buddhistischen *chedis* (Stupas) und Tempeln errichten. 2000 dieser Monumente stehen heute noch, mit Türmen, die funkelnd in den Himmel ragen. Zwei der Stupas enthalten Reliquien des Buddha: der Shwe Zigon einen Zahn, ein Geschenk des Königs Anawratha von Sri Lanka; der Shwe Sandaw, die Pagode des Goldenen Heiligen Haars, eine Haarsträhne, die zwei Kaufleute vom Buddha selbst erhalten und ihrem König geschenkt hatten.

Ein anderes Haar des Buddha wird in einer Pagode auf

OBEN: *Ein buddhistischer Mönch schert einem Novizen Haare und Augenbrauen, wodurch er symbolisch seine Individualität ablegt.*
GEGENÜBER: *Die bekannte Buddha-Statue des Phra Phuttha Chinnarat in Thailand zieht Pilger aus ganz Südostasien an.*
FOLGENDE SEITEN: *Wurzeln von Banyan-Bäumen überwuchern einen Teil des Ta-Prohm-Tempels in Angkor, Kambodscha.*

BUDDHISMUS

dem Kyaikhtiyo aufbewahrt. Der sieben Meter hohe Turm steht auf einem Granitfelsen von ungefähr derselben Höhe; beide sind mit leuchtendem Blattgold überzogen. Der Felsblock balanciert auf einem Grat im Paunglaung-Gebirgszug im Süden von Zentralbirma. Er sieht schon seit Jahrhunderten so aus, als könnte er jeden Augenblick umkippen. Der Legende nach war der Einsiedler Tissa, Besitzer des kostbaren Haars, bereit, es hier zurückzulassen – aber nur auf einem Felsblock, der seinem eigenen Kopf ähnelte. Das Oberhaupt der *nats*, der Geister Birmas, tauchte daraufhin in die Andamansee und holte den eiförmigen Fels aus der Tiefe. Seit Jahrhunderten wandern Pilger über steile Dschungelpfade zu dem Heiligtum.

Mongolische Invasoren unter Kublai Khan beendeten 1287 vorübergehend den Bau von Wunderwerken in Birma. Die Herrscher von Bagan hatten jedoch Schritte unternommen, um ihre buddhistischen Feste zu erhalten. Sie hatten alte Pali-Manuskripte, die für den Theravada-Buddhimus von zentraler Bedeutung sind, erworben und aufbewahrt. Jahrhunderte später, 1871, führten diese Schriften 2400 Mönche zum Fünften Buddhistischen Konzil nach Mandalay, das damals die Hauptstadt Birmas war. Gebiete im Osten und Westen waren von den Briten kolonisiert, aber das Landesinnere, regiert von König Mindon, blieb unabhängig. Der König wollte den Pali-Kanon für alle Zeit bewahren. Die Mönche des Konzils machten sich daran, die Schriften von den Palmblättern auf Marmortafeln zu übertragen und schufen dabei eine wichtige revidierte Version des *tipitaka*. 1954 wurde das Sechste Buddhistische Konzil von Premierminister U Nu einberufen. Danach hat sich keine Regierung Birmas mehr zum Buddhismus bekannt, auch wenn 89 Prozent der Bevölkerung dieser Religion angehören, darunter die heutige Oppositionsführerin und Friedensnobelpreisträgerin Aung San Suu Kyi.

Auch Thailand baut auf einer reichen buddhistischen Vergangenheit auf. Doch anders als Birma und Kambodscha hat es sich zur buddhistischen Nation erklärt. 95 Prozent der heutigen Thais praktizieren den Buddhismus. Viele Thai-Männer, darunter auch der langjährige König der konstitutionellen Monarchie, Bhumibol Adulyadej, verbringen mehrere Jahre ihres jungen Erwachsenenlebens als Mönche. Monastische und Regierungsbeamte leiten gemeinsam die Staatsgeschäfte. Das tägliche Leben ist voll von Zeremonien aus der buddhistischen Tradition. Wie in anderen buddhistischen Ländern werden die Klöster mit Gaben unterhalten. Die Mönche wandern in ihren safrangelben Gewändern mit Bettelschalen durch die Stadt, um von den Gläubigen etwas Nahrung zu erhalten. Da sie nach Mittag nichts mehr essen dürfen, finden diese Gänge am frühen Morgen statt. An Feiertagen versammeln sich die Buddhisten, um bestimmter Ereignisse im Leben des Buddha zu gedenken. Mit Kerzen in der Hand, alte Pali-Texte rezitierend, umwandeln sie den Tempel oder Schrein in der Nachbarschaft. In diesen Tempeln wird der Buddha nicht als Gott verehrt; sie dienen vielmehr der Meditation.

Ein Paar, das in Thailand nach buddhistischer Tradition heiratet, bereitet sich achtsam auf den Tag vor. Die Zeremonie beginnt mit der Ankunft von neun Mönchen, die sich Braut und Bräutigam in einem Halbkreis gegenübersetzen. Während die Mönche alte Pali-Texte rezitieren, bereitet das Brautpaar einen Altar vor. Es entzündet eine Kerze, bringt Räucherwerk dar und stellt eine zur Hälfte mit heiligem Wasser gefüllte Bettelschale vor ein Buddha-Bildnis. Als Nächstes bringt das Paar in einer religiöses Verdienst bringenden Zeremonie den Mönchen und seiner Familie ein reiches Mahl dar. Dann gießt es das heilige Wasser von einer Schale in die andere. Dabei gedenken die Eheleute ihrer Ahnen und der gegenseitigen Verantwortung. Sie knien zusammen nieder, und ein *monkol* (ein Band aus weißem Garn) wird um ihre Köpfe gewickelt, um ihre Vereinigung zu symbolisieren. Eine heilige weiße Schnur (auf Thai: *sai sin*) wird von Mönch zu Mönch gegeben und schließlich als Segnung des Ehebunds um das ganze Haus gezogen.

Eine Reihe der Symbole in den Hochzeitsriten finden

GEGENÜBER: Die Sonne spiegelt sich auf der vergoldeten Spitze der Shwedagon-Pagode in Rangun, der Hauptstadt von Birma.

sich bei der Bestattung wieder. Die mit dem Tod verbundenen Riten entstammen dem Glauben an den Kreislauf der Reinkarnation. Ein Buddhist hofft, als Mensch auf einer höheren Ebene wiedergeboren zu werden. Die Menschen, die dem Sterbenden beistehen, versuchen ihm zu helfen, eine möglichst gute Wiedergeburt zu erlangen. Sie rezitieren die Namen des Buddha und ermutigen den Sterbenden, mit einzustimmen. Oder sie schreiben die Namen auf und legen sie ihm auf die Zunge. Wenn der Tod eingetreten ist, wird der Körper gebadet, angezogen und in einen Sarg gelegt, oft mit Blumen, Speisen, Kerzen und Räucherwerk. Auf diese Weise vorbereitet, kann der Körper noch einige Tage ruhen, so dass Besucher ihre Opfergaben zum Wohl des Verstorbenen darbringen können. Eine Prozession von Mönchen begleitet den Sarg zum Verbrennungsplatz in der Nähe des Tempels. Oft werden Blätter und Blüten in den Hauseingang gestreut. Die Mönche halten ein Garn, das aus dem Inneren des Sargs nach außen führt und die Verbindung des Toten mit der Welt der Lebenden symbolisiert. Solange die Trauernden das Garn nicht loslassen, bringen ihre Gebete und Gaben dem Verstorbenen Verdienst ein. Da der Buddha Anweisung gegeben hatte, seine Überreste zu ehren, wird die Asche von Familienmitgliedern nach der Verbrennung eingesammelt und zu Hause oder im Stupa eines Tempels aufbewahrt.

DER BUDDHISMUS IN TIBET

DER LEGENDE NACH führen die Menschen Tibets ihre Herkunft auf die Vermählung eines Affen mit einer Dämonin zurück. Der Affe, so heißt es, war eine Emanation von Avalokiteshvara (tibetisch: Chenrezig), dem Bodhisattva des Erbarmens; die Dämonin eine Emanation von Tara, „der Retterin" und seiner Gefährtin. In der Legende schlägt sich der tibetische Glaube nieder, ursprünglich sowohl mit der Natur als auch der Geisterwelt verbunden zu sein. Geographisch liegen Tibets Ursprünge am mächtigen Yarlung Zangpo Jiang. Der Fluss entspringt in der Hochebene und fließt nach Osten. Am nördlichen Rand des Himalaja wird er breiter und strömt dann – nun Brahmaputra genannt – südwärts bis zum Golf von Bengalen. Tumuli (Hügelgräber) bei Chongye sowie Straßen, Mauern und Werkzeuge neolithischer Herkunft sind Zeugnisse dafür, dass es in dieser Region schon vor Jahrtausenden eine Zivilisation gegeben hat.

Lhasa, an einem Nebenfluss des Yarlung Zangbo Jiang gelegen, war die erste metropolenartige Hauptstadt. Songtsen Gampo, ein König des 7. Jahrhunderts, baute seinen Palast 130 Meter über dem Fluss auf dem Hügel Marop Ri, von wo aus er kilometerweit in die Ferne schauen konnte. Er weitete seinen Herrschaftsbereich aus, indem er Prinzessinnen aus China und Nepal heiratete. Diese erregten sein Interesse für den Buddhismus, und bald reisten Botschafter von Lhasa nach Indien, um mehr darüber in Erfahrung zu bringen. Für die Buddha-Bildnisse, die seine beiden Frauen mitgebracht hatten, ließ Songtsen Gampo zwei Tempel bauen: den Jokhang, der westwärts nach Nepal ausgerichtet ist, und den Ramoche, der ostwärts nach China weist. Die drei Bauwerke – der Palast, der später Potala genannt wurde, und die beiden Tempel – ziehen heute noch buddhistische Pilger an.

Hunderte, schließlich Tausende von buddhistischen Klöstern wurden in den entlegenen Gegenden Tibets erbaut. Das erste Kloster, Samye, wurde 779 n. Chr. fertig gestellt. In seiner Architektur sind indische und chinesische Einflüsse miteinander verschmolzen – in einem tibetischen Kontext. Bei seiner Eröffnung wurden den ersten tibetischen buddhistischen Mönchen die Haupthaare als Teil ihrer Ordination geschoren.

Bald entwickelte sich eine reiche Tradition der scholastischen Diskussion zwischen den Klöstern. Unter Verwendung chinesischer Methoden der Papierherstellung und des Blockdrucks sowie eines sakralen Alphabets, das aus dem Sanskrit abgeleitet wurde, produzierten die Mönche eine umfangreiche sakrale Literatur. Eins der Bücher, das berühmte „Tibetische Totenbuch" (tibetisch: Bardo Thödol), ist eine praktische und visionäre Diskussion des Prozesses

BUDDHISMUS

der Loslösung des Bewusstseins vom sterbenden Körper. Auch wurden bunte Fahnen mit heiligen Sprüchen an Gebäuden und auf Bergpässen aufgehängt, damit der Wind die Gebete zu den Göttern trug. In den Klöstern entwickelten sich die farbenprächtigen Kostüme und Zeremonien, die für den tibetischen Buddhismus typisch sind. Gläubige Tibeter malen, drucken oder rahmen *thankas* – auf Leinen, Wollstoffe oder auch Seide gemalte Rollbilder mit ikonografisch komplizierten Darstellungen von Buddhas, Bodhisattvas und verschiedenen Gottheiten.

Die tibetischen Mönche trainieren ihre Stimmen für eine Form der Rezitation, die klingt, als käme sie aus jenseitigen Welten. Die Tonlage ist um einiges tiefer als die, in der die meisten Menschen singen können. Sie begleiten ihre beeindruckenden Meditationen mit Glocken, Trompeten und Gongs aus dem Himalaja.

Zu besonderen Gelegenheiten erstellen die Mönche Mandalas aus farbigem Sand: komplexe kreisförmige, symmetrische Diagramme, die das buddhistische Universum darstellen. Als wichtigen Bestandteil ihrer Meditationspraxis lernen die Mönche, solche Bilder mit allen Details zu visualisieren. In tagelanger Arbeit erzeugen sie gemeinsam ein Mandala, indem sie mit dem Sand millimetergenaue Linien ziehen und Figuren legen, bis ein wunderbares Kunstwerk entstanden ist. Das fertige Diagramm wird nach der Meditation von einem Mönchsältesten wieder weggewischt – eine Übung des Nicht-Anhaftens und eine Anschauung der Vergänglichkeit. Die Teilnehmer bringen den Sand in einer Zeremonie einem Fluss dar und gedenken dabei des Stroms in der Nähe des Platzes, an dem der Buddha Erleuchtung erlangte.

Während des Mittelalters verblasste der Buddhismus in Indien. Im Nachbarland Tibet stieg er dagegen zu neuer Blüte auf. Als die muslimischen Herrscher den Subkontinent für buddhistische Gelehrte zu einem ungastlichen Ort machten, flüchteten diese nach Tibet. Sie brachten kostbare heilige Schriften mit, von denen viele sorgfältig ins Tibetische übersetzt wurden und bis heute erhalten sind. In den Klöstern wurde heftig debattiert; Kommentare wurden verfasst, und es entwickelten sich vier verschiedene Schulen des tibetischen Buddhismus. Die Anhänger der Gelugpa-Tradition (der „Schule der Tugendhaften") erlangten schließlich die Vorherrschaft, und 1642 wurde Ngawang Lobsang Gyatso, der fünfte Dalai Lama, zum weltlichen und spirituellen Führer ganz Tibets. Seine Schule betrachtete ihn als „Lehrer, dessen Weisheit so groß ist wie der Ozean". Der Dalai Lama ist eine Verkörperung des Avalokiteshvara, des Bodhisattvas des Erbarmens. Die Dalai Lamas sind immer spirituelle, wenn die Zeiten es verlangen auch politische Führer. Ihre Funktion wird nicht an einen Nachkommen, sondern durch das so genannte Tulkusystem weitergegeben: Ein *tulku* (tibetisch für „Körper der Verwandlung") kann seine Wiedergeburt selber bestimmen und so sein Amt über Reinkarnation vererben. Nachdem der XIII. Dalai Lama 1933 gestorben war, machte sich ein Trupp von Mönchsältesten auf die Suche nach einem neugeborenen Kind, in dessen Körper sich der Bodhisattva erneut inkarniert hatte. In Takster, einem Dorf in der östlichen Provinz Amdo, trafen sie schließlich auf einen zweijährigen Bauernsohn. Er sagte und wusste Dinge, die darauf hinwiesen, dass er sich an sein früheres Leben als der XIII. Dalai Lama erinnern konnte. Nach Verhandlungen mit seinen Eltern und den Dorfältesten brachten sie Tendzin Gyatso im Alter von vier Jahren als den nächsten Dalai Lama zurück nach Lhasa.

Der XIV. Dalai Lama war erst 15 Jahre alt, als die chinesische Volksbefreiungsarmee nach Tibet eindrang. Eine Armee von mehreren 10000 Mann überquerte den Jangtsekiang in der östlichen Provinz Kham im Oktober 1950. Die weltlichen Führer ergaben sich, doch der Dalai Lama und viele Laien widersetzten sich dem Anspruch Chinas auf Tibet. Während das chinesische Militär immer größere Teile des Landes besetzte, verhandelte der geistige Führer zehn Jahre lang mit den Chinesen.

Im März 1959 füllten Demonstranten die Straßen

FOLGENDE SEITEN: Die Augen des Göttlichen blicken vom Swayambhunath-Stupa, der heiligsten buddhistischen Stätte in Kathmandu.

von Lhasa. Im Schutz der Menschenmassen verließ der Dalai Lama als Soldat verkleidet die Stadt. Unter der Führung einer Gruppe von Khampa-Guerillas erreichten er und seine Gefolgschaft nach einem einmonatigen Marsch über den Himalaja die Stadt Tezpur am Brahmaputra im Osten Indiens. Fast 100 000 Menschen folgten dem Dalai Lama damals ins Exil. Heute leben ungefähr 120 000 Tibeter außerhalb ihrer Heimat. Der Dalai Lama ist das Oberhaupt einer Exilregierung in Dharamsala in Indien. China betrachtet Tibet als autonome Region der Volksrepublik.

In seinem gewaltlosen Kampf für die Freiheit Tibets ist der XIV. Dalai Lama international zu einer Leitfigur für friedliche Verhandlungen und die Rechte indigener Völker geworden. 1989 erhielt er den Friedensnobelpreis. In der Preisrede des Nobelkomitees hieß es: «Der Dalai Lama hat seine Philosophie des Friedens auf der Grundlage hoher Achtung vor allem Lebenden und eines Konzepts der universalen Verantwortlichkeit entwickelt, das die gesamte Menschheit und die Natur umfasst.» Nach Jahrhunderten der geographischen Isolation und Jahrzehnten brutaler politischer Konflikte ist der tibetische Buddhismus heute weltweit zu einem Symbol der humanitären Kraft und mitfühlenden Ethik geworden.

DER BUDDHISMUS IN DER HEUTIGEN WELT

AUCH AUSSERHALB der asiatischen Länder, in denen der Buddhismus zuerst aufgekommen war, wurde die Religion im Lauf der Zeit respektiert. Viele Menschen wandten sich den buddhistischen Ideen und Übungen zu und setzten sich unter anderem deshalb für die Sache Tibets ein.

In England und den Vereinigten Staaten verbreiteten Madame H. P. Blavatsky und die Theosophische Bewegung im späten 19. Jahrhundert Ideen, die von der buddhistischen Mystik inspiriert waren. Daisetz T. Suzuki, ein japanischer Zen-Gelehrter, schrieb in englischer Sprache wegweisende Bücher über den Buddhismus und übte damit Mitte des 20. Jahrhunderts einen starken Einfluss auf viele Künstler der westlichen Welt aus. Inzwischen gibt es überall in den Vereinigten Staaten und Westeuropa Zentren für buddhistische Studien und Meditation.

Eine Welle des weltweiten Engagements hat Initiativen zur Restaurierung der alten Kultstätten in Gang gesetzt. In Buddhas Geburtsort Lumbini stellt eine internationale Stiftung inzwischen die heiligen Stätten wieder her. Zu der neuen Anlage sollen ein heiliger Garten, zwei Klosterbezirke und ein Kulturzentrum mit Museum und Forschungseinrichtungen gehören.

Auch in seiner Heimat erlebt der Buddhismus eine Wiedergeburt. Bhimrao Ramji Ambedkar, 1891 in Indiens niedrigste Kaste geboren, bildete sich in den USA und Großbritannien aus. Nach Indien zurückgekehrt, setzte er sich für die Anwendung der Menschenrechte auf Menschen aller Kasten ein. 1930 startete er eine Kampagne zur Unterstützung der Unberührbaren. Er nannte sie *dalit* – abgeleitet von dem Sanskrit-Wort für „zerbrochen", „unterdrückt", „zerstört". Seine Bemühungen um die Zulassung von *dalit*-Repräsentanten in die indische Regierung wurden von Mahatma Gandhi selbst zunichte gemacht. 20 Jahre später konvertierte Ambedkar öffentlich zum Buddhismus und machte die dominante Religion Indiens für die Unversöhnlichkeit des indischen Kastensystems verantwortlich. «Ich weise den Hinduismus, der schädlich für die Menschheit ist und ihren Fortschritt behindert, weil er auf Ungleichheit beruht, zurück und nehme den Buddhismus als meine Religion an», erklärte er. Fast fünf Millionen Inder sind seinem Beispiel gefolgt und zum Buddhismus übergetreten. Die Mission Siddhartha Gautamas, allen Menschen den Weg zur Erleuchtung zu weisen, lebt weiter.

GEGENÜBER: Ein bhutanesischer Teenager unter einem Wandgemälde mit einem Tiger, der ein Kloster im Dorf Tongsa bewacht.
FOLGENDE SEITEN: Der Potala, der auf einem Hügel in Lhasa errichteten Klosterpalast, ist die traditionelle Residenz des Dalai Lama.

BEWAHRUNG DER TRADITIONEN

EINE TIBETISCHE FRAU in der traditionellen Tracht und mit schwerem Korallenschmuck im Haar trägt ihr Kind auf dem Rücken (oben). Seit der Besetzung Tibets 1950 haben die Tibeter, die einer einzigartigen Form des Buddhismus folgen, mit Recht die systematische Ausrottung ihrer traditionellen Kultur und Religion durch die Chinesen beklagt.

Die Modernisierung in China hat zu einer leichten Lockerung der gesellschaftlichen Kontrolle in Tibet geführt. Viele Tibeter sind zur Praxis des Buddhismus und seiner Rituale zurückgekehrt, wie diese traditionell gekleideten jungen Mönche, die bei einer Prozession durch die Straßen von Lhasa die zeremoniellen Langhörner spielen (rechts).

FOLGENDE SEITEN: Andere Menschen ziehen es vor, ihren Buddhismus in einem privateren Rahmen zu praktizieren – mit nicht viel mehr als einer Gebetsmühle und einer *mala* (Gebetskette) als Hilfsmittel für ihr Ritual.

DER XIV. DALAI LAMA wird von älteren Frauen vor dem Tashi-Lhünpo-Kloster in Südindien begrüßt (links). Er floh 1959 nach Indien, wobei er nur knapp der Chinesischen Armee entging. Er richtete in Dharamsala in Nordindien

eine Exilregierung ein und lenkt seit einem halben Jahrhundert mit gewaltlosen Mitteln die Aufmerksamkeit der Welt auf das Leiden der Tibeter. Damit übt er Druck auf die Chinesen aus, seinem Heimatland größere Autonomie zu gewähren. Die Zahl der Mönche in Tibet wurde durch die Chinesen drastisch reduziert. Sie werden noch heute für angeblich nationalistisches Verhalten verfolgt. Trotzdem folgen viele von ihnen dem buddhistischen Pfad (oben).

«Ich bin der Ewige, dein Gott, der ich dich geführt habe aus dem Land Mizraim, aus dem Sklavenhaus. Du sollst keine anderen Götter haben vor mir!»

— Exodus 20:2

JUDENTUM

IN DER GENESIS, dem ersten Buch der altjüdischen Schriften, beginnt das menschliche Leben in einem Garten. Dieser liegt am Zusammenfluss von vier Strömen. Zwei von ihnen fließen durch Gebiete, die wir heute noch kennen.

Und ein Strom geht aus von Eden, um den Garten zu tränken; und von da aus teilt er sich und wird zu vier Ausläufen. Der Name des einen ist Pischon, er ist es, der das ganze Land Hawila umfließt, wo es das Gold gibt. Das Gold jenes Landes aber ist gut; dort ist auch das Bdelliumharz und der Schohamstein.

GEGENÜBER: *Eine jemenitische Braut heiratet in einem traditionellen Brautkleid nach altem Brauch.*
FOLGENDE SEITEN: *Der Mond scheint über einem Hügel am Rand von Jerusalem, der heiligen Stadt des Judentums.*

Und der Name des zweiten Stromes ist Gichon; er ist es, der das ganze Land Kusch umfließt. Und der Name des dritten Stromes ist Hiddekel (Tigris); er ist es, der östlich von Aschschur fließt; der vierte Strom aber ist der Perat (Euphrat).

EUPHRAT UND TIGRIS vereinigen sich 320 Kilometer südöstlich des heutigen Bagdad nahe der irakischen Stadt Nasiriya. Flussabwärts von der Stelle, wo diese mächtigen Ströme heute zusammenfließen, haben sich einst vermutlich die Nebenflüsse Pischon und Gichon, die längst ausgetrocknet sind, mit ihnen vereinigt. Die Umgebung ist eine baumlose Wüste.

Das jüdische Volk betrachtet Adam und Eva, die von Gott in diesen Garten gesetzt wurden, als seine Urahnen. Es verbindet sich auf diese Weise mit der sumerischen Kultur, die sich in diesem Land – Mesopotamien – entwickelt hat. Im 4. Jahrtausend v. Chr. haben sich an den zwei Strömen reiche Stadtstaaten entwickelt. So war Ur eine ummauerte Stadt mit Gebäuden aus gebrannten Ziegeln und gepflasterten Straßen: eine Metropole, die ihre größte Zeit zwischen 2100 und 2000 v. Chr. erlebt hat. Ihre Überreste sind heute in der irakischen Stadt Mughair zu besichtigen.

Reiche archäologische Funde führen das politische und religiöse Leben vor Augen, aus dem das Judentum hervorging. Im Zentrum von Ur stand wie in anderen sumerischen Städten eine gewaltige Zikkurat, eine Stufenpyramide, die verschiedenen Zwecken diente: als Kornspeicher und Vorratskammer, Spinnerei und Weberei, Verwaltungszentrum und Tempel. Grabstätten aus dem 3. Jahrtausend v. Chr. zeigen, dass die mächtigen Herrscher an ein Weiterleben nach dem Tod geglaubt haben. In einer Königsgruft fanden sich die Überreste von sechs Soldaten, zwei Ochsengespannen und mehr als 50 Bediensteten – unter ihnen eine Frau mit einer Lyra aus Gold und Lapislazuli.

Die sumerische Kultur hatte eine Schrift erfunden: zuerst keilförmige Markierungen in feuchter Tonerde zur Aufzeichnung von gekauften und verkauften Gütern, dann ein abstraktes Symbolsystem, das nicht nur zu einer komplexeren Buchführung führte, sondern auch zu einer geschichtlichen, rechtlichen und religiösen Chronologie. Jede Stadt verehrte ihre eigene Götterfamilie. An war der Gott des Himmels, Ki die Göttin der Erde, Nammu die Göttin des Meeres. Nanna-Sin, der Gott des Mondes, war der Schutzpatron der Stadt Ur; Enlil, der Sohn von An und Ki, Gott der Winde und Stürme, der Schutzpatron von Nippur. Aus der Nachbarstadt Uruk stammt das erste literarische Werk der Menschheitsgeschichte, das Gilgamesch-Epos. Diese um 2000 v. Chr. entstandene Erzählung berichtet von einem König, «der alles schaute bis zum Erdenrande», der «Geheimes sah, Verborgenes entdeckte» und «verkündete, was vor der Flut geschah» – der gleichen Flut, die, wie viele glauben, Noah mit seiner Arche trug.

Noah, der Genesis zufolge ein Nachfahre Adams und Evas in achter Generation, erlebte eine 40 Tage währende Sintflut, die alles Leben auslöschte. Die heiligen Schriften liefern eine moralische Erklärung: Entsetzt über die Verkommenheit der Schöpfung wollte Gott der Herr sie «vom Antlitz der Erde tilgen». Veranlasst durch die große Zahl der Fluterzählungen in antiken Texten haben viele Gelehrte nach einer geologischen Erklärung gesucht. So wurden in der Türkei verschiedene Untersuchungen an den Hängen des Ararat durchgeführt, weil der Name dieses Bergs in der Genesis auftaucht. Neuere Forschungen loteten die Tiefen des Schwarzen Meers aus, um einen wissenschaftlichen Beweis für die Flutsage zu finden.

Als Noah wieder festen Boden betrat, errichtete er einen Altar und entzündete ein Feuer, auf das er Opfertiere legte: «von allem reinen Vieh und von allem reinen Vogelvolk». Sein Dankopfer veranlasste seinen Gott, ihn und seine drei Söhne zu segnen: «Fruchtet und mehrt euch und füllet die Erde!» Die Völkertafel, wie das zehnte Kapitel der Genesis häufig genannt wird, verzeichnet die Nachkommen von Noahs Söhnen Sem, Ham und Japhet. Viele ihrer Namen lassen sich als Bezeichnungen für Stämme und Orte entziffern – vom Bosporus bis nach Äthiopien, von Zypern

bis zur Südküste der Arabischen Halbinsel. Die Liste lässt sich jedoch nicht als zusammenhängende geographische Darstellung zu einem bestimmten Zeitpunkt lesen.

ABRAHAM UND DIE PATRIARCHEN

DIE LANGE LISTE der Namen im Buch der Genesis reicht bis zu Abraham, einem Nachfahren von Noahs Sohn Sem. (Auf diesen geht die Bezeichnung „Semiten" zurück). Abrahams Lebensweg bezeichnet die ersten Schritte dreier Weltreligionen: von Judentum, Christentum und Islam. Die meisten Gelehrten datieren sein Leben auf den Zeitraum zwischen 2100 und 1500 v. Chr. Historische Spuren deuten darauf hin, dass er an der Grenze zwischen dem heutigen Syrien und der Türkei geboren wurde.

Der Genesis zufolge zog Abraham aus dem Dorf Harran, indem er der Stimme Gottes folgte. «Zieh du aus deinem Land, von deiner Verwandtschaft und vom Hause deines Vaters nach dem Land, das ich dir zeigen werde», befahl ihm diese Stimme. «Und ich will dich zu einem großen Volk machen und will dich segnen ... und mit dir

OBEN: *Eine Treppe führt auf die Spitze der über 20 Meter hohen Zikkurat von Ur, einer sumerischen Tempelanlage aus der Zeit Abrahams.*
FOLGENDE SEITEN: *Ein Hirte weidet seine Schafe am Euphrat: eine Szenerie wie aus den Anfängen der Zivilisation.*

sollen sich segnen alle Geschlechter der Erde.» Das Land, in das er gerufen wurde, war Kanaan, der westliche Ausläufer des „fruchtbaren Halbmonds", der sich an der Mittelmeerküste und östlich des Jordan sowie des Sees Genezareth erstreckt. Kanaan war der einzige Landstrich zwischen Ägypten und Mesopotamien, der seinen eigenen Reichtum hervorbrachte: Weizen, Gerste, Datteln und Pistazien, dazu einen Farbstoff für königliche Gewänder, der aus der Purpurschnecke gewonnen wird. In der kanaanitischen Stadt Schechem, dem heutigen Nablus, sprach Gott aufs Neue zu Abraham und bestätigte, dass er im Gelobten Land sei. Abraham errichtete dort einen Altar, einen weiteren auf einem nahe gelegenen Berg. Seine Reisen führten ihn bis nach Ägypten und wieder zurück, um über Ländereien zu verhandeln und Kriege zu führen. Auf einer Karte der heutigen Nahostregion lassen sich all diese Orte genau markieren.

Gott versprach ihm, seine Nachkommen würden so zahlreich sein wie die Sterne am Himmel. Und so erlebte Abraham schließlich die Geburt zahlreicher Söhne – durch Hagar, die Magd seiner Frau Sara, die ihm Ismael gebar, dann wunderbarerweise durch Sara, die das gebärfähige Alter schon überschritten hatte und Isaak bekam, sowie durch seine spätere Frau Ketura, die ihm sechs weitere Kinder schenkte. Zwei der Söhne Abrahams spielten eine wichtige Rolle. Ismael in der Tradition des Islam: Er wurde als einer der Propheten verehrt, deren Linie zu Mohammed, dem Begründer der ersten islamischen Gemeinde führt. Isaak wurde auf Gottes Geheiß von Abraham auf einen Berg im «Lande Moriah» geführt. Dort schickte sich der Vater gehorsam an, seinen Sohn auf einem Opferaltar zu verbrennen. Ein Engel hinderte ihn an der Ausführung. Seine Bereitschaft war Gott Beweis genug für seine Ergebenheit.

Aus der dramatischen Geschichte Isaaks haben die Juden seither vernommen, was ihren einen Gott von all den anderen Göttern unterscheidet, die zur damaligen Zeit verehrt wurden. Dieser Gott sprach zu Abraham; er verhieß die Möglichkeit einer direkten persönlichen Beziehung und schätzte innere Hingabe mehr als äußere Gaben. Als körperliches Mal für den Bund zwischen Gott und den Menschen sollten Abrahams männliche Nachkommen beschnitten werden. Indem Gott ihm mehrmals erschien – in Harran, Schechem, Negev, Bethel und Hebron –, heiligte er das Land Kanaan. Und schließlich wählte er den Berg Moriah zu jenem Ort, an dem Abraham den letzten Beweis seines Glaubens erbringen sollte. Abrahams kultische Handlung war die erste von zahllosen weiteren auf diesem Berg, der heute mitten in Jerusalem liegt.

Es wäre unmöglich, für jede Begebenheit im Leben Abrahams und seiner Nachkommen genaue historische Entsprechungen anzugeben. Die Erinnerungen und Traditionen wurden mündlich bewahrt, dann von verschiedenen Chronisten gesammelt und aufgeschrieben und Jahrhunderte später zu einem einzigen Text verbunden. Die Gelehrten sehen den Beweis für die Existenz dieser frühen biblischen Bücher in unterschiedlichen literarischen Quellen. Die Stränge verbinden sich in ihrer Darstellung Abrahams als Monotheisten: eines Menschen, der nur an einen Gott glaubt und keine anderen Götter verehrt. Abraham war aus dem sumerischen Ur ausgezogen, wo lokale Gottheiten verehrt wurden. Er hatte Kanaan durchreist, wo Baal in seinem alljährlichen Tod und Wiederauferstehen den Kreislauf der Jahreszeiten symbolisierte. Und er war in das Gelobte Land gelangt, in das Land eines einzigen Gottes, der nicht an Naturkräfte gebunden, sondern von überirdischer Macht ist.

MOSES UND DER EXODUS

ISAAKS SOHN Jakob hatte ein Dutzend Söhne, die für die zwölf Stämme Israels stehen. Jakob selbst wurde von Gott in einer von mehreren Begegnungen in Israel umbenannt. Nach einem Leben voller Konflikte und Wanderungen floh er mit seiner Familie vor einer Hungersnot nach

GEGENÜBER: Abraham als Stammvater von Judentum, Christentum und Islam (Französische Buchmalerei aus dem 12. Jahrhundert).

JUDENTUM

Ägypten. Vor diesem Hintergrund tritt der nächste große jüdische Stammvater auf: Moses.

Moses lebte höchstwahrscheinlich zur Zeit von Ramses II., der von 1279 bis 1213 v. Chr. in Theben regierte. Seine Herrschaft war eine Zeit verschwenderischer Machtentfaltung. Er ließ prächtige Tempel und Statuen errichten, die Gott und dem Pharao wie ein und derselben Person huldigten. Zur Durchführung seiner ehrgeizigen Bauvorhaben zog Ramses Tausende von Arbeitern ein. Er versklavte die Nachkommen Jakobs und seiner Söhne. Ein Dokument aus jener Zeit verzeichnet Getreidezuteilungen für die *'pr*. Dies war das Kürzel für *'a-pi-ru*: diejenigen, die Steinblöcke für eine gewaltige Toreinfahrt schleppten. Das ägyptische *'a-pi-ru* hängt nach Ansicht mancher Sprachforscher mit dem Wort *ibri* zusammen, worauf das Wort „Hebräer" zurückgeht.

Nach der Überlieferung wurde Moses als Kind in einem Korb im Schilf der Nilsümpfe gefunden. Von der Tochter des Pharaos adoptiert, wurde er als Sklave geboren, wuchs aber im Königshaus auf.

Schon frühzeitig nahm Moses Gefahren auf sich, die seine ethischen Prinzipien oder seine hebräischen Bindungen (vielleicht auch beides) unter Beweis stellten. Als einer der Männer des Pharaos einen hebräischen Arbeiter schlug, rettete Moses seinen Landsmann. «Er erschlug den Ägypter und verscharrte ihn im Sand», heißt es im Buch Exodus. Um der Bestrafung zu entgehen, floh Moses in das «Land Midian», in die nordwestliche Region der Arabischen Halbinsel am Golf von Akaba. Dort lebte er das Leben eines Hirten, bis Gott, den er Jahwe nannte, ihm andere Befehle gab. Nach dem Buch Exodus erschien er Moses «in einer Feuerflamme aus dem Dornbusch».

Aus dem brennenden Busch sprach Gott zu Moses und gab sich ihm als der Gott Abrahams, Isaaks und Jakobs zu erkennen: «Gesehen habe ich das Elend meines Volkes, das in Ägypten ist … So bin ich herabgestiegen, es zu erretten und es hinaufzuführen aus jenem Land in ein schönes und geräumiges Land, in ein Land, das von Milch und Honig fließt.» Wie Gott ihm befahl, kehrte Moses nach Ägypten zurück, um die Hebräer in jenes Land zu führen, das einst Abraham verheißen war und das nun durch Moses wiederum seinen Nachkommen versprochen wurde, den „Kindern Israels".

Man hat zahlreiche Routen aufgezeichnet, die zeigen sollten, wie Moses sein Volk aus Ägypten herausführte. Wo bahnte er zum Beispiel einen Weg durch die Wassermassen, den Tausende von Menschen durchqueren konnten? Durch einen frühen Übersetzungsfehler, der das hebräische *yam suf*, „Schilfmeer", im Griechischen als *erythra thalassa*, „Rotes Meer" wiedergab, wurde die Frage noch verwickelter. So nahm man jahrhundertelang an, dass Moses das Rote Meer geteilt hatte. Dabei war es womöglich ein See, vielleicht auch das Sumpfgebiet des Nildeltas. Drei Routen für den Exodus sind am wahrscheinlichsten. In Anbetracht der Schwierigkeiten, denen

OBEN: *Eine neuzeitliche Abbildung von Abrahams Stammbaum, der bei Noah beginnt und zu den Söhnen Isaak und Ismael führt.*
FOLGENDE SEITEN: *Ein Beduinenmädchen in der Wüste Sinai, die sich seit Moses Flucht aus Ägypten kaum verändert hat.*

sie nach der Überlieferung ausgesetzt waren, dürften Moses und seine Gefolgsleute kaum die nördliche Route auf der allgemeinen Handelsstraße eingeschlagen haben. Sie könnten das zentrale Tih-Plateau durchquert haben, das nur durch unbeständige Wadis bewässert wird. Oder – das ist die beliebteste Theorie – sie könnten nach Süden gezogen sein, in die unbewohnte Bergregion der südwestlichen Halbinsel Sinai. Auf jeder dieser möglichen Routen gibt es einen Berg, der dem Sinai in den jüdischen Schriften entsprechen soll. In der Landschaft am Djebel Musa, dem südlichsten Anwärter, herrscht eine mystische Atmosphäre. Lange Reihen von Felsgipfeln erstrecken sich bis zum Horizont. Die unwirtliche Gegend ruft eine Mischung aus Furcht und Ehrfurcht hervor.

Viele grundlegende Bräuche und Glaubensvorstellungen des Judentums sind mit dem Auszug aus Ägypten verbunden. Das im Frühjahr gefeierte Pessachfest erinnert in vielen symbolischen Details an die Vorbereitungen, die die Juden getroffen haben, als Moses ihnen den Befehl gab, ihm zu folgen. Im Mittelpunkt der achttägigen Feiern steht das im Familien- und Freundeskreis eingenommene Sedermahl. Das Haus wird gesäubert, der Tisch festlich mit Weingläsern für alle gedeckt. Schalen mit Salzwasser erinnern an die Tränen der hebräischen Sklaven. Auf einem Teller liegen drei der frischen, dünnen ungesäuerten Brote, Mazza genannt. Während des ganzen Pessachfests essen die Juden Mazza statt gesäuertem Brot – zur Erinnerung an die Hast, mit der die Israeliten Ägypten verlassen mussten. Sie konnten den Brotteig nicht aufgehen lassen. «Warum ist diese Nacht so anders als alle anderen Nächte?», fragen die Kinder singend auf Hebräisch. «Wir essen jeden Abend Brot und Mazzen, aber in der Pessachnacht essen wir nur Mazzen», antworten sie im Chor.

In der Mitte der Sedertafel steht die *keara*, ein Teller mit symbolischen Speisen. Eine Mischung aus gehackten Früchten und Gewürzen (*charoset*) symbolisiert den Mörtel, den die israelitischen Sklaven bei den Bauarbeiten benutzten. Etwas Grünzeug (*karpas*) wie Petersilie steht für den Frühling. Zwei Bestandteile auf dem Teller rühren vom alten Brauch des Brandopfers her: das Frühlings- oder Pessachopfer (*seroa*) wird durch einen fleischigen Knochen – eine Lammkeule oder einen Hühnerhals – symbolisiert, das Festopfer durch hartgekochte Eier (*beiza*). Bittere Kräuter (*maror*), meist Meerrettich oder Endivien, stehen für die schmerzliche Erfahrung der Sklaverei, aus der die Vorfahren befreit werden sollten. Das Grünzeug wird in Erinnerung an die Sorgen der alten Israeliten vor dem Verzehr in Salzwasser getaucht. All diese Geschmacksnoten und Bedeutungen verbinden sich in einem Ritus unter der Leitung des Familienoberhaupts, das laut die heilige Geschichte vorliest, die dahinter steckt. *Seder* geht auf das hebräische Wort für „Ordnung" zurück. Heute haben die verschiedenen Glaubensrichtungen ihre eigenen Varianten entwickelt, und jede Familie hat ihre eigene Sedertradition. Doch alle halten sich an eine grundlegende Abfolge von Lesungen, Handlungen und Liedern, die sie durch das Ritual mit den Juden in aller Welt verbindet.

Das Pessachfest ist eines der vielen Gebote, die Gott

OBEN: *Abbilder festlicher Speisen und ein hebräisches Gebet zieren einen Pessachteller für die Feier der Errettung aus Ägypten.*
GEGENÜBER: *Auf Chagalls Gemälde „Moses empfängt die Gesetzestafeln" erhält Moses die Zehn Gebote aus Gottes Hand.*

dem jüdischen Volk durch Moses gab. Bei allen Fragen nach Recht oder Unrecht beziehen sich die Juden auf die von Moses übermittelten göttlichen Lehren. Das Volk stand am Fuß des Berges Sinai, aber Moses stieg zum Gipfel empor und sprach dort mit Gott. Er kam mit zwei steinernen Tafeln herab. Darauf standen «die Worte des Bundes, die Zehn Gebote», wie es im Buch Exodus heißt. Dieses Ereignis wird mit dem jüdischen Wochenfest gefeiert, das auf Hebräisch Schawuot heißt.

Die Zehn Gebote bilden den Grundstein für das moralische Gesetz aller drei Religionen, die auf Abraham zurückgehen. Einzigartig für die damalige Zeit, beginnen sie mit dem Prinzip des Monotheismus: «Du sollst keine anderen Götter haben vor mir ... denn ich, der Ewige, dein Gott, bin ein eifernder Gott.» Sie verbieten den Götzendienst, verlangen die Heiligung des siebten Tages, gebieten die Ehrfurcht vor den Eltern und enthalten die Gesetze des Sozialvertrags gegen Mord, Diebstahl, Lüge und Ehebruch. Die tatsächliche Zahl der von Moses verkündeten Gesetze war weit höher als zehn. Die jüdischen Schriftgelehrten haben in den Fünf Büchern Mose, der Tora, 613 *mizwot* (Gebote) gezählt, durch die sich die Praxis des Judentums definiert. Ihr Spektrum reicht von ethischen Geboten (man soll gegen niemanden falsch Zeugnis ablegen, keine Missgunst hegen oder Rache üben, man soll den Fremden lieben) über praktische Gebote (man soll auf einem Feld keine unterschiedlichen Saaten anpflanzen) bis zu Geboten der Mildtätigkeit (man soll zu Boden gefallene Trauben oder Oliven nicht ernten, um sie den Armen zu überlassen). Manche Gebote sind zutiefst metaphysisch (man soll wissen, dass es Gott gibt, und darf sich nicht dem Gedanken hingeben, dass ein anderer Gott außer dem Ewigen existiert), andere

OBEN: *Das Katharinenkloster am höchsten Berg der Sinai-Halbinsel soll der Ort sein, wo Moses dem brennenden Dornbusch begegnete.*

sind historisch und von den Umständen bedingt (man soll eine hebräische Magd nicht verkaufen; man soll kanaanitische Sklaven bis zu ihrer Freilassung, hebräische Knechte und Mägde dagegen nur für begrenzte Zeit behalten).

Aus den 613 *mizwot* entspringen Gebräuche, die für das heutige religiöse Leben noch immer zentrale Bedeutung haben. So die rituelle Entfernung der Vorhaut beim kleinen Jungen. Sie bleibt eine wichtige jüdische Zeremonie, die das Kind in den Bund zwischen Abraham und Gott aufnimmt. Das Anbringen von Schaufäden *(zizit)* an der Kleidung ist ein weiteres Beispiel. Orthodoxe Juden tragen in der Synagoge oft einen rechteckigen Gebetsschal, der an den Enden mit Quasten versehen ist. Viele der ursprünglichen Gesetze sind für die heutige Zeit neu interpretiert worden. So beziehen sich zahlreiche *mizwot*-Bräuche auf Opferhandlungen im Tempel. Heutige Juden geben Almosen, spenden für den Unterhalt ihrer Synagoge und verrichten Gebete, statt Gott materielle Gaben darzubringen.

«Sechs Tage sollst du arbeiten, aber am siebten Tag sollst du ruhen», sprach Moses und verkündete damit das Gesetz des Sabbat, des siebten Tages. Nach Recht und Sitte legen die Juden von Freitag vor Sonnenuntergang bis Samstag vor Sonnenuntergang die Arbeit nieder und gehen zum Gottesdienst. Orthodoxe Juden legen den Begriff der Arbeit heutzutage sehr eng aus. Sie verzichten darauf, Licht oder elektrische Geräte einzuschalten, Auto zu fahren, zu schreiben oder fernzusehen. Traditionell geht der Sabbat zu Ende, wenn sich am Nachthimmel drei Sterne zeigen.

«Du sollst nicht kochen ein Böcklein in der Milch seiner Mutter»: Dieser einfache Satz, ebenfalls von Gott durch Moses verkündet, liegt einem Aspekt der jüdischen Speisevorschriften zu Grunde. Orthodoxe Juden trennen in ihrer Nahrung und in ihrer Küche Fleisch und Milch; für beides gibt es unterschiedliches Geschirr. Weitere Gesetze enthalten strenge Definitionen für koschere Nahrung. Das Wort entstammt der hebräischen Bezeichnung für „gut", „richtig", das heißt, der rituellen Zeremonie angemessen. Nur bestimmte Tiere dürfen gegessen werden. Erlaubt sind solche mit gespaltenen Hufen, die wiederkäuen – zum Beispiel Rinder, Schafe und Ziegen –, andere, wie Kamele, Schweine und Kaninchen, sind verboten. Fische mit Flossen und Schuppen darf man essen, Muscheln und Schalentiere nicht. Die Tiere müssen auf möglichst schonende Weise geschlachtet werden. Koschere Metzger sind entsprechend ausgebildet und in der jüdischen Lehre unterwiesen. Das Kochgeschirr wird nach besonderen Methoden gereinigt und gelagert. Doch längst nicht alle jüdischen Familien haben eine koschere Küche. In Nordamerika werden heutzutage nur in ungefähr 17 Prozent aller jüdischen Haushalte die Speisevorschriften voll eingehalten.

Moses' religiöse Erfahrung hat das Verhältnis Gottes zu den Gläubigen vorgeprägt. Schon der Name Gottes galt nun als unnahbar heilig. Nach jüdischem Brauch wird er nie ausgeschrieben, um die Grenzen menschlicher Zugangs- und Ausdrucksmöglichkeit anzuerkennen. So wie der Name Gottes nicht niedergeschrieben werden darf, soll auch kein Bild von ihm geschaffen werden. «Du sollst dir kein Bildnis machen und keinerlei Gestalt dessen, was im Himmel oben und was auf der Erde unten und was im Wasser unter der Erde ist,» sagte Gott ausdrücklich, und «Du sollst dich vor ihnen nicht niederwerfen und ihnen nicht dienen.» Jüdische Andachtsstätten sind seitdem weder durch Standbilder noch Gemälde von Gott oder göttlichen Wesen geschmückt.

Gott gab Moses Anweisungen zum Bau eines Tabernakels, eines tragbaren Altars. Das Material war erlesen: Akazienholz, ein Zelt aus Ziegenhaar, gegerbte Widderfelle, bronzene und goldene Spangen, gezwirnte Leinwand aus königlichem Purpur, Edelsteine, das Ganze duftend von Weihrauch, mit Öl gesalbt. So entstand die Bundeslade, der irdische Wohnsitz des hebräischen Gottes, ein Kultobjekt, das den Israeliten die Möglichkeit gab, ihre Religion mit sich zu führen. Mit der Zeit wurde die Lade zum mystischen Andachtszentrum, zum gegenständlichen Symbol der israelitischen Religion und Nation. Als sie gebaut war, «erfüllte die Herrlichkeit des Herrn die Wohnung». Sie setzten ihren Weg fort, indem sie die Lade mit sich führten.

Obwohl er seinem Volk den Weg wies, hat Moses das

Gelobte Land nie betreten. Am einfachsten wäre es gewesen, auf der Königsstraße, der ebenen, viel benutzten Landstraße hinter Ezjongeber, dem nördlichen Hafen am Golf von Akaba, nach Norden zu ziehen. Stattdessen haben sie sich vermutlich weiter östlich bewegt, nahe der heutigen Grenze zwischen Israel und Jordanien, vorbei an einer Reihe von Festungen zum Schutz der Königreiche Edom und Moab. Überreste solcher Bauten werden in der steinigen Wüste heute noch ausgegraben.

Nach der Überlieferung führte Moses sein Volk bis zum Berg Nebo, der sich mit über 800 Metern als höchster Punkt des Gebirges Moab über der jordanischen Stadt Madaba erhebt. Auf dem felsigen Gipfel blickt man von dem Land, das die Israeliten durchwanderten, ins Land, das sie zurückerobern wollten.

SALOMO UND DER TEMPEL

DIE HISTORISCHE Rückkehr der Hebräer nach Kanaan verlief schrittweise und wird üblicherweise auf die späte Bronzezeit zwischen 1550 und 1200 v. Chr. datiert. Die Hebräer kamen in ein Land, das durch Stammesgrenzen stark zersplittert war. Der hebräischen Bibel zufolge wurden in der nächsten Periode ihrer Geschichte Schlachten geschlagen und Festungen zum Einsturz gebracht, darunter die legendären Mauern von Jericho, das Tor nach Kanaan, durch das Moses' Volk hindurchziehen musste.

Die Oase Jericho, 16 Kilometer nordwestlich des Toten Meers gelegen und ganzjährig von einer Quelle gespeist, war schon im 2. Jahrtausend v. Chr. eine uralte Siedlung. Auf ihrem salzhaltigen Sandboden wuchsen Dattelpalmen, ebenso Bäume, aus deren Harz Weihrauch hergestellt wurde. Die Stadt heißt heute Tell es-Sultan. Manche ihrer architektonischen Relikte lassen sich 7000 Jahre zurückdatieren. Sie war eine wichtige Durchgangsstation auf dem Weg vom weiten Hochland im Osten durch die flache Wüste ins Bergland von Jerusalem: «der Schlüssel zum Lande Israel», wie sie ein jüdischer Gelehrter aus dem 5. Jahrhundert nannte. «Wer Jericho einnimmt, kann das ganze Land erobern.»

Jahwe erwählte Josua nach Moses' Tod zum Führer der Israeliten. «Sieh, ich habe in deine Hand gegeben Jericho und seinen König», sprach Gott zu Josua, «ihr sollt dann die Stadt umkreisen ... so sollst du tun sechs Tage. Sieben Priester aber sollen die sieben Widderposaunen vor der Lade tragen.» Der *schofar*, ein kultisches Blasinstrument aus dem Horn eines Schaf- oder Ziegenbocks, wird zu Rosch Haschana geblasen, dem jüdischen Neujahrsfest. Seine tiefen Trompetenstöße folgen alten symbolischen Rhythmen, um die schlafende Seele zu erwecken.

Gut 80 Kilometer westlich lag die Hafenstadt Askalon, eine Festung typisch für die Kultur, mit der die zurückkehrenden Israeliten zusammenstießen. Dicke Lehmziegelmauern umgaben die 60 Hektar große Stadt. Ein gewaltiger Bogen schmückt eines der Tore. Erbaut 1850 v. Chr., ist er der älteste Torbogen der Welt. Die aus den Toren herausführenden Straßen verbanden Askalon mit anderen städtischen Zentren: mit Jaffa im Norden, Jerusalem im Osten, Gaza im Süden. Datteln, Weine, Zwiebeln, Olivenöl, Weizen und Vieh verließen den Hafen im Überfluss. Der Name der Stadt hat dieselben sprachlichen Wurzeln wie das Wort „Schekel", eine hebräische Münze – ein Ausdruck des lebhaften Handelsverkehrs. Um 1175 v. Chr. fiel das Seefahrervolk der Philister in Askalon ein. Nach deren Stammesnamen wurde die gesamte Region „Palästina" genannt. Askalon war die Stadt Goliaths, jenes übermächtigen Kriegers, der den Israeliten in der Schlacht von Ela gegenüberstand. Mit einer Größe von sechs Ellen und einer Spanne (über drei Meter) sowie einer Bronzerüstung, die 5000 Schekel (fast 70 Kilogramm) wog, repräsentierte er Askalons Reichtum und Macht. Die Geschichte seiner Niederlage gegen einen israelitischen Niemand, einen jungen Schafhirten namens David, fesselt die Leser immer wieder.

Wie in den Büchern Samuel und im Buch der Könige geschrieben steht, eroberte David Philistia und viele andere kleine Königreiche zu beiden Seiten des Jordan. Er einte sie zur Nation Israel, die er 40 Jahre lang regierte. In Jerusalem gründete er die Festung Zion. Von der nahen Hügelkette konnte man das Gelände nach Osten und Westen kontrollieren. Jahwe wurde als oberste Gottheit verehrt, aber nicht als die einzige. Baal, seine Schwester Anat und seine Gemahlin Aschera empfingen nach wie vor Opfer und Gebete. Die Geschichte von Elija zeigt, wie sich der Konflikt der Glaubenssysteme mit der Zeit zuspitzte. Als treuer Anhänger Jahwes forderte er die Baalgläubigen am Berg Karmel, 30 Kilometer südlich von Jerusalem, zum Wettstreit.

Der Auftrag, im Gelobten Land Gottes einen Schrein für die Bundeslade zu bauen, wurde von Davids Sohn Salomo erfüllt. 970 v. Chr. ließ er an der Stelle, wo Abraham das Opfer Isaaks angeboten hatte, für Jahwe einen Tempel errichten. Obwohl dieser den schriftlichen Aufzeichnungen zufolge ummauert war, 30 mal 10 Meter maß und 15 Meter hoch aufragte, haben sich keine Spuren von ihm erhalten. Er entstand vermutlich im phönizischen Stil, denn die Handwerker und Baumaterialien wurden von dem mit Salomo verbündeten König Hiram von Tyros geschickt. Salomo trat ihm dafür im Norden, in Galiläa, 20 Städte ab.

Die Mauern und Fundamente des Tempels waren aus Stein, die Balken aus Zedern-, die Böden aus Zypressenholz. Das Holz wurde im Libanon geschlagen, die Küste herunter verschifft und im Hafen von Joppe nördlich von Askalon angelandet. Die Anlage enthielt heidnische Elemente wie ein gewaltiges, mit Wasser gefülltes Bronzebecken, das den mit Baal konkurrierenden Meeresgott Yam darstellte.

Das innere Heiligtum des Tempels sollte die Bundeslade aufnehmen. Genannt Kodesch Kodaschim, das Allerheiligste, war dieses Gemach von großer Erlesenheit. Zwei fünf Meter hohe vergoldete Cherubim aus Olivenholz wachten über der Lade. Der Raum für das Tabernakel maß 20 Ellen (10 Meter) in allen drei Dimensionen: ein perfekter Kubus. In die Zedernholztäfelung waren Blumenmuster geschnitzt, die Innenwände vergoldet.

Der Tempel war nur eins von Salomos zahlreichen Bauvorhaben. Von weither geholte Materialien und Arbeitskräfte waren für jedes von ihnen kennzeichnend; darin spiegelte sich der erfolgreiche Aufbau seines Handelsimperiums wider, in dem alle Wege durch Jerusalem führten. Häufig arbeitete er als Vermittler und arrangierte Geschäfte zwischen den Reichen im Norden und Süden. Er importierte zum Beispiel Pferde und Wagen aus Ägypten und verkaufte sie in die heutige Türkei. «So kam ein Geführt herauf aus Mizraim um sechshundert Silberstücke und ein Pferd um hundertfünfzig», lautet ein Vers im Ersten Buch der Könige, «und so bei allen Königen der Hittiter und den Königen von Aram, durch sie führten sie sie aus.»

Der Handel war auch ein wichtiges Element in seinem Bündnis mit der Königin von Saba. Sie regierte ein Königreich an der Südwestspitze der Arabischen Halbinsel, das ungefähr dem heutigen Jemen entspricht. «Und sie kam nach Jerusalem mit sehr massigem Zug; Kamele, tragend Gewürze und Gold in sehr großer Menge und Edelgestein», heißt es im Ersten Buch der Könige. Sie dürfte mit nicht minder wertvollen Gütern zurückgekehrt sein: der Schrift zufolge erfüllte Salomo «all ihr Begehr, das sie sich erbat». Die Partnerschaft mit Saba ermöglichte ihm Geschäfte mit «allen Königen

OBEN: Die klagenden Töne des *schofar* (Widderhorns) rufen die Gläubigen am Versöhnungstag Jom Kippur zum Gebet.
FOLGENDE SEITEN: Archäologen in den Ruinen von Askalon, der alten Hauptstadt der jüdischen Könige und des biblischen Samson.

Arabiens und den Statthaltern des Landes». Bislang waren arabische Kostbarkeiten wie Weihrauch und Myrrhe auf Kamelen über Land gekommen, verbunden mit stattlichen Profiten, die die im Süden ansässigen Midianiter einstrichen, bevor die Güter nach Israel gelangten. Salomo baute am Nordende des Golfs von Akaba einen Hafen, und die Königin von Saba ließ ihn arabische Produkte aus ihrer Hafenstadt Muza ausführen. Israelitische Schiffe, die das Rote Meer hinabfuhren, besuchten auch Häfen in Afrika und nahmen dort seltene Güter an Bord.

Die Herrlichkeit von Salomos Jerusalem ist mit ihm gestorben. Stammeskonflikte spalteten die Nation in zwei Teile: in Israel im Norden und Juda im Süden. Assyrien, ein Königreich am oberen Tigris, weitete zu jener Zeit seine Macht und sein Gebiet aus. Mit Babylonien, dessen Zentrum weiter südlich am Euphrat lag, konkurrierte es um die Macht im Mittleren Osten. Schließlich fiel Israel im Jahr 722 v. Chr. in assyrische Hände.

Die Entwicklung der jüdischen Religion in dieser Periode nationalistischer Kämpfe spiegelt sich in den Büchern des Tanach, der hebräischen Bibel, wider. Sie stellen alle den Kampf der jüdischen Könige dar, die sich nach Gottes Definition von Recht und Unrecht darum bemühten, ihre Feinde zu bekämpfen und ihr Volk zu führen. «Lernt gut tun, sucht Recht, bringt Heil dem Bedrängten, schafft Recht der Waise, führt Streit der Witwe», heißt es im Buch Jesaja.

626 v. Chr. ging die Herrschaft von den Assyrern auf die Babylonier über, was für die Israeliten nicht weniger bedrohlich war. Jeremia, als Sohn eines Priesters direkt vor Jerusalem aufgewachsen, hatte schlimme Vorahnungen. «Von Norden her tut das Unheil sich auf wider alle Bewohner des Landes», sprach er, «und sie kommen und setzen jedes seinen Thron an den Eingang der Tore Jerusalems, an alle seine Mauern ringsum und an alle Städte Jehudas.» Ihre Invasion war in den Augen Jeremias die Strafe für diejenigen, die andere Götter als Jahwe verehrten. «Der Gott Israels hat den Untergang Israels beschlossen», warnte er unerbittlich. Im Dezember des Jahres 604 v. Chr. eroberte und zerstörte der babylonische König Nebukadnezar Askalon. Vier Jahre später marschierte er in Ägypten ein. Im Dezember des Jahres 586 v. Chr. führte er seine Truppen nach Jerusalem, zerstörte die Stadt und machte den Tempel dem Erdboden gleich.

Tausende von Israeliten wurden gefangen genommen und nach Babylon gebracht. Die Stadt war mit ihren Toren, Gehwegen, Tempeln und Gärten der Inbegriff irdischer Herrlichkeit. Nebukadnezar hatte die gewaltige Zikkurat ausgebaut. Sie ragte nun 100 Meter empor, zu Ehren der Lokalgottheit Marduk. Es sind kaum Aufzeichnungen erhalten, die darüber Auskunft geben, wie und wo die Israeliten in ihrer 70-jährigen Exilzeit gelebt haben. Ihre Heimat nannten sie nun Jehud. So hieß sie auf Aramäisch, in der Sprache ihrer Unterdrücker; sie

OBEN: *Eine Glasmalerei aus der Kathedrale Notre-Dame in Paris zeigt die Begegnung Salomos mit der Königin von Saba (links im Bild).*

selber nannten sich Jehudim, „Juden" – geeint durch ihren Glauben an Jahwe, die Geschichte ihrer Wanderung und ihre Vision eines Gelobten Landes.

Das Buch Hiob zeigt, wie weit der Glaube gehen sollte. Hiob war ein guter Mensch, «schlicht und recht, Gott fürchtend und das Böse meidend». Satan, die Verkörperung des Bösen, wollte Gott beweisen, dass Hiobs Glaube nur von den Segnungen herrührte, die ihm zuteil wurden. All dieses Glück wurde ihm genommen. Sein Haus wurde zerstört, seine Kinder starben durch einen Sturm, sein Körper wurde mit Geschwüren bedeckt. Seine Frau verlor ihren Glauben und forderte ihn auf, Gott zu verfluchen. Doch Hiobs Glaube blieb fest. «Ich seh es ein, dass du alles vermagst, kein Planen dir zu kühn ist», sprach er am Ende zu Gott. «Drum sprach auch ich, da ich es nicht begriff, unfassbar ist es mir, versteh's ja nicht … Wie so das Ohr hört, hab ich dich gehört, nun hat mein Auge dich erschaut! Darum verwerf ich und bereue … bei Staub und Asche.» Der Gott der Juden war zeitweise fordernd und schrecklich, am Ende aber gerecht. Er nahm Hiobs Gebet an und ließ ihm umso größere Segnungen zuteil werden. Der Prophet Hiob wurde in der jüdischen Weltsicht zum Beispiel der *conditio humana*. Trotz äußerster Leiden wird der jüdische Mensch im Glauben an Gott letztlich seinen Segen erlangen.

Als der Perserkönig Kyros die Herrschaft über Babylon errang, war das Exil zu Ende. «Aus den Städten [jenseits] des Tigris … brachte ich die dort wohnenden Götter an ihren Ort zurück», heißt es auf dem Kyroszylinder, einer Tonwalze, auf die der persische Großkönig seine Geschichtsversion einschrieb. «Alle ihre Leute versammelte ich und brachte sie zurück zu ihren Wohnsitzen.» 538 v. Chr. kehrten manche Juden nach Israel zurück. Die große Mehrheit blieb und gründete verschiedene Gemeinden, zum Beispiel Nehardea am Euphrat, das im 3. Jahrhundert n. Chr zum bedeutenden jüdischen Gelehrtenzentrum wurde. Die jüdische Gemeinde Babylons blieb bis ins Mittelalter eine der größten der Welt. Die Bedeutung der Juden von Babylon, das damals Teil des Perserreiches wurde, zeigt sich im jährlichen Purimfest. Es erinnert an den Versuch Hamans, während der Herrschaft des Artaxerxes die jüdische Gemeinde zu vernichten. Durch Mordechai und Esther, deren Geschichte das biblische Buch Esther aufzeichnet, wurden sie gerettet. Bis heute wird Purim in der ganzen jüdischen Welt mit Maskeraden, Festmählern und Gaben für die Armen gefeiert. Die *megilla*, die Estherrolle, wird in den Synagogen feierlich verlesen.

Die Juden, die nach Jerusalem zurückkehrten, waren mit umso größerem Enthusiasmus zum Wiederaufbau ihrer Stadt, ihres Tempels und ihrer Nation bereit.

ESRAS ERNEUERUNG

DIE HEIMKEHR nach Judäa war anfangs mit Schwierigkeiten verbunden. Erst im Lauf der Zeit gelang es anderen „Heimkehrern" unter der gemeinsamen Führung von Esra und Nehemia, wieder eine lebendige jüdische Gemeinde zu gründen. Jerusalem wurde Stück für Stück wieder aufgebaut, ein neuer Tempel entstand. Esra ließ die Religion neu aufleben. Er reformierte besonders die Priesterschaft, führte aber auch Neuerungen ein, die dafür sorgten, dass das Judentum keine reine Tempelreligion blieb. Typisch für seine Reformation war die Wiedereinsetzung des biblischen Laubhüttenfests (Sukkot), das zu einem Fest für alle, nicht nur für die Priester, wurde.

Eine Menschenmenge versammelte sich vor dem Wassertor, dem Osteingang Jerusalems auf dem Berghang an der Gichonquelle. Es war eines der gewaltigen neuen Tore in der stark erweiterten Stadtmauer. Die Menschen sahen erwartungsvoll zu, wie Esra, ein Tempelschreiber, das hölzerne Podium auf dem Marktplatz bestieg. Neben ihm standen weitere Tempelälteste: die Leviten, Nachkommen der Tempeldiener aus dem Stamme Levi. Zwei von ihnen trugen ein Paar hölzerne Stäbe mit Pergamentrollen: die Tora. Das hebräische Wort für „Gesetz" stand nun für die heiligen Bücher des Judentums. Die gesamte Geschichte hindurch vollzogen die religiösen Führer immer wieder die Zeremonie, eine eingerollte Tora zu tragen, zu öffnen und laut zu verlesen.

Esra sprach die Menge zunächst auf Aramäisch an, der allgemeinen Umgangssprache. Dann verlas er die althebräische Schrift auf der Rolle. Er hielt ab und zu inne, damit ein anderer die Bedeutung der alten Worte erklärte, die den Menschen von Jerusalem nicht mehr verständlich waren. Aus der Tora verlas er den Lobgesang Moses':

Mir Macht und Kraft ist Jah, / und ward mir Rettung. / Der ist mein Gott, ihn rühm ich, / Gott meines Vaters, ihn erheb ich, / Der Ewige, ein Kriegsheld, / ‹Der Ewige› sein Name. / Die Wagen Pharaos und sein Heer / Warf er ins Meer. / ... Wer ist wie du / Bei den Göttern, Ewiger, / Wer ist wie du, / So hehr im Heiligen, / Umschauert im Glanz, / Wunder wirkend? / ... Du führtest in deiner Liebe / Das Volk, das du erlöst, / Geleitet hast mit deiner Macht / Zu deiner heiligen Trift. / ... Du bringst sie hin, du pflanzt sie ein / Auf deines Erbguts Berg, / Der Stätte, die du dir zum Sitz bereitet, Ewiger, / Dem Heiligtum, o Herr, das deine Hände stellten. Der Ewige wird regieren, immer und ewig!

Die lauschende Menge kannte diese Lieder und Geschichten und war zu Tränen gerührt. Esra tröstete sie und forderte sie auf zu feiern: «Geht hin, esst nach Herzenslust und trinkt süßen Wein und gebt denen ihr Teil ab, für die nichts bereitsteht. Denn dies ist der Tag eures Herrn.»

Es war Erntezeit, und sie trugen das Beste, was sie hatten, zum Tempel: Oliven, Trauben, Weizen, Gerste, Schafe, Ziegen, Wolle und Leder. Zur Vorbereitung auf das Fest brachten die Menschen «prächtige Baumfrucht, Palmzweige und Zweige von Myrten und Bachweiden» in die Stadt. Sie bauten damit Hütten, in denen sie sieben Tage lang wohnten – zur Erinnerung an ihre Vorfahren, die mit Moses durch die Wildnis gezogen waren. Überall wurde gesungen, getanzt und gelacht, als die Bewohner von Jerusalem Sukkot feierten, das Laubhüttenfest. Auch in den heutigen jüdischen Gemeinden wird dieses Herbstfest begangen. Die Menschen bauen Hütten aus Zweigen und schwenken den aus *lulaw* (Palmzweig), *etrog* (Zitrusfrucht), Weide und Myrte gebundenen Strauß, um die regnerische Jahreszeit zu begrüßen.

NEUE EROBERER

IN DER ZWEITEN Hälfte des 1. Jahrtausends v. Chr. war Palästina ein Pfand im Spiel der Großmächte: der Perser, Ägypter und Griechen. Im 4. Jahrhundert zogen die Truppen Alexanders des Großen durch den Mittelmeerraum über Nordafrika und Mittelasien in Richtung Indien. Nach seinem Sieg über den Perserkönig Darius bei Issos in der südlichen Türkei zog Alexander die syrische Küste herunter nach Tyros und zerstörte die Inselfestung vor der Küste des heutigen Libanon. Gleichzeitig stürmten seine Truppen mit brutaler Gewalt die Festung Gaza. Der Besitz Palästinas sicherte Alexander den Zugang nach Ägypten.

Dort blühte die Stadt Alexandria, eine Drehscheibe für den Handel und Kulturaustausch zwischen der Mittelmeerwelt und dem Nahen Osten. Manche Juden waren der babylonischen Herrschaft durch die Flucht nach Ägypten entgangen. Sie hatten dort Kolonien gebildet, gleich derjenigen auf der Insel Elephantine. Die größte der Nilinseln, die bei Assuan am Ersten Katarakt liegt, hat eine lange Geschichte als Handelsstützpunkt. Die alten Ägypter nannten sie Abu, „Elefant", wohl wegen ihrer großen runden Granitformationen. Zur Zeit des Mittleren und Neuen Reiches verwalteten ägyptische Beamte in den Jahren 1975 bis 1070 v. Chr. von hier aus die nubischen Territorien im Süden. Während Tempelrelikte die Verehrung von Naturgottheiten bezeugen – so die des widderköpfigen Schöpfergottes Chnum und seiner Gemahlin Satis mit ihrer Krone aus Gazellenhorn –, belegen schriftliche Zeugnisse die Verehrung von Jahwe.

Ein reicher Fund von Papyrusdokumenten, um 400 v. Chr. auf Aramäisch verfasst und gegen Ende des 19. Jahrhunderts entdeckt, macht deutlich, dass in Ägypten eine lebendige, gebildete jüdische Gemeinde existiert hat. «An unseren Herrn Bagohi, den Statthalter von Jehud, [von] Deinen Knechten: Jedania und seinen Gefährten in

JUDENTUM
AUS DEN SCHRIFTEN

ÜBER UNZÄHLIGE GENERATIONEN hinweg hat das Judentum seine heiligen Traditionen mündlich überliefert. Mit der Zeit wurde daraus heiliges Schrifttum. Die Tora ist Gottes Gesetz. Sie umfasst die ersten fünf Bücher des Alten Testaments: Genesis, Exodus, Leviticus, Numeri und Deuteronomium. Ein wesentlicher Bestandteil der Tora, das Glaubensbekenntnis Schma Jisrael, ist Teil des Morgen- und Abendgebets. Der Talmud bezeichnet die ursprünglich mündliche Lehre, die in Babylon und Palästina schriftlich niedergelegt worden ist.

AUS DER TORA

DAS SCHMA JISRAEL bringt ein Grundthema des Judentums zum Ausdruck: dass man Gott jederzeit lieben und ihm gehorchen soll.

Höre, Israel! Der Ewige ist unser Gott; der Ewige ist einer.
Und du sollst den Ewigen, deinen Gott, lieben mit ganzem Herzen,
mit ganzer Seele und mit deiner ganzen Kraft.
Und es sollen diese Worte, die ich dir heute gebiete, an deinem Herzen sein;
und du sollst sie deinen Kindern einschärfen
und von ihnen reden, wenn du in deinem Haus weilst und wenn du auf dem Weg gehst,
wenn du dich niederlegst und wenn du aufstehst.
Und knüpfe sie zu Wunderzeichen an deine Hand,
und sie seien zum Wahrzeichen zwischen deinen Augen;
und schreibe sie an die Pfosten deines Hauses und an deine Tore.

LEVITICUS 19, 17-18
Du sollst deinen Bruder nicht hassen in deinem Herzen;
zurechtweisen sollst du deinen Nächsten, dass du nicht seinetwegen Sünde trägst.
Du sollst dich nicht rächen und nichts nachtragen den Söhnen deines Volkes.
Und du sollst deinen Nächsten lieben wie dich selbst; ich bin der Ewige.

AUS DEM TALMUD

SPRÜCHE DER VÄTER 3, 13
An wem Menschen Wohlgefallen finden,
an dem findet Gott Wohlgefallen,
und an wem Menschen kein Wohlgefallen finden,
an dem findet auch Gott kein Wohlgefallen.

der Festung Jeb», heißt es auf einer der Rollen, die in Jehud (Juda) um Geld und Erlaubnis nachsucht, den Jahwe-Tempel in Jeb (Elephantine) wieder aufzubauen. «Im Monat Tammuz im vierzehnten Jahre des Königs Darius ... verschworen sich die Priester des Gottes Chnub in der Festung Jeb mit Vidranga, dem hiesigen Verwalter, und zerstörten den Tempel Jahus [Jahwes].» Der Brief beschreibt, wie bewaffnete Soldaten den Tempel niederbrannten. Gold, Silber und andere Wertgegenstände wurden geraubt. «Wenn es unserem Herrn gefällt, dann denke an diesen Tempel, damit er wieder aufgebaut werde», ersuchen sie ihn.

Alexandria entwickelte sich zu einem kosmopolitischen Zentrum des Wissens. Als König Ptolemäus II. Philadelphus eine Bibliothek der bedeutendsten Bücher schuf, wünschte er sich auch ein Exemplar der jüdischen Schrift. Er schickte Gesandte nach Juda, die seine Bitte vorbrachten. Daraufhin kamen 72 jüdische Schriftgelehrte – der Überlieferung zufolge sechs aus jedem der zwölf Stämme – mit einer prächtigen Tora in einer reich verzierten Kassette nach Ägypten. Sie lagerten auf der Insel Pharos bei Alexandria, wo Ptolemäus seinen gewaltigen Leuchtturm baute. Nach 72 Tagen hatten sie die althebräischen Schriften ins Griechische übersetzt. Manche Details dieser Erzählung mögen Mythen sein, aber gegen Ende des 2. Jahrhunderts v. Chr. gab es tatsächlich eine griechische Fassung der heiligen Bücher des Judentums. Sie wurde nach ihren gut 70 Übersetzern „Septuaginta" genannt und verbreitete sich schnell im gesamten Mittelmeerraum. Es war der Text, aus dem die frühen Christen von der hebräischen Geschichte erfuhren und auf dem zahlreiche nachfolgende christliche Bibeln beruhten. Die jüdischen Rabbiner lehnten die Septuaginta im zweiten nachchristlichen Jahrhundert ab, weil sie ihrer Ansicht nach zu viele Irrtümer enthielt.

Juden konnten in einer fremden Stadt wie Alexandria eine Gemeinde aufbauen. Die einflussreichen Griechen führten das Konzept der Einbürgerung ein. Man konnte durch die Dauer des Aufenthalts und das Bekenntnis zu dem neuen Land die Bürgerrechte erwerben. Die Juden blickten auf eine lange Geschichte der Wanderungen und des Exils zurück. Die Kultgegenstände ihrer Religion – die Bundeslade und die Tora – waren nicht ortsgebunden. Noch immer war der Tempel in Jerusalem ihre heiligste Stätte. Es entwickelte sich jedoch ein neuartiger religiöser Versammlungsraum, in dem sich Juden am Sabbat treffen konnten, um in der Tora zu lesen. Sie trafen sich im *bet hakeneset*, dem „Versammlungshaus", der Synagoge. Es war ein sozialer Raum, ein Gemeinschaftszentrum für alle – Juden und Nichtjuden, Männer, Frauen, arm und reich. Der Überlieferung nach war Schef We-Jatiw die erste Synagoge, erbaut während des Exils in Nehardea am Euphrat mit Ziegeln aus Jerusalemer Erde. Der früheste archäologische Beleg stammt aus Alexandria, wo eine Marmorinschrift aus dem 3. Jahrhundert v. Chr. Ptolemäus III. und seiner Königin eine Synagoge widmet. In römischen Urkunden aus dem 2. Jahrhundert v. Chr. wird eine Synagoge auf der griechischen Insel Delos erwähnt.

Nach dem Tod Alexanders 323 v. Chr. kämpften Ägypten und Syrien um Palästina. Der syrische Herrscher Antiochus IV. Epiphanes gelangte um 175 v. Chr. an die Macht. Er ließ das Studium der Tora verbieten, verlangte per Gesetz die Verehrung der heidnischen Götter und opferte Schweine auf dem Altar des Tempels von Jerusalem, was gegen das jüdische Gesetz verstieß. Manche Israeliten unterstützten die Versuche, die religiösen Bräuche in Jerusalem zu verändern. Andere leisteten Widerstand, besonders die Chassidim, eine streng traditionalistische Sekte. Ein kühner Aufstand, angeführt von fünf Brüdern, vertrieb unter dem Kommando von Juda die Truppen des Antiochus und eroberte den Tempel für die jüdische Religion zurück.

Dort stand ein siebenarmiger Leuchter, eine Menora, die ständig brennen musste. Das dafür verwendete Öl wurde von den Priestern rituell vorbereitet. Es heißt, Juda

GEGENÜBER: Ein jemenitischer Jude, dessen Stamm auf Noahs Sohn Gad zurückzuführen ist, liest aus einer Torarolle (Foto von 1914).
FOLGENDE SEITEN: Bilder aus dem jüdischen Alltag schmücken die Synagoge von Dura-Europos in Syrien aus dem dritten Jahrhundert.

habe in den Tempel nur noch für einen Tag geweihtes Öl vorgefunden. Wunderbarerweise reichte es dann acht Tage lang, bis neues Öl eintraf. Eines der populärsten jüdischen Feste wird zur Erinnerung an die Reinigung und Wiedereinweihung des Tempels gefeiert: Chanukka, das achttägige Weihefest. Jeden Tag wird ein weiteres Licht angezündet, bis die achtarmige Chanukka-Menora (häufig Chanukkia genannt) vollständig brennt.

Juda kam aus dem hasmonäischen Priestergeschlecht, das sich später als Makkabäer bezeichnete. In Judäa gab es zu jener Zeit eine Glaubensspaltung. Die Sadduzäer, Nachfahren und Anhänger von Zadok, einem der ersten Tempelpriester, beriefen sich auf den Wortlaut der Tora. Ihre Gegner waren die Pharisäer, die ihre Tradition nicht auf ihrer Abstammung, sondern auf der Lehre begründeten. Sie beriefen sich ebenso stark auf die mündliche Überlieferung wie auf das geschriebene Wort; sie lockerten die Macht der Tempelpriester über das religiöse Leben. Die pharisäischen Führer waren Neuerer, die sich besser auf die Bedürfnisse der Bevölkerung einstellten. So revidierten sie das Eherecht, um die Frauen stärker zu schützen und die Scheidung zu erleichtern.

Manche Visionäre aus jener Zeit prophezeiten, dass die Geschichte eine ganz neue Wendung nehmen werde. Jahwe werde einen *maschiach* – einen Messias vom Rang Davids – senden, der die Verheißung von der Herrlichkeit Israels als Nation, Volk und Glaube erfüllt. Der Messiasglaube bezog sich ursprünglich nur auf einen gesalbten König und auf die Erneuerung des Hauses David. Später drückte sich darin der Wunsch nach Frieden und einem Ende der Fremdherrschaft aus. Manche jüdische Sekten hofften auf das Eingreifen einer übernatürlichen Macht. Für andere war es Sache der Menschen, die „neue Zeit" einzuleiten. All diese Ideen kamen während des nächsten Jahrtausends in verschiedenen Bereichen des jüdischen Lebens zum Ausdruck. Manche sollten zu Glaubensspaltungen führen und neue Religionen hervorbringen.

DER ZWEITE TEMPEL

ZU BEGINN des 1. Jahrhunderts n. Chr. hatte sich die Macht über den Mittleren Osten und den Mittelmeerraum nach Rom verlagert. 63 v. Chr. stürmte der römische Feldherr Pompejus Jerusalem. Manche Bewohner ließen seine Truppen in die Stadt, aber die Widerständigen verschanzten sich drei Monate lang in der Tempelanlage. Pompejus' Männer schütteten in einer angrenzenden Talsenke Holz und Erde auf, um die Kriegsmaschinen in Stellung zu bringen. Dann bombardierten sie den Tempel am Sabbat – dem Tag, an dem die Verteidiger nicht zu den Waffen greifen würden. Pompejus eroberte die Stadt und brachte viele Juden als Sklaven nach Rom.

Im Jahr 1 herrschte Rom von Spanien und der Normandie bis nach Griechenland, Syrien und Ägypten. Roms politische Strategie bestand darin, in abgelegenen Territorien Provinzregierungen einzusetzen, die römische Aufseher mit lokalen Herrschern verbanden. Durch dieses System

OBEN: *Am Chanukkafest wird zur Erinnerung an die Wiedereinweihung des Jerusalemer Tempels eine Menora entzündet.*

Das Volk des Buches
Ein Alltäglicher Gottesdienst

D IE RELIGIÖSE Praxis des Judentums regelt das gesamte tägliche Leben. Jede Handlung bekommt einen Sinn. Vom Aufstehen bis zur Nachtruhe gibt es Rituale und Gebete, damit die Menschen zuerst denken und dann handeln. In den meisten jüdischen Glaubensrichtungen hat das häusliche Leben eine genauso große religiöse Bedeutung wie der Besuch der Synagoge.

Dreimal am Tag werden Gebete gesprochen: morgens, mittags und abends. Sie sollen gemeinsam verrichtet werden, mit Blick in Richtung Jerusalem; sie können aber auch von jedem Einzelnen gesprochen werden, wo immer er oder sie sich aufhält. Die Sprache des Gebets ist Hebräisch; manche Glaubensrichtungen bedienen sich aber heute auch ihrer Landessprache. Beim Morgengebet werden *tefillin* getragen, schwarze Lederkapseln, die Torastellen enthalten. Sie anzulegen, dient der inneren Sammlung. Auch der *tallit,* der Gebetsschal, ist wichtig, um eine besondere Atmosphäre zu schaffen.

Viele Gesetze regeln nach biblischer Tradition, was man essen darf und wie die Speisen zubereitet werden. Je mehr sich die Menschen der spirituellen Dimension dieser Dinge bewusst sind, desto eher werden sie sich auf die ethischen und allgemeineren Grundsätze des jüdischen Lebens besinnen, zum Beispiel darauf, denen zu helfen, die in Not sind.

Die Samstage und Festtage – Pessach, das Wochen- und das Laubhüttenfest – sind genauso wie die hohen Feiertage Anlass, eine Atmosphäre zu schaffen, in der die Juden sich auf ihre religiösen und familiären Werte besinnen. Die Gottesdienste in der Synagoge haben eine stärkere soziale Dimension, mit ausführlichen Bibellesungen, mehr Gesang und der Mitwirkung der Gemeinde. Die wichtigsten Feiern finden jedoch zu Hause am Familientisch statt (außer natürlich am jährlichen Versöhnungstag, an dem gefastet wird).

Von der Wiege bis zur Bahre strukturieren Feste und Feiern den Lebenszyklus, beginnend mit der Beschneidung *(brit mila)* am achten Tag nach der Geburt. Jungen feiern mit dreizehn Bar Mizwa, Mädchen mit zwölf Jahren Bat Mizwa. Danach sind sie für ihr religiöses Leben verantwortlich. Hochzeiten und Familienfeiern haben im jüdischen Leben eine große religiöse Bedeutung. Der Tod ruft die Gemeinschaft in der Trauerwoche *(schiwa)* dazu auf, sich zu versammeln und Beistand zu leisten. Das alles verbindende Studium der heiligen Texte ist im Leben der Juden ein so zentraler Aspekt, dass man sie „das Volk des Buches" genannt hat.

konnte ein Mann, der seine Karriere als Statthalter im winzigen Galiläa begann, schließlich als Herodes der Große und Herrscher über Palästina in die Geschichte eingehen.

Herodes wurde 73 v. Chr. in Idumäa im Süden Judäas geboren. Obwohl er zum König der Juden erklärt wurde, liegt seine religiöse Herkunft im Dunkeln. Ein antiker Geschichtsschreiber nannte ihn einen Halbjuden. 40 v. Chr. fuhr Herodes nach Rom und errang die Wertschätzung von Octavian und Mark Anton, die nach Cäsars Tod an der Macht waren. Sie krönten ihn zum König von Judäa.

Er heiratete eine Hasmonäerin, um sich seine politischen Trümpfe zu sichern, und ließ dann ihren Großvater, ihren Bruder, ihre Mutter und schließlich sie selbst hinrichten. Als Octavian vollständig an die Macht kam, fuhr Herodes nach Rhodos, umgarnte den Mann, der sich jetzt Kaiser Augustus nannte, und kehrte mit der Macht über noch größere Teile von Palästina zurück.

Vielleicht geschah es infolge dieser Machtergreifung, dass religiöse Juden ihre kostbaren Schriftstücke in den Kalksteinhöhlen von Qumran versteckten, einem winzigen Dorf in der Tiefebene zwischen Jerusalem und dem Toten Meer. 1947 stießen dort Hirten auf Tonkrüge, die Pergamentrollen enthielten. Es war einer der denkwürdigsten biblischen Funde seit Jahrhunderten: die Schriftrollen vom Toten Meer. Die Entdeckung der Qumran-Höhlen führte zu Ausgrabungen, in deren zehnjährigem Verlauf mehr als 800 Papyrus- und Pergamentfragmente entdeckt wurden – amtliche und religiöse Dokumente, bekannte und noch nie zuvor gesehene heilige Texte –, außerdem Gebrauchsgegenstände wie Schalen, Kämme, Lampen und Tintenfässer. Manche Texte tauchten in vielfältigen Exemplaren auf, andere waren Unikate, verfasst auf Hebräisch, Aramäisch und Griechisch. Ein einzelner Münzschatz enthielt 561 Silberstücke, die um 135 v. Chr. in Tyros geprägt worden waren. Diverse Fundobjekte und ein Pergament liefern den frühesten Nachweis von *tefillin*, Gebetsriemen, wie sie orthodoxe Juden immer noch beim Morgengebet anlegen: Vier Torastellen auf vier Pergamentröllchen werden in zwei Lederkapseln am Oberarm, in der Nähe des Herzens, und an der Stirn, vor dem Gehirn, befestigt. Nach dem Gebot im Deuteronomium, im 5. Buch Mose, («es sollen diese Worte ... an deinem Herzen sein» und «knüpfe sie zu Wunderzeichen an deine Hand, und sie seien zum Wahrzeichen zwischen deinen Augen») sind diese Organe dem Willen Gottes geweiht.

Die Höhlen enthielten Manuskripte von sämtlichen Büchern der hebräischen Bibel außer einem, außerdem von vielen anderen Büchern. 1965 wurde im Israel-Museum in Jerusalem der „Schrein des Buches" zur Aufbewahrung der Rollen und anderen Fundstücke eröffnet.

Während seiner 34-jährigen Herrschaft nahm Herodes gewaltige Bauvorhaben in Angriff. Er brachte die römische Monumentalarchitektur nach Palästina. Neben dem Tempel in Jerusalem ließ er einen befestigten Palast bauen, in dem römische Truppen einquartiert waren. 56 Kilometer südlich von Jerusalem baute er auf einem kahlen Berg mit Blick über das Tote Meer einen weiteren Palast. Eine kilometerlange Mauer mit 38 Wachtürmen, fast sieben Meter hoch und vier Meter dick, umgab seine Festung in Massada. Obwohl sich seine Villa an einem der trockensten Orte der Welt befand, verfügte sie über ein großes Badehaus, für das Regenwasser in gewaltigen Zisternen gesammelt wurde.

Herodes baute weitere Paläste, Straßen, Häfen, Wasserleitungen und Theater. Er organisierte sportliche Wettkämpfe, Gladiatorenspiele und verwandelte ein Fischerdorf in eine blühende Hafenstadt, die er zu Ehren des Cäsaren Augustus „Caesarea" nannte. Doch den größten Ruhm trug ihm der Wiederaufbau des Tempels ein. Er entstand genau an der Stelle, wo Salomos Tempel gestanden hatte, und wurde als der Zweite Tempel bekannt. Herodes ließ den Marktplatz erweitern, so dass der Tempel jetzt auf einem Areal von 550 Schritt Länge und 400 Schritt Breite stand.

Er wurde als Aneinanderreihung von Höfen angelegt, die sich von Osten nach Westen zogen und immer heiliger und unzugänglicher wurden. Der weite äußere „Vorhof der Heiden" stand Juden wie Nichtjuden offen. Hirten verkauften Lämmer, Zicklein und Tauben als Opfergaben. Geldwechsler tauschten Schekel gegen fremdländische Münzen, so dass männliche jüdische Besucher ihren Jahresbeitrag von einem Schekel Silber zur Unterhaltung des Tempels und für die Gemeinschaftsopfer entrichten konnten. Jüdische Frauen gingen durch das gewaltige goldverzierte Bronzetor in den „Frauenhof"; jüdische Männer konnten noch weiter in den „Vorhof Israels" eintreten. Im inneren „Vorhof der Priester" stand der Altar, an dem nur die Priester Opfer für Jahwe darbringen durften. Dahinter befand sich hinter einem doppelten Vorhang das Allerheiligste. Der Schrein wurde nur einmal im Jahr vom Hohenpriester betreten: am „Versöhnungstag" Jom Kippur, der nach wie vor der heiligste Tag im jüdischen Kalender ist – ein feierlicher Anlass zum Fasten, Beten und Bekennen.

Jedes andere Gebäude der Stadt überragend, aus strahlend weißem Stein errichtet, war der Tempel des Herodes

---

GEGENÜBER: In den Höhlen von Qumran – hier der Blick hinaus in die Wüste – wurden die Schriftrollen vom Toten Meer entdeckt.
OBEN: In den Qumran-Fragmenten finden sich Spuren aus der Geschichte der Essener, einer jüdischen Sekte aus dem 2. Jahrhundert v. Chr.
FOLGENDE SEITEN: Ein Kamelreiter am Ufer des Toten Meers, das über Jahrtausende hinweg Schauplatz jüdischer Geschichte war.

ein Wahrzeichen für die Rolle Jerusalems als Heilige Stadt aller Juden im gesamten Mittleren Osten und Mittelmeerraum. Manche Juden waren allerdings erzürnt, dass Herodes einen goldenen Adler über dem Haupttor platziert hatte. So etwas gehörte an heidnische Tempel, nicht an den Tempel Jahwes, der keine Bildnisse duldete. Eines Tages holte eine freche Schar von Talmudschülern den Adler herunter und zerstörte ihn. Soldaten stürmten herbei und nahmen sie fest. Die Frevler und zwei ihrer levitischen Lehrer wurden nach Jericho gebracht und lebendig verbrannt.

Der Bau des Tempels wurde ebenso wie der brodelnde Aufruhr gegen die römische Herrschaft nach Herodes' Tod im Jahr 4 v. Chr. fortgesetzt. Aufstände unter der Führung von Juden, die nach dem griechischen Wort für „Rebellion" Zeloten genannt wurden, führten zu Verwüstungen und Blutbädern. Massenhaft flohen die Juden aus ihrer Heiligen Stadt. In ganz Judäa machten die Römer Städte dem Erdboden gleich. Im Jahre 70 schlug der spätere römische Kaiser Titus einen Zelotenaufstand nieder und stürmte Jerusalem. «Da es nun für das Heer mit dem Morden und Plündern vorbei war», schrieb der Geschichtsschreiber Flavius Josephus in einem Augenzeugenbericht, «gab der Caesar Befehl, die ganze Stadt und den Tempel zu schleifen. Einzig die Türme …, die höher waren als die anderen, sowie der westliche Teil der Umfassungsmauer sollten erhalten bleiben.» Dieser Teil der Stadtmauer, den die römischen Soldaten unangetastet ließen, steht heute noch: die Kotel ha-Ma'arawi, die als „Klagemauer" bekannte Westwand – für jüdische Pilger die heiligste Stätte Jerusalems. Bis heute nähern sich ihr die Gläubigen mit Ehrfurcht, Männer und Frauen getrennt. Viele schreiben Gebete auf Papierschnipsel und stecken sie in die Mauerritzen, im Glauben, Gott umso näher zu sein, je näher sie dem Tempel von Jerusalem kommen.

Eine Schar von Juden hielt in der Bergfestung Massada stand, bis die römischen Soldaten die Mauern durchbrachen. Um der Gefangennahme zu entgehen, zogen die Zeloten den kollektiven Selbstmord vor. «Das war das Ende von Jerusalem», schrieb Josephus, «einer Stadt von großer Herrlichkeit, die in aller Welt hochberühmt war.»

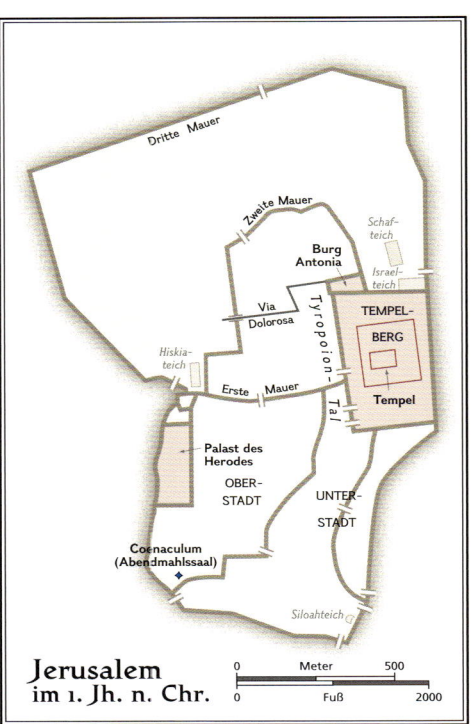

Jerusalem im 1. Jh. n. Chr.

DIE ZERSTREUUNG

DIE BELAGERUNG Jerusalems und die Zerstörung des Zweiten Tempels bezeichnete den Beginn der großen jüdischen Diaspora, die Umsiedlung der Juden in die gesamte Mittelmeerregion und schließlich in die übrige Welt. Es gab bereits jüdische Gemeinden in Babylon, im benachbarten Partherreich, in Alexandria und andernorts in Ägypten, in Rom und anderen Städten Italiens sowie in Germanien – besonders in Colonia (Köln), wohin eine aus Jerusalem abkommandierte römische Legion jüdische Sklaven mitgebracht hatte. Nun schlossen sich in einem Massenexodus, der

GEGENÜBER: Die Ruinen der Bergfestung Massada, die im Jahr 70 von den Römern zerstört wurde.

traurig an alte Zeiten erinnerte, Emigranten in allen Städten des Römischen Reiches mit freigelassenen Sklaven zusammen und bauten eigene Gemeinden auf.

Der Führer der Pharisäer, Rabban Jochanan ben Zakkai, konnte sich aus Jerusalem herausschmuggeln lassen und eine Art Burgfrieden aushandeln, durch den gemäßigte Juden Jerusalem verlassen durften. Die Römer erlaubten ihm, in Jamnia, einer kleinen Stadt nahe der Küste, wo sich nun der Sanhedrin (der Oberste Rat) niederließ, die religiöse Autorität wiederherzustellen. Er gründete dort ein Lehrhaus für das Studium der Heiligen Schriften. Die Juden konnten nach seiner Überzeugung ohne ihren Tempel überleben, mussten sich aber die geistige, ethische und spirituelle Kraft des göttlichen Wortes erhalten. Sie waren schließlich das „Volk des Buches". Er und andere Gelehrte bemühten sich, alles niederzuschreiben, was sie von der Schrift, dem Kult und der Lehre im Gedächtnis behalten hatten.

Ihre Rolle als Hauptvermittler der nationalen Tradition machte die Rabbiner zu gesetzgebenden und geistigen Autoritäten. Durch den Midrasch, die exegetische und homiletische Schriftauslegung, übermittelten sie dem jüdischen Volk, wo immer es sich befand, die ethische und geistige Tradition des Judentums. Durch die Halacha, den normativen Teil des Talmuds, entwickelten sie die biblische Lehre unter den neuen kulturellen und ökonomischen Bedingungen weiter. Dieser Korpus von Wissen, Recht und Überlieferung, als „mündliche Lehre" bekannt, sollte ursprünglich genau das sein – mündlich. Nur die Tora selbst war an die Schriftform gebunden.

Die römischen Kriege signalisierten den Tod der alten

Tempelordnung. Die Generation nach der Zerstörung traf folgenreiche Entscheidungen, um die jüdischen Traditionen nach dem gänzlichen Verlust des Tempelkults zu erhalten.

In erster Linie wurde er durch die Andacht ersetzt. Die Rabbiner führten an Stelle des Opferwesens das gemeinsame Gebet ein. Manches hatte schon inoffiziell im babylonischen Exil und in der Diaspora begonnen, wurde nun aber festgeschrieben. Das biblische Gebet blieb persönlich und ungeregelt. Man beschloss jedoch, die mündlichen Gesetze und Traditionen niederzuschreiben, bevor sie in den anhaltenden Verfolgungen und politischen Umwälzungen verloren gingen. Begonnen hatte dieser Prozess zur Zeit der Zerstörung des Tempels. Um 200 n. Chr. beschloss Rabbi Jehuda HaNassi, das Oberhaupt der Gemeinde in Israel, die mündliche Lehre niederzuschreiben und zu kompilieren. Später Mischna genannt, wurde sie zum autoritativen Text.

Die Mischna war eine sechsbändige Zusammenstellung der Beschlüsse und Erörterungen, die sich mit der biblischen Lehre und ihrer rabbinischen Auslegung und Weiterentwicklung befassten. Die einzelnen Teile behandeln Zivilrecht und Politik, Ehe- und Scheidungsrecht, Landwirtschaft, Alltagsleben, Riten und Autorität, Opferwesen und Reinheitsgebote. Sie spiegeln die ganze Bandbreite des Lebens wider, so wie es jede Verfassung tun würde.

Die Mischna war kaum erschienen, da begannen die Lehrhäuser von Israel und Babylon auch schon, sie zu untersuchen und in Frage zu stellen. Es gab andere Traditionen, widersprechende Texte *(beraitot* genannt), unzutreffende Zuschreibungen und Schreibfehler. Die Diskussion über die Mischna wurde Gemara genannt. Es sollte mit der Zeit zwei Gemaras geben: die Jerusalemer Version war um 300 n. Chr. abgeschlossen. Die weit umfangreichere, wichtigere babylonische Fassung wurde um 500 n. Chr. fertig gestellt. Mischna und Gemara wurden allgemein als Talmud bezeichnet, der seither das religiöse Leben des Judentums bestimmt.

Als ein Schatz jüdischer Gesetze und Gebräuche wurde der Talmud in vieler Hinsicht wichtiger als die Bibel. Die talmudische Auslegung wollte die jüdische Bibel bewusst von der christlichen unterscheiden. In den nächsten 400 Jahren, als im Land ihrer Väter nach und nach fast alles jüdische Leben erlosch, wurde der Talmud für die Juden zum Mittel des religiösen Überlebens und der religiösen Wiedergeburt. Zusammen mit der jüdischen Bibel wurde er zur wichtigsten Quelle des traditionellen Judentums.

Vom Mittelalter bis zur Aufklärung des 18. Jahrhunderts trugen die Juden in ganz Europa zum städtischen Leben bei, in dem sie normalerweise eine Minderheit waren. Die größte jüdische Gemeinschaft blieb die des Ostens. Als im 7. Jahrhundert der Islam aufkam und durch den Mittelmeerraum nach Westen drängte, schlossen sich die Juden von Babylon und der Arabischen Halbinsel dieser Bewegung an. Nachdem sie über Generationen hinweg durch Ägypten und Nordafrika gezogen waren, landeten viele von ihnen in Spanien und Portugal. Ihre Nachkommen folgen der sephardischen Tradition (die Bezeichnung stammt von dem hebräischen Wort für Spanien). Ihre Kultur entwickelte sich jahrhundertelang innerhalb der später vorherrschenden islamischen Kultur, die andere Religionsformen größtenteils tolerierte. Die sephardische Sprache, Ladino genannt, ist eine Mischung aus Spanisch und Hebräisch. Sie lebt heute vor allem in Sprichwörtern und Volksliedern weiter.

«Mein Herz ist im Osten, und ich selber am westlichsten Rand», schrieb der sephardische Dichter Juda Halevi Ende des 11. Jahrhunderts in Toledo. In seiner Dichtung erklingt das beständige Grundthema des Judentums: die Heimkehr nach Jerusalem und in das Land von Moses und Abraham, eine Rückkehr, umso heftiger ersehnt, je mehr sich die Juden Verfolgungen ausgesetzt sahen.

Zu Beginn des 10. Jahrhunderts hatten die Juden in Córdoba ihre eigenen Gerichte und Verwaltungsorgane. Die andalusische Stadt wurde zu einem Zentrum jüdischer Wissenschaft, doch eine muslimische Invasion im Jahr

GEGENÜBER: *Die Zerstörung des Zweiten Tempels durch die Legionen des römischen Feldherrn Titus (Kupferstich, 17. Jahrhundert).*
FOLGENDE SEITEN: *Vor der Klagemauer versammeln sich Juden zum Schawuot-Fest. Dahinter ist der islamische Felsendom zu sehen.*

1013 ließ die Juden nach Sevilla, Malaga und Granada fliehen. Granada erlebte 1066 eine ähnliche Invasion, aber diesmal wurde die jüdische Gemeinde bewusst am Sabbat angegriffen. 4000 Menschen starben. Es war nur der Auftakt für die Bedrohungen, Verfolgungen und schlimmeren Ereignisse, denen die spanischen Juden von nun an ausgesetzt waren. Als fanatisierte Muslime und Christen um die Vorherrschaft rangen, saßen die Juden zwischen allen Stühlen, von beiden Seiten als gottlos bezeichnet.

Moses Ben Maimon, 1135 in Cordoba geboren, konnte sich damals aus Spanien retten. Er floh mit seiner Familie nach Fez in Marokko. Als dort sein Lehrer hingerichtet wurde, zog die Familie weiter nach Ägypten in die Gegend von Kairo, wo sie in einer toleranten Gesellschaft Aufnahme fand. Bald schon kam Moses – in der Geschichte unter seinem griechischen Namen Maimonides bekannt – als Leibarzt des Sultans an den Hof von Saladin. Er stieg zum Vorsteher der jüdischen Gemeinde in Kairo auf. Seine Schriften wandten sich mit zunehmender Reife von der Logik der Theologie zu. Seine Systematisierung der jüdischen Lehre, bekannt als Mischne Tora („Wiederholung der Tora"), ist für die sephardische Gemeinschaft bis heute das maßgebliche Gesetzeswerk. Sein Hauptwerk „Führer der Unschlüssigen" ist ein von Anhängern aller Religionen und Philosophien geschätzter Klassiker.

Maimonides formulierte als Erster eine jüdische Theologie, die christlichen und muslimischen Glaubenslehren entsprach. Vor ihm wurde jüdisches Denken eher in der Sprache des Alltags zum Ausdruck gebracht. Seine „Dreizehn Glaubenssätze" sind nach wie vor eine einfache Ein-

OBEN: *Gläubige Juden am Fuß der Klagemauer, die seit der Zerstörung des Tempels als Ort des Gebets dient.*

führung in das Wesen jüdischen Glaubens. Sie drehen sich um die Grundgedanken des einen Gottes, der Offenbarung am Sinai, des Lebens nach dem Tod, der Auferstehung und der Heilserwartung.

Im Gegensatz zur sephardischen Linie Maimonides' repräsentieren die Juden, die von Palästina nach Norden – Frankreich, Deutschland und Osteuropa – zogen, die aschkenasische Linie, benannt nach dem hebräischen Wort für Deutschland. In diesen Regionen lebten die Juden manchmal in einem Schtetl zusammen (das jiddische Wort für „Städtchen") oder auch in zugewiesenen Wohnbezirken. Diese hießen Ghettos, nach dem italienischen Wort für „Gießerei", weil die venezianischen Juden auf einer Insel mit einer Eisengießerei segregiert wurden. Die aschkenasische Sprache, das Jiddisch, ist eine Mischung aus Hebräisch und Deutsch. Sie entwickelte sich vom 9. bis zum 12. Jahrhundert in Mitteleuropa. Mehr als drei Millionen Menschen in Nord- und Südamerika, Europa und dem Mittleren Osten sprechen sie heute noch.

Im nördlichen Europa wurden Juden als hervorragende Gelehrte bekannt. Karl der Große, im Jahr 800 zum Kaiser des Heiligen Römischen Reiches gekrönt, nahm einen Juden namens Isaak unter die Gesandten auf, die er nach Jerusalem und Bagdad schickte. Sein Sohn Ludwig der Fromme ernannte einen Juden zum Magister Judaeorum, der an seinem Hof für den Schutz jüdischer Rechte verantwortlich war. Dieses respektvolle Klima sollte nicht lange andauern. Zwischen Christen und Muslimen entbrannten Religionskriege um das Heilige Land von Jerusalem, an denen die Juden ironischerweise nicht teilnahmen. Das Vierte Laterankonzil verkündete 1215 den Dritten Kreuzzug und erließ scharfe antisemitische Verordnungen, obwohl eine Delegation südfranzösischer Juden anwesend war. Neue Gesetze untersagten Juden den öffentlichen Gottesdienst. Sie mussten sich durch ihre Kleidung identifizieren: in Italien durch einen roten Umhang, in Frankreich durch einen weißroten Kreis, in England durch einen gelben Fleck auf der Brust, in Deutschland durch einen spitzen Hut.

Keine Darstellung des mittelalterlichen (oder modernen) jüdischen Lebens kann auf eine Erwähnung der Kabbala verzichten. Der Begriff als solcher erschien in Bezug auf das mystische Schrifttum nicht vor der Jahrtausendwende. Schon der Talmud befasst sich jedoch mit der esoterischen Welt und bezieht sich auf ein nicht allgemein zugängliches Wissen (im Gegensatz zur geoffenbarten Tora, die für alle bestimmt ist). Das erste Kapitel des Buches Hesekiel ist die Quelle dieser geheimen Tradition, doch der im Talmud benutzte Begriff ist Maasech Merkawa („Der Wagen") – nach dem feurigen Wagen, mit dem der Prophet Elija gen Himmel fuhr (II. Könige 2). Die Rabbiner des Talmuds hielten mystisches Wissen für zu gefährlich, als dass es allen verfügbar sein durfte. Es sollte nur von wenigen Auserwählten studiert, von zuverlässigen Lehrern unterrichtet werden.

In den Jahrhunderten vor der Zeitwende florierten viele mystische Gruppen. Einige der frühesten Kabbala-Texte, Sefer Jezira („Das Buch der Schöpfung") und Sefer Bahir („Das Buch der Erleuchtung"), könnten aus jener Zeit stammen. Die eigentliche Ausbreitung der mystischen Tradition fällt aber mit einem allgemeinen Interesse an esoterischer Religion zusammen, das sich im Mittelalter auch im Christentum und im Islam ausmachen lässt.

Die als Kabbala bekannt gewordene Schriftensammlung wurde in drei Bereiche eingeteilt. Der erste ist ein abstraktes System, das die Welt, die Schöpfung und das Eingreifen Gottes auf eine Weise begreift, die sich nicht an philosophische Traditionen hält. Es ist im Kern jüdisch, indem es die talmudische Tradition vorbehaltlos anerkennt.

Die praktische Kabbala will Methoden finden, um dem Göttlichen zu begegnen und so die Wirklichkeit zu verändern – ähnlich der Alchimie in der christlichen Welt. Ihr eigentliches „Geheimnis" war das Wissen um die Nutzbarmachung göttlicher Schöpfungsenergie, ein Ziel die Reproduktion menschlichen Lebens. Die rabbinische Literatur des Mittelalters enthält viele Erörterungen über die Rechtmäßigkeit einer derartigen Schöpfung.

Die astrologische und magische Kabbala sucht das Leid und die Unsicherheit zu lindern, indem sie ein einfaches Schema zur Erklärung der materiellen Welt anbietet.

Mit dem Sohar, dem großen mystischen Werk, das ein Kommentar zur Tora ist und eine Reihe von Abhandlungen über mystische Themen umfasst, fand die Kabbala ihren Platz neben den traditionellen Texten. Es bleibt umstritten, ob Moses de Leon den Sohar im 14. Jahrhundert verfasst hat, oder ob er den lange verlorenen Text bloß entdeckt hat und dieser Simon Bar Jochai zuzuschreiben ist, einem Gelehrten aus dem 2. Jahrhundert. Traditionalisten erkennen die frühere Autorschaft an. Das Werk hat in der jüdischen Literatur eine so herausragende Stellung erlangt, dass manche jeden Tag einen Abschnitt aus der Tora, der Mischna, der Gemara und dem Sohar lesen.

Im Jahr 1492 vertrieben die spanischen Monarchen Ferdinand und Isabella alle Nichtchristen aus ihrem Land. Eine Flut außerordentlich fähiger Juden strömte ostwärts über den Mittelmeerraum zurück nach Israel, vor allem in die Stadt Safed. Der kabbalistische Zugang zum Judentum beeinflusste die größten Rabbiner der nachfolgenden Generationen. Safed in Obergaliläa war das Zentrum einer neu aufgebauten spanisch-jüdischen Gemeinde. Zu ihr gehörten hervorragende Gelehrte wie Joseph Karo, dessen bedeutendes Werk „Schulchan Aruch" („Der gedeckte Tisch") die Entwicklung der jüdischen Lehre in den 1000 Jahren seit dem Ende der talmudischen Ära zusammenfasst.

Safed war auch das Zentrum der Kabbala: im 16. Jahrhundert die Heimat von Moses Cordovero und seinem berühmteren Schüler Isaak Luria, bekannt als der Ari'sal (Löwe), einem Giganten der mystischen Tradition. Er und seine Schule machten die Kabbala zugänglicher. Sie bedienten sich ihrer, um die rituelle Struktur des Judentums zu erweitern und verbanden sie mit Meditation, Andacht, Liedern und Tänzen – eine vollständige Umwälzung der feierlichen Traditionen, die auf den Schmerz über das Exil und die Zerstörung des Tempels zurückgingen. Sie stellten religiöse Normen auf, die zu einem charismatischeren, volkstümlicheren Ausdruck eines ekstatischen Judentums führten, das jeden Augenblick das Eingreifen Gottes erwartete.

Nach der Vertreibung aus Spanien gründeten sephardische Juden Gemeinden in neuen Ländern. In London wurde 1656, in Amsterdam 1671 die jeweils erste Synagoge anerkannt. In Hamburg wuchs die sephardische Gemeinde Anfang des 17. Jahrhunderts von 125 auf 600 Mitglieder an. Mit zunehmendem Handel strömten jüdische Kaufleute in die Neue Welt. Auf vielen karibischen Inseln, besonders unter holländischer Herrschaft, bildeten sich jüdische Gemeinden. Sephardische Juden gründeten 1651 auf Curaçao (Niederländische Antillen) die älteste aktive jüdische Gemeinde Amerikas. Peter Stuyvesant war nicht erfreut, als sephardische Juden 1654 nach Neu-Amsterdam kamen, aber die holländische Westindische Kompanie bestand darauf, dass sie sich dort niederlassen durften.

Mit dem aufblühenden geistigen Interesse, das im 15. und 16. Jahrhundert ganz Europa ergriff, wurde dem jüdischen Volk und seiner Kultur neuer Respekt gezollt. Christliche Gelehrte und Künstler machten jüdische Intellektuelle salonfähig. In Florenz sammelte Lorenzo der Prächtige einen Kreis von Philosophen um sich, zu denen neben Pico della Mirandola und Marsilio Ficino auch der mystische Dichter Juda Abravanel gehörte. Dieser, auch unter seinem italienischen Namen Leone Ebreo bekannt, schloss sich der berühmten Platonischen Akademie an und beteiligte sich an der lateinischen Übersetzung der Klassiker griechischer Philosophie. Durch ihn gelangten jüdische Werke wie der Talmud, die Traktate des Maimonides und die Kabbala in den Kanon der klassischen Bildung.

Zahlreiche Städte in Europa hatten jüdische Viertel. Das häusliche Leben hatte zwar genauso große religiöse Bedeutung wie die Synagoge, aber man kam vor allem am Sabbat zusammen, um zu beten, zu studieren und in der Tora zu lesen. In Prag erzählen sieben noch erhaltene Synagogen von der Geschichte des Viertels. Die Altneusynagoge (Stonová Synagóga), um 1270 erbaut, ist die älteste europäische

GEGENÜBER: Die „Altneuschul" in Prag ist eine der ältesten erhaltenen Synagogen Europas – sie stammt aus dem 13. Jahrhundert.
FOLGENDE SEITEN: Eine Gedenktafel in der Prager Pinkas-Synagoge trägt die Namen der tschechischen Holocaust-Opfer.

MEIN JUDENTUM

—Rabbi Jeremy Rosen, *London*

Ich bin in Großbritannien aufgewachsen und in dem Bewusstsein erzogen, dass meine Familie das Glück hatte, den Zweiten Weltkrieg und Hitler zu überleben. Ich konnte nicht verstehen, warum es Menschen gab, die Juden umbringen wollten, doch ich selber spürte das beruhigende Gefühl der Geborgenheit.

Mein Vater war Rabbiner und Pädagoge. Er hatte ungeheuren Respekt vor den britischen Werten und liebte die westliche Kultur. Er war aber auch ein leidenschaftlich engagierter, sehr traditioneller Jude, der uns beibrachte, unsere Religion zu lieben, auch wenn es manchmal unbequem war. Mir war schon klar, dass seine Eltern aus Osteuropa stammten, doch mein Leben war dadurch bestimmt, dass ich in Oxfordshire lebte. Ich hörte ab und zu antisemitische Äußerungen, aber die Gehässigkeiten richteten sich auch gegen Großstädter, die am Wochenende aus London herauskamen. Die Existenz der „Anderen" war mir immer bewusst, aber im warmen Nest meiner Familie ließ ich diese Dinge nicht an mich herankommen. Ich wusste, dass die meisten Juden nicht so religiös waren wie wir. Doch unser Leben war von einem System von Traditionen, Feiertagen und Speisevorschriften bestimmt, das uns veranlasste, als Familie und Gemeinschaft zu essen, zu studieren, zu spielen und zu beten. Wir fühlten uns nicht als etwas Besseres. Wir kamen mit allen möglichen Menschen zusammen. Die Theologie machte sich nur dann bemerkbar, wenn wir gefragt wurden, warum wir nicht auch an Jesus glauben.

Als ich älter wurde, entschied mein Vater, dass mir eine Portion echter jüdischer Bildung nicht schaden könne. Ich wurde dann (nicht ganz freiwillig, weil ich mich stärker für Fußball als für Bücher interessierte) nach Israel in eine Jeschiwa geschickt. So hießen dort Internate, in denen nur der Talmud und Judaistik gelehrt wurden – nicht wissenschaftlich, sondern aus einer engagierten, heute würde man vielleicht sagen „fundamentalistischen" Sicht.

In Israel begegnete mir zum ersten Mal die ethnische und religiöse Vielfalt jüdischen Lebens. Es gab afrikanische, indische und jemenitische Juden, die ganz anders aus-

oben: *Seite aus der Mischne Tora, dem philosophisch-theologischen Lehrwerk des Maimonides (Handschrift aus dem 15. Jahrhundert).*

sahen als die europäischen Juden, die ich kannte. Ich lernte die verschiedensten Rabbiner kennen, die als Spezialisten für esoterische Spielarten jüdischen Geisteslebens und jüdischer Mystik galten.

Viele der traditionellen orientalischen Juden, der Sephardim, kleideten sich nach Art der arabischen Völker. Es gab moderne westliche Juden mit einer Vielfalt von Kopfbedeckungen und weltliche Juden, die man von anderen Mittelmeeranwohnern nicht unterscheiden konnte. Ich war in ein Kaleidoskop von Farben geraten.

Ich fragte mich, was all diese verschiedenen Juden miteinander verband. Gewiss nicht ihr Verständnis von ihrer Kultur und Philosophie. Gemeinsam war ihnen das Bewusstsein, dass sie einst verfolgt oder gezwungen waren, sich als Bürger zweiter Klasse zu fühlen, und dass sie in ihrem eigenen Staat leben wollten. Was war das für ein Judentum, das die religiösen Juden verband?

Das Judentum ist eigentlich kein theologisches System. Das Erste Gebot lautet nicht «Du sollst glauben», sondern «Ich bin der Herr, dein Gott». Das göttliche Wesen wird nicht formell definiert. Als Antwort auf äußere Mächte hat das Judentum genauere Vorstellungen über das Leben nach dem Tod, über Heilserwartung und Auferstehung entwickelt. Nur als Antwort auf christliche Glaubenslehren haben sich große Rabbiner wie Maimonides dazu entschlossen, jüdische Theologie in eine bestimmte Form zu kleiden. Ansonsten wurde sie durch Midrasch genannte Lehren zum Ausdruck gebracht, die ihre Gedanken auf eine nichtformalisierte Weise behandelten.

Der Geist des Judentums liegt in seiner „Verfassung", die allgemein als Tora, besonders aber als Halacha bekannt ist, ein anderes Wort für „Gesetz" (wörtlich: „der rechte Weg"). Es ist ein System für alle Aspekte des Lebens: zu Hause, bei der Arbeit, in der Gesellschaft ebenso wie in der Synagoge. Alles, was wir uns jeden Tag vornehmen, erhält einen Sinn. Es wird so verändert, dass man zuerst denkt, dann handelt. Die spätere Mystik fügte eine Dimension der inneren Sammlung hinzu, die jeder Handlung eine größere Bedeutung verlieh und zum Mittel der Erhebung, des geistigen Wachstums machte.

Ideen sind wichtig. Das Wesen Gottes, Lohn, Strafe, die Offenbarung, ewiges Leben und Heilserwartung gehören zum Judentum, doch sie werden in verschiedenen Traditionen ganz unterschiedlich verstanden. Aber diese Ideen ergänzen nur das Prinzip, ein gutes Leben zu führen und gemäß der Tora zu handeln. Liebe und Geist sind im Judentum wichtiger als alles andere. Jüdischer Gesetzesglaube ist keine trockene Pflichtübung. Er erinnert uns ständig an die noblen Ideen, denen wir nachstreben.

Dass man vor dem Essen nachdenkt, weil es Vorschriften gibt, dass man einen Tag in der Woche der Meditation widmet, dass man sich zum Gebet bereit macht, dass man dem ganzen Spektrum körperlicher Tätigkeiten von der Sexualität bis hin zum Studium Einschränkungen auferlegt – das alles ist dazu da, die Freuden und den Sinn des Lebens zu steigern. Man kann die kabbalistischen Übungen hinzunehmen, die dem Yoga und der östlichen Meditation ähneln und vieles mit dem Sufismus gemein haben. Doch letztlich ist es die alltägliche Lebensführung, die das Judentum mehr als alles andere definiert.

Das universalistische Judentum meiner Jugend war eine Religion von ungeheurer Lebendigkeit und Spiritualität, ganz anders als jener hochgestochene Rationalismus, der sich oft in dem findet, was im Westen als Judentum gilt. Das Judentum bietet uns ein weiteres Beispiel religiösen Lebens, das die Möglichkeiten menschlicher Spiritualität erweitert. Aber wie bei allen guten Dingen muss man heute natürlich wissen, wo man sie findet.

Synagoge, in der noch Gottesdienste abgehalten werden. Die Pinkas-Synagoge (Pinkasova Synagóga), 1479 von Rabbi Pinkas gegründet, veranschaulicht viele Dimensionen jüdischer Geschichte: Die Frauengalerie aus dem frühen 17. Jahrhundert war ein Vorbote des Wandels in einer damals noch streng patriarchalischen Religion. Draußen, auf dem 1478 eingeweihten Friedhof, liegen die Gräber von ungefähr 100 000 Juden. Nach dem Zweiten Weltkrieg wurde die Synagoge zur Gedenkstätte für die im Holocaust getöteten tschechischen Juden. Die Hohe Synagoge (Vysoká Synagóga) wurde von Mordechai Maisel, dem Vorsteher der Prager Judenstadt finanziert, der auch das Jüdische Rathaus erbaute. Um 1700 war Prag zu einem Viertel jüdisch. In der Stadt lebten zur damaligen Zeit die meisten Juden.

Anfang des 17. Jahrhunderts kehrte ein jüdischer Waise namens Israel Ben Elieser, geboren in einem winzigen polnischen Dorf, der rabbinischen Unterweisung den Rücken, um die Anwendung von Heilpflanzen zu studieren. Er war in der Lage, Menschen, besonders die mit Geisteskrankheiten, zu heilen und erwarb sich bald den Ehrentitel Baal Schem Tow, „Meister des guten Namens". Obwohl er nichts Schriftliches verfasst hat, bildet seine legendäre Lebensgeschichte die Grundlage des modernen Chassidismus. Dieser Zweig des Judentums, benannt nach dem hebräischen Wort für „die Frommen", ist am stärksten mystisch geprägt. Gott ist in der Natur gegenwärtig, unmittelbar und für jeden zugänglich, ungeachtet seiner Bildung oder Herkunft. «Alles geschieht aus göttlicher Vorsehung», lautet der erste der 35 Aphorismen des Baal Schem. «Wird ein Blatt von einem Windhauch gedreht, dann hat Gott dies so bestimmt, weil es in der Schöpfung seinen Sinn hat.» Für chassidische Juden wohnt der Glaube stärker im unmittelbaren spirituellen Gefühl als in der Praxis, im Kult oder in der überlieferten Tradition. Viele finden religiöse Inspiration in der Kabbala. Sie folgen einem Rebbe, einem erleuchteten Lehrer wie dem Baal Schem. Heute neigen sie zur Bildung von Dynastien. Charismatische chassidische Führer haben zu Beginn des 20. Jahrhunderts Gemeinden in aller Welt inspiriert, so in Breslau, im russischen Lubawitsch und in Brooklyn. Chassidische Männer tragen oft schwarze, breitkrempige Hüte nach osteuropäischer Tradition und haben lange Schläfenlocken *(peot)* nach dem Gebot der Tora: «Ihr sollt den Rand eures Hauptes nicht runden, und du sollst nicht zerstören den Rand deines Kinnbarts.»

Die Philosophen der Aufklärung sowie der Amerikanischen und Französischen Revolution prägten in der westlichen Zivilisation ein neues gesellschaftliches Bewusstsein. Edikte des römisch-deutschen Kaisers und der französischen Nationalversammlung verurteilten vor der Wende zum 19. Jahrhundert die religiöse Verfolgung. Als Napoleon an die Macht kam, berief er eine jüdische Notabelnversammlung ein, um das mosaische und talmudische Recht mit dem neuen französischen in Einklang zu bringen. Sein *code civil* bereitete in den westeuropäischen Nationen den Weg zu weiteren Reformen. In Amsterdam, Berlin, Breslau, Wien und Warschau blühte im 19. Jahrhundert das jüdische Geistesleben. Dagegen lebten die Juden in Russland immer noch in ihrem Schtetl, häufig von brutalen Überfällen bedroht, die nach dem russischen Wort für Zerstörung „Pogrome" genannt wurden. Die jüdische Bevölkerung Europas wird für Ende des 19. Jahrhunderts auf achteinhalb Millionen geschätzt. Davon lebten fünf Millionen in Russland, fast zwei Millionen in Österreich-Ungarn.

Die europäischen Juden begannen ihre Religion neu zu interpretieren. Die Reformbewegung, die sich von Hamburg auf andere deutsche Städte ausbreitete, begann, deutschsprachige Elemente in den hebräischen Gottesdienst zu integrieren. Der Talmud habe im «Geist seiner Zeit» gesprochen, das sei damals richtig gewesen, sagte der Kopf dieser Reform, der deutsche Rabbiner Samuel Holdheim; er selbst spreche von der «höheren Warte» seiner eigenen Zeit und sei damit für seine Epoche im Recht. Die Traditionalisten haben viele dieser Entwicklungen bekämpft. Ihre Glaubensrichtung wurde als orthodoxes Judentum bekannt.

GEGENÜBER: Londons Große Synagoge wurde im Jahr 1702 gegründet.

Die Spaltungen in der heutigen jüdischen Weltgemeinschaft gehen größtenteils auf diese Unterschiede aus dem 19. Jahrhundert zurück. Die Gemeinden bezeichnen sich als konservativ, reformorientiert, orthodox oder chassidisch. Sie teilen bestimmte Überzeugungen – in erster Linie die ihrer gemeinsamen Zugehörigkeit zu jenem Volk, das durch den einen Gott Moses' und Abrahams auserwählt wurde –, doch in Lehre und Praxis gibt es bedeutende Differenzen. Der jüdische *reconstructionism,* eine 1955 begründete neue Glaubensrichtung, definiert sich nicht durch die Theologie der Vergangenheit, sondern durch die von den Juden geteilte kulturelle Geschichte.

DAS JUDENTUM HEUTE

ALS PARISER Zeitungskorrespondent erlebte der Wiener Journalist Theodor Herzl gegen Ende des 19. Jahrhunderts die Affäre um Albert Dreyfus, der als jüdischer Hauptmann in der französischen Armee fälschlich der Spionage beschuldigt wurde. Herzl kam zu der Überzeugung, dass der Antisemitismus in der europäischen Kultur so tief verwurzelt ist, dass das jüdische Volk nur durch die Rückkehr in das angestammte Land Zion zu voller Freiheit, Gleichheit und Würde gelangen könne. Er publizierte 1896 eine programmatische Schrift mit dem Titel „Der Judenstaat", die solches Aufsehen erregte, dass auf dem zionistischen Kongress 1897 in Basel darüber beraten wurde. Mit Hilfe einer zionistischen Organisation, die Büros in Jaffa und Konstantinopel unterhielt, begannen Juden aus Russland und Rumänien nach Palästina auszuwandern. Sie fanden dort ein karges Land vor, das Mark Twain bei seinem Besuch 1867 als «schweigende, trostlose Weite» beschrieb. 1939 lebte eine halbe Million Juden in Palästina. Ihre zionistischen Ideale veranlassten sie zum Wiederaufbau einer Kultur, die auf dem Hebräischen, der universalen Sprache des jüdischen Volks, beruhte. Die alte Verheißung einer jüdischen Heimstätte fand einen modernen Ausdruck.

Doch seit den 90er Jahren des 19. Jahrhunderts emigrierten weitaus mehr Juden nach Nordamerika als nach Palästina. Man schätzt, dass von 1881 bis 1931 fast drei Millionen Europa verließen. Ungefähr 427 000 emigrierten nach Kanada und Südamerika, besonders nach Argentinien; fast 100 000 ließen sich in Südafrika und Australien nieder. Doch für die riesige Mehrheit der Zuflucht suchenden Juden verhießen die Vereinigten Staaten eine bessere Zukunft. Sie tauschten die osteuropäischen Ghettos gegen die von New York und Chicago ein. Heute leben in den USA fast sechs Millionen Juden.

Auch heute noch folgen viele Juden den alten Riten. Acht Tage nach der Geburt werden die Jungen in einer nach dem hebräischen Wort für „Bund" *brit* genannten Zeremonie von einem dafür ausgebildeten Mohel beschnitten. Mit 13 Jahren feiert der Knabe Bar Mizwa und wird nach hebräischem Recht zum Erwachsenen konfirmiert. Oft lernt er Hebräisch, rezitiert vor der Gemeinde laut eine Torastelle und hält bei einem Festmahl eine Rede, die Worte aus der Tora enthält. In den reformorientierten, konservativen und auch in vielen orthodoxen Traditionen feiern Mädchen mit zwölf Jahren Bat Mizwa und werden damit volljährig.

Die Hochzeitszeremonie ist mehr als 2000 Jahre alt. Sie verlangt das Einverständnis beider Parteien und ein von zwei Zeugen unterschriebenes Dokument, die *ketuba,* das die religiösen, sozialen und finanziellen Verpflichtungen beider Seiten festlegt. Die Zeremonie beginnt mit dem Schmücken der Braut. Sie wird vom Bräutigam mit einem dünnen Schleier bedeckt. Dann schreiten sie zur *chuppa,* einem auf vier Stäben ruhenden Baldachin, der den göttlichen Schutz repräsentiert. Die Braut umkreist den Bräutigam sieben Mal und erinnert so an Salomos Einweihung des Tempels. Sie heiligt damit ihren künftigen Ehemann und weiht ihn sich. Der Vorbeter, ein Rabbiner oder ausgebildeter Laie, rezitiert den alten Segensspruch über dem ersten Glas Wein. Die Brautleute trinken daraus. Der Bräutigam steckt einen Ring an den Finger seiner zukünftigen Frau und sagt auf Hebräisch: «Durch diesen Ring bist du mir geheiligt nach dem Gesetz von Moses und Israel.» Die *ketuba* wird verlesen, gefolgt von einem siebenfachen Hochzeitssegen, und das zweite Glas Wein wird geleert. Die Zeremonie endet damit, dass der Bräutigam ein Glas zerbricht. Dies symbolisiert die Zerstörung des Tempels und erinnert in talmudischer Tradition daran, dass noch im glücklichsten Anlass ein Grund zur Traurigkeit steckt.

Nach einem vom Talmud begründeten Brauch bedecken die Männer in den meisten jüdischen Glaubensrichtungen aus Ehrfurcht vor Gott ihr Haupt, besonders beim Gottesdienst. Viele tragen ein Käppchen – auf Jiddisch *jarmulka*, auf Hebräisch *kipa* genannt. Die meisten Synagogen sind so ausgerichtet, dass der Blick auf den Toraschrein gleichzeitig in Richtung Jerusalem geht. Jede Synagoge hat ihre eigene Tora, eine heilige Schriftrolle auf Holzstäben. Sie ist oft in einer Mauernische eingeschlossen und, gleich dem Allerheiligsten im Tempel von Jerusalem, von einem Vorhang bedeckt. Beim Gottesdienst werden die Türen hin und wieder geöffnet, und die wird Tora enthüllt. In vielen Gemeinden erhebt sich die Versammlung aus diesem Anlass.

Im Unterschied zu anderen Religionen bedient sich das Judentum keiner Bildwerke zur Versinnbildlichung einer jenseitigen Welt. Juden finden Trost in der Überzeugung, dass ihr gläubiges Tun nach dem Tod belohnt wird. Die Toten werden rasch und in aller Einfachheit zum Begräbnis vorbereitet, weil das altjüdische Gesetz den Leichnam als unrein betrachtet. Ein Nachkomme, Gatte oder Bruder liest beim Begräbnis den Kaddisch, ein Lobgebet, das die Trauernden in ihrem Leid an Gott erinnert. Für Eltern liest man ihn ein Jahr, für andere Verwandte 30 Tage lang. Nach den Begräbnis beginnt eine siebentägige Trauerzeit *(schiwa)*, in der sich Familie und Freunde im Haus des Verstorbenen zum Gebet versammeln.

Während der nationalsozialistischen Herrschaft in Deutschland wurden die europäischen Juden Opfer von Verfolgungen, die in den Holocaust (hebräisch: Shoa), den schlimmsten Völkermord der Menschheitsgeschichte, mündeten. Adolf Hitler erklärte die Entrechtung und Ausgrenzung der Juden zu einem zentralen Anliegen seiner rassenideologisch begründeten Politik. Die deutsch-jüdische Minderheit (1933 ungefähr 500 000 Menschen) war nach seiner Machtübernahme auf allen Ebenen dem staatlich organisierten Terror ausgesetzt und sollte damit zur Auswanderung gedrängt werden. 1933 gehörten die Juden zu den ersten Opfern gewalttätiger Maßnahmen und Boykotte. Durch die Nürnberger Gesetze von 1935 wurden sie endgültig aus der deutschen „Volksgemeinschaft" ausgeschlossen und ihr gesetzlicher Sonderstatus festgelegt. Nach der Reichspogromnacht am 9./10. November 1938 setzten massive Deportationen unter anderem in die Konzentrationslager Buchenwald, Sachsenhausen und Dachau ein. Nach den militärischen Erfolgen Deutschlands 1939 bis 1941 und in Erwartung des Siegs über die Sowjetunion ging die Planung der so genannten „Endlösung der Judenfrage" von der Vertreibung zum Massenmord über. Der organisierte Genozid begann nach dem deutschen Angriff auf die Sowjetunion mit systematischen Massenexekutionen im Baltikum, in Weißrussland, in der Ukraine und auf der Krim. Vom Herbst 1941 an wurden in Polen fabrikmäßige Vernichtungslager eingerichtet: Auschwitz, Belzéc, Chelmno, Majdanek, Sobibór, Treblinka. Aus allen von Deutschland besetzten Gebieten wurden unter der organisatorischen Leitung von Adolf Eichmann Millionen Juden in diese Todeslager deportiert. Ungefähr sechs Millionen wurden ermordet, die meisten von ihnen zwischen 1941 und 1944.

Der Staat Israel ging aus diesem Schrecken hervor. Er hatte aber schon im Lauf des 20. Jahrhunderts Gestalt angenommen. Nach dem Ersten Weltkrieg zerbrach das Osmanische Reich, das Palästina seit dem 16. Jahrhundert beherrscht hatte. Der Völkerbund teilte das Land in britische und französische Mandate auf. In der Balfour-Deklaration erklärte Großbritannien 1917, dass «Seiner Majestät Regierung die Schaffung einer nationalen Heimstätte in Palästina für das jüdische Volk mit Wohlwollen betrachtet». Es versicherte aber gleichzeitig, «dass nichts getan werden soll, was die bürgerlichen und religiösen Rechte bestehender nichtjüdischer Gemeinschaften in Palästina beeinträchtigen könnte». 1946 waren Syrien, der Libanon, Jordanien, der Irak, Ägypten und Saudi-Arabien souveräne Staaten. Nur Palästina blieb Mandatsgebiet, formell von den Briten regiert, faktisch im Besitz der dort lebenden Nationen: Arabern (alteingesessene Palästinenser, aber auch Neuankömmlinge) und Juden (einige ebenfalls alteingesessen, viele erst kürzlich mit zionistischen Idealen ins Land gekommen). Rund eine Million Araber, eine halbe Million Juden und 150 000 Angehörige anderer Religionen lebten damals in Palästina. Verschiedene Versuche, das Land in einen arabischen und einen zionistischen Staat aufzuteilen, schlugen fehl.

Im Februar 1947 übergaben die Briten die Palästinafrage den Vereinten Nationen. Im November sprach sich die UN-Vollversammlung für einen Teilungsplan aus, der das Land in arabisches und jüdisches Territorium aufteilte. Der vorgeschlagene arabische Staat war sehr viel größer und umfasste ganz Jerusalem, doch die Palästinenser lehnten den Teilungsplan mit Unterstützung anderer arabischer Staaten ab. Fast unmittelbar darauf brachen Kämpfe aus. Als das britische Mandat erlosch, wurde im Mai 1948 der Staat Israel ausgerufen – mit Worten, die zeigen, wie sehr seine Identität durch seine religiöse Geschichte bestimmt ist: «Erez-Israel [das Land Israel] war die Geburtsstätte des jüdischen Volkes. Hier nahm sein geistiges, religiöses und politisches Wesen Gestalt an. Hier schuf es kulturelle Werte von nationaler und universeller Bedeutung und schenkte der Welt das Ewige Buch der Bücher.»

Ein Waffenstillstand endete 1949 mit neuen Grenzverläufen. Jerusalem befand sich genau auf der Linie zwischen Israel und dem von Jordanien kontrollierten arabischen Gebiet. Besonders der Gazastreifen, das Westufer des Jordan und die Golanhöhen nordöstlich des Sees Genezareth wurden zum Gegenstand fortwährender diplomatischer und militärischer Konflikte. Jerusalem befand sich in einer prekären Stellung als die Heilige Stadt dreier Religionen, beansprucht vom Judentum, Christentum und Islam. Mittlerweile wandern Juden aus aller Welt weiter in jenes Land ein, in dem sie durch ihre Religion sofort die Staatsbürgerschaft erhalten. Von 1990 bis 2001 zogen mehr als eine Million Juden nach Israel. Auf der Welt leben heute schätzungsweise 13 Millionen jüdische Menschen, davon ungefähr 5,8 Millionen in den USA und 4,8 Millionen in Israel.

In den letzten Jahrzehnten wanderten Zehntausende äthiopischer Juden infolge von Bürgerkriegen in ihrem Land nach Israel aus. Auch sie führen ihre Geschichte auf Moses und David zurück. Manche sehen in ihnen einen verlorenen Stamm Israels, die Nachfahren Dans, andere die Nachkommen von Salomo und der Königin von Saba.

Alle Juden sind verbunden durch ihre gemeinsame Geschichte und die Gebote ihres Gottes Jahwe. Doch durch die Übertragung der Gesetze in Riten, ethische Normen und politisches Handeln kam es zu unterschiedlichen Glaubensrichtungen, zu Uneinigkeit und Spaltungen. Ein solcher Konflikt eskalierte 1995, als ein extremistischer Jurastudent, Israeli und Jude, den israelischen Premierminister Jizchak Rabin ermordete, vorgeblich wegen dessen Bereitschaft zum Kompromiss mit den Palästinensern. Israel liegt am Schnittpunkt dreier Kontinente und dreier Religionen. Es bleibt ein Land der Verheißung und des Konflikts, Heimat und Exil.

Weltweit ist jüdisches Leben heute mit zwei widersprüchlichen Kräften konfrontiert. Einerseits dezimieren Assimilation und Heirat mit Nichtjuden in den meisten westlichen Gemeinden die jüdische Gesamtbevölkerung. Andererseits gab es eine deutliche Rückkehr zu traditionellen Glaubensformen. Wie bei allen Religionen kam es zum Wiederaufleben des Fundamentalismus. Vermutlich gibt es heute mehr Schulen des traditionellen Judentums als zu irgendeinem Zeitpunkt seit der Zerstörung des Zweiten Tempels. Die jiddische Sprache erlebt besonders in der orthodoxen Welt ein überraschendes Comeback. Bei allen Problemen, zu denen auch der wieder aufflammende Antisemitismus gehört, blicken die meisten Juden optimistisch in die Zukunft.

GEGENÜBER: Im umkämpften Gazastreifen feiern jüdische Siedler den israelischen Unabhängigkeitstag.
FOLGENDE SEITEN: Ein Trauernder im einsamen Gebet zwischen den dicht gedrängten jüdischen Gräbern am Ölberg in Jerusalem.

AUF DEN SPUREN ABRAHAMS

Die kegelförmige Bauweise der Lehmhäuser in Harran (Türkei) hat sich seit 5000 Jahren nicht verändert. Abgesehen von den Stromleitungen und Satellitenschüsseln könnten die Häuser schon zur Zeit Abrahams so ausgesehen haben wie auf dem Foto (rechts). Als Stammvater von drei Religionen galt Abraham den Lesern der Bibel, der Tora und des Korans als Vorbild. Nach dem Zeugnis der Heiligen Schrift lebte er in Harran, als Gott ihm befahl, sein Volk in ein neues Land zu führen. Von dort leitete ihn Gott ins Tal von Kanaan, zu den Kulturen am Rand des Toten Meers (nächste Seite) und noch weiter südlich bis nach Mekka, bevor er in das Gebiet des heutigen Israel zurückkehrte.

EIN ENGEL fällt Abraham in den Arm, bevor er auf Rembrandts Gemälde „Die Opferung Isaaks" seinem Sohn den tödlichen Stoß versetzt (links). Das niederländische Werk aus dem 17. Jahrhundert stellt die für viele eindringlichste

Lehre aus dem Leben Abrahams dar: Sein Glaube an Gottes Wort war so stark, dass er zur Opferung seines Sohnes bereit war. Nach islamischer Überlieferung sollte er das Leben seines erstgeborenen Sohns Ismael opfern, den ihm seine Magd Hagar geschenkt hatte. Der Felsendom, die islamische Moschee von Jerusalem, umschließt die heilige Felsspitze des Bergs Moriah (oben). Dort soll Abraham der Welt gezeigt haben, was wahrer Glaube ist.

Denn so sehr hat Gott die Welt geliebt, dass er seinen einzigen Sohn hingab, damit jeder, der an ihn glaubt, nicht zu Grunde geht, sondern das ewige Leben hat.

—Johannes 3,16

CHRISTENTUM

IN PALÄSTINA war das Gebiet von Galiläa zu Beginn unserer Zeitrechnung für seine besondere Fruchtbarkeit bekannt. Der Geschichtsschreiber Flavius Josephus berichtete im 1. Jahrhundert: «Der dortige Boden ist überall fruchtbar und ertragreich. Er trägt Pflanzungen von Bäumen aller Art. Mit seiner Ergiebigkeit regt er selbst die Faulsten an, ihn einigermaßen zu bearbeiten. So wird das gesamte Gelände von seinen Bewohnern angebaut; nichts davon liegt brach.»

GEGENÜBER: *In der Via Dolorosa, durch die Jesus sein Kreuz trug, balancieren Frauen ihre Waren auf dem Kopf.*
FOLGENDE SEITEN: *Am See Genezareth herrschten gute Voraussetzungen für Landwirtschaft, Fischerei und Religion.*

DIE FAMILIEN wohnten gewöhnlich in einem mit Schilfmatten gedeckten Lehmziegelhaus. Sie bestellten ein Getreidefeld, einen Olivenhain, einen Weinberg, zudem einen Garten mit Zwiebeln, Kürbissen und Kichererbsen. Schafe und Ziegen sorgten für Milch, Käse und Wolle. Fleisch gab es nur an Festtagen und bei Opferfeiern, aber Brot und Wein fehlten fast nie. In den meisten Jahren war die Weizenernte ergiebig genug, um einen Überschuss auf den städtischen Märkten verkaufen zu können.

Die Kleinstadt Nazareth lag an der Straße zwischen Jerusalem und dem Hafen Akko auf einer leichten Erhebung mit Blick auf den acht Kilometer weiter östlich liegenden Berg Tabor. Die einzige verfügbare Wasserquelle setzte der Ausdehnung der Stadt enge Grenzen. Sie hatte im 1. Jahrhundert vermutlich ungefähr 500 Einwohner.

In dieser unscheinbaren Umgebung kam nach Aussage der christlichen Heiligen Schrift ein ganz besonderes Kind zur Welt. Es erhielt den Namen Jesus, eine hellenisierte Form des hebräischen Yeshua oder Joshua. Seine Eltern erzogen ihn im jüdischen Glauben. Jesus wurde Zimmermann, dann Prophet und Wundertäter. Er inspirierte schließlich eine Weltreligion. Sein Vater Joseph stammte aus Bethlehem. «In jenen Tagen erließ Kaiser Augustus den Befehl, alle Bewohner des Reiches in Steuerlisten einzutragen», wird im Lukasevangelium berichtet. «Da ging jeder in seine Stadt, um sich eintragen zu lassen», so auch Joseph mit seiner schwangeren Frau Maria, die in Bethlehem niederkam.

Der Befehl des Kaisers erging im Zuge einer Verwaltungsreform Roms in den Provinzen Judäa und Samaria. Kurz nach dem Tod von König Herodes hatte Kaiser Augustus diese direkt Rom unterstellt, Publius Sulpicius Quirinius zum Statthalter von Judäa eingesetzt sowie die Registrierung der Bevölkerung und eine Schätzung ihres Steueraufkommens angeordnet.

Für die Bevölkerung Judäas war die neue Herrschaft unerträglich. Sie hoffte auf einen neuen, religiösen Führer aus ihrer Mitte, der sich an den Bund zwischen Gott und seinem Volk erinnerte, die alten Bräuche respektierte und als „Messias", „Gesalbter Gottes", Judäa wieder zum Gelobten Land von Jahwes Volk machen würde. Ihre Heimat hatte sich im Lauf der letzten zwei, drei Generationen stark verändert. Die Römer hatten Jerusalem erobert. Herodes hatte in ganz Judäa Straßen, Wasserleitungen und Festungen bauen lassen. Er hatte den Tempel in Jerusalem wiederhergestellt, allerdings auch Tempel für die Heidengötter der Römer errichtet. Es war eine Zeit rasanter Entwicklungen, jedoch auch, wie viele Fromme warnten, voller Materialismus, Götzendienst und Habsucht.

Darüber waren die Gläubigen in etliche religiös-politische Parteien zerfallen. In diese von religiösen Kontroversen und politischen Machtverschiebungen angespannten Verhältnisse hinein wurde Jesus geboren. Lukas schreibt, dass «in der Herberge kein Platz für sie war», als seine Eltern in Bethlehem ankamen. Sie verbrachten die Nacht in einem Stall, wo Maria einen Sohn gebar und «in eine Krippe legte». Der Überlieferung nach befand sich die Krippe in einer der mit einer Mauer versehenen Höhlen, die im 1. Jahrhundert in der Gegend oft als Speicher und Ställe dienten. Manche Skeptiker glauben, Jesus sei in Nazareth geboren. Aber auf jeden Fall verehren die Christen seit dem 2. Jahrhundert das acht Kilometer südlich von Jerusalem gelegene Bethlehem als seinen Geburtsort. Auch David, der erste König Israels, ein Vorfahr Jesu, war dort geboren worden.

Im 3. Jahrhundert kannte der in der palästinischen Hafenstadt Caesarea lebende Gelehrte Origenes noch die Stelle der Geburtshöhle. Er schrieb: «Dort in Bethlehem wird die Höhle gezeigt, in der er geboren wurde. ... In den umliegenden Orten ist viel von diesem Schauplatz die Rede, sogar unter den Feinden des Glaubens.» Im 4. Jahrhundert, zur Zeit des römischen Kaisers Konstantin, legte man die Höhle frei und überbaute sie mit einer Kirche. 529 wurde sie bei einem Aufstand von in Bethlehem lebenden

GEGENÜBER: Ein Stern leuchtet über einer Landschaft bei Bethlehem, in der Hirten ihre Herde weiden.
FOLGENDE SEITEN: Die Geburt Jesu (Fresko an der Decke einer Höhlenkirche in der heutigen Türkei).

CHRISTENTUM

Samaritern gegen die Römer zerstört. Doch die gleiche Stelle wurde bald wieder überbaut. Unter dem Altar ließ man eine Öffnung, durch die die Gläubigen in die Höhle blicken können. Im 12. Jahrhundert wurde die Kirche mit weißem Marmor gepflastert, das Guckloch mit einem Silberstern umgeben. Heute brennen ständig 15 Lampen um den Altar, der von Anhängern dreier Zweige der christlichen Religion betreut wird: Menschen griechisch-orthodoxer, armenisch-orthodoxer und römisch-katholischer Konfession. 1995 wurde Bethlehem unter palästinensische Verwaltung gestellt und geriet damit ins Zentrum eines der stärksten politischen Konflikte des 21. Jahrhunderts.

Die Evangelien berichten über die Kindheit Jesu fast nichts. Lukas zufolge verfügte er schon früh über ein außergewöhnliches spirituelles Verständnis. Als Zwölfjähriger saß er einmal unter den Lehrern im Jerusalemer Tempel, hörte ihnen zu und stellte Fragen. Alle staunten über sein Verständnis und seine Antworten.

Jesus nahm an einer rituellen Zeremonie des Untertauchens im Jordan teil. Diesen Ritus vollzog Johannes der Täufer, ein Bußprediger, der vielleicht einer der damaligen fundamentalistischen Sekten angehörte. Er hatte einige Zeit „in der Wildnis" verbracht, im dürren, unfruchtbaren Landstrich östlich von Jerusalem. Bekleidet mit einem Gewand aus Kamelhaar und einem Ledergürtel, hatte er sich von Heuschrecken und wildem Honig ernährt. Er war zur Unabhängigkeit eines Nomaden zurückgekehrt.

Das asketische Leben des Johannes steht für ein Thema, das das gesamte öffentliche Auftreten Jesu durchzog: die Deutung der physischen Welt als Gleichnis für die spirituelle. Johannes hatte gesagt: «Ich taufe euch mit Wasser» und angekündigt: «Ein anderer wird euch mit dem Heiligen Geist taufen.» Jesus verbrachte nach seiner Taufe 40 Tage in der Wüste, wo er nach Aussage der Schrift vom Teufel versucht wurde, der Verkörperung des Bösen. Als sein Körper durch Hunger geschwächt war, fand Jesus spirituelle Stärkung. Er sagte: «Es steht geschrieben: ‹Der Mensch lebt nicht nur vom Brot, sondern von jedem Wort, das aus dem Mund Gottes kommt›», und brachte die Willenskraft auf, die 40 Fastentage durchzuhalten.

Das öffentliche Wirken Jesu dauerte nur ungefähr drei Jahre. Seine Wanderungen umfassten Distanzen, die man leicht zu Fuß oder mit dem Esel zurücklegen kann: nicht mehr als 150 Kilometer in nordsüdlicher Richtung durch die Städte und Landstriche Judäas. Über die Ereignisse aus dieser Zeit berichten die nach Matthäus, Markus, Lukas und Johannes benannten „Evangelien". Diese vier Bücher stehen am Anfang des Neuen Testaments, der Sammlung von Schriften, die zusammen mit den jüdischen kanonischen Schriften des griechischen Alten Testaments die christliche Bibel darstellen.

DIE EVANGELIEN

JEDES DER VIER EVANGELIEN bietet seine eigene Geschichte. Sie wurden ursprünglich auf Griechisch geschrieben. Als ältestes Buch gilt das von Markus. Sein Verfasser lebte offensichtlich in Rom und könnte Zeuge des dortigen Stadtbrands im Jahr 64 unter Kaiser Nero gewesen sein. Der Ursprung des Buchs Matthäus ist schwerer auszumachen. Es enthält vermutlich Geschichten, die während der letzten Jahrzehnte des 1. Jahrhunderts von Zeitzeugen gesammelt wurden, die das bereits 50 bis 60 Jahre zurückliegende Leben Jesu noch mitbekommen hatten. Es könnte sich jedoch auch um die ausführlichen Notizen des Zolleinnehmers Matthäus handeln, einem der zwölf engsten Anhänger Jesu, der so genannten Jünger.

Das Buch Lukas ist höchstwahrscheinlich von einem Mann gleichen Namens verfasst, einem zum Christentum bekehrten Arzt, der im späten 1. Jahrhundert schrieb, vielleicht in der Stadt Antiochia, dem heutigen Antakya in der Türkei, das damals ein römisches Verwaltungszentrum in

GEGENÜBER: *Jesus wird von Johannes mit Wasser aus dem Jordan getauft (Gemälde aus der Renaissance).*
FOLGENDE SEITEN: *Jesus fastete und betete 40 Tage lang in einer Wüste, die vermutlich so aussah wie diese Landschaft in Judäa.*

Syrien war. Der gleiche Lukas schrieb auch die Apostelgeschichte, das 5. Buch im Neuen Testament, in dem die Missionstätigkeit der Vertreter Jesu geschildert wird – der „Apostel" (der „Ausgesandten") –, die nach dem Tod und der wunderbaren Auferstehung Jesu der neuen Religion ihre Gestalt gaben. Da Matthäus, Markus und Lukas zahlreiche Begebenheiten aus dem Leben Jesu parallel erzählen, werden sie als die „synoptischen" Evangelien bezeichnet (das griechische Wort *synopsis* bedeutet Zusammenschau). Das Johannesevangelium weicht in Einzelheiten und Stil von ihnen ab. Es wurde wahrscheinlich als letztes geschrieben, man vermutet um 100 n. Chr.

Jesus vollbrachte zu seinen Lebzeiten viele Wunder. Er schenkte einem Blinden in Betsaida das Augenlicht. Er erweckte in der Stadt Nain einen toten jungen Mann wieder zum Leben. In Gadara befreite er zwei Männer von Dämonen, die er in eine Schweineherde verbannte. In Kapernaum heilte er den Knecht eines römischen Hauptmanns. Viele Wunder fanden am See Genezareth oder in dessen Nähe statt. Jesus schritt über die Oberfläche des Wassers. Von einem Boot aus stillte er während eines Seesturms den Wind, von einem Boot aus einer predigte er einer Volksmenge am Ufer und wies zum Schluss den Bootsführer an, seine Netze auszuwerfen. «Meister, wir haben die ganze Nacht gearbeitet, aber nichts gefangen», erwiderte Simon, legte aber trotzdem sein Netz aus und fing so viele Fische, dass es fast riss. Solche Wunder weckten Staunen, Scheu und Demut in den Umstehenden. «Fürchtet euch nicht», sagte Jesus zu seinen Fischerfreunden. «Von jetzt an sollt ihr Menschen fischen.»

Schon früh suchten christliche Pilger die Stätten solcher Wunder auf, zuweilen ohne große Anhaltspunkte. Die heutige Landkarte des christlichen Heiligen Landes ist voller Gedenkstätten, wobei sich kaum mehr trennen lässt, welche auf historischen Fakten und welche auf frommer Phantasie beruhen. Einige Angaben lassen sich jedoch belegen. Längs des gut 50 Kilometer langen Ufers des Sees Genezareth, der 200 Meter unter dem Meeresspiegel liegt, reihten sich Siedlungen aneinander. Das Gelände stieg vom Ostufer steil in hohen Felsklippen auf, im Nordwesten erhob es sich sanft zur Ebene von Genezareth und bildete natürliche Häfen. Von den Küstenstädten waren Tiberias und Betsaida die größten. In Betsaida war vermutlich Johannes der Täufer eingekerkert, der dann auf Wunsch der launischen Salome enthauptet wurde. Die Evangelien geben Betsaida als Geburtsort der drei Jünger Petrus, Philippus und Andreas an. Kleiner, aber für die Geschichte Jesu und seiner Jünger wichtiger war Kapernaum an der galiläischen Nordküste. In der Stadt stehen heute noch die Ruinen einer kunstvollen hellenistischen Synagoge, vermutlich an der Stelle einer älteren, vielleicht derjenigen, in der Jesus einen „unreinen Geist" aus einem Tobsüchtigen austrieb. Von da an, so berichtet Markus, «verbreitete sich sein Ruf rasch im ganzen Gebiet von Galiläa.»

Immer mehr Menschen strömten herbei und hörten die Gleichnisse Jesu, einfache, aus dem Alltagsleben gegriffene Geschichten zur Veranschaulichung der Beziehung, die Gott mit den Menschen eingehen wollte. Die Botschaft Jesu stellte oft die herkömmlichen Vorstellungen auf den Kopf. In seinem Gleichnis vom verlorenen Sohn kehrt ein junger Mann reumütig nach Hause zurück, nachdem er sein Erbe verjubelt hat, und es herrscht über ihn mehr Freude als über seinen Bruder, der pflichtbewusst zu Hause geblieben war. Jesus erläuterte: «Er war verloren und wurde wiedergefunden.» In einem anderen Gleichnis wird ein Mann von Räubern überfallen. Ein Priester und ein Levit gehen achtlos an ihm vorbei, aber ein Samariter, Angehöriger einer von den Juden gemiedenen Volksgruppe, hebt ihn auf und sorgt für seine Genesung. «Wer wurde diesem Mann zum Nächsten?», fragte Jesus. «Derjenige, der ihm Barmherzigkeit erwiesen hat. ... Geht und handelt genauso.»

In seinem eigenen Verhalten brach Jesus die sozialen Regeln. Er vertrat die Meinung, es gebe wichtigere Grundsätze. Die vorherrschende jüdische Kultur trennte in der religiösen Praxis die Geschlechter. Jesus nahm Frauen als gleichberechtigt an. Die jüdische Bibel erklärte Aussätzige für unrein. Jesus berührte und heilte sie. Als er beobachtete, wie Reiche dem Tempel große Spenden ablieferten, er-

klärte er, kostbarer sei die Gabe einer Witwe, die die einzige Münze, die sie besessen hatte, in den Opferkasten geworfen habe.

Gott wird in den Evangelien als unkompliziert und persönlich, liebevoll und verzeihend beschrieben. Er sei für die Gläubigen wie ein Hirte für seine Schafe; auch wenn sie sich verliefen, nehme er sie wieder auf. Er behandle sie wie ein Winzer seine Reben, beschneide sie, damit sie mehr Früchte bringen. Den einfachen Menschen machten diese Bilder Mut. Die Autoritäten witterten eher Schwierigkeiten.

Die dramatischen Ereignisse der letzten Wochen des Lebens Jesu sind unzählige Male geschildert worden. Als das Pessachfest nahte, wanderte Jesus mit seinen zwölf Jüngern nach Jerusalem, um das Fest am Tempel zu begehen. Sie nächtigten in der Nähe des Ölbergs und hielten sich in Gethsemane auf, einem ummauerten Garten oder Olivenhain mit Blick über das Kidrontal auf die Stadt im Westen. Beim österlichen Sedermahl brach Jesus ungesäuertes Brot, teilte es aus und sagte: «Das ist mein Leib.» Dann reichte er allen Wein und sprach: «Das ist mein Blut des Bundes, vergossen für viele.»

Diese Worte, mit denen Jesus ankündigte, zum Heil seiner Anhänger zu sterben, wurden durch alle Jahrhunderte in den Kirchen unzählige Male wiederholt. In der Kommunionfeier, nach dem griechischen Wort für „Danksagung" auch „Eucharistie" genannt, teilen die Feiernden Brot und Wein, um des Opfers Christi, seines Todes und seiner Auferstehung zu gedenken. Es ist das heiligste und universalste aller christlichen Sakramente. In manchen Traditionen wird es täglich gefeiert, in anderen nur an bestimmten Sonntagen des Jahres.

Mehrere Interessen wirkten zusammen, damit Jesus verhaftet und hingerichtet wurde. Er hatte die Regeln und Grundsätze der Priester und damit ihre Macht in Frage gestellt. Er hatte offen die etablierten Ältesten der Juden, die Pharisäer, kritisiert. Er hatte Scharen angezogen und damit die Römer alarmiert. Die Zivilverwaltung musste jeden Aufstand im Keim ersticken. Während Jesus im

OBEN: *Jesus zog umjubelt in Jerusalem ein, doch fünf Tage danach forderte die Volksmenge seinen Tod.*

Hain von Gethsemane betete – laut der Schrift im klaren Bewusstsein dessen, was kommen werde –, wurde er plötzlich von «einer Schar mit Schwertern und Knüppeln umringt, die von den Hohepriestern, Schriftgelehrten und Ältesten ausgesandt war». Sie schleppten ihn zum Verhör vor den Hohen Rat der Priester in den Tempel.

Am frühen Morgen wurde Jesus außerhalb der Stadtmauern von Jerusalem gekreuzigt.

In den Evangelien steht, wie sein Leichnam in ein Leinentuch gehüllt wurde. Man setzte ihn in einem höhlenartigen Grab bei und versiegelte den Eingang mit einem großen Stein.

Drei Tage nach der Kreuzigung begaben sich drei Frauen zum Grab, um den Leichnam zu salben. Sie fanden den Stein weggewälzt. Als sie in das Grab eintraten, sahen sie einen Jüngling in weißem leuchtenden Gewand, der sagte: «Fürchtet Euch nicht! Ihr sucht Jesus von Nazareth? Er ist auferstanden, er ist nicht hier!»

Seine Jünger bezeugten später mehrere Erscheinungen des Auferstandenen. Sie nahmen diese als Beweis dafür, dass er auferweckt und samt seinem Körper in eine ewige spirituelle Wirklichkeit, in den Himmel zu Gott, versetzt worden war. Sie sahen sich dadurch in ihrem Glauben bestätigt, dass Jesus der Sohn Gottes war, der sich in den Schmerz und die Sterblichkeit des Menschseins hineinbegeben hatte. Seine Unterweisungen und sein Beispiel boten das Ideal eines bis zum Ende konsequenten Verhaltens, denn er hatte sich solidarisch dem Verrat, Leiden und Tod

ausgeliefert und dabei gebetet: «Vater, vergib ihnen, denn sie wissen nicht, was sie tun.»

Sie verstanden ihn als den verheißenen Messias – auf Griechisch „Christus" –, als die von den Juden erwartete Führergestalt, den Vollender dessen, was Gott mit Abraham, Mose und David begonnen hatte.

Die Geschichte der Kreuzigung und Auferweckung Jesu ist für das Christentum zentral. Alle christlichen Konfessionen glauben, dass Christus nach Gottes Willen für die Menschheit in einem höheren Sinn als Opfer starb. Indem er die Leiden und den Tod der Menschen bis zum Letzten teilte, überwand er sie von innen heraus. Zu seinen Lebzeiten bot Jesus mit seinem Verhalten das Vorbild eines sündenfreien Menschseins. Kein Sterblicher lässt sich mit ihm vergleichen, aber alle könnten sich seine Stärke zum Vorbild nehmen. Die Christen glauben, dass Jesus auf diese Weise die Erlösung erwirkt hat. Mit seinem Tod hat er für die Sünden aller bezahlt. In seiner Nachfolge nehmen die Christen Anteil an seiner Passion, seiner Ergebung in den Willen Gottes, seinem tiefen Glauben angesichts des Leidens, und sie hoffen, wie er auferweckt zu werden.

DIE AUSBREITUNG

ZUR ZEIT SEINES TODES gegen 30 n. Chr. hatte Jesus vermutlich nur ungefähr 100 Anhänger in Judäa. Sie glaubten, er sei von einer Jungfrau geboren, empfangen vom

CHRISTENTUM

Heiligen Geist, also aus Gott hervorgegangen. Bei seiner Geburt hörten Hirten, wie Engel die Geburt eines «Retters, der der Messias ist, der Herr», verkündeten. Sterndeuter (später als Könige bezeichnet) kamen von fern – vermutlich aus Arabien – herbei und brachten dem Neugeborenen Weihrauch, Gold und Myrrhe, Huldigungsgaben für einen König. Die Zeugen des Lebens Jesu begannen unter ihren jüdischen Landsleuten die Botschaft zu verbreiten, der verheißene Messias sei zur Erde gekommen, dank seiner stehe der Anbruch des Reiches Gottes bevor. Bald bereisten diese ersten Gläubigen auch Länder außerhalb Judäas und trugen ihre Botschaft dorthin. Als im Jahr 70 n. Chr. die Römer den Jerusalemer Tempel zerstörten, hatte ein Mann namens Paulus (der früher Saulus hieß) bereits die ganze Mittelmeergegend bereist und die neue Religion verbreitet, zu der er sich erst unlängst bekehrt hatte.

Saulus war im kilikischen Tarsus, an der Südostküste der heutigen Türkei, aufgewachsen. Als hingebungsvoller Jude betrachtete er die neu entstehende Christenbewegung als Bedrohung für seine Religion. Im Auftrag der Pharisäer spürte er in der ganzen Gegend die Christen auf, nahm sie fest und brachte sie zur Bestrafung, vielleicht sogar zur Hinrichtung, nach Jerusalem.

Als er in dieser Mission nach Damaskus unterwegs war, traf ihn kurz vor der Stadt ein Blitz vom Himmel. Er fiel zu Boden und hörte eine Stimme sagen: «Saulus, Saulus, warum verfolgst du mich?» Er fragte: «Wer bist du, Herr?» Es kam die Antwort: «Ich bin Jesus, den du verfolgst. Steh auf und geh in die Stadt. Dort wird dir gesagt werden, was du tun sollst.»

Von da an verschrieb Saulus – fortan unter seinem römischen Namen Paulus – sein Leben der Verbreitung der Religion Jesu.

Zwischen 45 und 65 n. Chr. unternahm er vier Missionsrundreisen durch die ganze griechisch-römische Welt. Sein Ausgangspunkt war die Stadt Antiochia, nach Rom und Alexandria die drittgrößte Stadt im Reich. «Es war in Antiochia, wo man die Jünger zum ersten Mal ‹Christen› nannte», berichtet die Apostelgeschichte. Paulus nahm auch Heiden, Nichtjuden, in die neue Religion auf. Er war zudem geneigt, die jüdischen Bräuche wie die Beschneidung oder bestimmte Speisevorschriften zu missachten. Im Lauf des 1. Jahrhunderts kam es zum Bruch zwischen Juden- und Christentum.

Auf seiner ersten Reise segelte Paulus nach Zypern und bekehrte in Paphos den römischen Prokonsul Sergius, so dass Zypern die erste von einem Christen verwaltete Provinz des Römischen Reiches wurde. In Lystra in der Nähe des heutigen Konya in der Türkei heilte er einen von Geburt an verkrüppelten Mann. Zeugen schrien: «Die Götter sind in Menschengestalt zu uns gekommen!» Seinen Reisegefährten Barnabas hielten sie für den griechischen Gott Zeus, Paulus für den Götterboten Hermes. Dennoch wurden beide gesteinigt und halb tot liegen gelassen. Trotz solcher Widrigkeiten bekehrten sie in Kleinasien viele Menschen.

Seine zweite Reise führte Paulus in den Hafen von Troas. Nachdem ihm in einer Vision gesagt worden war, er solle nach Mazedonien kommen, segelte er über die Inseln Samothrake und Thasos ins mazedonische Neapolis. Von dort aus reiste er nach Philippi und Thessalonice. Er stieß auf die Gegnerschaft sowohl der römischen Behörden als auch der Juden. In der Apostelgeschichte heißt es, in Athen sei er «sehr traurig gewesen, die Stadt voller Götzenbilder zu sehen». Er stellte sich auf den Areopag und ermahnte die Athener: «Wir sollten nicht meinen, das Göttliche sei wie ein goldenes oder silbernes oder steinernes Gebilde menschlicher Kunst und Erfindung.» Schließlich kehrte Paulus nach Antiochia zurück. Er war 4500 Kilometer gereist, zweimal so weit wie auf seiner ersten Reise, und ungefähr drei Jahre lang unterwegs gewesen.

Auf seiner dritten Missionsreise besuchte Paulus wieder viele der Städte, wo er mitgeholfen hatte, die Saat

GEGENÜBER: Gänseblümchen schmücken den Garten Gethsemane, in dem Jesus verhaftet wurde.
FOLGENDE SEITEN: An der Via Dolorosa in Jerusalem gedenkt eine Pilgerin des Leidens Jesu.

des Christentums zu säen. Er blieb längere Zeit in Ephesos, einer Stadt in der heutigen Türkei. Der dort um 550 v. Chr. erbaute Artemistempel stand auf der Liste der sieben Weltwunder aus dem 2. Jahrhundert v. Chr. Zur Zeit von Paulus war der Tempel zerstört und wieder aufgebaut worden. Das zeigte, wie stark der Kult der Göttin in der Stadt immer noch war.

Während seiner Reisen unterhielt Paulus eine ständige Korrespondenz mit den von ihm gegründeten Kirchen. Etliche seiner damaligen Briefe bilden heute einen wichtigen Teil des Neuen Testaments. Er soll dann nach Jerusalem zurückgekehrt und dort wieder in Konflikt mit den jüdischen Autoritäten geraten sein. Er wurde von den Römern verhaftet und auf seinen Antrag nach Rom gebracht, um dort an den Kaiser zu appellieren. In Rom stand er unter Hausarrest, konnte jedoch frei Besucher empfangen. Er starb gegen 67 n. Chr. Vielleicht unternahm er von Rom aus noch eine Reise nach Spanien. Auf jeden Fall war er im Lauf seines Lebens mehr als 15 000 Kilometer gereist. Er hatte persönlich die Botschaft des Christentums im ganzen östlichen Mittelmeerraum verbreitet und Schriften hinterlassen, die von da an die Religion stark prägen sollten.

NEUE AUTORITÄTEN

ZWAR WAR JESUS auf dem Land geboren, aber das frühe Christentum entstand in den Städten. Um das Jahr 100 gab es rund um das Mittelmeer mehr als 40 Christengemeinden, darunter in Alexandria und Kyrene in Nordafrika sowie in mehreren Städten Italiens. Einige hatte Petrus gegründet, der von Jesus zum «Felsen» seiner Kirche bestimmte Apostel. Wie Paulus reiste auch Petrus, um Juden und Heiden zum Christentum zu bekehren. Auch er beendete sein Leben in Rom; allerdings sind die Daten seiner Ankunft dort und seines Todes ungewiss. Laut Überlieferung soll er für sein Anliegen das Martyrium erlitten haben. Die Römer verurteilten ihn zur Kreuzigung, aber weil er sich unwürdig fühlte, genau wie Jesus zu sterben, wurde er mit dem Kopf nach unten ans Kreuz genagelt. Im Lauf der Jahrzehnte starben alle, die wegen ihrer persönlichen Bekanntschaft mit Jesus oder seinen Aposteln über eine entsprechende Autorität verfügten. Daher kristallisierten sich Führungspersönlichkeiten innerhalb der Gemeinden heraus. Früh entwickelte sich ein dreistufiges Ämtersystem von Bischöfen, Presbytern und Diakonen. Jede Kirche wurde von einem Bischof geleitet. Ein Presbyter („Ältester" oder „Priester") leitete die Gottesdienste und predigte. Diakone waren für soziale Aufgaben zuständig. Aus Zuneigung und kindlicher Verehrung begannen die Gläubigen ihre Bischöfe auf Lateinisch *papa,* auf Griechisch *pappas* zu nennen. Vom 4. Jahrhundert an wurde dies für den Bischof von Rom zur offiziellen Anrede; der Patriarch der koptischen Christen in Ägypten trägt bis heute diesen Titel. Als dieses Amt zur festen Institution geworden war, bezeichneten die Historiker im Rückblick Petrus als den ersten „Papst" der christlichen Kirche in Rom.

Im 1. Jahrhundert verbanden gemeinsame Glaubensüberzeugungen, die auf Augenzeugenberichten beruhten, die weit verstreuten christlichen Kirchen. Diese ließen noch viel Raum für individuelle Auslegungen. Sekten wie die Gnostiker, deren Anschauungen Elemente aus der babylonischen Astrologie und griechischen Philosophie enthielten, behaupteten, den wahren Weg Christi zu vertreten. Die Christen waren sich über die jüdischen kanonischen Schriften des griechischen Alten Testaments einig, aber überall kamen neue Schriften in Umlauf: von den einen als private Texte, von anderen als autoritative Dokumente der neuen Religion angesehen. Eine im 2. Jahrhundert auf Griechisch erstellte Liste enthielt bereits die meisten der späteren kanonischen Bücher des Neuen Testaments. Im 4. Jahrhundert zählte Bischof Athanasius von Alexandria in einem Lehrschreiben alle 27 darin enthaltenen Bücher auf. Kurz danach beauftragte der Bischof von Rom einen Gelehrten namens Hieronymus, das Alte und Neue

GEGENÜBER: *Auf seinen Missionsreisen predigte Paulus in Ephesos in der heutigen Türkei am Tempel der Artemis.*

Testament ins Lateinische zu übersetzen. Diese als „Vulgata" bekannt gewordene Bibelfassung war von 392 an im ganzen Römischen Reich im Gebrauch. 1592 wurde sie von der katholischen Kirche zur Standardbibel erklärt.

Über einige Praktiken kam es zu Meinungsverschiedenheiten, so über den genauen Termin für das christliche Osterfest. Die Kirchen in Kleinasien hielten sich an das Johannesevangelium und gedachten der Kreuzigung Jesu am jüdischen Pessach- oder Paschafest. Anderswo hielt man sich an die drei anderen Evangelien, die berichteten, Jesus sei am Tag nach dem Pessachmahl, seinem letzten Abendmahl, gekreuzigt und zwei Tage danach auferweckt worden. In Einklang mit dem jüdischen Pessachfest wurde die Feier des Todes und der Auferweckung Christi ursprünglich als Paschafest bezeichnet. Die römische Kirche legte das Datum nach dem Mondzyklus fest: Die germanische Bezeichnung Ostern – der Name geht möglicherweise auf „Eostre", die keltische Göttin der Morgenröte, zurück – sei immer am ersten Sonntag nach dem ersten Frühlingsvollmond zu feiern. Die genaue Berechnung des Ostertermins blieb in der alten Kirche umstritten. Bis heute gibt es kein gemeinsames Datum der römisch-katholischen und protestantischen Kirche auf der einen und der orthodoxen Ostkirchen auf der anderen Seite. Der Abstand zwischen beiden Terminen hatte sich infolge einer Kalenderreform unter Papst Gregor XIII. im Jahr 1582 noch vergrößert.

ROM WIRD CHRISTLICH

VIELE GENERATIONEN von Christen litten immer wieder unter Verfolgungen, die Mitte des 3. Jahrhunderts auf das ganze Reich ausgedehnt wurden. Je nach Kaiser wurden sie wegen ihres Glaubens eingekerkert, verbannt oder umgebracht. Im Jahr 303 verbot Kaiser Diokletian jegliche Zusammenkunft von Christen. Ihre Kirchen sollten zerstört, ihre Bibeln verbrannt werden.

Gegen Ende seiner Regierungszeit teilte Diokletian seine Herrschaft über das riesige Reich unter vier Herrschern auf. Einer dieser „Tetrarchen", Kaiser Galerius, erließ im Jahr 311 auf seinem Sterbebett ein Toleranzedikt, das auch von dem späteren Kaiser Konstantin unterzeichnet wurde. Dieser war als Militärbefehlshaber in Britannien, Gallien und Spanien an die Macht gekommen. Als Konstantin auf Rom zumarschierte, träumte er, er werde im Zeichen Christi siegen. Diese Vision gab ihm den Mut, 312 Rom anzugreifen und dabei Feldzeichen mit Christussymbolen mitzuführen. Er konnte die Stadt erobern. Aus weiteren Kämpfen ging er schließlich als einziger römischer Kaiser hervor und wurde von da an zum unermüdlichen Förderer des Christentums von Britannien bis Palästina.

Trotz Beschwerden, dass die Christen «Denkmäler für menschliche Leichname» errichteten, erbaute Konstantin in Rom Heiligtümer für christliche Märtyrer und Gottesdiensträume, so genannte Basiliken, nach dem griechischen Wort für „Königshalle". Ihre Form entsprach den römischen öffentlichen Gebäuden: rechteckigen länglichen Hallen mit zwei niedrigeren Seitenschiffen. Sie hatten am vorderen Ende eine Apsis, eine von einer Kuppel gekrönte runde Ausbuchtung.

In seiner Baufreude gestaltete Konstantin die östliche Kaiserhauptstadt völlig neu: das alte griechische Byzanz, von da an Konstantinopel, „Stadt des Konstantin", genannt. Zu Anfang seiner Regierungszeit zählte Konstantinopel rund 20000 Einwohner. Bis ins 6. Jahrhundert war ihre Zahl auf eine halbe Million angewachsen. Alle heidnischen Denkmäler verschwanden und wurden durch christliche ersetzt. Konstantin ließ deutlich sichtbar über dem Palast, in den er den Sitz der kaiserlichen Zentralgewalt verlegte, ein mit Juwelen besetztes Kreuz anbringen.

Im Zug der Christianisierung des Römischen Reiches wollte der Kaiser in Palästina die Stätten wiederherstellen, an denen sich das Leben Jesu abgespielt hatte. Seine Mutter Helena und seine Schwiegermutter Eutropia sollten vor Ort alle Stellen ermitteln, «auf denen die Füße des Herrn geschritten waren». Helena wurde bekannt dafür, das vor Jerusalems Stadtmauern vergrabene Kreuz Christi gefunden zu haben. Splitter davon wurden als Reliquien über die

gesamte christliche Welt verteilt. Konstantin verordnete, an der Fundstelle eine Kirche von «gewaltiger und königlicher Größe» zu errichten, die zum «schönsten Bauwerk aller Städte des Reiches» werden sollte. Es war der erste Bau der heutigen Heilig-Grab-Kirche, die im Jahr 333 fertig gestellt wurde.

Konstantin machte sich daran, die Kirche in Bezug auf ihre Lehren und Organisationsform zu vereinheitlichen. Er berief dazu 325 ein reichsweites Konzil aller Kirchenoberhäupter nach Nicaea ein, das heutige türkische Iznik. Daran nahmen ungefähr 250 Bischöfe teil. Sie kamen aus so weit entfernten Orten wie Córdoba in Spanien, Antiochia in der heutigen Türkei, Alexandria in Ägypten und Caesarea in Palästina. Die Versammlung beschloss, die Gliederung der Kirche der staatlichen Verwaltungsstruktur anzupassen. Sie legte außerdem fest, dass sich die Bischöfe einer Provinz zweimal im Jahr zu einer Synode versammeln sollten. Der Bischof der Hauptstadt der Provinz (Metropole), der Metropolit, sollte das Recht haben, die Bischofswahlen in seiner Provinz zu bestätigen. In der Folgezeit erlangten fünf Patriarchate besondere Bedeutung: Rom, Konstantinopel, Alexandria, Antiochia und Jerusalem.

Die Versammlung verabschiedete 20 „Canones" (kirchenrechtliche Beschlüsse) und ein Glaubensbekenntnis. Sie schlichtete damit einige Debatten um die Dreifaltigkeit von Gott Vater, Sohn und Heiligem Geist. Das „Nizänische Glaubensbekenntnis" an den «einen Gott, den Vater, den Allmächtigen, der alles geschaffen hat, Himmel und Erde, … und an den einen Herrn Jesus Christus, Gottes eingeborenen Sohn», der wiederkommen werde, wird heute noch in vielen christlichen Kirchen gesprochen. 381 fügte ein nach Konstantinopel einberufenes Konzil diesem Credo einige neue Formulierungen hinzu, vor allem über den Glauben «an den Heiligen Geist, … der aus dem Vater und

OBEN: *Durch einen Traum bekehrt, ließ Konstantin 312 das Christentum als gleichberechtigte Religion im Römischen Reich zu.*

dem Sohn hervorgeht», sowie an die «eine heilige katholische und apostolische Kirche», die «eine Taufe zur Vergebung der Sünden» praktiziert und sich im Glauben einig ist, Jesus werde «wiederkommen in Herrlichkeit» und die «Auferstehung der Toten und das Leben der kommenden Welt» einleiten.

Als Konstantin 337 n. Chr. starb, war eine Reihe von bis heute üblichen festen christlichen Bräuchen eingeführt. Der Sonntag als erster Tag der Woche wurde als der „Tag des Herrn" begangen, an dem sich die Christen in ihren Gotteshäusern zum Gebet, zur Schriftlesung und zur Feier der Eucharistie, dem feierlichen Teilen von Brot und Wein zum Gedächtnis an den Opfertod und die Auferstehung Christi, versammelten. Darüber, welche Haltung man während des Gebets einnehmen sollte, waren sich die Bischöfe zur Zeit Konstantins noch nicht einig. Manche waren für das Knien und Händefalten, andere für das Stehen mit ausgebreiteten Armen, entsprechend der Haltung Jesu am Kreuz. Der Brennpunkt jeder Kirche war der Altar: ein zentraler Tisch für die Feier der Eucharistie. Die Gläubigen betraten die Kirche mit Bezeugungen der Ehrfurcht, da sie als Wohnort Gottes angesehen wurde. Es entwickelten sich besondere christliche Segensgesten. Das mit der rechten Hand ausgeführte Kreuzeszeichen konnte der Priester als Segen über einen Gläubigen machen, oder man konnte es selber in Andacht über seinen Oberkörper zeichnen. Diese Geste war bereits gegen 200 n. Chr. üblich, oft auch mitten im Alltag als Zeichen der Bitte um Gottes Hilfe. In fast allen Kirchen hängt heutzutage über dem Altar ein Kreuz. Katholische Kreuze tragen meist eine Abbildung des Gekreuzigten, Protestanten bevorzugen einfache Holzkreuze. Die römische Kirche entwickelte die Praxis, meditierend bestimmte Gebete zu wiederholen, vor allem Anrufungen Marias und das Vaterunser, und diese mittels einer Perlenkette, dem „Rosenkranz", mitzuzählen. Die Mönche der griechisch-orthodoxen Kirche zählten Kniebeugungen und Kreuzzeichen mittels einer Schnur mit 100 Knoten.

Die sakrale Handlung der Taufe mit Wasser durch einen Vertreter der Kirche war die Aufnahmebedingung in die Gemeinschaft derer, denen die erlösende Zuwendung Gottes und Jesu zugesagt war und die darauf hoffen konnten, nach ihrem Tod von Jesus im Himmel versammelt zu werden. Da es hieß, nur Getaufte könnten erlöst werden, setzte sich die Auffassung durch, man müsse so früh wie möglich getauft werden, um im Falle eines jähen Todes seines Heils sicher zu sein. Ursprünglich war die Erwachsenentaufe üblich. Darum gab es in den frühen Kirchen oft Baptisterien, Taufbecken von solcher Größe, dass ein Erwachsener darin unbekleidet ganz untertauchen konnte, wie der römische Presbyter Hippolyt im 3. Jahrhundert bezeugte. Vor der Taufe fragte der vorsitzende Bischof den Kandidaten, ob er an den dreifaltigen Gott glaube. Aus diesen frühen „trinitarischen" Taufformeln entwickelte sich die Formel des „Apostolischen Glaubensbekenntnisses".

Im 4. Jahrhundert wurde in der ganzen Kirche Weihnachten als eigenes Fest eingeführt. Weil das genaue Datum der Geburt Jesu unbekannt war, legte es die westliche Christenheit auf den 25. Dezember, der bis dahin ein heidnischer Feiertag gewesen war, um die Wintersonnenwende zu begrüßen. Die östlichen Christen feierten das Fest zunächst zwölf Tage später, am 6. Januar. Sie nannten es Epiphanie, „Erscheinung des Herrn". Vom 5. Jahrhundert an feierten sie Weihnachten ebenfalls am 25. Dezember, die Epiphanie jedoch weiter im Januar. Im Mittelalter erfreuten sich weihnachtliche Krippenspiele großer Beliebtheit, die eine wichtige Frühform der Theaterkunst darstellten. Aus ihnen entstand eine Fülle von Weihnachtsliedern.

Nach der Festlegung des Osterfests entwickelten sich im Lauf der Jahrhunderte weitere Feste. Die 40 Tage vor Ostern, die so genannte Fastenzeit, dienten ursprünglich der Vorbereitung auf die Taufe. Daraus wurde eine Zeit des Fastens und der Buße in Erinnerung an das 40-tägige Fasten Jesu in der Wüste. Sie beginnt am Aschermittwoch, an dem sich die Christen im Gottesdienst ein Aschenkreuz auf die Stirn zeichnen lassen. In katholischen Gegenden Frankreichs, Deutschlands, Italiens, der Karibik und Lateinamerikas geht dem Beginn der Fastenzeit eine ausgelassene Karnevalszeit voraus, die im Faschingsdienstag gipfelt.

CHRISTENTUM

TEXTE AUS DER HEILIGEN SCHRIFT

JESUS WUCHS mit der jüdischen Heiligen Schrift auf und war mit den ersten fünf Büchern der Bibel vertraut. Seine eigenen Lehren wurden später in den nach Matthäus, Markus, Lukas und Johannes benannten Evangelien überliefert. Einige Jahrzehnte nach seinem Tod wurden sie von Paulus und anderen Anhängern in eigenen Schriften weiter entfaltet und verbreitet. Diese Schriften fügten die Christen zur hebräischen Bibel als Neues Testament hinzu. Es erhielt seine endgültige Gestalt im 4. Jahrhundert. Die lateinische Bibelübersetzung des Hieronymus, die „Vulgata", galt mehr als ein Jahrtausend lang als offizieller Text. Dann entstanden Übersetzungen in unzählige Sprachen.

AUS DEM NEUEN TESTAMENT

JOHANNES 1,14
Das Wort ist Fleisch geworden und hat unter uns gewohnt, und wir haben seine Herrlichkeit gesehen, die Herrlichkeit des einzigen Sohnes des Vaters.

MARKUS 12,29-31
Du sollst den Herrn, deinen Gott, lieben mit deinem ganzen Herzen, mit deiner ganzen Seele, mit deinem ganzen Denken, mit deiner ganzen Kraft: das ist das erste Gebot. Und das zweite ist: Du sollst deinen Nächsten lieben wie dich selbst.

AUS DER BERGPREDIGT JESU, MATTHÄUS 5,3-12
Selig die vor Gott Armen, denn ihrer ist das Himmelreich.
Selig die Trauernden, denn sie werden getröstet.
Selig die Gewaltlosen, denn sie erben das Land.
Selig, die nach Gerechtigkeit hungern und dürsten, denn sie werden satt.
Selig die Barmherzigen, denn sie finden Erbarmen.
Selig die im Herzen Lauteren, denn sie sehen Gott.

Selig die Friedensstifter, denn sie werden Söhne Gottes genannt.
Selig die um der Gerechtigkeit willen Verfolgten, denn ihnen gehört das Himmelreich.
Selig seid ihr, wenn ihr um meinetwillen verspottet, verfolgt und verleumdet werdet.
Freut euch und jubelt: euer Lohn im Himmel wird groß sein. Denn so wurden schon vor euch die Propheten verfolgt.

AUS DEM ALTEN TESTAMENT

JESAJA 53,4-5
Er hat unsere Krankheiten auf sich genommen und unsere Schmerzen getragen. Wir meinten, er sei von Gott geschlagen, zerschmettert und versehrt. Aber wegen unserer Übertretungen wurde er durchbohrt.

Die Woche vor Ostern, die Karwoche, beginnt mit dem Palmsonntag, dem Gedächtnis des Einzugs Jesu in Jerusalem. Am Gründonnerstag wird in Kommuniongottesdiensten des letzten Abendmahls Jesu mit seinen Jüngern gedacht, am Karfreitag finden Gottesdienste zur Erinnerung an die Kreuzigung Jesu statt. Der Ostersonntag ist als Gedächtnistag der Auferstehung Christi der froheste Feiertag des liturgischen Jahres.

DAS CHRISTENTUM IN OST UND WEST

DIE WEITERE Entwicklung des Christentums liegt in den Zeiten Konstantins begründet: die Rivalität Roms und Konstantinopels als religiöse und politische Zentren. Der Anspruch beider Städte, Mittelpunkt der Christenheit zu sein, führte zu einem bis heute andauernden Schisma.

Im Jahr 380 erklärte Kaiser Theodosius das Christentum zur ausschließlichen Staatsreligion. Nach weniger als einem Jahrhundert war der Glaube einer verfolgten Minderheit zur offiziell bestätigten Religion des ganzen Reiches aufgestiegen. Unter Kaiser Justinian entfalteten sich das Reich von Byzanz und seine Hauptstadt in voller Pracht. 537 ließ er eine nach einem Aufstand abgebrannte Kirche neu aufbauen und weihte sie der Hagia Sophia, der „Heiligen Weisheit". Ihre große Kuppel erhob sich 56 Meter. Mosaiken aus farbigem Stein säumten die Böden ein. Die Wände waren mit Fliesen, Marmor-, Porphyr- und Basaltplatten verziert. Sie war damals die größte Kirche der ganzen Christenheit und ist bis heute eines der größten Meisterwerke der Architektur. Vom 5. Jahrhundert an wurden in ihr die byzantinischen Kaiser gekrönt. Im 10. Jahrhundert sandte ein russischer Fürst Kundschafter in aller Herren Länder aus, um zu prüfen, welcher Religion er sich anschließen sollte. Sie kamen aus Konstantinopel mit begeisterten Schilderungen der Hagia Sophia zurück: «Wir wussten nicht, ob das der Himmel oder die Erde ist. ... Wir sind sicher, dass dort Gott unter den Menschen wohnt und dies die beste Form des Gottesdienstes ist.»

Leidenschaftliche Lehrstreitigkeiten gab es über die Frage der Bilderverehrung. Man schmückte die neuen Kirchen mit Bildern von Jesus, Maria und den Heiligen – Märtyrern, die für ihren Glauben gestorben waren und Bekennern, die ihn verbreitet hatten. In den byzantinischen Kirchen bevorzugten die Christen Ikonen: stark stilisierte, statische Porträts, denen sie mit Verbeugungen und Gebeten Ehrfurcht erwiesen. Dies erboste etliche Kirchenführer, die darauf bestanden, dass sich Gläubige von Gott kein Bild machen dürften. Es sei Götzenkult, Bilder der Heiligen anzufertigen und zu verehren. Andere wandten ein, mittels Bildern verschaffe die Kirche den Ungebildeten einen Zugang zu Gott und den Heiligen. Paradoxerweise verstärkten diese Auseinandersetzungen sogar noch die Bedeutung der Ikonen in der späteren byzantinischen Christenheit. Bis heute trennt in orthodoxen Kirchen eine Bilderwand, die „Ikonostase", den Altarbereich vom Bereich der Gläubigen. Auch in der persönlichen Frömmigkeit spielen Ikonen weiterhin eine wichtige Rolle. Sie sind nicht nur dekorative Bilder, sondern sakrale Gegenstände der Verehrung, durch die der Betende die Anwesenheit der abgebildeten Person spürt. Wenn Ikonen in Prozessionen vorübergetragen werden, knien die Gläubigen nieder; sie küssen die Bilder beim Betreten der Kirche und stellen zu Hause brennende Kerzen vor ihnen auf.

Im 5. Jahrhundert betonte Nestorius, der Patriarch von Konstantinopel, die Unterscheidung der menschlichen und göttlichen Natur in Jesus Christus. Der Patriarch Kyrill von Alexandria lehnte diese Position als Häresie ab. Der Streit führte zu einer Kirchenspaltung.

Die Nestorianer verfügten über ein bedeutendes Zentrum im persischen Nisibis, dem heutigen Nusaybin in der Türkei. Sie breiteten sich ostwärts aus und gründeten Kirchen entlang der Seidenstraße. Bis Mitte des 6. Jahrhunderts entstanden ihre Gemeinden in Indien und Ceylon (dem heutigen Sri Lanka), der Mongolei und China. Die Nestorianer leben bis heute in der Assyrischen Kirche mit Gemeinden im Mittleren Osten, Indien und den USA fort.

Die Miaphysiten dagegen waren der Meinung, dass

Christus nach der Einung von göttlicher und menschlicher Natur nur über eine wirkliche Natur verfügte. Ihrer Position schloss sich zunächst der größte Teil der syrischen Christen an. Das Land war schon früh ein wichtiges christliches Zentrum. Auf Syrisch geschriebene Psalmenfragmente aus dem 9. oder 10. Jahrhundert fand man in Usbekistan, andere christliche Spuren auf Syrisch sogar an der Grenze zu China. Auch die Kirche Armeniens, das im Jahr 301 als erstes Land das Christentum als Staatsreligion eingeführt hatte, lehrte vom 6. Jahrhundert an miaphysitisch. Die koptische Kirche in Ägypten war ebenfalls miaphysitisch; sie und die von ihr abhängigen Kirchen in Äthiopien sowie in den Nubierreichen entwickelten sich unabhängig.

Im 9. und 10. Jahrhundert wurde die Glaubenstradition Konstantinopels – jetzt als „orthodox", das heißt als „richtige Lehre" bezeichnet – von Missionaren in Richtung Westen nach Griechenland, Serbien, Bulgarien und Mähren getragen sowie in den Norden und Osten nach Russland. Die beiden Brüder Kyrill und Methodios reisten von Thessalonice aus in Richtung Norden und dann die Donau entlang. Sie wurden als Apostel der Slawen bekannt. Es heißt, die Brüder hätten die „kyrillische" Schrift für die slawische Sprache entwickelt, um die Bibel darin zu übersetzen. Dieses Alphabet wird immer noch für das Russische, Bulgarische und andere slawische Sprachen verwendet.

STARKE WANDLUNGEN

VOM 8. JAHRHUNDERT an begann der Einfluss von Byzanz auf Westeuropa zu schwinden. Zudem breitete sich

OBEN: *Ein Priester feiert im Ritus der orthodoxen Ostkirche, die sich im Jahr 1054 von Rom trennte.*

ATLAS DER WELTRELIGIONEN

die im 7. Jahrhundert im Mittleren Osten entstandene neue Religion des Islam aus, unter dessen Herrschaft viele ursprünglich christliche Länder gerieten.

Im 5. Jahrhundert löste sich das westliche Römische Reich auf. An seine Stelle trat eine Reihe germanischer christlicher Königreiche, so zum Beispiel das Ostgotenreich in Italien, das Westgotenreich in Spanien, das Vandalenreich in Nordafrika und das Frankenreich in Gallien. Besonders in England und Irland, vom 7. Jahrhundert an auch in Frankreich, entstanden Mönchsgemeinschaften, die zu wichtigen Zentren der intellektuellen Bildung und religiösen Führung wurden. Der Vater des christlichen Mönchtums war Antonius in Ägypten, der dort im 3. Jahrhundert die asketische Lebensform in strenger Abgeschiedenheit etabliert hatte. Die Mönche lebten als Einsiedler oder in Gemeinschaft. Sie legten Gelübde der Ehelosigkeit, Armut und des Gehorsams ab. Auf dem Athos, dem östlichen, ungefähr 55 Kilometer langen Gebirgszug der griechischen Halbinsel Chalkidike errichteten Christen aus verschiedenen Traditionen Dutzende von Klöstern. Um das Jahr 1050 lebten dort schätzungsweise 7000 Mönche. Heute gibt es auf dieser nur für männliche Bewohner und Besucher zugänglichen

GEGENÜBER: Die zu Ehren der Hagia Sophia („Heiligen Weisheit") erbaute christliche Kirche wurde später zur Moschee.
OBEN: In Istanbul, dem Schnittpunkt der Religionen und Kulturen, verbindet die schmale Brücke über den Bosporus Europa mit Asien.
FOLGENDE SEITEN: Im nordgriechischen Meteora ragt das Kloster Rousanou von einem hohen Felsen auf.

Die Ausbreitung des Christentums

Halbinsel noch 20 Klöster. Vom 3. Jahrhundert an lebten auch Frauen in klösterlicher Gemeinschaft.

In Nord- und Westeuropa setzte sich als Herrschaftsstruktur das Feudalsystem durch. Die Landesherrscher belehnten niedrige Adlige mit Land, diese belehnten damit die Bauern, die es bebauten und Steuern und Abgaben entrichteten. Dabei spielten christliche Kirchen und Klöster weiterhin eine wichtige Rolle. Viele Adlige errichteten so genannte Eigenkirchen für ihre Familien, in denen die Bewohner der Gegend den Gottesdienst besuchten. Es kam zu Macht- und Kompetenzkonflikten zwischen Adel und Kirche.

Gegen Ende des 5. Jahrhunderts kehrte ein Römer namens Benedikt den Wirren der Großstadt den Rücken und schloss sich für einige Zeit einer Asketengemeinschaft an. Danach lebte er mehrere Jahre als Einsiedler, schließlich sammelte er Mönche um sich, die in mehreren Klöstern unter seiner Leitung lebten. Um 529 zog er mit ihnen nach Montecassino und schrieb dort für sie eine Regel für den Dienst mit «den starken und glänzenden Waffen des Gehorsams». Auf ihr gründete sich der Benediktinerorden. Vom 9. Jahrhundert an setzte sie sich allgemein als Regel für die Mönchs- und Nonnenklöster in Westeuropa durch.

Gegen 900 gab es in Irland und Britannien, im Frankenreich und in Italien eine Unmenge von Klöstern. Im Burgund gründete der Herzog von Aquitanien das Kloster Cluny und stattete es mit reichem Landbesitz aus. Die Mönche widmeten ihr Leben ganz dem Gebet, der gesungenen Liturgie und dem Schreiben. Sie knüpften in Frankreich ein umfassendes Netzwerk abhängiger Klöster, darüber hinaus auch in Deutschland, Polen, Italien, Spanien, England und Schottland. Cluny war das erste Beispiel einer hierarchisch verfassten klösterlichen Organisation. Es wurde von Rom als beispielhafte religiöse Institution gefördert.

CHRISTENTUM

Zwischen dem 11. und 14. Jahrhundert wurden vier Mönche von Cluny zu Päpsten gewählt.

Anfang des 13. Jahrhunderts praktizierte und predigte Franz von Assisi in Italien das Ideal der Armut und Buße. Daraus entstand der Franziskanerorden, parallel dazu der Orden der Armen Klarissen, benannt nach seiner Gründerin Klara von Assisi. Diese Männer und Frauen lebten vom Betteln. Sie gelobten, nach ihrer Regel «in Gehorsam, ohne Eigenbesitz und in Keuschheit» zu leben. Franziskus schickte viele seiner Brüder auf Missionsreisen und begann damit eine Tradition für künftige Orden. Der in Spanien geborene Dominikus gründete den Dominikanerorden – auch dieser ein Bettelorden –, der sich stark in Frankreich und Italien ausbreitete. Seine Anhänger waren als die „Predigerbrüder" bekannt. Sie verkündeten das Evangelium in der Umgangssprache und unterstützten die Armen vor Ort und in anderen Ländern. Beide Orden brachten große theologische Denker hervor: die Franziskaner beispielsweise Roger Bacon, die Dominikaner Albert den Großen und Thomas von Aquin. 1534 gründete der Spanier Ignatius von Loyola die „Gesellschaft Jesu", deren Anhänger als „Jesuiten" bekannt wurden. Sie zeichneten sich dadurch aus, dass sie sich der Missionstätigkeit im Ausland widmeten, die sie direkt dem Dienst des Papstes unterstellten. Sie gründeten Schulen und Einrichtungen für die Armen und halfen den rechtlosen Menschen. Ihr Einfluss wurde vor allem in der Neuen Welt spürbar. Sie begleiteten Forschungsreisende und Eroberer, wirkten unter den indigenen Völkern und gründeten später hervorragende Schulen und Universitäten. Im zweiten Jahrtausend wurden noch zahlreiche andere Ordensgemeinschaften für Männer und Frauen gegründet.

Die christlichen Mönche fertigten viele kostbare Kunstwerke der mittelalterlichen Kultur an. Unzählige prächtige Handschriften stehen für einen wichtigen Abschnitt in der Geschichte der Buchkunst. Es entwickelte sich die Kunst des liturgischen Gesangs. Die Anfänge der heutigen Notenschrift finden sich erstmals in Manuskripten römischer Gesänge aus dem 9. Jahrhundert im Schweizer Benediktinerkloster Sankt Gallen.

In Westeuropa wurde das Band zwischen der religiösen und weltlichen Führung verstärkt, als im Jahr 800 Papst Leo III. den Frankenkönig Karl zum Kaiser des Heiligen Römischen Reiches krönte. Karl, später „der Große" genannt, hatte weite Teile des alten Römerreichs wieder unter einer Herrschaft zusammengefasst: das heutige Frankreich, die Schweiz, Belgien, die Niederlande, Teile Deutschlands, Italien und Österreich. Er verstand sich als christlicher Herrscher, ein neuer König David über das neue Volk Gottes. Es wird erzählt, dass Karl beim Weihnachtsgottesdienst in der römischen Peterskirche vom Papst vor vollendete Tatsachen gestellt wurde, als dieser vom Altar weg auf ihn zutrat und ihm die alte Kaiserkrone aufs Haupt setzte. Nach einem Augenzeugenbericht hätten daraufhin die anwesenden Römer spontan akklamiert und einhellig gerufen: «Karl, dem allerfrömmsten Augustus, von Gott zum großen und friedliebenden Kaiser der Römer gekrönt, Leben und Sieg!» Hierauf habe sich Leo vor ihm niedergeworfen und zum Zeichen seiner Huldigung vor dem Kaiser dreimal mit der Stirn den Boden berührt.

Karl dem Großen gelang in seiner Regierungszeit die ideale Verwirklichung der politischen Konsolidierung des Verhältnisses zwischen Thron und Papst. Dieser harmonische Zustand ließ sich nicht lange halten. Während der folgenden Jahrhunderte stritten regionale Anführer um den Kaiserthron. Die Papstwahlen wurden von Günstlingswirtschaft und Korruption beeinträchtigt. Als 1046 der deutsche König Heinrich III. Kaiser wurde, schlichtete er den Streit zwischen mehreren Anwärtern auf den Papststuhl, indem er seinen eigenen Vetter Bruno zum Kirchenoberhaupt bestimmte. Gemäß der Tradition nahm Bruno den Namen eines großen Papstes aus der Geschichte an und wurde Leo IX. Damals festigte sich in der römischen Kirche die Rolle der Priester, die täglich die morgendliche Messfeier abhielten. In der Folgezeit entwickelte sich die

FOLGENDE SEITEN: Ein Einsiedlermönch beim Gebet im Athos-Kloster Simonos Petras in Nordgriechenland.

Einzelbeichte, bei der die Gläubigen ihre Sünden bekannten, eine Buße auferlegt bekamen und von diesen Sünden losgesprochen wurden. Dies sind heute noch zentrale Funktionen der Priester in der römisch-katholischen Kirche.

Bis ins 12. Jahrhundert hatte sich in Rom eine päpstliche Verwaltungsbehörde herausgebildet, das Kardinalskollegium. Ursprünglich hatte es aus Priestern und Diakonen der römischen Kirche bestanden. Diese rückten immer weiter in den Rang von Ratgebern und Diplomaten des Papstes auf. Schließlich ernannte der Pontifex Maximus Bischöfe aus der ganzen Welt zu Kardinälen. Sie treten nach dem Tod eines Papstes zur Wahl seines Nachfolgers zusammen. Anfang des 21. Jahrhunderts gibt es knapp 200 Kardinäle aus allen Erdteilen.

Bis zum Jahr 1000 hatten sich zwei voneinander unabhängige Kirchenorganisationen herausgebildet. Das Zentrum der einen war Rom, das der anderen Konstantinopel. In ihrem zweiten Jahrtausend sollte die Christenheit Eroberungskriege entfachen, aufregende Entdeckungsreisen inspirieren, ihr Evangelium in bislang unbekannte Weltgegenden hinaustragen. Angesichts der Ausbreitung des Islam wurde das Gleichgewicht der Religionen einer harten Prüfung unterzogen.

DIE KREUZZÜGE

DIE AUSBREITUNG des Christentums zeigte sich in Westeuropa durch eine bunte Fülle kleiner Kirchen und großer Kathedralen. Die Menschen der einzelnen Regionen wählten sich bestimmte Heilige zu ihren Patronen.

Reliquien, körperliche Überreste oder Gebrauchsgegenstände von Heiligen, galten als kostbar und heilig. Im Kölner Dom birgt ein kostbarer, mit Juwelen verzierter Schrein die Gebeine der Heiligen Drei Könige, die dem neugeborenen Jesus huldigten. Papst Coelestin gab der Legende nach Patrick, dem Nationalheiligen der Iren, Reliquien von Petrus und Paulus für seine Kirche mit.

Teile aus der Dornenkrone Jesu fanden ihren Weg nach Deutschland, Frankreich, Spanien und England.

Im ganzen mittelalterlichen Europa reckten sich stolze Kathedralen zum Himmel, geziert von kunstvollen Strebepfeilern und farbigen Glasfenstern, gebaut zur Verherrlichung Gottes. Ihre Vollendung dauerte oft Jahrzehnte, in manchen Fällen sogar Jahrhunderte. Innen und außen wachten feierlich Apostel- und Heiligenfiguren über die Gläubigen. In manchen Kathedralen hielten Skulpturen wilder Tiere und Dämonen den Besuchern die Schrecken der Hölle vor Augen, die auf sie warteten, falls sie nicht rechtschaffen lebten, am Gottesdienst teilnahmen, den Kirchenzehnt ablieferten und regelmäßig ihre Sünden bekannten. Der Florentiner Dichter Dante Alighieri verfasste zwischen 1306 und 1321 sein Epos „Die Göttliche Komödie", eine dreiteilige symbolische Beschreibung des christlichen Jenseits. Darin wurden die Sünder in einen der neun Kreise des *inferno*, des Höllenreichs Satans, verbannt, das sich stufenförmig in die Tiefe erstreckte. Je schwerer ihre Sünden waren, desto tiefer mussten sie hinab, und desto schrecklicher wurden die ewigen Qualen. Die Sünder mit leichteren Vergehen erwarte das *purgatorio,* ein Läuterungsort, auch „Fegefeuer" genannt. Darin mussten sie etliche Zeit bleiben, bis sie für das *paradiso* reif waren, den Himmel bei Gott. Dorthin kamen die Menschen sofort, die entsprechend gelebt und sich der Erlösung würdig erwiesen hatten, so wie Dantes geliebte Beatrice.

Vom 4. Jahrhundert an pilgerten die Christen zu besonderen Heiligtümern und Kirchen. Seit dem Mittelalter, konnten sie sich dabei Ablässe erwerben: Anteil am Gnadenkapital, das Christus seiner Kirche anvertraut hatte. Besonders wichtig war der Besuch der heiligen Reliquien, die Segen, Gesundheit, sogar Wunder zu bewirken vermochten. Ein Sarkophag mit dem Leichnam des Apostels Jakobus soll auf wunderbare Weise von Palästina nach Spanien geschwommen sein. Im 9. Jahrhundert sah ein Einsiedler in der Gegend von Finisterre im Wald ein Licht und nannte

GEGENÜBER: *Auf der Insel Valaam bauten russische Mönche die Kathedrale der Verklärung. Sie hat fünf Kuppeln.*

die Stelle *campus stellae*, „Sternfeld." Ein Bischof stellte fest, dass dort das Grab des heiligen Jakobus, auf Spanisch „Santiago", verborgen war. Bald strömten Pilger aus Frankreich und Nordspanien nach Santiago de Compostela. Auch heute noch beschreiten zahlreiche Pilger eine der vier Hauptrouten zu der prächtigen Kathedrale, in der in einem silbernen Reliquienschrein die Gebeine des heiligen Jakobus ruhen.

Als heiligste aller christlichen Pilgerfahrten galt die Reise nach Palästina. Der erste Pilger, von dem ein Bericht vorliegt, startete in Bordeaux. Er durchquerte das römische Gallien und erreichte 333 auf dem Landweg Palästina. Er beschrieb die Kirchen, die Konstantin auf dem Ölberg und in Bethlehem errichtet hatte, jedoch auch einfache Details voller religiöser Bedeutung: zum Beispiel die Palme, mit deren Zweigen der Weg Jesu bei seinem Einzug in Jerusalem bestreut worden war – am später Palmsonntag genannten Sonntag vor Ostern. Vom 4. Jahrhundert an schritten immer mehr Pilger die Stätten ab, die Jesus bis zu seiner Kreuzigung begangen hatte. Später wurden sie in Form von 14 „Kreuzwegstationen" auf der ganzen Welt in Kirchen und Klöstern abgebildet.

Indem die Christen alle im Alten und Neuen Testament genannten Schauplätze von Ereignissen und Wundern aufsuchten oder lokalisierten, schufen sie sich ihr eigenes „Heiliges Land." Sogar die Wüste wurde zum christlichen Boden. Zwischen Felsen und Sand entstanden Klöster, die Gläubige anzogen, die wie Mose und Jesus in der Einöde leben wollten. Kaiser Justinian gründete im südarabischen Sinai an der Stelle ein Kloster, an der Gott zu Mose aus dem brennenden Dornbusch gesprochen haben soll. Es wurde später der heiligen Katharina geweiht. Auf einer steilen Anhöhe über der öden Landschaft östlich von Bethlehem steht bis heute das Mar-Sabas-Kloster, das im 7. Jahrhundert fast 1 000 Mönche beherbergte; heute leben dort noch zehn griechisch-orthodoxe Mönche.

Auch als Palästina unter islamische Herrschaft fiel, wohnten weiterhin Christen an den heiligen Stätten oder suchten sie auf. Aber schon 636, in der Schlacht von Jarmuk an der heutigen jordanisch-syrischen Grenze, kam es zum militärischen Konflikt zwischen Christen und Muslimen. 638 eroberten die Muslime unter Kalif Omar Jerusalem von den Persern. Von 656 an war der Mittlere Osten mit Palästina, Ägypten und Mesopotamien unter islamischer Herrschaft, von 750 an auch die Nordküste Afrikas sowie die südliche Hälfte Spaniens. Während dieser Jahrhunderte wurde in Palästina die jüdische und christliche Glaubensausübung toleriert. Im 8. Jahrhundert bezeichnete Kalif Al-Walid Syrien und Palästina als «das Land der Christen». Ihre Kirchen seien wunderschön, ihre Ausschmückung «eine Versuchung». Darum beschloss er, in Damaskus eine Moschee zu bauen, die die Muslime «von diesen Kirchen weglocken sollte». Aus dem gleichen Grund errichtete Kalif Abd al-Malik im Jahr 691 den großartigen Felsendom an der Stelle des jüdischen Jerusalemer Tempels, ganz in der Nähe der christlichen Heilig-Grab-Kirche. Im von Muslimen beherrschten Palästina erlaubten die Verhältnisse noch 785, dass die Christen in

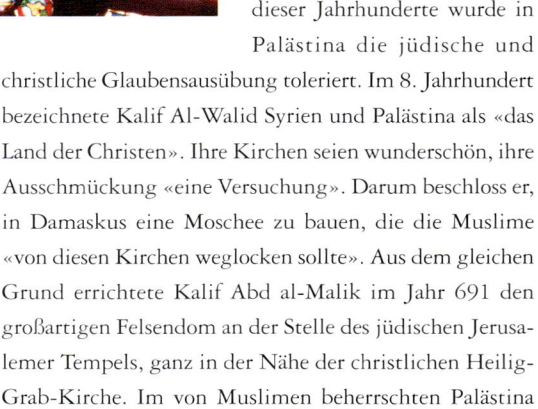

OBEN: Maria mit dem Kind, von Heiligen umgeben (Rosenfenster aus dem 13. Jahrhundert in der Kathedrale von Notre-Dame, Paris).
GEGENÜBER: Auf dem 1. Kreuzzug zur Rückeroberung Jerusalems kämpfen in Antiochia Christen mit Muslimen.

CHRISTENTUM

Umm er Rasas im heutigen Jordanien eine neue Kirche bauen konnten. Bei der Ausgrabung dieser Kirche in den 1980er Jahren entdeckten die Archäologen Bodenmosaiken, die eine Karte des Heiligen Landes darstellten, auf der 24 Städte – darunter das als „Heilige Stadt" bezeichnete Jerusalem – eingezeichnet waren.

Andererseits entbrannten heftige Kämpfe, als 7 000 muslimische Soldaten im Frühjahr 711 auf spanischen Boden übersetzten und nach Norden vordrangen. Damit setzte ein 700-jähriges Bemühen der europäischen Christen ein, das Land zurückzuerobern. Die Muslime, in Spanien Mauren genannt, waren zur Koexistenz mit den Christen wie in Palästina bereit. Sie duldeten jedoch keinerlei Missionierung. 859 wurde in Cordoba ein Priester hingerichtet, weil er versucht hatte, Muslime zum Christentum zu bekehren. Im 12. Jahrhundert waren die Christen in Andalusien, im Süden Spaniens, die Minderheit geworden.

Die so genannten Kreuzzüge begannen auf italienischem Boden. 915 schickte Papst Johannes X. zur Abwehr islamischer Invasoren Soldaten in die römische Campagna, die Ebenen um Rom. 1015 waren zwischen Genua und Sardinien Kriegsschiffe gegen islamische Piraten unterwegs. Papst Nikolaus II. schloss mit Adligen Landverträge, um Sizilien gegen weitere islamische Einfälle zu verteidigen.

Das Verhältnis zwischen Rom und Konstantinopel war lange durch Lehrstreitigkeiten beeinträchtigt gewesen, aber ein gemeinsamer Feind – türkische Muslime im Osten, spanische Mauren im Westen – brachten beide Mächte wieder enger zusammen. Innerkirchliche Probleme und Konflikte mit europäischen Herrschern traten in den Hintergrund angesichts der Sorge, dass unlängst Jerusalem in die Hände der Seldschuken gefallen war, persisch sprechender Turkmenen mit Herrschaftssitz in Isfahan südlich des heutigen Teheran. So reiste im Jahr 1095 Papst Urban II. nach Frankreich, um in Clermont vor einer großen Versammlung von Fürsten und Rittern zum 1. Kreuzzug aufzurufen.

Mehr als 100 Jahre lang unternahmen die europäischen Christen Feldzüge über Land und Meer nach Konstantinopel und Palästina in die «Länder unserer Freunde», die sie für christlich hielten. «*Dieu li volt!*» war der Schlachtruf der Kreuzfahrer: «Gott will es!» Der 1. Kreuzzug gipfelte 1099 in der Eroberung Jerusalems, bei der es zu schrecklichen Blutbädern und Verwüstungen kam, weil die Christen Juden und Muslime gnadenlos niedermachten. Im Mittleren Osten wurden von europäischen Adligen beherrschte Kreuzfahrerstaaten eingerichtet; einige Gebiete wurden wieder Byzanz unterstellt. Die Rückeroberung von Edessa, einer dieser neuen Staaten, durch die Türken löste den 2. Kreuzzug aus: relativ erfolglose Einfälle in die Türkei und nach Syrien zwischen 1146 und 1148.

Während des 3. Kreuzzugs von 1188 bis 1192 standen sich immer wieder Richard I. Löwenherz und Saladin auf Schlachtfeldern längs der palästinischen Küste gegenüber, zwei berühmte historische Persönlichkeiten. Die Kriegsmächte einigten sich schließlich auf einen Kompromiss über Jerusalem. Die Muslime sollten die Herrschaft über die Stadt behalten, aber für die Christen sollte der Zugang zu den heiligen Stätten frei sein. Im Verlauf des 4. Kreuzzugs eroberte das abendländische Kreuzfahrerheer im Jahr 1204 Konstantinopel. Sie verwüsteten die Stadt und errichteten ein lateinisches Kaiserreich namens Romania, das sie der römischen Kirche unterstellten.

Währenddessen beherrschten den Süden Spaniens immer noch maurische Kalifen. Die durch die Kreuzzüge geeinten christlichen Länder verstärkten ihre Anstrengungen, diese zu vertreiben. Außerdem setzte im späten 15. Jahrhundert unter der Herrschaft von Ferdinand II. und Isabella I. eine erbarmungslose Ketzerjagd ein, die spanische Inquisition. Hierbei wirkten religiöse und weltliche Instanzen eng zusammen. Jeder, der verdächtigt wurde, vom christlichen Glauben abzuweichen, das heißt dem Judentum oder Islam anzugehören, wurde verhaftet, verhört, gefoltert und bei „erwiesener Schuld" eingekerkert oder

GEGENÜBER: Zur Kathedrale von Santiago de Compostela in Nordspanien führten vier große Pilgerrouten.

hingerichtet. Spuren dieser lange von Rom unterstützten Praxis hielten sich in Spanien bis 1820, als eine politische Revolution die Monarchie erschütterte.

ROM UND DIE REFORM

KONSTANTIN HATTE auf dem Vatikanhügel in der Nähe des Tibers an der Stelle, die als Grab des Petrus verehrt wurde, eine große Basilika errichtet. Mit zunehmender Macht und Herrlichkeit der römischen Kirche entstanden ringsum immer mehr Bauten: Wohnungen für den Papst und seinen Hofstaat, Herbergen für Pilger, Läden für deren Versorgung.

Im Jahr 846 plünderten sarazenische Piraten, in Sizilien und Süditalien ansässige Muslime, Rom und seine Kirchen. Papst Leo IV. ließ zum künftigen Schutz des Heiligen Stuhls und Sankt Peters eine zwölf Meter hohe Mauer mit 15 Wachtürmen bauen.

Im 14. Jahrhundert verlegte Papst Clemens V. seinen Sitz nach Avignon, um sich dem Schutz Frankreichs zu unterstellen. Die Päpste blieben 68 Jahre lang dort und errichteten einen großen Palast. 1377 kehrte Papst Gregor XI. nach Rom in den Vatikan zurück. Während der anschließenden zwei Jahrhunderte wirkten auf Rom drei formgebende Kräfte ein: mächtige römische Familien wie die Borgia und Medici; entschlossene, visionäre Päpste wie Julius II. und Sixtus IV.; geniale Künstler wie die Architekten Bramante und Bernini sowie der Maler und Bildhauer Michelangelo. Dank ihres Zusammenwirkens wurde Sankt Peter zu einem Meisterwerk der italienischen Renaissance. Michelangelos Werk stellt den Höhepunkt der christlichen Kunst dar. Von ihm stammen „Die Erschaffung Adams" an der Decke der Sixtinischen Kapelle; die große nackte Davidsfigur, die an die Idealgestalt eines griechischen Gottes erinnert, und die ergreifende Pietà, Maria mit dem toten Christus auf dem Schoß.

Heute ist der Vatikan ein souveräner Staat mit internationaler diplomatischer Anerkennung. Als Italien sich 1870 zur Nation vereinigte, eignete es sich das gesamte Territorium des Kirchenstaats an. Dies führte zu komplizierten Fragen über die Beziehungen zwischen Italien und dem Heiligen Stuhl. Aus Protest verließen die Päpste den Vatikan nicht mehr, bis 1929 Benito Mussolini und Kardinal Gasparri im Namen von Italiens König Vittorio Emmanuele III. und Papst Pius IX. die Lateranverträge aushandelten und 44 Hektar Fläche zum Vatikanstaat erklärten.

Nach dem Konzil von Trient (1545–1563) wurde der Teil der Westkirche, der weiter zum Bischof von Rom hielt, als römisch-katholische Kirche bezeichnet. Das Wort „katholisch" kommt vom griechischen *kat'holon,* „das Ganze umfassend". Damit wurde bereits im 2. Jahrhundert die Kirche Jesu Christi bezeichnet, doch war damals damit das, „was alle überall gemeinsam glauben", gemeint. Erst als sich eigene protestantische Glaubenszweige bildeten, wurde „katholisch" zur Bezeichnung der römischen Kirche. Der Protestantismus entstand im 16. Jahrhundert fast gleichzeitig in mehreren nordwesteuropäischen Ländern.

DIE PROTESTANTEN

IM JAHR 1517 legte sich im deutschen Wittenberg der junge Mönch und Bibelgelehrte Martin Luther mit der katholischen Kirche an. Er begehrte gegen bestimmte Lehren und Praktiken auf, namentlich gegen den Missbrauch des Ablasshandels, einer Sündenvergebung gegen Geldzahlungen. Vor allem aber vertrat er eine eigene „Rechtfertigungslehre". Obwohl er als tadelloser Mönch gelebt hatte, war er lange von Ängsten geplagt gewesen, niemals den Ansprüchen Gottes gerecht werden zu können. Aber eines Tages war ihm aufgegangen: «Christen werden nicht gerecht, indem sie Gerechtes tun, sondern erst wenn sie durch den Glauben an Christus gerechtfertigt sind, tun sie Gerechtes. Christus spricht: ‹Der Vater liebt euch nicht deshalb, weil ihr der Liebe würdig seid, sondern weil ihr mich geliebt und

FOLGENDE SEITEN: Die Petersbasilika in Rom, die größte christliche Kirche der Welt, wird von Michelangelos Kuppel gekrönt.

Leben mit Gott
Die christliche Gebetspraxis

BEI DEN CHRISTEN ist es Brauch, sonntags zum Gottesdienst zusammenzukommen. Der Gottesdienstraum ist auf einen Altar und ein Kreuz ausgerichtet. Viele Kirchen sind mit Statuen, Gemälden und Glasfenstern geschmückt, die biblische Szenen, Symbole oder Heilige zeigen.

Ein Priester oder Geistlicher – in vielen Gemeinden heute auch Frauen – hält die Feier nach einer festen liturgischen Ordnung ab, je nach Konfession mit unterschiedlichen Ritualen. Im Lauf des Jahres werden die Stationen des Lebens und Wirkens Jesu thematisiert: von seiner Geburt (Advent, Weihnachten, Epiphanie) über sein Leiden, Sterben und Auferstehen (Fasten- und Passionszeit, Ostern) bis zur Entstehung der Kirche (Pfingsten).

Katholische Sonntagsgottesdienste bestehen gewöhnlich aus einem Wortgottesdienst, auf den der Mahlgottesdienst (die Kommunionfeier, das Abendmahl) folgt. In der evangelischen Tradition wird meist nur der Wortgottesdienst gehalten. Er besteht aus einer oder mehreren Bibellesungen, umrahmt von Psalmen, Gebeten und Liedern. Bei den Protestanten war immer die Predigt besonders wichtig, eine Auslegung der vorgetragenen Texte oder ein thematischer Vortrag; heute gilt dies auch für Katholiken. Auf die Predigt folgen das gemeinsame Glaubensbekenntnis, Fürbitten und das Vaterunser. Die Feier schließt mit einem Segen.

Die Katholiken beginnen den Gottesdienst nach einem Lied meist mit einem Schuldbekenntnis und einem Vergebungswort des Priesters. Dies entspricht der Überzeugung, dass alle Menschen Sünder sind und immer neu der Vergebung bedürfen. Sie kennen zudem – außerhalb des Gottesdienstes – die Praxis der Einzelbeichte vor dem Priester, heute meist als „Beichtgespräch".

Beim Abendmahl werden Brot und Wein herbeigetragen. Der Geistliche spricht darüber den Segen und die Worte Christi bei seinem letzten Abendmahl: «Das ist mein Leib, … das ist mein Blut, hingegeben für euch.» Es gibt Lehrunterschiede, ob das symbolisch oder real zu verstehen sei. Die Teilnehmer tauschen einen Friedensgruß aus und empfangen dann ein Stück Brot (meist in Form einer Hostie), oft auch einen Schluck Wein, zum Zeichen ihrer intensiven Verbindung mit Christus. Die Feier schließt mit dem Segensspruch des Geistlichen.

Auch unter der Woche gibt es bestimmte Gebetsgewohnheiten, zum Teil mit Texten aus dem kirchlichen „Stundengebet" (vorwiegend Psalmen), Zeiten stiller Mediation, oder das orthodoxe „Herzensgebet" (ein Jesus-Mantra, das man immer wieder spricht).

mir geglaubt habt.›» Luther berief sich auf Römer 1,17 (Habakuk 2,4): «Der Gerechte lebt allein aus dem Glauben.»

Dadurch betonte er die Bibel als die einzige Quelle christlicher Lehre und bestritt die Autorität des päpstlichen Lehramts. In diesen Vorstellungen zeichnete sich bereits der moderne Begriff der Freiheit des Individuums ab, der die Neuzeit zutiefst beeinflussen sollte. Luther übersetzte die Bibel aus den Ursprachen Griechisch und Hebräisch in ein ebenso literarisches wie allgemein verständliches Deutsch. Mit seinem unerschütterlichen Widerstand gegen die Versuche der Kirche, ihm den Mund zu verbieten und ihn zu bestrafen, erwarb er sich breite Sympathie. Sein Einfluss breitete sich rasch auch nach Holland, Dänemark, Norwegen, Schweden und in die baltischen Länder aus.

Die vom späten 13. Jahrhundert an politisch als loser Bund von Kantonen oder Republiken organisierte Schweiz verfügte mit Basel und Genf über alte Wissenschaftszentren, die ohnehin eher freie als streng dogmatische Denker hervorbrachten. In Basel veröffentlichte der große Humanist Desiderius Erasmus von Rotterdam das Neue Testament auf Griechisch, um der Christenheit den Urtext zugänglich zu machen. Huldrych Zwingli brachte den Stadtrat in Zürich dazu, die Fastenzeiten abzuschaffen, aus den Kirchen alle Bilder und Statuen zu entfernen und das Verbot für die Heirat von Mönchen und Nonnen aufzuheben, weil keine dieser Praktiken auf der Schrift gründete. Damit löste er die Reformation aus. Für die Schweizer Täufer war die Erwachsenentaufe (die Glaubenstaufe) das zentrale Ritual des biblischen Christentums. Ihre Nachfolger entwickelten diese Überzeugungen auf verschiedene Weise weiter und verbreiteten sie in anderen Ländern. Dadurch entstand vor allem in Nordamerika eine Vielfalt neuer Glaubensgruppierungen, so die Gemeinden der Mennoniten, Amische und Hutterer. In Genf formulierte Johannes Calvin in seinem Werk „Unterricht in der christlichen Religion" Reformgrundsätze, von denen sich die niederländischen Calvinisten und schottischen Presbyterianer leiten ließen. Die Hugenotten und Wallonen, von Calvin beeinflusste französische und romanisierte keltische Christen, flohen in Zeiten staatlicher Intoleranz aus ihrer Heimat und ließen sich in Deutschland, der Schweiz, England und später Nordamerika nieder.

Der Weg Englands in die Reformation wurde von politischen Führern gebahnt. Ihnen waren jedoch Theologen wie William Tyndale und Miles Coverdale vorangegangen, die das griechische Neue Testament von Erasmus ins Englische übersetzt hatten. Als die Frau Heinrichs VIII. (König von 1509–1547) ihm keinen Sohn und Erben gebären konnte, beantragte er in Rom die Ehescheidung, die ihm versagt wurde. Daraufhin ernannte er einen Befürworter der Kirchenreform, Thomas Cranmer, zum Erzbischof von Canterbury, sowie Thomas Cromwell, den früheren Sekretär des englischen Kardinals Wolsey, zum Lordkanzler. Cromwell veranlasste die Zerstörung zahlreicher katholischer Kirchen und Klöster. England schwankte einige Zeit zwischen der neuen protestantischen Religion und dem Katholizismus hin und her, bis infolge der administrativen und militärischen Aktionen Elisabeths I. der Anglikanismus Gestalt annahm und Wurzeln schlug. Die Bräuche und Gebete der Anglikaner wurden maßgeblich durch Cranmers *„Book of Common Prayer"* geprägt. Elisabeths Nachfolger gab eine neue englische Bibelübersetzung in Auftrag: Die *„King James Version"* wurde 1611 veröffentlicht.

Manchen englischen Christen gingen die anglikanischen Reformen nicht weit genug. Diese Puritaner, wie sie genannt wurden, sahen in der anglikanischen Praxis noch zu viel „Päpstisches": die Priestergewänder, das Kreuz als Abzeichen, die Heiligenfeste. Bald wurden die Auseinandersetzungen zwischen Puritanern und Anglikanern so erbittert wie seinerzeit zwischen Katholiken und Anglikanern.

Die katholische Kirche wurde von einer Welle geistiger und politischer Umwälzungen bis in ihre Fundamente erschüttert. Papst Paul IV. klagte 1559 auf dem Sterbebett: «Seit der Zeit des heiligen Petrus hat es kein so unglückliches Pontifikat gegeben wie das meinige.» Ein Botschafter,

GEGENÜBER: Nach seiner Ächtung versteckte sich Luther auf der Wartburg und übersetzte dort das Neue Testament ins Deutsche.

der die Probleme erkunden sollte, berichtete: «In vielen Ländern gibt es fast keinen Gehorsam gegenüber dem Papst mehr, und die Lage wird so kritisch, dass sie bald hoffnungslos sein wird, sofern Gott nicht selbst eingreift.» Im Jahr 1545 wurde im italienischen Trient ein internationales Konzil von Kardinälen und Bischöfen einberufen, das in Etappen jahrelang ohne viele Fortschritte beriet, jedoch 1563 mit einer Reihe von Reformen und Klärungen des Verhältnisses der Kirche zu den einzelnen Staaten abgeschlossen werden konnte. Langfristig hatte die protestantische Reformation eine katholische Gegenreformation ausgelöst, in der die Kirche ihr Selbstverständnis und ihre Sendung neu formulierte. Führend darin war der neu gegründete Orden der Jesuiten, der durch sein soziales Engagement und seine theologisch-philosophische Disziplin im Gegensatz zum Stereotyp der ungebildeten Priester und deren politischer Unentschiedenheit stand.

Mitte des 17. Jahrhunderts bot die Landkarte in Europa ein ganz neues Bild der religiösen Zugehörigkeit. Der Mittlere Osten, die Türkei und Nordafrika waren islamisch, Griechenland, die Krim, der Balkan und Russland orthodox, Portugal, Spanien, Frankreich, Italien, Osteuropa und der Süden Irlands römisch-katholisch. Teile Deutschlands und Skandinaviens waren lutherisch geworden; Calvins Reformiertes Christentum hatte Nordirland, Schottland und die Schweiz erfasst. In England und Wales gab es die anglikanische Kirche.

EIN NEUES WELTBILD

VOM 16. JAHRHUNDERT an erschütterten naturwissenschaftliche Entdeckungen die Grundlagen der römisch-katholischen Kirche. Nikolaus Kopernikus aus Polen und Galileo Galilei aus Italien entwarfen neue Himmelskarten und hoben damit die Vorstellung, die Erde sei der Mittelpunkt des Universums, aus den Angeln.

Von den Impulsen der Gegenreformation angetrieben, beteiligten sich verschiedene Orden an portugiesischen Entdeckungsreisen und trugen ihren Glauben in ferne Länder. 1541 ging der spanische Jesuit Franz Xaver als Missionar nach Indien. Obwohl dort Bekehrungsversuche unerwünscht waren, gründete er mehrere Christengemeinden und dehnte seine Aktivitäten auf die indonesischen und japanischen Inseln aus. Der italienische Gelehrte Matteo Ricci reiste 1582 vom portugiesischen Goa nach China und gründete dort katholische Missionen. Andere Entdecker segelten von Portugal und Spanien aus in Richtung Westen, in der Hoffnung, einen Seeweg nach China zu finden. Sie stießen aber auf neue Erdteile, wo unbekannte Menschenrassen unbekannte Götter verehrten und sich unerwartete neuen Chancen boten. Kirche, Thron und Unternehmer erkannten rasch, dass es in der Neuen Welt viel zu ernten gab: Gold, Zucker und Seelen.

Papst Alexander VI. hielt es für die Aufgabe der katholischen Kirche, die unversehens größer gewordene Welt neu einzuteilen. Er zog auf dem Atlas westlich der Azoren eine vertikale Trennlinie: alles Land westlich davon sprach er Spanien zu, die Gebiete östlich davon Portugal. Ein Jahr später korrigierte er die Bestimmung und gestand Brasilien Portugal zu. Daraufhin verlangte Franz I. von Frankreich erzürnt, man solle ihm die Stelle im Testament Adams zeigen, die festlegte, dass sein Land keinen Anspruch auf neu entdeckte Gebiete habe.

Christoph Kolumbus nahm 1493 auf seiner zweiten Fahrt Richtung Westen mehrere Priester mit. Er hielt religiöse Bekehrungen für ein wichtiges Ergebnis seiner Reisen. Aus Kuba schrieb er an seine Gönner Isabella und Ferdinand von Spanien: «Meine Majestäten, ich möchte behaupten, dass, sofern fromme religiöse Personen die Indianersprache gut beherrschen, alle diese Menschen bald Christen würden.» Leider schienen er und seine Gefährten nicht in der Lage zu sein, die Menschen, auf die sie trafen, zu bekehren, ohne sie zu Gefangenen, Sklaven oder Feinden zu machen. Bald wurden die Spanier zu militanten *conquistadores*, eher zu Bezwingern als Bekehrern der heidnischen Einwohner. Sie glaubten genau wie die Kreuzfahrer, ihre Mission sei Gottes Wille. Pedro de Cieza von Leon schrieb in seiner „Chronik Perus": «Wie unglaublich, dass Gott

CHRISTENTUM

etwas so Großes derart lange in der Geschichte vor der Welt verborgen hielt!» 1511 richtete der Papst drei amerikanische Bischofssitze ein: Santo Domingo und Concepción de la Vega an der Nord- und Westküste der heutigen Dominikanischen Republik sowie San Juan an der Ostküste der Insel, die die Spanier Porto Rico (heute Puerto Rico), „reicher Hafen" nannten.

Nachdem Hernán Cortés Berichte über Städte voller Gold gehört hatte, umsegelte er im Jahr 1519 von Kuba aus mit 600 Mann auf elf Schiffen die Halbinsel Yucatán. Seine Landungsstelle an der Ostküste nannte er Veracruz, „Wahres Kreuz". Die Kunde von seiner Ankunft erreichte den Aztekenkönig Moctezuma in seinem Palast in Tenochtitlán. Moctezuma sandte Geschenke: Gold- und Silberschüsseln, eine «so groß wie ein Karrenrad»; zeremoniellen Putz, darunter Kopfschmuck aus Federn, Geschmeide aus Gold, Türkis und Jade, sowie Nahrungsmittel: Mais, Eier, Guaven, Kaktusfrüchte, Avocados, Maniok, manches mit Opferblut bespritzt. Als sich Cortés der Königsstadt näherte, zog ihm Moctezuma zur Begrüßung mit einer Krone aus Gold, Türkis und schimmernden Federn des Quetzal entgegen. Cortés schenkte ihm eine Halskette aus venezianischen Glasperlen.

Binnen 14 Tagen schlug die Freundlichkeit in Feindschaft um, und Cortés' Leute, verstärkt von eingeborenen Verbündeten, stürmten die Große Pyramide im Zentrum des heiligen Bereichs der Stadt. Es war der Beginn einer zweijährigen Belagerung, die mit der Vernichtung der aztekischen Zivilisation endete. Mit der Kapitulation des aztekischen Befehlshabers Prinz Cuahtemoc am 13. August 1521 hatten die Spanier die größte Zivilisation Mittelamerikas erobert. Sie besetzten Tenochtitlán, benannten es in Nueva España, „Neuspanien", um und bauten Kirchen aus *tezontle,* dem gleichen roten vulkanischen Felsgestein, das die Azteken für ihre Tempel benutzt hatten.

Bald nach dem Fall der Azteken wiederholten sich weiter südlich die Ereignisse. Dort eroberte Francisco Pizarro das Inkareich, das sich 4000 Kilometer entlang der Westseite des Kontinents erstreckte. 1531 berichtete ein Bischof, er sei persönlich Zeuge der Zerstörung von 500 Tempeln und 26000 Götzenbildern gewesen. Nachdem im Land feste Niederlassungen eingerichtet waren, drangen spanische Missionare nach ganz Nord- und Südamerika vor. Gemäß der Erlaubnis eines Papstes aus dem 15. Jahrhundert, «Sarazenen und Heiden sowie alle anderen Ungläubigen» könnten versklavt werden, zwangen die spanischen Kolonisten die Eingeborenen in ihre Knechtschaft. Jesuitenpriester reagierten dagegen und gründeten im Gebiet zwischen Paraguay, Argentinien und Brasilien „Reduktionen", Schutzzonen für christliche Indios. Das erzürnte die Spanier so, dass sie die Priester 1767 vertrieben. Mehr als 500 Jesuiten mussten ihre Reduktion in Paraguay aufgeben und 100000 Indios im Stich lassen.

Auch bei den französischen Eroberungszügen nach Nordamerika waren Missionare dabei. Aber es sollte sich als noch wichtiger erweisen, dass im 17. Jahrhundert infolge

OBEN: *Die Darstellung eines Indio-Künstlers zeigt, wie Hernán Cortés gegen die Azteken Schwert und Kreuz erhebt.*
FOLGENDE SEITEN: *Die Kirche in Iruya in Argentinien wurde von spanischen Missionaren gebaut.*

religiöser Auseinandersetzungen englische Puritaner nach Nordamerika vertrieben wurden. Sie suchten dort eine neue Heimat für ihren Glauben. Aus ihren Ländern verbannt, empfanden sie Amerika als ein wiedergefundenes Paradies, als Stätte, wo die religiöse Praxis wieder in ihrer reinen Ursprungsform ausgeübt werden konnte. Der 1630 nach Massachusetts gekommene englische Puritaner John Winthrop schrieb: «Wir werden hier viel stärker als früher Gottes Weisheit, Macht, Güte und Wahrheit erfahren dürfen.» Er gründete auf einer Erhebung über einer natürlichen Hafenbucht die Stadt Boston. Winthrop glaubte, sie würden wie dereinst die Israeliten auf dem Berg Moriah in Jerusalem «eine Stadt auf dem Berg sein, und die Augen aller Völker werden auf uns blicken».

Eine Vielzahl weiterer christlicher Sekten wanderte nach Nordamerika aus, weil sie dort in aller Freiheit ein Christentum nach ihrer Überzeugung leben konnten: beispielsweise die Quäker, die im von den Anglikanern beherrschten England mit ihren antimaterialistischen und pazifistischen Grundsätzen angefeindet wurden. So ließ sich William Penn von König Charles II. eine Schuld mittels einer Landschenkung in der Neuen Welt begleichen und gründete dort 1682 eine Kolonie namens Pennsylvania. Ihre Richtlinien, mit denen er «möglichst gut die wahre christliche und bürgerliche Freiheit wahren» wollte, formulierte er im „Great Law". 100 Jahre später wurde ein entsprechendes Gesetz in Virginia erlassen, das von Thomas Jefferson formulierte und von James Madison geförderte „Statut über die Religionsfreiheit". Es beruhte auf der Überzeugung der Aufklärung, die «Wahrheit sei so stark, dass sie sich von allein durchsetzt, wenn man sie sich selbst überlässt». Diese Kolonial- und Staatsgesetze boten die Grundlage für das „First Amendment", dem ersten von zehn Zusätzen zur Verfassung der USA, der „Bill of Rights". Darin heißt es, der «Kongress darf kein Gesetz bezüglich der Einführung einer Religion oder des Verbots der freien Ausübung einer solchen erlassen».

So idealistisch diese Grundsätze klingen, erfreute sich im Jahr 1810 dennoch nur jeder fünfte Einwohner der USA dieser Verfassungsrechte. Mehr als eine Million afrikanischer Männer und Frauen sowie deren Nachkommen arbeiteten als Sklaven in der Landwirtschaft der neuen Republik. Noch mehr blieben auf den Karibischen Inseln, wo viele Sklavenschiffe aus Afrika einen Zwischenstopp einlegten. Der atlantische Menschenhandel hatte im 15. Jahrhundert begonnen. In den folgenden 300 Jahren wurden zwischen zehn und zwanzig Millionen Afrikaner entführt und in die Neue Welt deportiert.

Das afrikanische Stammesleben hatte über eine reiche spirituelle Tradition verfügt, zu der die Verehrung eines höchsten Wesens, der Ahnen und von Naturgeistern *(orisha)* gehörte. Spuren dieser Religionen finden sich noch heute im Voodoo-Kult auf Haiti (Voodoo bedeutet „Gottheit" auf Fon, einer Eingeborenensprache von Dahomey), in Kubas Santería (einer Mischung aus katholischen und afrikanischen Ritualen) und in den uralten medizinischen Praktiken afroamerikanischer Gemeinden in New Orleans und dem ländlichen Süden der USA. Auch der Gottesdienst im Wechselruf – auf Aussagen des Predigers rufen die Gläubigen spontan ihre Antworten – entstammt afrikanischen Ritualen. In Brasilien strömen zur Neujahrsfeier Tausende weiß gekleideter Menschen an den Strand. Sie stoßen kleine Boote voller Blumen in die Wellen, als Opfer an die Götter des Candomblé. Dies ist die moderne, von Elementen des Katholizismus und der Indio-Religion durchsetzte Version der alten Yoruba-Religion aus Nigeria.

In der Frühzeit hielten sich die amerikanischen Christen für verpflichtet, die afrikanischen Sklaven zu bekehren. Die entsprechenden Taufregister sind eine wichtige Quelle über die frühen demografischen Verhältnisse, vor allem in Neuengland. Später wurden Christen – vor allem Quäker – in Europa und den USA führend in der Bewegung zur Abschaffung der Sklaverei. „Amazing Grace", eines der bekanntesten englischen Kirchenlieder, wurde 1772 von

GEGENÜBER: *In einem Voodoo-Ritual auf Haiti wird ein Junge mit Korn und Wasser gesegnet.*

CHRISTENTUM IST IMMER KONKRET

— Robert Louis Wilken, *Universität von Virginia*

Meinen Lebensrhythmus als Christ bestimmen zwei Elemente: das tägliche Psalmengebet und die sonntägliche Teilnahme am Gottesdienst der Kirche, Eucharistie, Messe, Göttliche Liturgie oder Abendmahl genannt.

Nach dem Aufstehen verrichte ich als Erstes ein Morgengebet, nach dem lateinischen Wort für „loben", auch *Laudes* genannt. Es beginnt mit Psalm 95: «Kommt, lasst uns jubeln vor dem Herrn und zujauchzen dem Fels unsres Heils! Lasst uns mit Lob seinem Angesicht nahen.»

Unabhängig davon, mit welcher Laune, welchen Gedanken, welchen Sorgen ich erwache, fange ich meinen Tag immer mit dem Lobpreis Gottes an. Entgegen der landläufigen Vorstellung ist das Gebet als feste Gewohnheit besonders fruchtbar. Wenn ich jeden Morgen wiederhole: «Lasst uns mit Lob seinem Angesicht nahen», macht mir das bewusst, dass ich den Tag in der Gegenwart des Herrn beginne. Ich weihe alles, was ich tun werde, dem Dienst Gottes. Diese Zeit des Gebets und der Meditation ist für mich eine Oase der Einsamkeit und Heiterkeit; ich sammle meine Gedanken und Gefühle, bevor ich meine Tagesaufgaben anpacke.

Doch das Morgengebet ist für mich nicht nur ein persönliches Sprechen zu Gott. Im Psalm heißt es: «Lasst uns … seinem Angesicht nahen.» Betend versetze ich mich in die weltweite Gemeinschaft aller, die Gott loben und ihm danken.

Anders ist die Sonntagserfahrung. Am ersten Tag der Woche, dem Tag der Auferstehung Christi, feiern die Christen gemeinsam Christi Gegenwart in der Eucharistie. Das geschieht im gemeinschaftlichen Raum, in froher, festlicher Stimmung.

Die Eucharistiefeier hat zwei Teile. Der erste umfasst Gebet, Lobpreis und Unterweisung. Sein Höhepunkt ist die Verlesung eines Abschnitts aus einem der vier Evangelien, alten Berichten über Leben und Lehre Jesu. Daran schließt sich eine Predigt (Homilie) an, eine Erläuterung des Gelesenen und Anregungen zu seiner praktischen Umsetzung.

Hierauf rückt ein großer, weiß gedeckter Tisch oder Altar in den Mittelpunkt. Brot und Wein werden herbei-

OBEN: *Jesus beim letzten Abendmahl mit seinen Jüngern (Fresko aus dem 13. Jahrhundert im serbischen Kloster Studenica).*

gebracht. Der Vorsteher des Gottesdienstes spricht darüber ein Segensgebet, das die Worte Jesu enthält: «Nehmt und esst, das ist mein Leib» und «Tut dies zu meinem Gedächtnis.» Danach beten wir gemeinsam das Vaterunser und tauschen den Friedensgruß aus. Während der Vorsteher das konsekrierte Brot für die Austeilung bricht, singt die Gemeinde: «Lamm Gottes, das du hinwegnimmst die Sünden der Welt, erbarme dich unser ... Lamm Gottes, das du hinwegnimmst die Sünden der Welt, gib uns deinen Frieden.»

Zum Kommunionempfang gehen die Teilnehmer nach vorn. Beim Warten ist es ganz still. Alle stehen in der Schlange, Alte, Junge, Gesunde, Kranke, Eltern mit Kindern auf dem Arm, und warten auf das, was ihnen gegeben wird. Die Eucharistie schließt mit einer sehr persönlichen Geste.

Dieses einfache Ritual gibt es nun schon seit 2000 Jahren. Trotzdem verliert es nie seine Kraft, Ehrfurcht zu wecken. Wenn der Priester beginnt, das Gebet über die Gaben zu sprechen, wird die Gemeinde spürbar konzentrierter. Die gesprochenen Worte wollen nicht nur etwas sagen, sondern auch bewirken. Wenn man das konsekrierte Brot empfängt, spricht der Priester oder Kommunionhelfer: «Der Leib Christi», und man antwortet: «Amen». Genauso heißt es dann vor dem Trinken aus dem Kelch: «Das Blut Christi» und «Amen». In der Eucharistie kommen wir über etwas Sicht- und Spürbares in enge Beziehung zu Christus.

Christentum ist immer konkret. Die zentrale christliche Glaubenswahrheit ist, dass Gott in der Person des Jesus von Nazareth auf der Erde erschienen ist und unter uns gelebt hat. Der Verfasser des Johannesevangeliums schrieb: «Niemand hat Gott je gesehen. Der eingeborene Sohn, der im Schoß des Vaters ruht, hat ihn bekannt gemacht.» Im christlichen Credo (das lateinische Wort bedeutet „ich glaube"), das die meisten Christen jeden Sonntag sprechen, bekennen wir nicht nur den Glauben an «Gott, den Vater, den Allmächtigen Vater, den Schöpfer des Himmels und der Erde», sondern auch an «Jesus Christus, seinen eingeborenen Sohn».

Wie das Judentum und der Islam, die beiden anderen Religionen, die auf Abraham zurückgehen, übt das Christentum das Denken und Empfinden der Menschen im Dienst des einen Gottes ein. Jesus lehrte: «Du sollst den Herrn, deinen Gott lieben aus deinem ganzen Herzen, deiner ganzen Seele und mit deiner ganzen Kraft.» Doch für die Christen führt der Weg zu Gott durch die konkrete Welt. Sie kennen Gott nicht nur aus Worten wie denen aus der Bibel, aus der Schönheit und Ordnung der Welt und aus mentalen oder spirituellen Übungen, sondern über ein Menschenwesen aus Fleisch und Blut. Theologisch gesprochen ist das Christentum eine „sakramentale" Religion. Augustinus von Hippo definierte vor Jahrhunderten, ein Sakrament sei «die sichtbare Form einer unsichtbaren Gnade». Die Form kann vielfältig sein: bei der Eucharistie Brot und Wein, bei der Taufe Wasser, bei der Krankensalbung Öl; aber auch ein heiliger Ort, eine Pilgerstätte wie Jerusalem, wo Christus litt und starb, oder ein Heiligengrab wie das des Petrus in Rom. Dort stehen die Pilger vor seiner Statue in der Petersbasilika an, um in Andacht mit ihren Fingern ganz spürbar seine Füße zu berühren.

Wir sind der Abstraktionen müde und möchten sichtbare Zeichen. Brot und Wein der Eucharistie sind sinnlich wahrnehmbare Beweise, dass Gott uns nahe gekommen ist. Wenn Brot und Wein Christus gegenwärtig setzen, können wir in konkreter Gemeinschaft mit Gott leben. Genauso wenig wie wir mit bloßem Auge in die Sonne schauen können, so können wir auch Gott nicht nur mit dem Denken erkennen. Zunächst muss man sich hinknien und auf den Boden schauen, um zu sehen, wie sich die Lichtstrahlen auf der Erde brechen.

John Newton verfasst, einem englischen Sklavenhändler, der infolge eines Bekehrungserlebnisses zum Verfechter der Abschaffung der Sklaverei wurde: *«I once was lost but now am found, was blind, but now I see.»* («Ich war einst verloren, aber wurde gefunden, ich war blind, aber nun kann ich sehen.») Im 20. und 21. Jahrhundert führten schwarze christliche Kirchenoberhäupter in Afrika den Feldzug gegen Rassenvorurteile fort. Der bahnbrechende anglikanische Bischof Desmond Tutu war maßgeblich am Kampf gegen die Apartheid in Südafrika beteiligt. 1984 erhielt er den Friedensnobelpreis für seine weltweiten Aktivitäten zu Gunsten einer, wie er selber sagte, «demokratischen und gerechten Gesellschaft ohne Rassenschranken».

Vom Ende des 18. Jahrhunderts an gründeten afroamerikanische Christen ihre eigenen Kirchen. Sie waren nur lose mit den bestehenden Konfessionen verbunden. Der 27-jährige Richard Allen vertiefte sich in den Methodismus. Diese von dem Engländer John Wesley inspirierte Religionsgemeinschaft fand zuerst bei der Arbeiterschicht im späten 18. Jahrhundert Anklang. Sie betonte die persönliche innere Erfahrung, erlöst zu sein. Obwohl Sklave, bekehrte Allen seinen Besitzer. Er kaufte sich frei und predigte in Pennsylvania, Delaware und New Jersey. Als ihm verboten wurde, den Gottesdienst in der St. George's Church in Philadelphia zu feiern, begann er 1787, Religionsunterricht in einer Schmiede abzuhalten. Daraus ging die Mother Bethel African Methodist Episcopal Church hervor, die heute zwei Millionen Mitglieder zählt.

Im Süden erwies sich die Tradition der Baptisten als besonders anziehend für Afro-Amerikaner. Viele ihrer Kirchen entstanden unabhängig von einer übergeordneten Hierarchie. Oft handelte es sich um kleine Christengruppen, die der Glaube vereinte, die bewusst angenommene Erwachsenentaufe bewirke das Heil. Ganze Gemeinden wateten in voller Bekleidung in Flüsse, um dort die Taufe durch Untertauchen zu empfangen. Zur Zeit der Unabhängigkeitserklärung 1776 begann sich in South Carolina eine „Negro Baptist Church" zu formieren. Schwarze amerikanische Baptisten wurden missionarisch aktiv und gründeten in den 1780er Jahren Schwesterkirchen auf den Bahamas, auf Jamaika, Neuschottland und in Sierra Leone.

1820 offenbarte dem jungen Joseph Smith ein himmlischer Bote vergrabene Goldplatten, deren Aufschrift er übersetzte und zur neuen, authentischen Heiligen Schrift erklärte, dem „Buch Mormon." Smiths Anhänger betrachteten ihn als Propheten, und es entstand die „Kirche der Heiligen der Letzten Tage". Er zog mit 20 000 Anhängern Richtung Westen und ließ sich in Commerce in Illinois nieder, das er in Nauvoo umbenannte. Als Smith 1844 ankündigte, er werde für das Präsidentenamt der USA kandidieren, warfen ihm seine Kritiker übertriebenen Ehrgeiz und seine Praxis der Polygamie vor. Der Aufruhr endete gewalttätig mit der Ermordung Smiths durch den Mob. Auch sein Nachfolger Brigham Young praktizierte die Polygamie. Mit seinen 20 Frauen hatte er insgesamt 47 Kinder. Er führte Tausende von Mormonen weiter nach Westen ins Gebiet von Utah und gründete Salt Lake City, bis heute das Hauptquartier dieser Religion. In den letzten anderthalb Jahrhunderten wuchs die „Kirche der Heiligen der Letzten Tage" auf elf Millionen Mitglieder an. Sie verfügt auf jedem Kontinent über eigene Tempel.

Der europäische Imperialismus trug das Christentum auch in die anderen Erdteile. Bereits der Apostel Thomas soll bis Indien gekommen sein und dort Kirchen gegründet haben. Auch die Britische Ostindien-Kompanie wurde in dieser Hinsicht aktiv, aber es gelang ihr im 17. und 18. Jahrhundert nicht, die Inder zu bekehren. Im späten 18. Jahrhundert wurden Missionsgesellschaften gegründet, wobei die protestantischen Kirchen Mildtätigkeit und Bekehrungsarbeit miteinander verbanden. 1796 entsandte die London Missionary Society, ein Dachverband von vier Konfessionen, Missionare nach Tahiti. Die französischen Missionsgesellschaften gründete Stationen im ehemaligen Indochina. In China begannen umfangreichere Missionstätigkeiten um 1860, als viele Presbyterianer und Methodisten aus den Vereinigten Staaten ihrem „Ruf" folgten, ihren Glauben zu verbreiten – im Zusammenhang mit Ausbildung, sozialen und medizinischen Diensten. Durch

ihre Arbeit gewann das Christentum in China an beträchtlichem Einfluss, bis die wachsende Macht der kommunistischen Partei im frühen 20. Jahrhundert die Missionsarbeit beendete und die Kirchen verfielen. In Japan gewannen amerikanische Protestanten Anhänger unter der Oberschicht der Samurai, aber die christliche Kirche blieb klein. Von allen Ländern Asiens hieß Korea das Christentum am wärmsten willkommen, obwohl die Katholiken die uralte Praxis der Ahnenverehrung als Götzendienst verurteilten. Das Christentum kam bis 1884 hauptsächlich über Japan und China nach Korea, wo Missionare zahlreiche Schulen gründeten. Heute ist ein Drittel der Einwohner Südkoreas christlich.

Der 1813 in Schottland geborene Arzt und Missionar David Livingstone war entschlossen, «das Tor zu Afrika zu öffnen oder umzukommen». Er lieferte der Royal Geographical Society Landkarten mit ausführlichen Anmerkungen, predigte jedoch auch das Evangelium und heilte die Kranken mit Medizin, Glauben und Wissen. Livingstone starb 1873 in einem Dorf nahe des Tanganjikasees und wurde in der Londoner Westminster Abbey beigesetzt.

DAS CHRISTENTUM HEUTE

DIE 2000-JÄHRIGEN Missionsbemühungen – ob um der Erleuchtung, Nächstenliebe oder Machterweiterung willen – waren erfolgreich. Im Jahr 2004 gehört ein Drittel der sechs Milliarden zählenden Weltbevölkerung dem Christentum an. Seine drei Hauptzweige, östliche Ortho-

OBEN: *Den Mormonentempel in Salt Lake City krönt eine vergoldete Statue des Engels Moroni.*

doxie, römischer Katholizismus und Protestantismus, existieren in einigen Ländern, etwa den USA, miteinander, aber auf der Weltkarte verteilen sie sich auf jeweils eigene geographische Zonen. In Griechenland und Osteuropa bleibt die orthodoxe Kirche vorherrschend und hat die Bemühungen der früheren Sowjetunion, eine religionslose marxistische Gesellschaft zu schaffen, überstanden. Die Nordeuropäer und Nordamerikaner gehören überwiegend dem Protestantismus an. In Australien und Neuseeland ist die Mehrheit anglikanisch. Viele Einwohner der Länder West- und Südafrikas haben sich dem dort von den Missionaren verbreiteten Protestantismus angeschlossen. In Südeuropa, den südlich der Sahara gelegenen Ländern Afrikas, in Mexiko, Mittel- und Südamerika sind die meisten Menschen Katholiken.

In Ländern, in denen nur wenige Reiche, aber Massen von Armen leben, haben sich eigene Traditionen herausgebildet, die direkt die Mittellosen ansprechen. Im Jahr 1521 erschien Maria, die Mutter Jesu, einem armen Indio in Zentralmexiko. Sie sprach ihn in seinem aztekischen Dialekt an und forderte ihn auf, ihr zu Ehren eine Kirche zu bauen. Heute strömen alljährlich Millionen von Pilgern zur Basilika der „Muttergottes von Guadalupe" in Mexiko-Stadt, vor allem an ihrem Fest am 12. Dezember. Sie wird als Patronin Mexikos, Nord- und Südamerikas sowie der ungeborenen Kinder verehrt. So wurde sie auch zum Symbol des katholischen Verbots der Empfängnisverhütung und Abtreibung – eine kontroverse Frage angesichts der rapiden Zunahme der Weltbevölkerung. Nicht nur in Mexiko, sondern in ganz Lateinamerika richten sich Verehrung und Bittgebete mit Vorliebe an solche Marienerscheinungen. Bilder der von einem goldenen Strahlenkranz umgebenen Maria mit ihrem Gesicht voller Ernst, aber Mitgefühl schmücken Häuser, Schulen, öffentliche Gebäude und Friedhöfe.

Manche politischen Führer in Lateinamerika wie Kubas Staatsführer Fidel Castro vertraten die Ansicht von Marx, Religion sei «Opium für das Volk». In der Verfassung Kubas von 1976 ist jeder religiöse Widerstand gegen die Revolution verboten. Es bedurfte 1991 einer Gesetzesänderung, um auch bekennenden Gläubigen die Mitgliedschaft in der Kommunistischen Partei zu ermöglichen. 1998 stattete Papst Johannes Paul II. Kuba einen historischen Besuch ab. Kurz davor erlaubte Castro erstmals seit seiner Machtübernahme 1959, Weihnachten als öffentlichen Feiertag zu begehen. Der Papst sprach sich in Kuba für eine Beendigung des jahrzehntelangen Handelsembargos der USA gegen die Insel aus und wiederholte das katholische Verbot der Abtreibung, die in Kuba seit 1965 legalisiert ist. Dieser denkwürdige Besuch führte zu keinem Kompromiss, leitete jedoch eine neue Ära der Kommunikation ein.

Der Besuch des Papstes war eine seiner vielen Reisen, die er im Geist des historischen Zweiten Vatikanischen Konzils unternahm, das 1962 Papst Johannes XXIII. einberufen und drei Jahre später Papst Paul VI. abgeschlossen hatte. «Ich möchte die Fenster der Kirche weit aufreißen, damit wir hinaussehen und die Menschen hereinsehen können», hatte Johannes XXIII. gesagt, als er die römisch-katholische Welt mit seiner Konzilsidee überraschte. Die zum Konzil versammelten Bischöfe zeigten deutlich das veränderte Gesicht der längst international gewordenen Religion. Von den 2860 Teilnehmern stammte weniger als die Hälfte aus Europa; 489 Bischöfe kamen aus Südamerika, 404 aus Nordamerika, 374 aus Asien, 300 aus Afrika, 84 aus Mittelamerika und 75 aus Ozeanien. Zum ersten Mal nahmen Frauen und Nichtkatholiken als offizielle Beobachter teil. Diese Veränderungen wirkten sich auf den Geist der Beschlüsse des Konzils aus, das eine mindestens genauso starke Erneuerung anstieß wie das Trienter Konzil im 16. Jahrhundert.

Ein historisches Ergebnis des Zweiten Vatikanischen Konzils war die Versöhnung zwischen den östlichen Kirchen und der katholischen Kirche, die sich vom 11. Jahrhundert an zunehmend voneinander entfremdet hatten. Ferner wurde in der Konzilskonstitution *Lumen Gentium* erklärt,

GEGENÜBER: *Die Georgskirche ist eine der Kirchen, die der äthiopische König Lalibela im 12./13. Jahrhundert aus dem Fels hauen ließ.*

die Kirche wisse sich auch denen verbunden, «die nicht den vollen Glauben bekennen oder die Einheit der Gemeinschaft wahren», ja sogar «denjenigen, die das Evangelium noch nicht empfangen haben», weil Gottes Heilswillen alle Menschen umfasse. Außerdem betonte das Konzil, «dass in religiösen Dingen niemand gezwungen werden darf, gegen sein Gewissen zu handeln, noch daran gehindert, privat und öffentlich nach seinem Gewissen zu handeln». Die staatliche Gewalt dürfe religiöse Akte weder bestimmen noch verhindern. Diese kühne Aussage war im Sinn des weltweiten Einsatzes der Kirche für die Durchsetzung der Menschenrechte und wurde mit dem Versprechen verbunden, «im Geist der Brüderlichkeit mit anderen Christen, Nichtchristen und Mitgliedern internationaler Organisationen zusammenzuarbeiten».

Die Messe konnte von nun an in der Muttersprache statt auf Latein gefeiert werden, denn «allen Christgläubigen soll der direkte Zugang zur Heiligen Schrift ermöglicht werden».

Hatte das Zweite Vatikanische Konzil persönlichen Glauben und persönliche Bibellesung ermutigt, so schlossen sich andere Christen charismatischen oder evangelikalen Bewegungen an, denen die emotionale und ekstatische Glaubenserfahrung wichtig ist, aus der Überzeugung, die „Charismen", die „Gaben des Heiligen Geistes", stünden heute genauso zur Verfügung wie zur Zeit der Apostel Jesu. Manche Charismatiker nennen sich „Pfingstler", in Erinnerung an den Tag, als auf die Apostel Feuerzungen herabfielen und die christliche Kirche entstand. In der zweiten Hälfte des 20. Jahrhunderts wuchsen die evangelikalen Gruppierungen stark an. Besonders in Amerika nutzten berühmte Prediger wie Billy Graham und Jerry Falwell Rundfunk, Fernsehen und Internet als neue Möglichkeiten, Seelen zu gewinnen. Die Bewegung der evangelikalen Christen überschreitet die alten konfessionellen Grenzen und nimmt derzeit weltweit am stärksten zu – vor allem durch Neubekehrungen. Man schätzt, dass ihre Wachstumsrate dreieinhalbmal höher ist als die der Weltbevölkerung.

Die christliche Religion hat sich im Lauf ihrer 2000-jährigen Entwicklung in Dutzende von Konfessionen und Sekten verzweigt. Sie umfasst Menschen mit römisch-katholischem und östlich-orthodoxem Glauben, Episkopale und Evangelikale; Fundamentalisten, die die Bibel ganz wörtlich nehmen; Unitarier, die nicht an die Dreifaltigkeit, sondern an einen höchsten Gott und seinen Lehrer Jesus glauben; Siebenten-Tags-Adventisten, die die baldige Wiederkunft Christi und den Tag des Endgerichts voraussagen. In vielen Einzelheiten der Theologie und Praxis unterscheiden sich die christlichen Konfessionen voneinander, doch einige gemeinsame Kernsätze ermöglichen es ihnen, über alle Unterschiede hinweg in ihrer Hoffnung auf eine kommende Erlösung dank des Lebensopfers Jesu Christi einig zu sein.

Die Armen, Kranken, Erniedrigten, Ausgestoßenen, Vergessenen – das waren die Menschen, derer sich Jesus annahm, zum Ärgernis der Reichen und Mächtigen. Trotz seiner Ursprünge bei den Armen ist das Christentum im Lauf der Zeit zur Religion der Eliten geworden. Doch in einer übervölkerten Welt, in der fünf Sechstel in Armut leben, wandelt es sich, auch wenn seine Sendung fortbesteht. Da das Christentum im 21. Jahrhundert vorwiegend in Afrika, Süd- und Mittelamerika und im Fernen Osten neue Mitglieder gewinnt, während die Zahl seiner Anhänger in Westeuropa schrumpft, wird sich sein Aussehen weiter verändern. Das demografische Zentrum der Christenheit liegt jetzt auf der Südhalbkugel der Erde.

Genau wie das Leben und die Gleichnisse seines Gründers ist die Geschichte des Christentums voller Paradoxa. Man deutet sie am besten als dialektische Spannung zwischen triumphalen Eroberungen und demütigenden Erinnerungen daran, dass der Weg zur Herrlichkeit des Himmels durch Leiden führt und voraussetzt, dass man immer wieder alles loslassen kann.

GEGENÜBER: In Litauen strömen Pilger zum „Kreuzhügel", seit dem 14. Jahrhundert Symbol des Widerstands gegen Unterdrückung.
FOLGENDE SEITEN: Auf dem Ararat soll Noahs Arche gelandet sein. Am Fuß des Bergs liegt das armenische Kloster Khor Virap.

AUF WALLFAHRT

DER KEGEL von Irlands heiligem Berg Croagh Patrick (oben) erhebt sich bei Westport im County Mayo 765 Meter hoch über die Felder und das Meer. Am letzten Julisonntag, dem „Reek Sunday", steigen Zehntausende von Wallfahrern den steinigen Weg zum Gipfel hinauf, auf den Spuren des heiligen Patrick, der oben fastete und betete. Die Pilger kommen aus den verschiedensten Gründen: um eine Heilung zu erbitten, Dank zu sagen oder für die Opfer der Gewaltausschreitungen in Nordirland zu beten. Der Pilger Paddy O'Brien erklärte: «Voriges Jahr hatte ich eine Hüftarthrose; dieses Jahr ist sie weg. Ich komme, um Gott zu danken und Buße zu tun.»

GEGENÜBER: Wallfahrer mühen sich auf einem Schotterweg zum Gipfel hoch. Unterwegs halten sie inne, um den Segen des Schutzheiligen Irlands zu erbitten (folgende Seiten).

AUF DEM VON NEBEL verhüllten Gipfel betet eine barfüßige Frau (unten) vor einem neu aufgestellten Kreuz «zum Gedenken aller, die in Irland durch Gewalt starben» – ein Zoll, den Nordirlands Religionskrieg immer noch fordert.

GEGENÜBER: Nach einem vier- bis fünfstündigen Aufstieg umschreiten die Pilger eine kleine Kapelle und beten Ave Marias und das Vaterunser. In der Kapelle beichten sie, empfangen die Kommunion und besingen Sankt Patrick mit dem irischen Lied als «den, der die Druiden besiegte». Archäologische Funde belegen, dass der Crochan Aigh, der „Adlerberg", wie sein alter Name lautete, bereits vor dem Christentum eine Kultstätte war.

Im Namen Gottes, des Erbarmers, des Barmherzigen, Lob sei Gott, dem Herrn der Welten... Dir dienen wir, und Dich bitten wir um Hilfe.

—KORAN 1:1–5

ISLAM

DIE ARABISCHE HALBINSEL erstreckt sich über mehr als eine Million Quadratkilometer, kein Fluss durchströmt das Wüstenland. Vielleicht war sie einst das Bindeglied zwischen der Sahara im Westen und dem östlich gelegenen Iranischen Hochland. Seit Menschengedenken aber hat die Halbinsel eine eigene Identität. Nur der äußerste Südwesten profitiert vom Monsunregen. Schon in der Antike war dieses Randgebiet, der Jemen, bekannt für seine Duftstoffe, Gewürze, Weihrauch und Myrrhe.

GEGENÜBER: Wegen des Bilderverbots wurde im Islam die abstrakte Ornamentik kultiviert (Königspalast in Fès).
FOLGENDE SEITEN: Die allmählich zerfallende Burg in der Türkei wurde von den Osmanen errichtet.

Hier begann der Handel, mit Schiffen durch den Golf von Akaba, im Norden des Roten Meeres gelegen, und durch den Golf von Aden an dessen südlichem Ende. Oder mit Karawanen durch die am Westrand der Halbinsel gelegenen Gebiete – Hedschaz genannt („Grenze") –, wo vulkanische Gebirgszüge parallel zur Küste verlaufen. Mit seinen Tälern und Oasen ist der Hedschaz weniger abweisend als die Wüste im Osten. Im 6. Jahrhundert führten die Handelswege zu den wichtigsten Städten des Nahen Ostens – Kairo, Jerusalem, Damaskus, Bagdad – durch Mekka und die Marktstadt Yathrib. Der Überlieferung nach zog Adam, nachdem er am Berg Abu in Indien oder Ceylon auf die Erde herabgekommen war, nach Mekka, das umgeben von Bergen in einem Talkessel liegt. Adam nannte Mekka den Nabel der Welt und die Mitte von Gottes Thron. Nahe der Quelle Zamzam errichteten die Araber in alter Zeit einen alljährlich von Pilgern besuchten Schrein.

Die arabische Kultur ist geprägt vom Nomadentum der Beduinen. Die Vorfahren der Araber waren aus dem Land zwischen Euphrat und Tigris eingewandert. Sie hüteten Schafe und Ziegen, manchmal auch Rinder, lebten von Datteln und Milch, selten – nur an Festtagen – wurde Fleisch serviert. Ihre Tiere fütterten sie mit zerstampften Dattelkernen. Sie wohnten in Zelten und trugen lose, aus den Haaren ihrer Tiere gewebte Gewänder. Gelegentlich tauschten sie Fleisch und Milch gegen Früchte und Brot ein, da sie als Wüstennomaden keinen Landbau betrieben. Sie blieben unter sich, wohl auch, weil sie ihre Lebensweise derjenigen der sesshaften Bauern für überlegen hielten.

Ein ausgeprägter Ethos der Stammessolidarität durchdrang die Kultur der Beduinen. Der Haushaltsvorstand besaß ein Zelt, Tiere, einige Habseligkeiten und eine oder mehrere Frauen. Seine oberste Loyalität galt dem Klan. Ein älterer Mann aus der Gruppe wurde zum Anführer gewählt. Blutsverwandtschaft verband die Klans zu einem Stamm, dem gesellschaftlichen Fundament im Arabien des 6. Jahrhunderts. Wie im Klan so galt auch im Stamm: Ein Mann wurde aufgrund seiner charakterlichen Eigenschaften zum Scheich ernannt, zum Stammesoberhaupt.

Obwohl Beduinen grundsätzlich gastfreundlich waren, wurde die *ghazwa*, der räuberische Überfall eines Stamms auf einen anderen, sozial nicht geächtet. Es mussten allerdings ungeschriebene Regeln eingehalten werden; so waren während vier heiliger Monate alle Angriffe untersagt. Eine *ghazwa* bedeutete eine blitzartige Attacke auf ein anderes Lager, um Kamele, Rinder und andere Habseligkeiten zu stehlen und Frauen zu entführen. Der angegriffene Klan konnte sich den stärkeren Nachbarn unterwerfen. Seine Stammesältesten, die eine solche Vereinbarung anbieten wollten, wurden willkommen geheißen, sie erhielten Speisen, Wasser und Unterkunft. Eine gewalttätige Antwort aber hätte unter Umständen eine lange Fehde zur Folge gehabt – Blut um Blut, Leben um Leben. Die Weltsicht der Beduinen konzentrierte sich auf das Hier und Jetzt, ohne Versprechungen auf das Jenseits.

MEKKA

Jeder Beduinenstamm verehrte seine eigenen Götter. Sie waren furchteinflößend und forderten Tribut in Form von Opfergaben. Der Kalender teilte das Jahr in zwölf Monate, von denen vier heilig waren, darunter *dhu'l-Hidscha*, der Monat für den *hadsch*, die große Wallfahrt. Ganz gleich, welchen Gott sie verehrten, zu diesem Anlass kamen Tausende nach Mekka, alle Stammesunterschiede waren vergessen. Sie verbeugten sich, dann umrundeten sie die Ka'ba, den massiven Granitschrein in der Stadtmitte, der mit feinsten Stoffen feierlich verhüllt war. Jeder arabische Stamm unternahm solch eine Wallfahrt.

In Mekka wurden viele Götter angerufen, darunter Manaf, der Sonnengott, und Nasr, der Adlergott. Die Ka'ba war Hubal geweiht, einer Gottheit aus dem Norden, aber insgesamt beherbergte der Schrein nicht weniger als 360 Idole – vielleicht eins für jeden Tag des antiken sumerischen Kalenderjahrs, vielleicht eins für jeden angereisten Stamm. Die Pilger näherten sich mit Ehrfurcht dem Allerheiligsten und hofften, den an der Ka'ba gehüteten Schwarzen Stein

berühren zu können. Der Überlieferung nach war dies einst ein weißer Hyazinth, der von den Sünden der Menschheit schwarz geworden ist. In Wahrheit handelt es sich wohl um einen als Himmelsgabe verehrten Meteoriten.

Neben ihren Stammesgöttern verehrten die Beduinen schon damals Allah, was „der Gott" bedeutet. Er war der Schöpfer, allerdings unnahbar und nicht personifiziert. Er, der Vater dreier in der Ka'ba angebeteter Göttinnen, Lat, Manat und Uzza, war dem täglichen Leben weit entrückt.

Die arabische Welt des 6. Jahrhunderts war vom polytheistischen Glauben durchdrungen, obwohl sich ringsum monotheistische Vorstellungen fest etabliert hatten. Vor Ort beeinflussten jüdische Gemeinden die arabischen Bauerndörfer. Christliche Gemeinden waren über den Hedschaz verstreut, der Jemen wurde von einem zum Judentum konvertierten Christenverfolger beherrscht.

Jenseits des Roten Meeres lag Aksum, das heutige Äthiopien, dessen Könige seit fast zwei Jahrhunderten das Christentum praktizierten. Äthiopien ist noch heute eine Hochburg der koptischen Christenheit.

Das christliche Byzanz mit Konstantinopel als Hauptstadt umfasste die Türkei, Griechenland, Vorderasien und das östliche Mittelmeer einschließlich Ägypten. Das sassanidische Kaiserreich dehnte sich aus von Persien bis zum Kaukasus, nach Osten bis zum Hindukusch und nach Norden fast bis Taschkent. Seine Hauptstadt war Ktesiphon, 30 Kilometer südöstlich des heutigen Bagdad am Tigris gelegen. Die Sassaniden praktizierten den Zoroastrismus, seit dem 3. Jahrhundert die offizielle Religion Persiens.

Diese vorwiegend städtischen Kulturen schufen ein Glaubensklima, das die arabische Welt beeinflusste. Ungeachtet aller Unterschiede besaßen die drei

OBEN: *Mit den Eroberern und den Karawanen kam der Islam nach Nordafrika, wo heute neun von zehn Menschen Muslime sind.*

قيغى اقليم در اينى سكا بلدورم ددى امينه خاتون ايدر اوغلى

كوردم كيم اول لكنك اوزتاسنه المصوندى بر حيران قلدوم

ISLAM

Nachbarreligionen Judentum, Christentum und Zoroastrismus Gemeinsamkeiten: den Monotheismus oder den Glauben an eine einzige, übergeordnete Macht; den Glauben an Propheten, inspirierte menschliche Wesen, durch die Gott die Wahrheit übermittelt; das Vertrauen auf die Schrift, das von Gott stammende und von Menschen niedergeschriebene Wort.

MUHAMMAD

IN JENER ZEIT beherrschte der Stamm der Quraisch die Stadt Mekka. Er war Hüter der Ka'ba und der Quelle Zamzam. Der Patriarch des Stammes war Abd al-Muttalib, Vater von 16 Kindern. Sein Lieblingssohn Abdallah und dessen Ehefrau Amina zeugten Muhammad, den Propheten. Abdallah starb vor der Geburt seines Sohnes. Aber Abd al-Muttalib trug stolz seinen Enkelsohn an dessen erstem Lebenstag zur Ka'ba. Es war der zwölfte Tag im ersten Frühlingsmonat des Jahres 570.

Muhammad verbrachte seine ersten Lebensjahre bei einer Beduinenfamilie östlich von Mekka nahe Taif. Seine Pflegemutter hieß Halima. Als sie ihn bei sich aufnahm, wendete sich ihr Schicksal auf wundersame Weise: Die Kamele gaben Milch, die Esel liefen flink, und sie stillte sowohl Muhammad als auch ihren eigenen Sohn überreichlich. Eines Tages, so die Überlieferung, stiegen zwei weiß gewandete Engel zum vierjährigen Muhammad herab. Sie schnitten seine Brust auf und wuschen sein Herz mit Schnee rein. Die erschrockene Halima hastete mit dem Jungen zurück nach Mekka, aber seine Mutter reagierte gelassen. Sie wusste, dass ihrem Sohn ein außergewöhnliches Leben bestimmt war.

Bald darauf starben Muhammads Mutter und sein Großvater. Der Waise wuchs bei seinem Onkel Abu Talib auf, der jetzt Oberhaupt des Klans war. Muhammad, ein ernsthafter junger Mann, hatte ein Herz für die Armen und Unterdrückten. Seine Arbeit jedoch brachte ihn in Kontakt mit der reichen, schnelllebigen Welt der Händler. Der Warenaustausch verband den Mittelmeerraum mit Asien, zu Wasser über die Häfen am Roten Meer und am Persischen Golf, zu Land über die Seidenstraße. Muhammad reiste mit den Karawanen, möglicherweise kam er bis nach Syrien. Als er Mitte 20 war, nahm die reiche Witwe Chadidscha ihn als Händler in ihre Dienste. Doch es blieb nicht bei der Geschäftsbeziehung. Schon bald heiratete er seine Auftraggeberin, obwohl sie 15 Jahre älter war als er. Von den vier Töchtern und zwei Söhnen der beiden überlebten nur die Mädchen. Nach 22 Ehejahren voller gegenseitiger Zuneigung verstarb Chadidscha. Muhammad heiratete noch einige weitere Male. Polygamie war ein gängiger Brauch im Beduinenreich. Sie wurde vom Islam übernommen, allerdings eingeschränkt. Über familiäre Verbindungen sicherte Muhammad politische Allianzen ab, aber keiner seiner Frauen war er so tief und herzlich zugetan wie der

GEGENÜBER: Das Bild aus dem 14. Jahrhundert zeigt die Geburt des Propheten; Muhammad und seine Mutter sind verschleiert.
OBEN: Der Erzengel Dschibril (Gabriel) erscheint Muhammad in einer Höhle und begrüßt ihn als „Gesandten Gottes".
FOLGENDE SEITEN: Betende Muslime in der Moschee des Propheten in Medina, wo sich auch Muhammads Grab befindet.

heißt es in einer der frühen Suren. «Preise die Größe deines Herrn und reinige deine Kleider und entferne dich von der Unreinheit (des Götzendienstes).» Muhammad beherzigte die Berufung. Er machte sich auf, das Volk von seinem heidnischen und materialistischen Denken zu befreien und begann die Botschaft zu predigen: Dass es nur einen Gott gebe, Allah, den Schöpfer und Herrn des Universums, den Richter der Menschheit.

«Diejenigen von den Leuten des Buches und den Polytheisten, die ungläubig sind, werden im Feuer der Hölle sein; darin werden sie ewig weilen. Sie sind die schlimmsten unter den Geschöpfen.

Die aber, die glauben und gute Werke tun, sind die besten unter den Geschöpfen.

Ihr Lohn bei ihrem Herrn sind die Gärten von Eden, unter denen Bäche fließen; darin werden sie auf immer ewig weilen. Gott hat Wohlgefallen an ihnen, und sie haben Wohlgefallen an ihm. Das ist für den bestimmt, der seinen Herrn fürchtet.»

Einige Koranverse wenden sich direkt an Muhammads Stamm. «Der Wettstreit um noch mehr lenkt euch ab, bis ihr die Gräber erreicht.» Weder Reichtum noch Macht noch Stammesgeschichte erheben eine Person oder Gruppe über eine andere, heißt es da. Was allein zähle, sei die Verpflichtung gegenüber Allah. Das war die Botschaft: Lass die heidnischen Götter fahren; widme dich der Verehrung des einen und einzigen Gottes; wenn Reichtum und Macht dich zu verführen drohen, dann vernachlässige nicht deine heiligen Pflichten, sondern achte die Erhabenheit des einen und einzigen Gottes und seine Forderungen. Die

OBEN: *In schwungvoller Schrift verkündet der Koran die Gesetze, Gebete, Bräuche und die Geschichte des Islam.*
FOLGENDE SEITEN: *Die Minarette der Namira-Moschee ragen aus der Ebene von Arafat auf, wo Muhammad seine letzte Predigt hielt.*

Grundhaltung wurde schon im Namen der neuen Religion ausgedrückt: Der Begriff *islam*, wörtlich: Akt der Hingabe, ist verwandt mit den Worten für Frieden und Versöhnung.

Zunächst wurden nur einige wenige zu Gläubigen – Muhammads Frau, seine Töchter, sein Sklave. Sie trafen sich zum Gebet und befolgten die religiösen Anweisungen, die Muhammad von Gabriel übermittelt bekam: aufrecht stehen, sich verneigen, knien, sich zum Gebet in völliger Hingabe an Allah zu Boden werfen. Es gibt Berichte über Skeptiker in Mekka, die auf wundersame Weise konvertierten, nachdem sie die poetischen Worte des Korans vernommen hatten. Muhammad verurteilte Materialismus und Wucher; er verteidigte die Rechte von Waisen, Witwen und Armen. Er erklärte, dass die Gerechten nach dem Tod im Paradies belohnt und jene, die Allahs Gesetze missachten, in der Hölle bestraft würden. Doch viele Einwohner Mekkas standen den Prophezeiungen ablehnend gegenüber. Die Kontrolle der Ka'ba brachte dem Stamm der Quraisch Einkommen und Prestige. Muhammads Onkel riet seinem Neffen zu schweigen – vergebens. Bald schon wurden Muhammad und seine kleine Gefolgschaft verhöhnt und verfolgt. Der Religionsstifter schickte einige seiner Anhänger nach Aksum, wo sie unter dem Schutz christlicher Herrscher standen. Seine Botschaft und sein Einfluss wirkten so beunruhigend auf die mächtigen und wohlhabenden Bürger von Medina, dass er Morddrohungen erhielt.

Eines Nachts, so die Überlieferung, wurde Muhammad auf dem Rücken eines Pferds vom Engel Gabriel über den Himmel ins 800 Kilometer entfernte Jerusalem geleitet. «Preis sei dem, der seinen Diener bei Nacht von der heili-

OBEN: *Die Frau hält sich nahe jener Stelle in Jerusalem auf, an die Muhammad von einem Engel geleitet worden sein soll.*

gen Moschee zur fernsten Moschee, die Wir ringsum gesegnet haben, reisen ließ» heißt es in der 17. Sure. Muhammad saß auf dem Tempelberg ab, in der Stadt Davids, wo Abraham, Moses, Jesus und andere Propheten ihn in ihrem Kreis willkommen hießen. Dargebotene Kelche enthielten Wein, Wasser und Milch. Muhammad wählte den mit Milch – ein Zeichen des Mittelwegs des Islam, der weder ausschweifend noch asketisch ist.

Gabriel führte Muhammad von dort in den Himmel, wo Gott ihn begrüßte und ihm verkündete, dass der Fromme 50-mal am Tag beten müsse. Auf dem Rückweg erklärte ihm Moses, dass schon mit fünf täglichen Gebeten Gottes Wunsch erfüllt sei. Daher kommt es, dass gläubige Muslime bei Sonnenaufgang, am Mittag, am Nachmittag, in der Abenddämmerung und vor dem Einschlafen zur Verehrung Gottes innehalten. Die nächtliche Reise stellt einen mystischen Höhepunkt im Leben des Propheten dar. Sie schloss ihn in die Gemeinschaft der jüdischen und christlichen Propheten ein. Alle drei Religionen betrachten Jerusalem als heilige Stadt.

MEDINA

WÄHREND DIE EINWOHNER Mekkas Muhammad aus der Stadt weisen wollten, erkannten die Anführer in Yathrib das Friedensversprechen der neuen Botschaft. Yathrib war eine grüne Oase, ein Ort, an dem Juden und sesshaft gewordene arabische Nomaden sich mit Misstrauen gegenüberstanden. Dorthin eingeladen, entkamen Muhammad und ein Freund bei Nacht aus Mekka. Sie machten sich auf die als *hidschra* bekannt gewordene Reise. Sie mieden belebte Straßen und erreichten unversehrt jene Stadt, die später in Medina umbenannt werden sollte, genauer: Madinat an-Nabi, Stadt des Propheten. Der muslimische Kalender beginnt mit Muhammads Ankunft in Medina im Jahr 622. Die *hidschra* ist somit der Ausgangspunkt der islamischen Geschichte. Zwölf Mondmonate bilden ein Jahr.

Muhammad machte Medina zu seiner neuen Heimat. Er errichtete ein großes Gebäude mit einem Hof, acht Palmenstämmen als Säulen und einem Dach aus Palmwedeln; es gilt als die erste Moschee des Islam. Einen Teil des Innenraums reservierte Muhammad für die Armen und Gebrechlichen, die hier Nahrung und Obdach bekamen und Trost erfuhren aus dem Koran. Später wurde behauptet, Muhammads Herz habe stets der Moschee in Medina gehört, auch als seine Religion längst wieder in Mekka ihr Zentrum gefunden hatte.

In Medina trat Muhammad als religiöser und politischer Anführer auf, als *imam*; als Prophet und Staatsmann, Heerführer und Richter. Anfangs lehrte er seine Anhänger, in Richtung Jerusalem zu beten, wie die Juden. Er hoffte, diese würden ihn mit der Zeit ebenfalls als Prophet anerkennen. Als dies nicht geschah, bekräftigten weitere Offenbarungen die Bedeutung Mekkas als heilige Stadt des Islam. Der *hadsch* nach Mekka, die Pilgerfahrt, bekam eine zentrale Bedeutung. Seitdem orientieren sich die Gläubigen beim Gebet in die Richtung von Muhammads Geburtsort. Fünfmal am Tag wenden sich Muslime auf der ganzen Welt gen Mekka. Die Stadt und ihre Ka'ba sind das geographische und sakrale Zentrum ihres Glaubensuniversums.

Die Abkehr von Jerusalem und die Hinwendung nach Mekka stellte keine Ausgrenzung von Judentum und Christentum dar. Muhammad berief sich ausdrücklich auf die frühen monotheistischen, von Juden und Christen verehrten Patriarchen. Alle drei Religionen kennen die Geschichte von Abrahams langem Warten auf einen Erben; die Geburt seines ersten Sohns Ismael (auf Arabisch: Ismail) durch seine Sklavin Hagar; die Geburt eines weiteren Sohns, Isaak, durch seine ältere Frau Sarah. Alle drei Religionen würdigen Abrahams frommen Gehorsam, weil er Gott das Leben seines Sohns darbringen wollte. In der islamischen Tradition war es jedoch Ismael, der geopfert werden sollte. Das Ereignis fand angeblich auf einem Hügel am Berg Hira statt, wo Muhammad seine Nacht der Offenbarung erfahren sollte: Als Abraham das Messer erhob, schritt ein Engel ein und deutete auf einen Hammel, den er stattdessen töten solle. Aus Dankbarkeit errichteten Abraham und Ismael «einen Ort für die Zusammenkunft der Menschheit und der Sicherheit» – in Mekka, an dem Platz, an dem lange Zeit später die Ka'ba erbaut wurde.

Im Bewusstsein dieses Erbes räumte Muhammad alle Götzenbilder aus dem Tempel in Mekka. Er reinigte ihn vom Heidentum der Beduinen und verband ihn und die dort praktizierten Riten wieder mit der ursprünglich von Abraham und Ismael begründeten Bestimmung: Gottes Einzigartigkeit, arabisch: *tauhid*, zu preisen.

DIE RÜCKKEHR NACH MEKKA

MUHAMMADS STADT MEDINA war geographisch eng begrenzt, eine von Lavafeldern und Bergen umgebene Oase. Dem Propheten aber schwebte eine islamische Welt vor, die weit größer war als diese. Er soll Botschafter zu den Herrschern im Jemen, in Abessinien, Ägypten, Persien und Byzanz gesandt haben, um sie für die neue Religion zu gewinnen. Mit Mekka lag er weiterhin im Zwist. Karawanen nach und aus der Stadt mussten Medina passieren. Muhammads Anhänger waren dadurch in einer starken Position. Sie konnten Kamele und Güter beschlagnahmen und den Rivalen wirtschaftlich unter Druck setzen. Als bekannt wurde, dass Muhammad die von Gaza südwärts ziehenden Karawanen angreifen wollte, marschierten tausend Mekkaner zu deren Verteidigung nach Norden. Die Karawanen umgingen Medina, indem sie der Küste folgten, aber Muhammad schickte alle verfügbaren Kräfte – ungefähr 300 Mann –, um die Mekkaner an den Quellen von Badr abzufangen. Die ganze Nacht über rezitierten sie den Koran. Am nächsten Tag schlug Muhammads kleine Streitmacht die zahlenmäßig überlegenen Gegner. Die Schlacht von Badr im Jahr 624 wurde zum Wendepunkt in der Geschichte des Islam.

Muhammad war nun ein Heerführer. Er kämpfte gegen die Quraisch und versuchte, zwischen den zerstrittenen arabischen und jüdischen Stämmen zu vermitteln. Der Konflikt zwischen den Muslimen und den Bewohnern Mekkas eskalierte im Jahr 627. Mekka verbündete sich mit den Beduinen gegen Medina, doch obwohl die Muslime erneut in der Minderzahl waren, gingen sie siegreich aus dem Kampf hervor. Der militärische Erfolg über die Quraisch brachte ihnen den Respekt und die Loyalität vieler Stämme ein, mit den Mekkanern wurde ein Waffenstillstand geschlossen. Im Jahr 628 führte Muhammad seine muslimischen Anhänger auf die Pilgerfahrt nach Mekka. Als dort ein Anhänger Muhammads getötet wurde, antwortete Medina mit Waffengewalt. Die Mekkaner unterwarfen sich, und die Muslime übernahmen die Stadt und die Ka'ba.

Im selben Jahr führte Muhammad 2000 Pilger nach Mekka. Auf einem Kamel umrundete er die Ka'ba siebenmal, wobei er jedes Mal den Schwarzen Stein mit seinem Kamelstock berührte. Er sprach einen Vers aus dem Koran und befahl die Zerstörung der 360 Götzenbilder: «Das Wahre ist gekommen, und das Nichtige ist vergangen.» Von diesem Zeitpunkt an gab es in keiner Moschee und keinem islamischen Zentrum mehr figürliche Darstellungen.

Von der Ka'ba aus reiste Muhammad nach Osten und rastete am Rand des Gebirges, um seine Abschiedspredigt zu halten. «Oh Volk, leiht mir ein aufmerksames Ohr, weil ich nicht weiß, ob ich nach diesem Jahr noch bei euch sein werde», sprach er. Muhammad mahnte: «Leben und Besitz eines jeden Muslims als heiliges Gut zu betrachten», und dabei die beduinischen Traditionen des Raubens und der Blutrache für immer hinter sich zu lassen. «Fügt niemandem Leid zu, so dass auch euch niemand Leid zufüge», fuhr er fort. «Denkt daran, dass ihr tatsächlich vor euren Herrn tretet und er tatsächlich eure Taten bewertet.» Er fügte hinzu: «Ebenso hütet euch vor dem Satan, damit eure Religion bewahrt bleibt.» Er ging auf die Beziehungen zwischen Mann und Frau ein («Oh Volk, es stimmt, dass ihr gewisse Rechte in Bezug auf eure Frauen habt, aber sie haben

FOLGENDE SEITEN: Siebenmal umrunden Pilger die Ka'ba während des hadsch; *Tausende warten, bis sie an der Reihe sind.*

ISLAM

AUS DEM KORAN

KAPITEL 1 (VERSE 1–7)
ERÖFFNUNGSSURE

Dieser Vers wird in jedem der fünf täglichen Gebete wiederholt. Er wird auch zu wichtigen Anlässen zitiert.

*Im Namen Gottes, des Erbarmers,
des Barmherzigen,
Lob sei Gott, dem Herrn der Welten,
dem Erbarmer, dem Barmherzigen,
der Verfügungsgewalt besitzt über den
Tag des Gerichtes.*

*Dir dienen wir,
und Dich bitten wir um Hilfe.
Führe uns den geraden Weg,
den Weg derer, die Du begnadet hast,
die nicht dem Zorn verfallen
und nicht irregehen.*

KAPITEL 2 (VERSE 261–265)
ÜBER NÄCHSTENLIEBE

Mit denen, die ihr Vermögen auf dem Weg Gottes spenden, ist es wie mit einem Saatkorn, das sieben Ähren wachsen lässt mit hundert Körnern in jeder Ähre. Gott gibt das Doppelte, wem er will. Gott umfasst und weiß alles.

Diejenigen, die ihr Vermögen auf dem Weg Gottes spenden und, nachdem sie gespendet haben, nicht auf ihr Verdienst pochen und nicht Ungemach zufügen, haben ihren Lohn bei ihrem Herrn, sie haben nichts zu befürchten, und sie werden nicht traurig sein.

Freundliche Worte und Verzeihen sind besser als ein Almosen, dem Ungemach folgt. Gott ist auf niemanden angewiesen und langmütig.

Oh ihr, die ihr glaubt, vereitelt nicht eure Almosen, indem ihr auf euer Verdienst pocht und Ungemach zufügt, gleich dem, der sein Vermögen spendet, um von den Menschen gesehen zu werden, und nicht an Gott und den Jüngsten Tag glaubt. Mit ihm ist es wie mit einem Fels, der vom Erdreich bedeckt ist. Es trifft ihn ein Platzregen und macht ihn zu einem kahlen Ding. Sie verfügen über nichts von dem, was sie erworben haben. Und Gott leitet die ungläubigen Leute nicht recht.

Mit denen, die ihr Vermögen spenden im Streben nach dem Wohlwollen Gottes und zur Festigung ihrer Seelen, ist es wie mit einem Garten auf einer Anhöhe. Es trifft ihn ein Platzregen, und er bringt den doppelten Ernteertrag. Und wenn ihn kein Platzregen trifft, dann ist es der Tau. Und Gott sieht wohl, was ihr tut.

KAPITEL 33 (AUS VERS 35)
FÜR MUSLIMISCHE MÄNNER UND FRAUEN

*Männer und Frauen,
die gläubig, ergeben, wahrhaftig, geduldig,
demütig sind,
die Almosen geben, fasten, ihre Scham bewahren
und Gottes viel gedenken –
für sie hat Gott Vergebung
und einen großartigen Lohn bereitet.*

ISLAM

auch Rechte gegenüber euch.») und auf das Verhältnis der Völker zueinander: «Ein Araber ist nicht besser als ein Nichtaraber, und ein Nichtaraber ist nicht besser als ein Araber, auch ist ein Weißer nicht besser als ein Schwarzer und ein Schwarzer nicht besser als ein Weißer – außer durch seinen Glauben und seine guten Taten.» Kein neuer Prophet würde nach ihm mehr entstehen, verkündete Muhammad, kein neuer Glaube mehr entstehen.

Tatsächlich war Muhammads Pilgerreise im Jahr 632 seine letzte. Er hatte durch sein Beispiel, durch Bündnisse und Eroberungen so gut wie die ganze Arabische Halbinsel in der *umma*, der Gemeinschaft des Islam, vereinigt. Zu dieser Zeit hatte die neue Religion ungefähr 30 000 Anhänger. Sie wies den Weg zu einer neuen Moral, durchbrach den Kreislauf der Blutrache und versprach himmlische Belohnungen für irdische Tugend.

Muhammad plante, nach Syrien zu reisen, doch er wurde krank und kehrte nach Medina zurück. Er legte seinen Kopf in den Schoß seiner Frau und sprach die letzten Worte: «Lass mich den Freund, den Höchsten aus dem Paradiese treffen!» Der Überlieferung zufolge betraten Gabriel und eine Schar Engel den Raum und baten darum, dass der Todesengel Muhammad mit sich nehmen dürfe. Der sterbende Prophet willigte ein. «Friede sei mit dir, Apostel», sprachen seine Freunde. Diesen Satz wiederholen seither alle Gläubigen, die sein Grab besuchen. Es befindet sich heute in der Moschee des Propheten in Medina. Eine grüne Kuppel erhebt sich über Muhammads letzter Ruhestätte.

DIE FÜNF SÄULEN DES ISLAM

IN SEINER ABSCHIEDSPREDIGT fasste Muhammad die Pflichten der Muslime in einem fünfteiligen Verhaltenskodex zusammen, genannt die „Fünf Säulen des Islam".

Die erste Säule heißt *schahada*, wörtlich „Zeugnis ablegen". Es ist die Bekräftigung des Glaubens an Allah und an Muhammad als seinen Propheten. Im Wesentlichen findet sie Ausdruck in einem universalen Glaubensbekenntnis: «Ich bezeuge, dass es keinen Gott gibt außer Allah, und ich bezeuge, dass Muhammad sein Gesandter ist.» Dies sind die ersten Worte, die Gabriel zu Muhammad in der Höhle am Berg Hira sprach. Sie zu zitieren offenbart ein reines Herz voller guter Absichten und wahre Liebe zu Allah und zu Muhammad. Das Aufsagen dieser Worte ist die einzige Voraussetzung für den Übertritt zum Islam. Während der fünf täglichen Gebetszeiten hören Muslime diese Sätze 17-mal. Sie flüstern sie in das Ohr eines Neugeborenen und hoffen, dass sie dieses Bekenntnis noch ein letztes Mal unmittelbar vor dem Tod werden sprechen können.

Die zweite Säule des Islam ist *salat*, das Gebet oder die Verehrung. Muhammad schlug den Freitag als Tag der gemeinsamen Andacht vor. In Moscheen auf der ganzen Welt ruft der Vorbeter die Muslime fünfmal täglich zum Gottesdienst, wie es schon der erste Muezzin, Muhammads abessinischer Sklave Bilal, während des großen *hadsch* im Jahr 632 getan hatte. Muslime bereiten sich mit Reinigungsritualen auf das Gebet vor; wenn kein Wasser verfügbar ist, benutzen sie Sand. Die Gläubigen verbeugen sich, werfen sich nieder und richten sich wieder auf. Oft wiederholen sie den Zyklus (*rak'a*) mehrere Male, nehmen auch eine sitzende oder kniende Haltung ein.

Die dritte Säule des Islam ist *zakat*, ein Wort, das Reinigung bedeutet, inzwischen aber Steuer und Almosengeben meint. «Denen, Männern und Frauen, die Almosen geben und damit Gott ein schönes Darlehen leihen, wird Er es vervielfachen. Und bestimmt ist für sie ein trefflicher Lohn» heißt es in der 57. Sure. Aber «derjenige, dem Gott Güter gab und der nicht seinen Teil davon abgab», den wird am Tag des Jüngsten Gerichts eine furchtbare Strafe treffen. Heutzutage spenden Muslime meist 2,5 Prozent ihres Einkommens an Bedürftige und notleidende Verwandte.

Die vierte Säule ist *saum*, das Fasten während des

GEGENÜBER: *Bei der so genannten Steinigung des Satans werfen die Gläubigen Kiesel auf eine Stele in Mina. Saudi-Arabien.*

heiligen Monats Ramadan. In dieser Zeit verzichten Muslime tagsüber auf Essen, Trinken und Sex; Gedanken und Handlungen sollen geläutert werden. «Wenn der Ramadan beginnt», sagte Muhammad, «öffnen sich die Tore des Himmels, die Höllentore sind verschlossen und die Dämonen angekettet.» Freunde und Familien kommen zusammen, um das tägliche Fasten nach Einbruch der Dunkelheit mit einem üppigen Festmahl zu beenden und anschließend zum Abendgebet in die Moschee zu gehen. Häufig rezitieren die Vorbeter in dieser Zeit den gesamten Koran, aufgeteilt in 30 Abschnitte, einen für jede Nacht des Monats. In der 27. Nacht feiern die Muslime die Nacht des Schicksals. Der Ramadan endet mit dem *Id ul-Fitr*, dem Brechen des Fastens, fröhlichen Feiertagen, an denen Grußkarten verschickt und Geschenke ausgetauscht werden.

Die fünfte Säule des Islam ist der *hadsch*, die Wallfahrt nach Mekka. Alle Gläubigen, die gesundheitlich und finanziell dazu in der Lage sind, müssen wenigstens einmal, möglichst aber mehrmals in ihrem Leben zu den heiligen Stätten im heutigen Saudi-Arabien pilgern. Der iranische Soziologe und Philosoph Ali Schariati beschreibt die religiöse Erfahrung folgendermaßen: «Wenn du die Ka'ba umrundest und dich ihr näherst, fühlst du dich wie ein kleines Rinnsal, das in einem großen Fluss aufgeht. Von einer Welle getragen verlierst du den Boden unter den Füßen. Plötzlich treibst du, getragen von den Fluten. Wenn du die Mitte erreicht hast, drückt die Menge dich so fest, dass du ein neues Leben empfängst .. Du wurdest in ein Teilchen verwandelt, das nach und nach schmilzt und schwindet. Das ist absolute Liebe auf ihrem Höhepunkt.»

Die Muslime erreichen Mekka ungefähr 60 Tage nach Ende des Ramadan. Sie beten fünf Tage lang und reisen zu religionsgeschichtlich wichtigen Orten in und um Mekka und zum Grab des Propheten in Medina. Die Männer hüllen sich in weiße Tücher, die Frauen verschleiern sich, nur ihre Gesichter, Hände und Füße bleiben sichtbar. Viele Pilger wohnen in einer Zeltstadt im zehn Kilometer südlich der Stadt gelegenen Mina. Die Gläubigen umrunden die Ka'ba im Zentrum Mekkas siebenmal. Wenigstens einmal halten sie inne, um den Schwarzen Stein zu küssen, der in eine silbern gerahmte Nische eingelassen ist.

Nach der Umrundung absolvieren die Pilger die *sa'y*: Sie laufen siebenmal zwischen zwei Hügeln in Mekka hin und her, um an die Zeit zu erinnern, als Hagar mit Ismael verzweifelt nach Wasser suchte. Muhammads Offenbarung besagt, dass Hagar einen Stock in den Boden rammte und so die Quelle Zamzam entdeckte, die noch heute sprudelt. Den Pilgern ist das Wasser heilig, sie füllen es in Flaschen und nehmen es mit nach Hause.

Am zweiten Tag des *hadsch* reisen die Pilger nach Osten in die Ebene Arafat, wo sie demütig und unter Gebeten den Berg der Barmherzigkeit ersteigen können. Dort hielt Muhammad seine letzte Predigt. Am dritten Tag werfen die Gläubigen Kieselsteine auf drei Stelen, die den Satan symbolisieren. Am vierten Tag wird ein Tieropfer dargebracht; es soll an den Hammel erinnern, der an Ismaels Stelle getötet wurde. Der *hadsch* endet mit einer abschließenden Umrundung der Ka'ba.

Die Pilger kommen aus allen Himmelsrichtungen, aber in Mekka tragen sie alle die gleiche bescheidene Kleidung und sind als Gemeinde im Gebet vereint. Im Jahr 1950 unternahmen schätzungsweise 100 000 Menschen die Wallfahrt, in den achtziger Jahren erreichte ihre Zahl eine Million. Schließlich setzte die Organisation des Islamischen Rats, in der 57 Nationen vertreten sind, Quoten für die einzelnen Länder fest. Die saudische Regierung und Privatunternehmen haben Milliarden ausgegeben, um den *hadsch* zu einem bequemen und angenehmen Erlebnis zu machen. Es gibt Fünfsternehotels, Klimaanlagen entlang der Strecke und Rolltreppen in der Moschee. In den ersten Jahren des 21. Jahrhunderts schwoll die Zahl der Pilger auf zwei Millionen und mehr an.

Des Öfteren kam es während des *hadsch* zu Panikausbrüchen, die zahlreiche Todesopfer forderten. Die Verantwortlichen versuchen, die Menschenmassen so zu lenken, dass keine gefährlichen Zusammenballungen entstehen. Als Reaktion auf terroristische Gewalt betonen islamische Geistliche die friedliche Botschaft Muhammads. «Die Welt

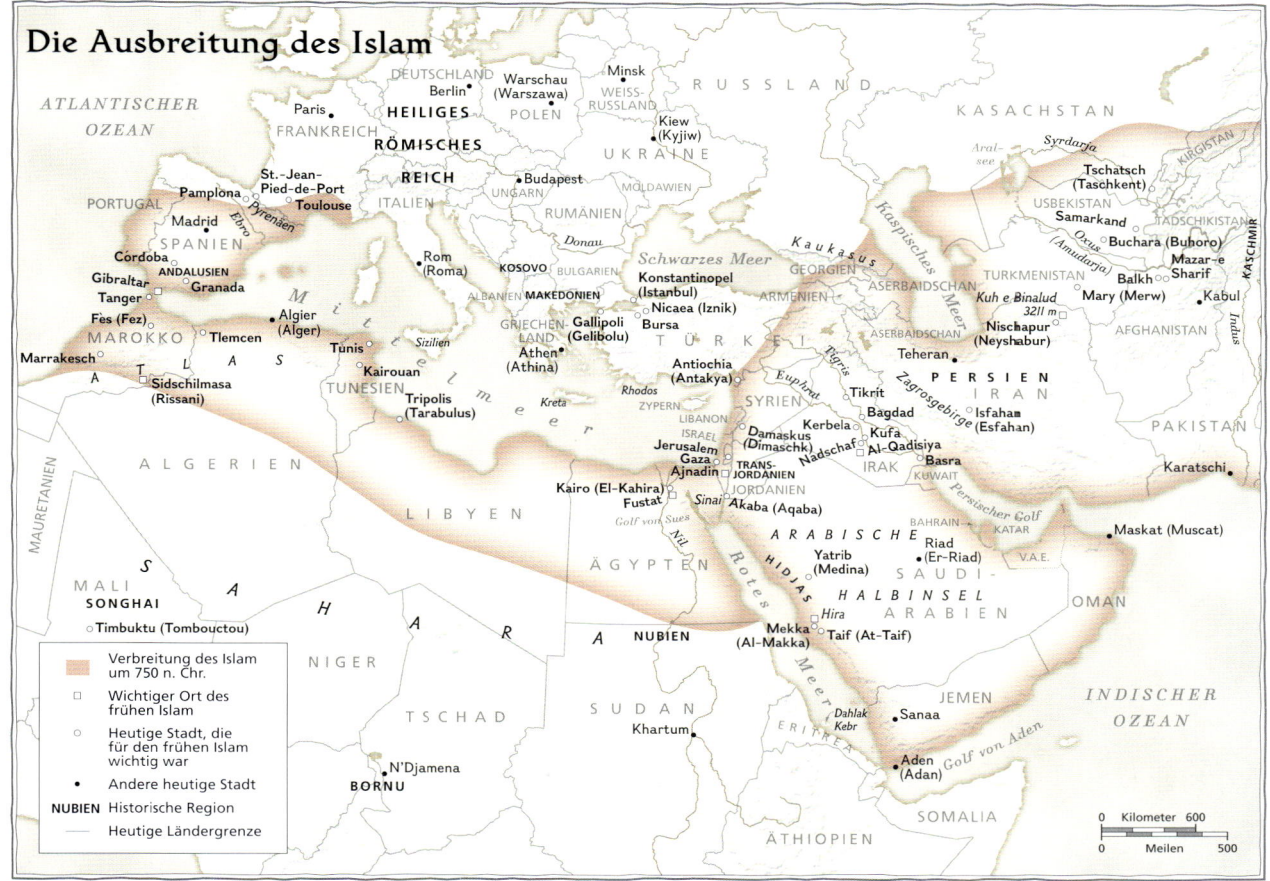

muss wissen, dass der Islam die Religion des Friedens, der Barmherzigkeit und der Güte ist», so Abdul Aziz bin Abdullah Al Scheich, ein saudischer Muslimführer, «eine Religion, die alle Arten von Ungerechtigkeit und Blutvergießen ohne triftigen Grund verbietet.»

DIE AUSBREITUNG DES ISLAM

ALS RELIGIÖSER, POLITISCHER und militärischer Führer vereinigte Muhammad die gesamte Arabische Halbinsel. Seine Nachfolger verbreiteten die Botschaft weiter. Sie sahen sich als Träger des *dschihad* (wörtlich: „Einsatz" oder „Bemühung"), die das Böse bekämpften und die gerechte Herrschaft des Islam bis an die äußersten Grenzen der Erde tragen wollten. Sie achteten die Rechte von Christen und Juden und versuchten, die Bräuche der anderen zu integrieren. Mit dem aufblühenden Handel gewann der Islam an Boden, durch politische Bündnisse wurde er gestärkt.

Zunächst wurde das arabische Kernland gefestigt, dann Syrien und Palästina hinzugewonnen. Muslimische Truppen zogen gen Norden nach Armenien, gen Osten nach Persien und gen Westen nach Ägypten. Im Jahr 637 markierte ein historischer Sieg in al-Qadisiya (heute Südirak) den Anfang vom Ende des Sassanidenreichs. Keine zwei Jahrzehnte nach Muhammads Tod regierten seine Nachfolger vom Jemen bis Armenien, von Ägypten bis zum Irak. Und die Expansion setzte sich noch Jahrzehnte fort. Garnisonen wurden gegründet, neue Städte entstanden, die zu Zentren islamischer Kultur wurden: Kufa und Basra im

heutigen Irak, Fustat in Ägypten, Merw (heute Mary) in Turkmenistan und Kairouan in Tunesien.

Die erste große islamische Expansionswelle erfolgte unter Muhammads vier direkten Nachfolgern. Sie trugen den Titel Kalif (von *chalifa*, Nachfolger), zusammen werden sie die *raschidun* genannt, die Rechtgeleiteten. Der erste Kalif hieß Abu Bakr. Er war der Vater von A'ischa, der jüngsten unter Muhammads späteren Frauen. Abu Bakr kämpfte gegen regionale Herrscher, die in alte Stammesstreitigkeiten zurückgefallen waren. 'Umar ibn al-Chattab, der zweite Kalif, band diese lokalen Heeresführer in seine Ausbreitungsfeldzüge ein. Im Jahr 636 wurde das byzantinische Damaskus zu einer muslimischen Stadt; 'Umar hatte das kurz zuvor von den Persern geplünderte Handels- und Handwerkszentrum ein Jahr lang belagert.

Ein einziges Gotteshaus in Damaskus kann die gesamte Religionsgeschichte des Nahen Ostens erzählen. An der Stelle, an der heute die weltberühmte Umayyaden-Moschee steht, wurde im 2. Jahrtausend v. Chr. ein Tempel zu Ehren von Hadat erbaut, einer aramäischen Gottheit. Die Römer weihten die Kultstätte im 1. Jahrhundert ihrem Gott Jupiter. Der byzantinische Kaiser Theodosius wandelte das Bauwerk im Jahr 379 n. Chr. in die Kirche Johannes des Täufers um. Nach der arabischen Invasion 636 wurde die Südwand der Kirche Teil einer Moschee. Der Kalif Al-Walid ließ sie in den Jahren 708 bis 715 prächtig ausbauen. Gleichzeitig sorgte der Herrscher allerdings auch dafür, dass die Christen an anderen Stellen in der Stadt vier neue Kirchen errichten durften. Heute gilt die großartige Umayyaden-Moschee, die über die Jahrhunderte immer wieder erweitert und neu verziert worden ist, als ältere Monumentalmoschee des Islam. Sie wird noch immer Tag für Tag von den Gläubigen zur Andacht aufgesucht.

DIE SPALTUNG

DER DRITTE RECHTGELEITETE KALIF, Uthman ibn Affan, versuchte das expandierende Reich politisch zu organisieren. Doch es gab Auseinandersetzungen um die Oberherrschaft. Gestritten wurde unter anderem darüber, ob die Führung innerhalb der Familie des Propheten bleiben solle und Ali ibn Abi Talib, ein Vetter Muhammads und der Mann Fatimas, Nachfolger des Propheten werden solle. Oppositionelle zettelten im Jahr 656 einen Aufstand an, bei dem Uthman getötet wurde. Ali wurde zum vierten Kalifen bestimmt, aber der Streit über die Legitimität seiner Herrschaft eskalierte im ersten Bürgerkrieg, der von 656 bis 661 wütete. Er begann mit der „Kamelschlacht" bei Basra im heutigen Irak, wo die *schi'at Ali* siegte, die Partei Alis. Eine Gegenpartei formierte sich, angeführt von General Mu'awiya, dem Statthalter von Syrien und Neffen Uthmans. Auch A'ischa, Muhammads Witwe und Tochter des ersten Kalifen, gehörte zu dessen Gefolgsleuten. Die beiden konkurrierenden Richtungen repräsentieren bis heute die eher politische als theologische Spaltung der islamischen Religionsgemeinschaft.

Die *schi'at Ali*, Partei Alis, auch Schia genannt – die Mitglieder heißen Schiiten – hatte ihr Hauptquartier in Kufa im heutigen Irak. Ali befahl Mu'awiya, sein Amt als Statthalter von Syrien aufzugeben und Platz zu machen für einen von den Schiiten berufenen Führer. Mu'awiya widersetzte sich und schlug ein Schiedsgericht vor. Von den

OBEN: *Die abstrakten Muster auf der Tonschale aus dem 14. Jahrhundert symbolisieren eine Szene in einem Palastgarten.*
GEGENÜBER: *Gläubige erklimmen das Minarett der al-Mutawakkil-Moschee in Samarra, Irak.*

Verhandlungen enttäuscht, wandte sich ein Teil der Ali-Anhänger ab. Diese wurden später Kharidschiten genannt, von arabisch: „Ausziehen". Die Abgefallenen kritisierten Mu'awiya als auch Ali. Deren Verhalten sei eines islamischen Führers unwürdig. Die Kharidschiten waren sogar der Überzeugung, beide hätten schwere Sünde auf sich geladen und seien vom „wahren" Glauben abgefallen; sie müssten daher bekämpft und getötet werden.

Im Jahr 661 ermordeten die Kharidschiten Ali. Mu'awiya wurde der nächste Kalif. Er regierte eine Muslimgemeinde, die nun dreigeteilt war: Kharidschiten, Schiiten und die in Medina ansässige Hauptgruppe. Diese nannte sich Sunniten, weil sie glaubte, am ehesten der *sunna* zu folgen, jener Praxis, die von Muhammad selbst vorgegeben worden war. Nach und nach verhärteten sich die Unterschiede zwischen diesen drei Gruppen, in der Frage der Nachfolge fanden sie keinen gemeinsamen Nenner. Die Kharidschiten meinten, die Führung solle auf den Mann übertragen werden, der den höchsten Grad an Frömmigkeit zeige. Die Schiiten wollten die Führung vererbt sehen: durch die Linie des Propheten, von Muhammad zu Fatima und Ali und ihren Nachkommen. Die Sunniten erwiderten, dass der Kalif von der Gemeinde gewählt werden sollte. In der Praxis jedoch wurde der sunnitische Kalif Mu'awiya zum Stammvater der erblichen Umayyaden-Dynastie, die von 661 bis 750 regierte.

Die streng egalitäre Botschaft der Kharidschiten zog Konvertiten in Arabien und Nordafrika an. Ihre Version des Islam provozierte intellektuelle und militärische Konflikte, vor allem an der afrikanischen Nordküste, besonders unter den dort lebenden Berbern, die nicht arabischer Abstammung waren. Rudimente des Kharidschiten-Islam haben sich bis heute in Oman und Tunesien erhalten.

Zwist zwischen den Anhängern von Mu'awiyas Sohn Yazid und dem Sohn Alis, Husain, zementierte den Bruch zwischen Sunniten und Schiiten. Nach Alis Tod riefen die schiitischen Muslime in Kufa Husain zum Anführer aus. Im Jahr 680 schlugen sich die umayyadischen Truppen mit Husain und seiner Armee in Kerbela, die Schiiten wurden niedergemetzelt. Auf der ganzen Welt gedenken sie noch heute dieser blutigen Niederlage. Am ersten Tag des ersten Monats des islamischen Kalenders beginnt für die Schiiten eine 40-tägige Trauerzeit, mit der *aschura* als Höhepunkt: Zur Erinnerung an den Märtyrertod Husains stellen Männer die Leiden ihres Helden in einem Passionsspiel nach. Sie marschieren zum Schlagen der Trommeln und geißeln sich bis aufs Blut.

Kerbela, der Ort von Husains Martyrium, gehört zu den heiligsten Städten des schiitischen Islam. Das Gleiche gilt für die Stadt Nadschaf, wo Husains Vater Ali begraben wurde. Der Überlieferung nach war ein Kalif des späten 8. Jahrhunderts in dieser Gegend auf Hirschjagd, als seine Beute innehielt und wie gebannt auf einem Erdhügel verharrte. Auch das Pferd des Kalifen blieb stehen. Als der Jäger erfuhr, dass der Hügel das Grab Alis sei, errichtete er ein herrliches Grabmal, das in späteren Jahrhunderten mit einer schillernden Kuppel versehen und zu einer großartigen Moschee erweitert wurde.

Die Schiiten gewannen in den letzten Jahrhunderten des 1. Jahrtausends stark an Einfluss. Sie teilten sich in Untergruppen auf, blieben aber stets vereint in der Überzeugung, dass ihr Führer wie Muhammad ein Imam sein solle: religiös inspirierter Führer und politisches Oberhaupt in einem. Während seiner weitesten Ausbreitung beeinflusste der Schiismus die Küsten Nordafrikas, Arabien und Persien. Heute sind zehn bis 15 Prozent aller Muslime Schiiten, mit sehr hohen Bevölkerungsanteilen im Iran, Irak und im Libanon, in Bahrain und Aserbaidschan.

SUNNITISCHE DYNASTIEN

ZWEI BEDEUTENDE KALIFATE gingen aus der sunnitischen Glaubensmehrheit hervor: die bereits erwähnten Umayyaden und, darauf folgend, das Kalifat der Abbasiden, das vom 8. bis weit ins 13. Jahrhundert andauerte. Mu'awiya verlagerte das Zentrum der islamischen Macht von Medina nach Damaskus (Umayyaden) und dann nach Bagdad (Abbasiden). Eine islamische Kultur begann zu erblühen.

Der ruf zum gebet

Eine tägliche Übung

FÜNFMAL TÄGLICH, bei Sonnenaufgang, am Mittag, am Nachmittag, zum Sonnenuntergang und am Abend, rufen Muezzins rund um die Welt die Gläubigen zum Gebet, indem sie verkünden: «Kommt und betet, kommt zum Heil, es gibt keinen Gott außer Allah.» In der Moschee, bei der Arbeit und zu Hause halten die Muslime inne. In manchen Kulturen beten die Frauen allein zu Hause, während die Männer in die Moschee gehen. Aber sie alle – Frauen, Männer und Kinder – preisen Allah und seinen Propheten Muhammad.

Vor dem Gebet reinigen sich die Gläubigen. Die meisten Moscheen besitzen zu diesem Zweck einen Brunnen, an dem Gesicht, Hände, Arme und Füße gewaschen werden. Eine Moschee ist eine große Halle, häufig mit einem weitläufigen, offenen Innenhof. Dort stellen sich die Gläubigen in Reihen auf, dem *mihrab* zugewandt. So bezeichnet man die oft prächtig verzierte Gebetsnische, die anzeigt, in welcher Richtung Mekka liegt. Ein Imam leitet die Gläubigen beim Gebet. Das Rezitieren von Koranversen wird von demütigen Bewegungen begleitet, von Verbeugungen und Niederknien. Wenn die Moschee überfüllt ist, werden auf den Bürgersteigen ringsum Strohmatten ausgebreitet, auf denen die Männer Allah und Muhammad preisen. Am Ende des Gebets wenden sich die Gläubigen nach rechts und links und wünschen ihren Nachbarn, dass sie in Frieden und mit Gottes Segen gehen mögen.

Man versammelt sich überall auf der Welt freitags zum Gebet in der Moschee, viele Geschäfte sind an diesem Tag geschlossen. Nach dem Gebet bleiben die Gläubigen und lauschen der Predigt eines Imams oder einer anderen gelehrten Person; diese erklärt die Bedeutung der Koranverse und interpretiert sie für die heutige Zeit.

Sobald muslimische Kinder sprechen können, lernen sie heilige Sätze auf Arabisch auswendig, etwa: «Bismillahi r-rahmani-r-rahim» (Im Namen Gottes, des Erbarmers, des Barmherzigen). Diese Formel steht am Anfang jeder Sure (jedes Kapitels) im Koran, sie verleiht jeder Tat einen Sinn. Muslime murmeln diese Worte, wenn sie eine Handlung beginnen, gleich welcher Art – ein Mahl, eine Reise, den Besuch eines Freundes, das Betreten eines Raums. Auf jede Erwähnung des Propheten, ob gesprochen oder geschrieben, folgt unmittelbar der Satz: «Gott segne ihn und schenke ihm Heil.» Mit Gebeten und Lobpreisungen an jedem Abend stellt der gläubige Muslim sein Tagwerk in eine bewusste Beziehung zu Gott.

ISLAM

Das islamische Rechtssystem entwickelte sich allmählich, über Generationen hinweg nach dem Tod des Propheten. Die Gelehrten unterschieden zwischen zwei Arten von Gesetzen: der *schari'a*, dem „rechten oder geraden Pfad"; das war das göttliche, aus der Offenbarung des Korans stammende Recht. Und den *fiqh*, jenen Gesetzen, die durch menschliche Auslegung entstehen.

In den Zentren der islamischen Kultur entwickelten sich einflussreiche Rechtsschulen. Die Traditionalisten in Medina beharrten auf den offenbarten Schriften. Die Rationalisten, in Kufa und im irakischen Basra ansässig, vertrauten bei der Rechtsprechung eher auf die Kraft der Argumentation. Am Ende des 1. Jahrtausends hatten sich vier bedeutende Denkrichtungen herausgebildet: die heute im Libanon und in der Türkei, in Jordanien, Afghanistan und weiter östlich verbreitete Hanafi-Schule; in Nordafrika, Bahrain und Kuwait die Malikiten; in Saudi-Arabien und der Golfregion die Schaf'i- und die Hanbali-Schule. In den unterschiedlichen Interpretationen spiegeln sich geographische und kulturelle Unterschiede, die im Vertrags- und Erbrecht, bei Verbrechen und Strafen sowie in den Bekleidungsvorschriften für Frauen ihren Ausdruck finden.

Der Sufismus ist eine alternative, mystische Denkrichtung innerhalb des Glaubensgebäudes. Sufi kommt vom arabischen Wort *suf*, „Wolle", und bezieht sich auf die einfache, raue Wollkleidung der Mystiker. Diese kritisierten schon früh den Reichtum, die Verschwendungssucht und das diesseits gewandte Leben der Herrschenden und stellten dem ein frommes, spirituelles Lebensbild entgegen. Wer auf dem Weg der Erkenntnis weit fortgeschritten war, konnte in Führungspositionen aufsteigen und Scheich oder Gründer eines eigenen Ordens werden. Der im 13. Jahrhundert in Balkh geborene persische Dichter Dschalaladdin Rumi, berühmt für seine Liebeslyrik, inspirierte den Mevleviyye-Orden. Dessen Mitglieder wurden bekannt als die tanzenden Derwische. Sie tragen lange Röcke und tanzen in endlosen Kreisen zu gesungenen Koranversen. Mit dieser Übung versetzen sich die Derwische in Ekstase. Vom Nahen Osten aus verbreitete sich der Sufismus in alle Himmelsrichtungen. Seine mystische Symbolik, das Streben nach Ekstase, die Hingabe an Gott üben noch heute große Anziehungskraft aus.

Durch die geographische Expansion des Islam erwarben die Muslime neues Wissen. Truppen und Händler aus dem chinesischen Tang-Reich drangen durch Tibet westwärts nach Zentralasien vor. Um 750 eroberten die Chinesen Kaschmir und Kabul. Im Juli 751 traf ein muslimisches Heer beim Fluss Talas im heutigen Kirgisien auf eine 30000 Mann starke chinesische Truppe. Ein Sieg der Muslime brachte das Gebiet unter das Banner des Islam und setzte der chinesischen Eroberung eine westliche Grenze. Gleichzeitig öffneten sich Handelswege zwischen dem Fernen Osten und der arabischen Welt. Chinesische Gefangene gaben die Kunst der Papierherstellung aus Pflanzenfasern weiter. Muslimische Handwerker fertigten daraufhin feines Papier in Samarkand, einer strategisch wichtigen Stadt an der Seidenstraße im heutigen Usbekistan. Schon Alexander der Große hatte im 4. Jahrhundert von ihrer Schönheit geschwärmt, ein Jahrtausend später wurde sie zur Metropole des von Tamerlan regierten muslimischen Mogulreichs. Von Samarkand aus brachten Reisende das Geheimnis des Papiers nach Damaskus und Bagdad, von dort gelangte es schließlich über Nordafrika nach Europa.

Samarkand war Heimat des großen Gelehrten Ismail al-Buchari, Autor grundlegender Schriften zur islamischen Rechtspflege und Literatur. Al-Buchari soll 16 Jahre lang vor dem Tod Muhammads erschienene Werke zum Leben und Wirken des Propheten gesammelt, ihre Zuverlässigkeit geprüft und sie mit dem Koran abgeglichen haben. Dabei ging es auch um die religiöse Praxis, beispielsweise um die Frage, ob Sand für rituelle Waschungen verwendet werden dürfe, wo Wasser nicht verfügbar sei. Al-Buchari lieferte Belege für entsprechende Aussagen des Propheten: «Es genügt, wenn ihr mit sandigen Händen über

GEGENÜBER: Unter den abbasidischen Kalifen im 8. Jahrhundert erblühten Wissenschaft und Lehre (osmanische Miniatur).

das Gesicht und die Handrücken streicht.» Al-Bucharis Sammlung von 2602 Überlieferungen besteht aus neun Bänden. Zusammen mit einer ähnlichen Anthologie von Muslim ibn al-Hadschadsch al-Nisaburi bilden sie das Herzstück der *hadith*, die neben dem Koran als heilige Literatur des sunnitischen Islam gilt.

DIE STADT DES FRIEDENS

PRACHT UND BAUKUNST der großartigen Moscheen gehen auf das Zeitalter der Kalifen zurück. Al-Walid baute die Moschee in Medina neu, damit sie der Großen Moschee von Damaskus ebenbürtig sei. Er entsandte Kunsthandwerker aus Byzanz und Ägypten auf die Baustelle und ließ goldene Tafeln und Glasziegel anliefern, Marmor und farbige Steine. Zur Bestürzung der Einwohner Medinas zerstörte er Muhammads Haus und Garten, das Mausoleum des Propheten wurde beschädigt. Rasch ließ der Kalif ein stabileres Bauwerk errichten, um die Heiligkeit des Grabs zu schützen. Die neue Moschee maß einschließlich des Hofs 230 mal 350 Meter. Die Innenwände waren mit Gold und Mosaiken in raffinierten Mustern verziert, durch die sich anmutig arabische Buchstaben woben. Das Wort „Arabeske" rührt daher. Handwerker errichteten Markierungssteine an den Stellen, an denen Muhammad bei seinen Gebeten gesessen hatte. Diese entwickelten sich weiter zum *mihrab*, der reich verzierten Nische an der Innenwand der Moschee, die den Gläubigen zeigt, in welcher Richtung sich die heilige Stadt befindet.

Als die abbasidischen Kalifen des 8. Jahrhunderts die Macht übernommen hatten, entstand unter ihrer Herrschaft Bagdad, die ruhmreiche Stadt des Friedens; sie sollte in den nächsten fünf Jahrhunderten zum Zentrum von Kunst, Wissenschaft und Literatur werden. Der Palast des Kalifen befand sich, von Kasernen umgeben, in der Mitte der Stadt. Die Bürger lebten innerhalb des Mauerrings, der das Zentrum umgab. Davor betrieben die Händler ihr Gewerbe. Von 786 bis 809 regierte Harun ar-Raschid in Bagdad. Dieser Herrscher wurde im Westen als Kalif aus Tausendundeiner Nacht bekannt; die berühmte orientalische Geschichtensammlung heißt im Originaltitel *alf Layla wa Layla*. Der Abbasidenpalast nahe dem Nordtor in Bagdad wurde erst im 12. Jahrhundert errichtet. Nichts erinnert heute mehr an den ursprünglichen Palast des Kalifen.

Im Jahr 830 wurde *bait al-Hikma* gegründet, das „Haus der Weisheit". Es war ein florierendes Zentrum der Lehre und der Wissenschaft, zu jener Zeit das wohl einflussreichste Forschungszentrum der Welt. Bedeutende Lehrbücher anderer Länder und Kulturen wurden hier gesammelt und übersetzt. Die muslimischen Gelehrten bauten auf dem oft vergessenen Wissen der Vergangenheit auf. Das Studium antiker Werke in Griechisch und Sanskrit machte die Gelehrten in Bagdad zu mathematischen Spezialisten; sie entwickelten das heute überall auf der Welt benutzte Zahlensystem. Die Philosophie von Platon und Aristoteles, die Medizin Galens und des Hippokrates, Euklids Geometrie und die ptolemäische Astronomie – all dies wurde übersetzt und dem Wissensfundus einverleibt.

Der berühmte Gelehrte Ibn Sina, im Westen auch als Avicenna bekannt, lebte und arbeitete im 10. Jahrhundert in Bagdad. Seine medizinische Enzyklopädie blieb im

GEGENÜBER: *Die Karawijin-Moschee und die Moulay Idris-Moschee erheben sich aus dem Häusermeer von Fès, Marokko.*
OBEN: *Die Hand Fatimas ist ein beliebtes Symbol in der maurischen Kunst, sie dient als Amulett.*
FOLGENDE SEITEN: *Die Moschee von Djenné, Mali, im 14. Jahrhundert aus Lehm erbaut, ist ein Zeugnis des Islam in Afrika.*

Nahen Osten und in Europa für Jahrhunderte ein Maßstab. Zu Ibn Sinas Zeit waren 800 Apotheker in der Stadt registriert. Wissenschaftler erstellten einen Weltatlas, entwarfen einen Globus, legten das Sonnenjahr fest und bestimmten einen Breitengrad. Zur Zeit des europäischen Mittelalters war Bagdad ein dynamisches Kulturzentrum. Denker und Künstler ließen sich von den alten Griechen, von Buddhisten, Persern und Chinesen inspirieren.

Während des abbasidischen Kalifats erzielten die Wissenschaftler spektakuläre Fortschritte. Im Bagdad des 9. Jahrhunderts veröffentlichte Abu Abdullah Muhammad bin Musa al-Chwarizmi sein Traktat über „Zwang und Vergleich", das den Begriff *al-dschabbr* einführte – Algebra. Auf die anglisierte Form seines Namens geht angeblich unser Wort „Algorithmus" zurück. Auf Tafeln beschrieb er die Bewegungen der Sonne, des Mondes und von fünf Planeten. Ein jüngerer Astronom in Bagdad, Thabit ibn Qurra, studierte nicht nur al-Chwarizmi, sondern auch neuere arabische Übersetzungen von Ptolemäus und Euklid. Er entwarf eine elegante Theorie über die Rotation der Himmelskörper. Es war die weltweit erste mathematische Beschreibung von Bewegungsabläufen. Muslime, die Hunderte oder Tausende Kilometer von Mekka entfernt lebten, mussten für ihr Gebet die Himmelsrichtung bestimmen können. Deshalb veröffentlichten islamische Astronomen, Kartografen und Ingenieure Handbücher zur Orientierung nach den Sternen und bauten tragbare Instrumente zur geographischen Richtungsbestimmung.

Im 7. Jahrhundert errichteten Muslime mit der Garnison al-Fustat einen Stützpunkt in Ägypten. Ein General aus der Armee des Kalifen gründete im Jahr 969 nördlich davon Kairo. Er nannte die neue Stadt al-Qahira, die Siegreiche. Kairos theologische Schule al-Azhar gilt, gemeinsam mit Qarawiyin in Fès, Marokko, als älteste Universität der Welt. Sie unterhält heute 61 Schulen und unterrichtet jährlich mehr als eine Million Studenten.

ISLAM

Doch das ausgedehnte Reich des Islam begann allmählich zu zerbrechen. Es war den Angriffen der Seldschuken von der türkischen Südküste und den Überfällen der Mongolen aus Zentralasien ausgesetzt. Auch im Innern erhöhte sich der Druck, neue Gruppierungen drängten an die Macht. Die Kultur des Islam, eng mit dem Kalifat verbunden, erlebte ihren allmählichen Niedergang. Dennoch war um 1099, als Europas Christen mit ihrem ersten Kreuzzug eine gewaltige Attacke auf die muslimische Welt starteten, in vielen Teilen Nordafrikas und Kleinasiens eine reiche islamische Kultur noch immer fest verankert.

ISLAM IN AFRIKA

DIE MUSLIMISCHEN HEERE eroberten Nordafrika wie im Sturm. Heute sind mehr als 90 Prozent der Bevölkerung in den Staaten Nordafrikas, von Mauretanien bis Ägypten, Muslime. Sie stellen immer noch die Hälfte der Bevölkerung im südlich davon gelegenen Staatengürtel, vom Senegal und von Guinea bis Äthiopien. Somalia ist ein Sonderfall. Das Land ist stärker islamisch geprägt, weil es schon früh von arabischen Seefahrern erreicht wurde. Fast im gesamten *maghreb*, arabisch für „Westen", in Marokko, Algerien und Tunesien, wurde der Islam nach der Phase der Eroberung durch Handel und Migration zu einem dominierenden Bestandteil der Kultur.

Um das Jahr 700 hatten Muslime ganz Nordafrika durchquert. Dabei waren sie den Routen der Berber gefolgt, die am Atlas lebten, einer 2 400 Kilometer langen Gebirgskette, die parallel zu den Küsten Marokkos, Algeriens und Tunesiens verläuft. Bald schon prägte der Einfluss der Kalifen die Metropolen. Kairo, Tunis, Tlemcen in Algerien, Fès und Marrakesch in Marokko wurden wichtige Zentren islamischer Gelehrsamkeit und Kunst. Politische und weltanschauliche Differenzen gestalteten die Beziehungen zwischen Berbern und Muslimen zunächst kompliziert. Aber schließlich nahmen die Berber den islamischen Glauben an, verbreiteten das Wort des Propheten und gründeten weiter südlich neue Moscheen und Glaubensgemeinschaften. Muslimische Händler und Gelehrte begannen die westafrikanischen Königreiche zu beeinflussen, von Mali und Songhai bis Bornu.

Als die Muslime nach Afrika vordrangen, betrieben sie keine aktive Missionsarbeit. Manchmal gründeten sie ihre eigenen Gemeinden außerhalb bestehender Städte. Sie knüpften oft Bande zu lokalen Potentaten und konnten einen Gesetzeskodex und moderne Verwaltungsstrukturen anbieten – Instrumente, mit denen sich Herrschaft festigen ließ. Malis Kaiser Sundiata konvertierte im 13. Jahrhundert, Songhais König Sonni Ali im 15. Jahrhundert. Oft vermischten sich in diesen Ländern die traditionellen Religionen mit dem Islam.

Mansa Musa, Großneffe Sundiatas und späterer König von Mali, beeindruckte die gesamte muslimische Welt mit seiner extravaganten Wallfahrt nach Mekka im Jahr 1324. Ein arabischer Geschichtsschreiber berichtet, dass sein Tross 100 Kamele umfasst habe, jedes von ihnen mit 300 Pfund Gold beladen. Das Gefolge habe aus Abertausenden von Sklavinnen und Sklaven bestanden. Während seiner Reise soll er so verschwenderisch gewesen sein, dass in Ägypten der Goldpreis fiel. Mansa Musa baute seine Städte zu Zentren der islamischen Lehre aus. In Timbuktu ließ er eine Universität errichten. Die Moscheen, von denen einige als eindrucksvolle Zeugnisse jener Epoche die Zeiten überdauert haben, wurden aus Lehmziegeln gebaut, mit flachen, schmucklosen Oberflächen. Holzbalken ragen aus den Außenwänden und stützen bei Reparaturen noch heute die Gerüste. Im 12. Jahrhundert besuchten 25 000 Studenten die Universität. Um die Mitte des 16. Jahrhunderts wurden in Timbuktu Koran und Hadith in mehr als 150 Medresen (islamischen Hochschulen) gelesen.

GEGENÜBER: *Der Felsendom in Jerusalem, der für Muslime drittheiligsten Stadt nach Mekka und Medina.*
FOLGENDE SEITEN: *Handabdrücke an einer Wand in Essaouira, Marokko, ehren Muhammads Tochter Fatima.*

Als die Muslime gen Afrika zogen, lebten in Nubien und Äthiopien noch viele Christen. Der Islam eroberte diese Gegenden später und langsamer als Nord-, West- und Zentralafrika. Dahlak Kebr jedoch, die größte Insel im Archipel vor dem heutigen Eritrea im Roten Meer, war schon früh eine muslimische Hochburg. Hierher wurden die Sklaven aus Afrika gebracht, bevor sie weiter nach Arabien verschifft wurden; islamische Gebete und Gedanken nahmen den umgekehrten Weg. Arabische Seefahrer gründeten am Indischen Ozean jenen Hafen, der zu Somalias Hauptstadt Mogadischu werden sollte. Im frühen 14. Jahrhundert war dies «eine riesige Stadt», die Einwohner waren vorwiegend Händler, die «viele Kamele besaßen, von denen täglich Hunderte geschlachtet wurden, um sie zu essen», berichten zeitgenössische Quellen.

«Wenn ein Schiff den Hafen anläuft, wird es von *sumbuks* empfangen, kleinen Booten, in denen jeweils einige junge Männer sitzen, von denen jeder eine zugedeckte Schüssel mit Essen trägt. Das bietet er den Händlern auf dem Schiff an, wobei er sagt: Dies ist mein Gast... Dann verkauft er dessen Ware für ihn und kauft für ihn ein. Und wenn jemand etwas von ihm zu billig kauft oder ihm in Abwesenheit seines Gasts etwas verkauft, wird der Verkauf von diesem als ungültig betrachtet. Dieses Vorgehen ist für beide von großem Vorteil.»

Die Schilderung stammt von Ibn Battuta, einem Reisenden des 14. Jahrhunderts, dessen Wallfahrt von seinem Geburtsort Tanger in Marokko nach Mekka zu einer 30-jährigen Reise geriet. Ibn Battuta gilt als der einzige Mensch, der alle muslimischen Länder seiner Zeit bereist hat. Seine Berichte geben faszinierende Einblicke in eine Welt, die sich von Konstantinopel bis Ceylon, von Ostafrika bis China erstreckte. Er beschreibt den Besuch beim Sultan Mogadischus, Fachr ad-Din. Dessen Haupt sei von Sklaven beschattet worden, mit «vier Baldachinen aus farbiger Seide, jeder von einem goldenen Vogel gekrönt».

Im Jahr 710 landeten muslimische Entdecker auf einer felsigen Insel in der Meerenge zwischen Atlantik und Mittelmeer. Im folgenden Jahr führte ein muslimischer Berber, Tariq ibn Ziyad, eine Armee von mehreren tausend Mann auf die Insel und nahm sie für den Islam in Besitz. Sie wurde Dschebel at-Tariq genannt, Tariqs Berg. Der Name wandelte sich bald zu „Gibraltar". Spanien war nur noch eine kurze Überfahrt entfernt.

Sidschilmasa, das heutige Rissani in Marokko, war eine wichtige Oase und Marktstadt. Über Jahrhunderte kämpften muslimische Splittergruppen um die Herrschaft über dieses Zentrum des Goldhandels. Im Jahr 1054 wurde die Stadt vom Berberstamm der Almorawiden erobert, der ursprünglich im heutigen Mauretanien ansässig war. Von Sidschilmasa aus unternahmen sie Feldzüge nach Spanien. Ihr Stammesname, zu „Maure" oder „Mohr" verkürzt, wurde für die europäischen Christen zum Synonym für alle Muslime, insbesondere für die im Süden der Iberischen Halbinsel ansässigen.

ISLAM IM NAHEN OSTEN

VON BEGINN AN drängten die Muslime nach Norden. Schon das 7. Jahrhundert brachte Wanderbewegungen und Schlachten um Palästina und bis nach Nordafrika hinein. Diese Regionen hatten lange unter römischer Herrschaft gestanden. Konstantinopel trat die Nachfolge an und wurde zu einer Festung der Macht, der Pracht und des Reichtums. Das Byzantinische Kaiserreich erstarkte, während Rom zerfiel. Das Christentum wurde zu einem Instrument der Herrschaft: Wer sich weigerte, an Christus zu glauben, war ein Ungläubiger, ganz gleich, ob Heide, Jude oder Muslim. Nach einem Erlass des römischen Kaisers Theodosius aus dem Jahr 382 waren Häretiker Kapitalverbrecher und konnten gefangen genommen oder verbannt werden.

Religiöse Theorie und politische Praxis stimmen nicht immer überein – im Christentum nicht und auch nicht im Islam. Dem Koran zufolge sind Gewalt und Krieg nur im Verteidigungsfall gerechtfertigt, nicht aber als Mittel der Eroberung. Der Koran interpretiert die Tötung von Goliath durch den jüdischen König David als gerechtfertigt,

weil die Tat dazu gedient habe, die Welt vom Bösen zu befreien: «Und würde Gott nicht die einen Menschen durch die anderen abwehren, so würde die Welt voll Unheil sein.» Andererseits betont der Koran: «Es gibt keinen Zwang in der Religion.» Vielfach haben Muslime in ihrem Herrschaftsbereich andere Religionen toleriert.

Eine der frühesten Schlachten, die eine Landnahme durch Muslime außerhalb Arabiens zur Folge hatte, fand im Heiligen Land zur Zeit des ersten Kalifen Abu Bakr statt. Die Kunde, dass Muslime nordwärts ziehen, erreichte den in Antiochia residierenden byzantinischen Kaiser Herakleios. Er hieß seinen Bruder Theodor, die Streitkräfte nach Süden zu führen, aber dessen Kommando fand im Juli 634 ein frühes Ende. Theodor fiel schon beim ersten Aufeinandertreffen der beiden Armeen in Adschnadain südwestlich von Jerusalem.

Nach einem weiteren Scharmützel zogen sich die Christen nach Damaskus zurück. Herakleios warb bei verbündeten Staaten Soldaten an. Einer zeitgenössischen arabischen Schätzung zufolge belief sich die Zahl seiner Kämpfer auf 200 000 Mann. Die Streitmacht war damit um ein Mehrfaches größer als die der Muslime, in der neben Männern auch Frauen dienten. Die Armeen trafen am Yarmuk aufeinander, einem Nebenfluss des Jordan. Dem Chronisten al-Baladhuri zufolge war die Schlacht von «wildester und blutigster Art... Mit Gottes Hilfe wurden über 70 000 (von Herakleios Männern) getötet und die übrigen ergriffen die Flucht». Die Juden in der Region begrüßten nach arabischen Schilderungen ihre Eroberer freundlich: «Wir mögen eure Herrschaft und euer Recht weit lieber als den Zustand der Unterdrückung und Tyrannei, in dem wir uns befanden.»

OBEN: *Die Mauren schufen mit der Alhambra im spanischen Granada einen Höhepunkt islamischer Kultur.*
FOLGENDE SEITEN: *Nach der Rückeroberung Granadas suchten die Muslime Zuflucht in abgelegenen Bergregionen.*

Mein Glaube, mein beständiges Leitbild

— Hibba Abugideiri, *George-Washington-Universität*

Gegen Ende der ersten Vorlesungsreihe über Frauen im Mittleren Osten und in Nordafrika fragte ich eine vorwiegend weibliche Klasse, ob jemand gern in der arabischen Welt leben wolle. Nur zwei Studenten hoben die Hand. Keine der Frauen wollte das Leben einer Muslimin führen.

Mir dämmerte, dass ich nach drei Monaten gemeinsamer Arbeit ungewollt ein bedrückendes Bild vom Leben der Frauen in dieser Region gezeichnet hatte. Dabei spielte es keine Rolle, ob es sich um den Schleier, um persönliche Rechte, Verwaltungsstrukturen oder Arbeitsgesetze handelte. Ich hatte als Professorin – als weibliche muslimische Professorin – versagt.

Ich hatte versucht, kühn zu hinterfragen, ob die Unterdrückung muslimischer Frauen historisch anders zu bewerten sei als die weltweite Unterdrückung von Frauen im Allgemeinen; ich hatte versucht zu differenzieren. Und doch war ich nur darin erfolgreich gewesen, ein seit langem bestehendes Klischee zu bestätigen: Muslimfrauen werden einfach unterdrückt. Und verantwortlich dafür ist der Islam.

Bei den Diskussionen in unserer Klasse hatte ein wesentlicher Aspekt gefehlt: die vermittelnde Rolle der Kultur bei der Versöhnung der Frauen mit ihren Lebensumständen. Schließlich stellt kaum jemand den tief verwurzelten Glauben in Frage, dass Amerikanerinnen in der westlichen Konsumgesellschaft frei sind. Obwohl dies auch bedeutet, dass Frauenkörper dazu benutzt werden, den Verkauf von Autos, Bier und Musik zu fördern. Wie kann ich unter diesen Umständen die wundervollen Aspekte der muslimischen Kultur sichtbar machen: Gastfreundschaft, Großzügigkeit, Respekt vor Älteren, Liebe zu den Kindern, ein starker Gemeinschaftssinn, beständige soziale Bindungen und Loyalität gegenüber der Familie?

Wie kann ich beschreiben, dass die islamische Kultur ein Gefühl von Stolz in der Muslimin erzeugt? Wie kann ich das schwer fassbare, aber starke Gefühl der Zugehörigkeit, der Identität vermitteln? Obwohl mir klar war, welch wichtige Rolle der Glaube für meine eigene Identität und in meinen gesellschaftlichen Kämpfen als amerikanisch-muslimische Frau spielt, hatte ich versäumt, meinen Schülern diese entscheidenden Dimensionen zu vermitteln.

Als Kind – ich wuchs in den Vorstädten von Indianapolis auf – lernte ich in der islamischen Sonntagsschule die lange Namensliste der Propheten: von Adam bis Abraham und von Moses bis Muhammad. Der Koran fordert alle

Oben: Frauen feiern, getrennt von den Männern, das Ende des islamischen Fastenmonats Ramadan.

Muslime auf, deren Beispiel nachzueifern. Ich hörte sehr früh die Geschichte von Noah und der Arche, von Abrahams Bereitschaft, seinen Sohn zu opfern, von Moses, der das Meer teilte, von Jesus, der die Kranken heilte und von der Gemeinde Muhammads in Medina. All diese wunderbaren Geschichten haben nicht nur meine kindliche Fantasie bewegt. Sie enthielten auch eine ernsthafte Lektion, die ich nie vergaß: Dass die von Gott bestimmten Boten, trotz aller Prüfungen, stets beständig in ihrem Glauben an Seine Einzigartigkeit blieben.

Die Lehrer an der Koranschule, die Gemeindevorsteher und die Imame verbreiteten die Ansicht, dass die Propheten, allesamt männlich, Vorbilder für Männer wie Frauen seien. Und dies zu Recht. Aber was ist mit den weiblichen Archetypen, die ebenfalls im Koran erscheinen: Maria, Bilqis (die Königin von Saba), die Frau des Pharaos? Lernt man aus deren Geschichten, vor allem aus derjenigen Marias, nicht ebenso viel über den Glauben an Gott? Warum gilt ihre Gottesbewusstheit nicht als beispielhaft für alle Muslime, egal ob männlich oder weiblich? Die Orthodoxie gesteht Ehefrauen und Müttern einen herausragenden Platz bei der Interpretation von Frauenrollen zu. Sie hat allerdings die Stimmen jener unglaublichen Frauen, die allen Muslimen Lektionen über Glauben und Standfestigkeit vermitteln können, zum Schweigen gebracht. Folglich werden Muslimfrauen als Ehefrauen und Mütter glorifiziert, nicht häusliche Rollen werden im besten Fall geduldet.

Der Koran spricht nicht nur zu den Männern, er spricht auch zu uns Frauen. Ich war mir dessen schon in sehr jungen Jahren bewusst. Nicht etwa, weil ich schon den Koran gelesen hätte, sondern weil ich mit Gott Zwiesprache hielt. Vielleicht war dieses frühe spirituelle Bewusstsein aus der Sufi-Tradition entstanden, in der ich aufwuchs. Mein Großvater und mein Vater gehörten dem populären Tidschaniya-Orden im nördlichen Sudan an. Und der Sufismus hat die spirituelle Verbindung zwischen Frauen und Gott immer begrüßt und gefördert. Vielleicht lag der Grund auch einfach darin, dass mir niemals in den Sinn kam, mein Geschlecht könne eine Verbindung mit Gott behindern. Als ich dann erwachsen wurde, fand ich es unlogisch, dass Gott die Männer in irgendeiner Weise den Frauen vorzieht; schon gar nicht, wenn es darum geht, Ihn anzubeten.

Ich stehe nicht allein mit dieser Überzeugung. Muslimfrauen auf der ganzen Welt suchen Zuflucht im Koran. Trotz mancher Anfechtungen beweist dieser unerschütterliche Glaube, dass nicht der Islam für die Missstände verantwortlich ist, sondern eine restriktive, vielfach sogar verdrehte Interpretation der Heiligen Schrift. Die Kenntnis der Koranliteratur ist der Schlüssel zu ihrer wachsenden Macht. Sie entwickelt eine Dynamik, die an Muhammads erste Begegnung mit Gabriel erinnert, als dieser dem Propheten befahl zu rezitieren, zu lesen. Glaube und Wissen sind im Gottesdienst untrennbar miteinander verbunden.

Dieser Glaube hat bei Muslimfrauen eine zwar unterschwellige, aber weltweit verbreitete Frauenbewegung inspiriert. Obschon es keine realen Verbindungen zwischen Frauen in verschiedenen Teilen der muslimischen Welt gibt, die diese „Bewegung" tragen könnten, haben viele, etwa in Ägypten, Jordanien, Marokko, im Sudan, in Turkmenistan, Kasachstan und Usbekistan, im Glauben nicht nur ein Leitbild gefunden, sondern auch eine Quelle der Auseinandersetzung. Vielfach ertönt der Ruf nach einer Neuinterpretation des Korans und der prophetischen Traditionen. Sie hoffen darauf, dass der enge Rahmen gesprengt wird, den die Orthodoxie den Frauen auferlegt, insbesondere beim muslimischen Familienrecht. Ihr Ziel ist Gerechtigkeit im Verhältnis zwischen den Geschlechtern. Dieser „Geschlechter-*dschihad*" ist ein Kampf nicht gegen die Männer, sondern für die Gleichheit.

Ich bin gern eine muslimische Frau, mit all den Vollkommenheiten Seiner Schöpfung und den Unvollkommenheiten der muslimischen Praxis. Denn am Ende des Tages habe ich das, was am meisten zählt: Den Glauben, dass Er der Einzige ist; und ich bin Seine stolze Dienerin.

Vom Yarmuk aus war es nur ein kurzer Marsch bis nach Jerusalem. Die Stadt galt den Muslimen wegen Muhammads nächtlicher Reise zum Tempelberg als heilig. Der Einzug nach Jerusalem verlief relativ friedlich. Einem christlichen Geschichtsschreiber aus dem 10. Jahrhundert zufolge sicherte 'Umar, der zweite Kalif, den Bürgern zu, dass unter seiner Herrschaft «ihr Leben, ihr Hab und Gut und ihre Kirchen» sicher seien und die Kirchen «weder zerstört noch zu Wohnungen gemacht würden». 'Umar bat Sophronius, den christlichen Bischof der Stadt, um einen Bauplatz für eine Moschee. Der Patriarch soll gesagt haben: «Ich werde dir einen Platz geben, wo du eine Moschee errichten kannst, einen Platz, wo die Kaiser von Rom nicht erlaubten, dass dort irgendetwas gebaut wurde. An diesem Ort findet man den Felsen, wo Gott zu Jakob sprach und den Jakob das Tor zum Himmel nannte. Juden nennen ihn das Allerheiligste, und er befindet sich im Zentrum der Welt. Einst stand dort der Tempel der Juden, und sie verehrten ihn. Wo immer sie auch beim Gebet waren, sie wendeten ihr Gesicht ihm zu. Ich werde dir diesen Ort unter der Bedingung zeigen, dass du ein Dokument unterschreibst, in dem steht, dass nur diese eine Moschee in Jerusalem gebaut wird.»

Experten meinen, dass es eine weltmännische Höflichkeit zwischen Muslimen und christlichen Anführern, wie sie in diesem Dokument aus dem 10. Jahrhundert zum Ausdruck kommt, 636 wohl nicht gegeben hat. Muslimischen Berichten zufolge verlangte 'Umar, dass man ihm den Ort von Davids und Salomos Tempel zeige. Sophronius provozierte ihn, indem er ihm vorsätzlich zwei falsche Stellen zeigte. «Ihr lügt», soll 'Umar gesagt haben, «denn der Gesandte (Muhammad) beschrieb mir das Heiligtum Davids, und dies hier ist es nicht.» Der Standort des zuletzt von Herodes erneuerten Tempels war von den Römern im Jahr 70 n. Chr. eingeebnet worden. An jener Stelle ließ 'Umar die Moschee bauen, mit Steinen, die teilweise noch von dem zerstörten Tempel stammten. Sie erhielt den Namen Masdschid al-Aqsa, „die fernste Moschee", heute allgemein abgekürzt zu al-Aqsa.

Al-Aqsa war die Keimzelle jener heiligen Stätte in Jerusalem, die im Lauf der Zeit zu einem 1,5 Quadratkilometer großen Komplex mit Gärten und Gebäuden einschließlich des berühmten Felsendoms anwuchs. Der Plan des Heiligtums spiegelt die Geschichte des Islam in Jerusalem wider: 'Umar baute im Westen einen Eingang mit massiven Toren und parallelen Korridoren, dem Bab ar-Rahma (Tor der Barmherzigkeit) und dem Bab at-Tauba (Tor der Reue). Am südlichen Ende errichtete er eine Moschee aus Holz, die Platz für 3000 Gläubige bot. Kaum 50 Jahre später platzierte Kalif 'Abd al-Malik ibn Marwan eine zweite Moschee im Norden des Geländes. Er erbaute den Felsendom, so genannt, weil sich seine Kuppel über jenem Felsen wölbt, auf dem Muhammad angeblich von Abraham, Moses und Jesus begrüßt wurde und von wo aus Dschibril ihn in den Himmel geleitete. Der lichte Kettendom markiert die genaue Mitte des Heiligtums.

Bis 1033 n. Chr. wurde die Moschee mehrfach erweitert. Schon 1207 entstand der Dom von al-Nahawia. Im 16. Jahrhundert schmückte der osmanische Kaiser Süleyman den Felsendom mit prächtigen, himmelblauen Mosaiken aus, das Gold der Kuppel wurde erst kürzlich erneuert. Im Jahr 1922 kamen zwei weitere Moscheen hinzu, die das Islamische Museum beherbergen. Heilige Schriften und Zeugnisse aus der Zeit vom 11. bis zum 20. Jahrhundert werden dort ausgestellt.

DER ISLAM IN EUROPA

AUF SEGELBOOTEN gelangte die neue Religion im 7. Jahrhundert zu den Inseln im Mittelmeer. Schon im Jahr 652 lagen die Muslime vor Sizilien. Allerdings ergab sich Palermo erst 831. Christliche Normannen pflanzten ihr Banner im 11. Jahrhundert in Sizilien auf; sie respektierten die mittlerweile dort ansässigen Muslime. Im frühen 12. Jahrhundert beauftragte Normannenkönig Roger II. von Sizilien asch-Scharif al-Idrisi al-Qurtubi, eine Weltkarte zu zeichnen. Al-Idrisi schuf eine exakte Darstellung des Nahen Ostens, Nordafrikas, Europas und Vorderasiens. Von ihm stammt auch das Buch „Nuzhat al-Muschtaq", das eine silberne Scheibe mit einer in die Himmelssphäre eingelassenen Weltkarte enthält. Bis heute erinnern Straßennamen und die Anlage der Altstadt von Palermo an die arabische Vergangenheit. Der Normannenpalast wird oft als *il Cassaro* bezeichnet, vom arabischen *al-qasr*, „die Festung".

Anhänger Muhammads überquerten die Straße von Gibraltar und eroberten Spanien, das damals noch von den Westgoten beherrscht wurde. Kämpfend zogen die Muslime unter Tariq nordwärts durch Andalusien, wie sie ganz Spanien nannten. In weniger als einem Jahrzehnt hatten sie die gesamte Iberische Halbinsel eingenommen.

Als sie die Pyrenäen erreichten, stießen die Muslime auf französischen Widerstand. Zwar gewannen sie eine Schlacht bei Toulouse, aber im Jahr 733 wurden sie in Tours von Karl Martell geschlagen. Im Jahr 778 führte Martells Enkel, Karl der Große, eine Expedition in die Pyrenäen an. Er wandte sich bereits wieder Frankreich zu, als die Basken, die sowohl gegen die Franken als auch gegen die Muslime kämpften, seine Streitkräfte nahe Pamplona angriffen. Karl der Große gab jedoch nicht auf. Im Jahr 801 hatte er die muslimische Grenze nach Süden bis über den Ebro verschoben.

In den folgenden sieben Jahrhunderten blühte im Süden Spaniens die muslimische Kultur auf. Mitte des 8. Jahrhunderts floh 'Abd ar-Rahman, ein Enkel des Kalifen von Damaskus, vor internen Machtkämpfen aus Syrien ins spanische Córdoba. Dort ließ er die Große Moschee errichten. Obwohl der Prachtbau später von den Christen in eine Kathedrale verwandelt wurde, erinnert die Architektur noch heute an ein maurisches Gebetshaus. Scheinbar endlose Säulenreihen verschwinden im Halbdunkel des Hallenbaus, das Innere der Moschee wirkt wie ein Wald aus Stein. In Córdoba lebten Muslime, Juden und Christen einträchtig zusammen. Die frühen Kalifen der Stadt übten Toleranz, aber ein Herrscher im 10. Jahrhundert, Abu Amir al-Mansur, von den Spaniern Almansor genannt, führte Feldzüge gegen die Christen und zerstörte deren Kirchen.

In Córdoba versammelten sich Gelehrte und Wissenschaftler. Abbas ibn Firnas konstruierte mechanische Flügel und versuchte 600 Jahre vor Leonardo da Vinci, den Menschen das Fliegen beizubringen. Geographen aus Córdoba schufen Atlanten, ein Gelehrter namens Ibn Ruschd, auch unter seinem latinisierten Namen Averroes bekannt, lieferte im 12. Jahrhundert bedeutende Beiträge zur Philosophiegeschichte. Er diente dem Kalifen als Arzt, wurde aber durch seine Kommentare zu den Werken von Aristoteles und Platons „Politeia" bekannt. Er vertrat die Meinung, dass Religion und Philosophie dasselbe Ziel verfolgten, dass aber die Vernunft eher zur Wahrheit führe als die Offenbarung. Eine Auffassung, die im Widerspruch zu der vieler muslimischer Kleriker stand.

Die elegante Pracht des spanischen Islam fand ihren Höhepunkt in Granada, im Palast der Alhambra. Im 9. Jahrhundert zunächst als Gipfelfestung erbaut, wurde die Alhambra von 1238 an in einen Palast mit Moschee umgewandelt. Mit ihren Gärten und Höfen wirkte sie wie eine kleine ummauerte Stadt. Von ihren Türmen schweift der Blick noch heute weit über die anmutige südspanische Landschaft. Labyrinthische Wege führen zu atemraubend schönen Wohn-, Gebets- und Versammlungsräumen. Die Luft ist erfüllt vom Duft der Myrten- und Orangenblüten und vom Geräusch plätschernden Wassers. In die steinernen Mauern wurden Koranverse gemeißelt, leuchtend bunte Mosaikfliesen zieren die Wände.

Angespornt vom religiösen Fieber, das auch die Kreuzfahrer antrieb, wollten die Christen Spanien zurückerobern. Im Zeichen des Kreuzes zogen die Streitkräfte von Norden her durch Spanien. Córdoba fel 1236, Sevilla 1248. Die in der Alhambra residierenden maurischen Fürsten aber hielten sich noch 250 Jahre länger an der Macht. Die Heirat zwischen Isabella und Ferdinand stärkte den katholischen Charakter der spanischen Nation. Das Königspaar eroberte 1492 die Kontrolle über Granada und zog triumphierend in die Alhambra ein. Isabella und

Ferdinand waren es auch, die Christoph Kolumbus beauftragten, den Seeweg nach Indien zu erkunden; er fand stattdessen eine neue Welt. Ebenfalls im Schicksalsjahr 1492 veröffentlichten sie den berühmten Alhambra-Erlass, der alle Juden und Muslime Spaniens des Landes verwies. Rabbi Isaak Abravanel berief sich in seiner Antwort darauf, sein Volk sei das von Gott auserwählte, verdammte aber auch die Missachtung der maurischen Kultur durch die Christen. «Ja, ihr habt den ungläubigen Moslem mit der Macht eurer Armee erniedrigt», schreibt Abravanel und fügt hinzu: «Mit welcher Begründung wollen die Männer der Kirche jetzt die ungeheure arabische Bibliothek dieses großartigen maurischen Palasts verbrennen und seine unschätzbaren Manuskripte zerstören? Im tiefsten Innern eurer Herzen misstraut ihr der Macht des Wissens, und ihr erkennt nur schiere Kraft an.» Ungeachtet der Vertreibung der Muslime aus Spanien ist ihr Einfluss in der Kunst und in der Architektur, im Geistesleben und in der Kultur Andalusiens bis heute deutlich spürbar.

DIE SELDSCHUKISCHEN TÜRKEN

WÄHREND DER ISLAM sich an den Peripherien ausbreitete, schwächten Machtkämpfe sein Kernland. Die Zwistigkeiten zwischen schiitischen und sunnitischen Muslimen gewannen an Schärfe. Nomaden aus der Türkei, gerade erst zum Islam konvertierte Angehörige des Seldschukenstammes, wanderten in den Iran ein. Sie konzentrierten ihre Macht in Isfahan, einer von Bergen umgebenen, wasserreichen Stadt. Karawanenstraßen führten von Nordwesten, von Südwesten und vom Süden in diese Oase. Im Jahr 1055 brachen die Seldschuken von dort aus auf, um

Bagdad zu erobern. Sie wandten sich dann nach Westen und errangen die Kontrolle über Gebiete in Armenien und der südlichen Türkei sowie in Syrien, Palästina und Ägypten. An den dynastischen Konflikten der arabischen Muslime waren sie nicht beteiligt. Die Seldschuken neigten dem sunnitischen Islam zu und verankerten ihn fest in den neu eroberten Territorien, besonders in der Türkei und in Zentralasien bis zum Hindukusch.

Eine neue Invasionswelle aus Zentralasien forderte den Islam im 13. Jahrhundert heraus. Der Mongolenkrieger Hülägü, ein Enkel Dschingis Chans und Bruder Qublai Chans, machte sich auf, die Länder von Persien bis ans Mittelmeer und den Nil zu erobern. Jetzt sahen sich die Muslime mit einer gefährlicheren Bedrohung als der durch die Seldschuken konfrontiert: Hülägü hing, ungeachtet des starken Einflusses, den das nestorianische Christentum auf ihn ausübte, einem heidnischen Schamanentum an. Er führte eine mehrere tausend Mann starke Kavallerie an, die durch muslimisches Gebiet stürmte. Hülägü eroberte 1258 Bagdad.

Während die seldschukischen und mongolischen Invasoren den Nahen Osten angriffen, kamen christliche Kreuzfahrer aus Europa, um das Heilige Land den Muslimen zu entreißen. Der erste Kreuzzug endete im Jahr 1099 nach einer fünfwöchigen Belagerung mit der Einnahme Jerusalems. Ein französischer Augenzeuge schilderte später, wie die Muslime versuchten, sich zu verstecken. Aber sie konnten «unseren Gladiatoren nicht entkommen. Viele flohen auf das Dach des salomonischen Tempels (der al-Aqsa-Moschee) und wurden mit Pfeilen beschossen, so dass sie tot zu Boden fielen. In diesem Tempel wurden fast 10 000 getötet». Als die Christen ihr Ziel erreicht hatten, zogen sie sich zurück.

Gegen Ende der vierziger Jahre des 12. Jahrhunderts erhob sich ein neuer muslimischer Führer: Salah ad-Din, in Europa unter dem Namen Saladin bekannt geworden. Der in Tikrit geborene sunnitische Muslim gehörte zum Volk der Kurden, das noch heute im türkisch-irakischen Grenzgebiet lebt. Unter den Seldschuken hatte er Ägypten gegen die Kreuzritter verteidigt, dann die Macht des regierenden schiitischen Kalifen für sich gefordert und den Hauptsitz des Sultanats in Kairo etabliert. Er eroberte 1187 Jerusalem zurück. Der englische König Richard I., genannt Löwenherz, schlug Salah ad-Din bei Zypern und an der Küste Palästinas, woraufhin dieser einlenkte und den Christen gestattete, Jerusalem zu Wallfahrtzwecken zu besuchen.

In diesen Zeiten unsteter Politik und ständiger Angriffe von außen blühte gleichwohl die islamische Kunst. In Nischapur, einer Stadt im Nordwesten des heutigen Irak, lebte Ghiyat al-Din Abul-Fath Umar ibn Ibrahim al-Nisaburi al-Chayyami. Der Mathematiker, der Bücher über Geometrie und Algebra veröffentlicht hatte, ist der Welt als Omar Chayyam bekannt, als Autor des „Rubaiyat", einer Sammlung von Gedichten, die im frühen 12. Jahrhundert geschrieben wurde. Seine Heimatstadt war eine Oase an einer wichtigen Handelsroute, ein lebendiges Zentrum von Kunst und Handwerk. Die Glasbläser von Nischapur entwickelten neue Techniken und perfektionierten die Kunst, bunte, kaleidoskopartige Muster zu schmelzen.

Regionale Kriegsherren in der Westtürkei lehnten sich im späten 13. Jahrhundert gegen die regierenden Seldschuken auf. Das führte zum Aufstieg des Osmanischen Reichs. Ertugrul Ghasis militärische Vorstöße leiteten die neue Herrschaft ein. Vom 120 Kilometer südöstlich des Marmarameers gelegenen Sögüt ritten Ertugrul und seine Armee triumphierend nordwärts nach Bursa, überquerten die Meerenge bei Gallipoli, zogen dann durch Bulgarien, Mazedonien und Nordgriechenland. Sein Sohn Osman, nach dem das Reich benannt wurde, und sein Enkel Orhan erweiterten das Territorium. 1389 schlug Orhans Sohn und Nachfolger Sultan Murad I. die Serben in der Schlacht vom Amselfeld (Kosovo). Die Dynastie blieb lange an

GEGENÜBER: Schiitische Muslime berühren ehrfurchtsvoll die silbernen Gitter am Grab des Kalifen Iman Reza in Meschhed, Iran.
FOLGENDE SEITEN: Die Sufis genannten islamischen Mystiker tanzen ihren wirbelnden Tanz, bis sie in Ekstase verfallen.

der Macht und dehnte ihr Territorium nach Westen und Süden aus, wobei sie sich nach und nach das Herrschaftsgebiet des Byzantinischen Reichs einverleibte. Schließlich nahm Mehmet II., der siebte in der Reihe der osmanischen Herrscher, im Jahr 1453 die byzantinische Hauptstadt ein. Das christliche Konstantinopel wurde zum muslimischen Istanbul.

Mehmet II. befahl den Bau eines osmanischen Palasts an genau der Stelle, wo sich im 6. Jahrhundert das Schloss Kaiser Justinians befunden hatte. Dort, mit Blick auf das Marmarameer, errichtete der Triumphator seinen „Palast des Glücks". Jenseits des Bosporus belebte sich Ende des 15. Jahrhunderts das jüdische Viertel der Stadt allmählich wieder; Mehmet II. hatte die von der Inquisition aus Spanien Vertriebenen eingeladen, sich in Istanbul niederzulassen. Der Topkapi wurde zur Zitadelle mit kaiserlichen Residenzen, Verwaltungsgebäuden, Schatzkammern, Moscheen, Höfen, Gärten und Pavillons.

Die Umwandlung der Hagia Sophia, der „Kirche der heiligen Weisheit", in eine kaiserliche Moschee war der krönende Höhepunkt der osmanischen Eroberung. Seit 1934 ist das Gebäude ein Museum. Nachdem 1993 eine Unesco-Kommission das Bauwerk inspiziert hatte, wurde es aufwändig renoviert und repariert. Unter anderem wurde der Putz wieder entfernt, unter dem muslimische Baumeister die christlichen Deckenmosaiken verborgen hatten. Unter den osmanischen Moscheeneubauten ist die so genannte Blaue Moschee besonders bemerkenswert. Ahmet I. ließ sie im frühen 17. Jahrhundert nahe der Hagia Sophia errichten. Sie ist von sechs in den Himmel ragenden Minaretten umgeben. Ihren Namen verdankt sie den blauen Kacheln im Innenraum.

Die von Kaiser Süleyman im 16. Jahrhundert in Auftrag gegebene Moschee stellt jedoch alle anderen in den Schatten. Süleyman war der letzte große Eroberungskaiser. Er hatte Territorien in Nordafrika, Osteuropa, im Irak und in abgelegenen Gebieten Ostafrikas und Arabiens unter seine Herrschaft gebracht, Mekka, Medina und den Jemen mit eingeschlossen. Gleichzeitig festigte er die zentralen Verwaltungsstrukturen in Istanbul. Er beauftragte den renommierten osmanischen Architekten Mimar Koca Sinan, einen neuen kaiserlichen Palast zu bauen. Im zentralen Moscheenbereich türmte sich Kuppel auf Kuppel. Zum Süleymaniyye-Komplex gehörten auch vier Medresen, eine medizinische Hochschule und ein Institut zum Studium der Sunna.

Das osmanische Imperium erreichte unter Süleymans Herrschaft (1520–66) seinen Zenit. In seiner weitesten Ausdehnung erstreckte es sich von Ungarn bis zur Krim, von der Türkei bis ans Kaspische Meer und von Algier die nordafrikanische Küste entlang bis zum Sinai. Istanbul war die größte und reichste Stadt Europas. Die Osmanen kontrollierten wichtige Häfen und Handelszentren, so in Algier, Alexandria und Suez, im irakischen Basra, auf Rhodos und in Kavala in Griechenland. Sie unterhielten Schiffswerften im Mittelmeer und im Schwarzen Meer. Durch das osmanisch kontrollierte Damaskus reisten Karawanen und muslimische Pilger, über Kairo kamen Kaffee und Räucherwerk aus dem Jemen, Gewürze und Gewebe aus Indien und Teppiche aus Nordafrika. Doch allmählich wuchsen die Niederlande, Portugal und Großbritannien zu wirtschaftlichen Konkurrenten heran. Militärische Verluste in Osteuropa und dem Kaukasus erschütterten das Reich. Aber erst durch die Niederlage im Ersten Weltkrieg brach es endgültig zusammen. Im Jahr 1922 wurde die Türkische Republik gegründet, der letzte Kalif zwei Jahre später abgesetzt. Aber noch immer besitzt der osmanisch geprägte Islam großen Einfluss, besonders in der Türkei, in Osteuropa und in Nordafrika.

ISLAM IN ASIEN

SCHON FRÜH GERIET ZENTRALASIEN unter muslimische Herrschaft. Während der Umayyaden-Kalifate reisten die Botschafter der neuen Religion von Medina aus nach Osten. Nach den Schlachten in Al-Qadisiya am Euphrat (637) und in Nehawend im heutigen Iran breitete sich der Islam nach Afghanistan und

Usbekistan aus und bis in Gebiete, die heute in Pakistan und in den indischen Provinzen Pandschab und Sind liegen. Schon früher hatten die Kalifen syrische Krieger angeworben und ostwärts gesandt.

In Zentralasien zeugen prächtige Moscheen von einer beständigen muslimischen Präsenz. Im westafghanischen Herat wurde im 13. Jahrhundert eine prächtige Freitagsmoschee auf den Ruinen eines zoroastrischen Tempels errichtet. Buchara im heutigen Usbekistan war eine Stadt der Wissenschaft, schon als die Muslime sie eroberten. Die neuen Herrscher führten diese Tradition fort und bauten zwischen dem 16. und dem 19. Jahrhundert vier Medresen, islamische Hochschulen. Im 20. Jahrhundert, als Usbekistan Teil der Sowjetunion war, erlaubten die kommunistischen Führer nur zweien davon die Weiterarbeit: der Mir-i Arab in Buchara und der Kukeltasch in Tschatsch, heute Taschkent, Hauptstadt der Region Fergana. Zwischen Buchara und Samarkand, wo der Mongole Timur herrschte, erstreckte sich das üppige Serawschan-Tal. Den Arabern, die aus der Wüste kamen, erschien dieser Landstrich wie eine Vision vom Paradies. Einem iranischen Autor des 10. Jahrhunderts zufolge war es «das fruchtbarste aller Täler Allahs», voll «der besten Bäume und Früchte. Jedes Haus hatte einen Garten, Zisternen und fließendes Wasser».

Indien und Arabien waren schon vor Muhammads Zeiten Handelspartner gewesen. Die Kunde von der neuen

OBEN: *Die Blaue Moschee in Istanbul, benannt nach den farbigen Kacheln im Innern, sollte die Hagia Sophia in der Schatten stellen.*

Religion reiste daher genauso mit den Händlern übers Meer wie mit den Soldaten, die im Jahr 711 in die Gegend um das heutige pakistanische Karatschi vordrangen. Die Kultur, auf die sie trafen, war vorwiegend hinduistisch geprägt, obwohl auch der Buddhismus Einfluss besaß. Afghanische Kriegsherren fielen hier im 11. und 12. Jahrhundert ein und plünderten die Tempel auf der Suche nach Gold. Kleine Sultanate entstanden im Westen und Süden Indiens. Im Jahr 1526 markierte der Sieg Baburs, ein Nachfahre des Mongolen Timur, über den Sultan von Delhi den Beginn des Mogulreichs. Es sollte in Indien bis Mitte des 19. Jahrhunderts Bestand haben.

Die muslimischen Eroberer verwüsteten Indiens jahrtausendealte Kultur. An Stelle der alten Bauten entstanden neue Paläste und Moscheen, Schulen und Basare. Den Höhepunkt der Mogularchitektur stellt das Tadsch Mahal dar, das großartige, von Schah Dschahan für seine geliebte Frau erbaute Mausoleum. Die Mogulherrscher unternahmen Wallfahrten nach Mekka und Medina. Muslime, *aschraf* genannt, bildeten die Oberschicht der indischen Gesellschaft und genossen die meisten Privilegien. Zum Islam konvertierte Hindus der oberen Kasten standen nicht ganz so hoch im sozialen Ansehen, wurden aber respektiert. Auch Hindus aus den unteren Kasten konvertierten, diese wurden als *aam log* bezeichnet. Ungeachtet der gesellschaftlichen Anreize zum Übertritt war Mitte des 18. Jahrhunderts nur einer von vier Indern Muslim. Viele indische Konvertiten wurden von Sufi-Orden angezogen, deren mystische Spiritualität eher mit hinduistischen und buddhistischen Bräuchen harmonierte. Als die Briten den Subkontinent kolonisierten, begann der Niedergang des Mogulreichs.

Als Reaktion auf die koloniale Vereinnahmung regte sich überall in Indien Widerstand. Die Muslime diskutierten, ob sie sich mit Hindus und Buddhisten gegen die Kolonialmacht vereinen oder die Idee eines eigenen islamischen Staates verfolgen sollten. Es kam zur Teilung. Am 14. August 1947 trennte sich der muslimische Staat Pakistan formell von Indien. Zwei Teilgebiete westlich und östlich des indischen Kernlands bildeten nun einen Staat. Damals wanderten Millionen indischer Muslime nach Westen oder nach Ostpakistan aus, das 1971 als Bangladesch ebenfalls unabhängig wurde. Gleichzeitig flohen Millionen Hindus aus dem Osten und Westen nach Indien. Heute sind zwölf Prozent der Einwohner Indiens Muslime, aber 83 Prozent der Bevölkerung Bangladeschs und 97 Prozent in Pakistan.

Das neu entstandene Land brauchte eine Hauptstadt. Islamabad wurde in den sechziger Jahren des 20. Jahrhunderts 1100 Kilometer nördlich der alten, am Indus gelegenen Hafenmetropole Karatschi angelegt. Dort entstand 1976 eine riesige Moschee für 70000 Menschen, von einem türkischen Architekten entworfen und von Saudi-Arabiens König Faisal finanziert. Das Gotteshaus verbindet traditionelle Elemente wie spitze Minarette und eine zentrale Bethalle mit einer ungewohnten Ästhetik. Die alte Kuppelarchitektur wurde hier durch ein modernistisches zeltförmiges Zentralgebäude ersetzt.

ISLAM IN OSTASIEN

WIE INDIEN so unterhielt auch China traditionell Verbindungen zur islamischen Welt. In Xi'an, das lange Chang'an hieß und Hauptstadt der Han- und Ming-Dynastien war, steht eine alte Moschee, Kingzhen Dasi genannt. Ob sie tatsächlich, wie vielfach behauptet, schon aus dem 8. Jahrhundert stammt, erscheint zweifelhaft. Ganz ausgeschlossen ist es jedoch nicht, denn muslimische Händler zogen in großer Zahl auf der Seidenstraße durch diese kosmopolitische Stadt. Es gibt Hinweise darauf, dass dort schon vor dem 16. Jahrhundert eine starke muslimische Gemeinde existierte. An der Architektur der Kingzhen Dasi, besonders an der im 17. Jahrhundert errichteten Eingangshalle, wird deutlich, wie stark sich hier die Kulturkreise gegenseitig beeinflusst haben: Die Anlage

GEGENÜBER: *Von einem Minarett in Griechenland ruft der Muezzin die Gläubigen zum Gebet.*

ist nach Mekka hin ausgerichtet, aber ansonsten erinnert wenig an nahöstliche Moscheen. Gebetshalle und Minarett sind mit den im Fernen Osten üblichen hoch gezogenen Dachlinien geschmückt. Arabische Schriftzüge preisen Allah und zitieren den Koran, aber die Buchstaben erinnern eher an chinesische Piktogramme als an die horizontalen Schwünge des Arabischen. Gut 60 000 Gläubige fasst die Moschee. In China wird vielfach eine Sonderform des Islam praktiziert. Deren Anhänger nennen sich Hui und leben in weit verstreuten Gemeinden, auch in Tibet und der Mongolei, in Thailand und Birma (Myanmar).

Vom 12. Jahrhundert an beherrschen arabische Händler die Seewege des Roten Meeres, des Persischen Golfs, des Arabischen Meeres und des Indischen Ozeans. Arabische Schiffe segelten von Afrika und dem Nahen Osten um Indiens Küsten bis in die tropische Andamanensee. Als die Europäer im 17. und 18. Jahrhundert die Gewürzinseln (Molukken) für sich beanspruchten, war der Islam dort längst die vorherrschende Religion. Die Muslime gründeten Niederlassungen und lenkten den Handel mit Pfeffer, Nelken, Muskat, Reis, Sandelholz und Gold. Im 16. Jahrhundert, als die Portugiesen den Indonesischen Archipel erkundeten, herrschten sieben Sultane im Inselreich.

OBEN: *Das Tadsch Mahal ist ein herausragendes Beispiel für die glanzvolle indische Mogularchitektur.*

ISLAM

Lokale Traditionen färbten den auf den tropischen Inseln praktizierten Islam. So heißt heutzutage Javas wichtigstes Fest *garebeg*. An diesem Tag feiern die Indonesier Muhammads Geburt. In einer farbenprächtigen Parade bereiten Gamelanmusiker und Soldaten in antiquierten Militäruniformen den Weg für 16 rot gekleidete Männer, die auf ihren Schultern die *gunungan* tragen. Das sind fast zwei Meter hohe Pyramiden aus Gebäck, Eiern, Erdnüssen, Chilischoten, Kokosnüssen und Früchten, mit klebrigem Reis in Form gebracht und mit Blüten bestreut. Die Männer stellen die *gunungan* an der Moschee ab, dann machen sich die Gläubigen darüber her. Die Speise wird als heilig betrachtet, für ein zeremonielles Familienmahl mit nach Hause genommen oder im Feld vergraben, in Hoffnung auf eine reiche Ernte.

Aus der Frühzeit des Islam im Fernen Osten stammt die Kampung Hulu Moschee. Sie wird von der muslimischen Gemeinde Malakkas noch heute als Gebetshaus genutzt. Der rote Einzelturm mit dem dreifach gestuften Dach gleicht eher einem Leuchtturm als einem Minarett. Nachdem zunächst die Portugiesen und später die Niederländer in Malakka gelandet waren, zogen die Muslime weiter nach Süden und errichteten das Sultanat in Johore an der äußersten Südspitze des malayischen Festlands. Die Briten übernahmen dieses Gebiet in viktorianischer Zeit. Stamford Raffles, Vizegouverneur von Java, erwarb die Insel Temasek für die Britische Ostindien-Kompanie; später wurde dann Singapur daraus.

Ständiger Handelsaustausch mit der arabischen Welt, missionarische Aktivitäten und eine Welle islamistischer Neubesinnung in moderner Zeit haben dem Islam in Malaysia und Indonesien immer wieder neue Impulse verliehen. Heute leben mehr Muslime in Indonesien als in jedem anderen Staat der Erde. Obwohl ihr Bevölkerungsanteil nur 88 Prozent ausmacht, weit weniger als in vielen arabischen Staaten, hat Indonesien fast 270 Millionen Einwohner muslimischen Glaubens. Zum Vergleich: In Saudi-Arabien, dem Kernland des Islam, leben lediglich 25 Millionen Menschen.

DER ISLAM IN DER NEUEN WELT

AUF SEINER ERSTEN REISE führte Christoph Kolumbus ein Buch arabischer Seefahrer aus dem 12. Jahrhundert mit, das westwärts gerichtete Routen auf dem Atlantik beschrieb. Der große Entdecker vertraute außerdem auf den Rat seines maurischen Navigators. Eine vom türkischen Kartografen Piri Reis im Jahr 1513 gezeichnete Landkarte zeigt die Westindischen Inseln einschließlich Kuba und Hispaniola und die nördliche Küstenlinie Südamerikas. Die Gelehrten streiten darüber, ob sie lediglich auf der Basis früherer Kartenwerke entstanden ist oder ob sie sich auf direkte Beobachtungen stützt. Estevancio, ein marokkanischer Sklave, der wohl auch Muslim war, reiste mit der Vorhut der spanischen Eroberer im 16. Jahrhundert nach Florida, Texas und Mexiko. Seine außergewöhnliche Sprachbegabung ermöglichte es ihm, mit den einheimischen Völkern in Kontakt zu treten.

Der Islam reiste mit den afrikanischen Sklaven über den Atlantik. Ein bekanntes Beispiel war Abdul Rahaman, ein gläubiger Muslim, der als Sklave nach Louisiana gekommen war und von seinem Eigentümer wegen vermeintlich königlicher Abstammung als Prinz bezeichnet wurde. Bilali, ein in Georgia versklavter Rechtsgelehrter, erhielt im Krieg von 1812 das Kommando über eine Sklavenmiliz. Omar Ibn Said, ein muslimischer Lehrer aus Westafrika und entlaufener Sklave in North Carolina, schrieb mit Holzkohle Koranverse an die Wand seiner Gefängniszelle. Jeder fünfte in die Vereinigten Staaten verschleppte Sklave war praktizierender Muslim.

Später wanderten Muslime aus vielen Ländern freiwillig nach Nordamerika ein. Schon um 1870 folgten Menschen aus Syrien, dem Libanon und Jordanien der Verheißung auf wirtschaftlichen Erfolg und vertrauten dem Versprechen auf religiöse Freiheit. Im 20. Jahrhundert wurden Wissenschaftler, Ingenieure und Ärzte aus Asien, Afrika und Nahost von der amerikanischen Industrie und von renommierten Hochschulen angeworben.

Als 1947 der jüdische Staat Israel gegründet wurde, suchten aus ihrer Heimat vertriebene Palästinenser in Kanada und den Vereinigten Staaten Zuflucht. Die muslimische Bevölkerung in Nord- und Südamerika wuchs. Die meisten Menschen, die im 20. und 21. Jahrhundert in Amerika zum Islam konvertierten, sind afrikanischer Abstammung. Mitte des 20. Jahrhunderts setzten sich Elijah Muhammad und eine Zeit lang auch sein Schüler Malcolm X für eine separatistische schwarze Bewegung namens Nation of Islam ein. Sie forderten die Afroamerikaner auf, dem Islam beizutreten und aus dieser Quelle neue spirituelle Kraft zu schöpfen und eine eigene Identität zu formen. Heute bilden Afroamerikaner die größte muslimische Bevölkerungsgruppe Nordamerikas.

Viele Anhänger des Islam wanderten in den vergangenen zwei Jahrhunderten auch nach Europa ein, vor allem aus Nordafrika und der Türkei. Mit 15 Millionen Anhängern ist der Islam die zweitstärkste Religion des Kontinents. Das gleiche Wachstum wird für Amerika vorausgesagt. Schätzungen gehen davon aus, dass Mitte des 21. Jahrhunderts der Islam die zweitgrößte Religion in den Vereinigten Staaten sein wird.

ISLAM HEUTE

ÜBERALL AUF DER WELT – von Kanada bis Neuseeland, von Surinam bis Singapur – leben und praktizieren Muslime ihre Religion. Fast 20 Prozent der Weltbevölkerung, 1,6 Milliarden Menschen, rufen Muhammad als ihren Propheten an. Der Islam ist nach dem Christentum die zweitgrößte Religion der Welt. Vielerorts ist ein Wiederaufleben des Glaubens zu beobachten, nicht nur im Islam. Doch hier wird das Phänomen oft vorschnell mit „islamischem Fundamentalismus" gleichgesetzt und automatisch als Ausdruck von Radikalismus und Gewalt gewertet. Dabei geht es doch zumeist um die Suche nach kultureller Identität, um einen selbstbewussten Ausdruck sowohl im persönlichen als auch im öffentlichen Leben. Viele Muslime wenden sich verstärkt den religiösen Geboten und Riten zu, besinnen sich auf das Beten und Fasten, auf islamische Kleidung und traditionelle Werte. Eine wachsende Zahl muslimischer Frauen sowohl in Europa als auch in Amerika hat sich entschieden, das Kopftuch (*hidschab*) als Zeichen der Schicklichkeit zu tragen.

Der Islam mischt sich in die Tagespolitik ein. Viele Muslimaktivisten, die eine Umgestaltung der Gesellschaft fordern, sind Fachleute aus Justiz, Medizin, Wirtschaft oder Industrie. Die Bedeutung dieser reformatorischen Bewegungen für den sozialen Bereich und das Bildungswesen offenbart sich in der zunehmenden Zahl islamischer Schulen, Banken, Studentengruppen, Presse- und Medienorganen und in Wohlfahrtseinrichtungen wie Krankenhäusern, Kliniken oder Rechtshilfeverbänden.

Es ist eine Minderheit, die sich dem Terrorismus zuwendet. Die Anschläge vom 11. September 2001 in New York und Washington lieferten ein schockierendes Beispiel für die globale Dimension des muslimischen Extremismus. Doch der moderne Islam ist vor allem eine lebendige Konfession. Die am schnellsten wachsende Weltreligion hat viele Nuancen und gedeiht nicht nur in den 57 muslimischen Staaten, sondern überall auf der Welt. Wie alle religiösen Menschen so versuchen auch die Muslime in vielfältiger und manchmal widersprüchlicher Weise ihr Leben und ihre Traditionen den Realitäten des modernen Alltags anzupassen.

Wie schon in der Vergangenheit halten die Debatten über die wahre Bedeutung des Islam an – es gibt vielfältige Auslegungen der Offenbarung und abweichende Meinungen bezüglich des Wesens und der Aufgabe des islamischen Gesetzes sowie dessen Anwendung – und darüber, wie man am besten „dem geraden Pfad, dem Weg Gottes" in der heutigen Welt folgen soll.

GEGENÜBER: Über die Pässe des zerklüfteten Hindukusch drangen muslimische Krieger nach Indien ein.
FOLGENDE SEITEN: Iman Reza versprach Pilgern das Paradies, wenn sie das prächtige Grab seiner Schwester in Kum, Iran, besuchen.

GEBETE

MIT ERHOBENEN HÄNDEN beginnt der Imam die Mittagsgebete unter der sengenden Sonne in Meschhed, Iran (oben). Das Gebet bestimmt das Leben frommer Muslime. Morgens, mittags, nachmittags, bei Sonnenuntergang und nach Einbruch der Nacht ruft der Muezzin die Gläubigen zur Andacht. Um sich auf den Gottesdienst vorzubereiten, waschen sich die Gläubigen am Brunnen einer Moschee in Damaskus (gegenüber).

FOLGENDE SEITEN: Muhammad hat verkündet, das Gebet in Gruppen (*salat*) sei gesegneter als das individuelle Gebet, das *du'a*. So treffen sich diese frommen Muslimfrauen, um gemeinsam Allah zu preisen, „den Erbarmer, den Barmherzigen".

ILLUMINIERT von einem Sonnenstrahl kniet der Gläubige, ins Gebet versunken, in der Dschami Masdschid in Srinagar im indischen Kaschmir (unten). Es ist ein Bild des Friedens an diesem Ort gewalttätiger Konflikte.

Wenn in der Moschee kein Platz mehr ist, versammeln sich die Muslime auf der Straße zum Gebet, wie hier in der Rue du Bon-Pasteur in der französischen Hafenstadt Marseilles (gegenüber). In Europa bilden die Muslime die zweitgrößte Religionsgemeinschaft nach den Christen.

EPILOG

— Von Seiner Heiligkeit, dem XIV. Dalai Lama

In diesem neuen Jahrtausend ist es wichtiger denn je, die Einheit der Menschheit anzuerkennen. Viele Konflikte unserer Welt entstehen daraus, dass wir die essenzielle Wahrheit aus dem Blick verloren haben, die uns als menschliche Familie verbindet. Wir vergessen, dass die Menschen trotz der oberflächlichen ethnischen, kulturellen, sprachlichen und religiösen Unterschiede alle denselben Wunsch nach Frieden und Glück teilen.

In unserem tiefsten Innern sehnen wir uns alle nach Glück. Ja, ich glaube, es ist tatsächlich der Zweck des Lebens, glücklich zu werden. Aus meiner eigenen beschränkten Erfahrung habe ich gelernt, dass es ein Fehler ist, alle Hoffnung auf äußere Bedingungen zu setzen, da wir als Menschenwesen nicht nur materielle Kreaturen sind. Der Schlüssel zum Glück ist die Entwicklung von innerem Frieden. Es steht außer Frage, dass wir materielle Dinge für unser körperliches Wohlergehen brauchen, doch diese allein können uns nicht völlig zufrieden stellen. Als Menschen streben wir nach einer tieferen mentalen und emotionalen Befriedigung. Ich glaube, dass der Glaube selber in unserem hochgradig wissenschaftlichen Zeitalter immer noch Millionen von Mitmenschen auf der ganzen Welt ein tiefes Gefühl von Sinn und Inspiration vermittelt.

In der gesamten Geschichte der Menschheit haben Individuen und Gemeinschaften ihre Religion und Kultur als eine Quelle von Sinn und grundlegenden menschlichen Werten betrachtet. Es ist traurig zu sehen, dass diese in der zunehmend materiellen und technologischen Welt von heute immer weniger gelten. Wenn die menschliche Gesellschaft so fundamentale Werte wie Gerechtigkeit, Erbarmen, Vergebung und Ehrlichkeit verliert, werden in Zukunft noch größere Schwierigkeiten auf uns zukommen. Deshalb glaube ich, dass die Religionen der Welt immer noch eine wichtige Rolle zu spielen haben. Zwischen den verschiedenen Traditionen gibt es Ähnlichkeiten und Unterschiede. Jede hat ihre eigene Philosophie und einzigartige Lehren, aber eines der obersten Ziele aller Religionen ist es, einen besseren Menschen zu schaffen. Es ist deshalb wichtig zu erkennen, was für den Einzelnen oder eine Gruppe von Menschen angemessen ist. Wir sollten nicht nur die abstrakten Details der Theologie oder Metaphysik betrachten. Wenn wir die verschiedenen Religionen als Instrumente zur Entwicklung von menschlichen Eigenschaften wie Erbarmen, Toleranz, Vergebung und Selbstdisziplin ansehen, dann können wir würdigen, was sie gemeinsam haben.

Bei den meisten von uns hängt der religiöse Glaube vom Familienhintergrund ab, davon, wo wir geboren und aufgewachsen sind. Ich meine, dass es im Allgemeinen besser ist, seine Religion nicht zu wechseln. Je mehr wir aber gegenseitig unsere Eigenheiten verstehen, desto mehr können wir voneinander lernen. All die großen religiösen Traditionen verkünden eine ähnliche Botschaft. Ihre Art und Weise, Liebe und Erbarmen darzustellen, mag sich unterscheiden, aber das Grundkonzept bleibt dasselbe. Wenn

FOLGENDE SEITEN: Ein buddhistischer Mönch läutet auf dem Adam's Peak in Sri Lanka eine Gebetsglocke.

wir diese Tatsache erkennen, flößt uns das natürlich echten Respekt vor anderen Glaubensbekenntnissen ein. Dies kann eine Grundlage für harmonische Beziehungen zwischen den verschiedenen Religionen der Welt sein und wiederum zu mehr Frieden beitragen.

Gerade aus meiner Verehrung für die großen Religionen der Welt heraus, bin ich kein Verfechter von Versuchen, die verschiedenen Traditionen zu einer einzigen „Weltreligion" zu vereinigen. Ich bin der festen Überzeugung, dass wir unterschiedliche Religionen brauchen. Eine einzige Tradition könnte der enormen Vielfalt innerhalb der menschlichen Gemeinschaft nicht gerecht werden. Jeder hat das Gefühl, seine eigene Form der religiösen Praxis sei die beste. Ich selber meine, dass der Buddhismus für mich am geeignetsten ist. Aber das heißt nicht, dass dies für jeden gilt. Jeder Mensch hat das Recht, seine eigene Wahl zu treffen. Allerdings glaube ich nicht, dass man leichtfertig von der Religion seiner Geburt zu einer anderen übertreten sollte. Es ist vielmehr nötig, ein Verständnis für die Unterschiede der verschiedenen Traditionen zu entwickeln. Ja, ich bin sogar der Überzeugung, dass eine innere spirituelle Verwandlung auf der Basis unserer eigenen Religion uns hilft, den Wert anderer Traditionen zu würdigen.

Harmonie, gegenseitigen Respekt, Erbarmen und Toleranz zu kultivieren ist etwas, womit wir in unserem eigenen Leben beginnen können. Wenn wir dagegen die Unterschiede zwischen den Traditionen zum Anlass für Konflikte nehmen, werden diese endlos weitergehen. Wir werden alle darunter leiden, auch wenn es einer Seite gelingen sollte, der anderen ihre Sichtweise aufzuzwingen. Die Geschichte zeigt, dass Zwang selten zu positiven Ergebnissen führt. In unserer heutigen Situation kann keine Seite durch kriegerische Mittel triumphieren. Feindseligkeit, die auf religiösen Differenzen beruht, kann keinerlei sinnvollen und andauernden Nutzen bringen.

Noch vor nicht allzu langer Zeit gab es zwischen verschiedenen Kulturen, ja sogar zwischen verschiedenen religiösen Gemeinschaften innerhalb einer Kultur, nur relativ spärliche oder gar keine Kommunikation. Respekt für andere Glaubensgemeinschaften war nicht wichtig, außer dort, wo Anhänger verschiedener Religionen Seite an Seite lebten. Aber die Situation hat sich grundlegend verändert. In unserer zunehmend komplexen und vernetzten Welt ist es dringend nötig, die Existenz anderer Kulturen, verschiedener ethnischer Gruppen und, natürlich, anderer Glaubensbekenntnisse anzuerkennen und wertzuschätzen.

Einer der positivsten Aspekte der vielen Jahre, die ich im Exil verbracht habe, ist, dass ich freier war zu reisen. Ich hatte die Gelegenheit, mit Anhängern anderer Religionen zu sprechen, ihre heiligen Stätten zu besuchen und dort zusammen mit den Pilgern zu beten. Nicht jeder kann sich so glücklich schätzen. Ich glaube jedoch, dass die Lektüre dieses Buchs, das versucht, die wichtigsten Religionen der Welt, ihre Geschichte, heiligen Stätten und Praktiken auf allgemein verständliche Weise darzustellen, so etwas sein könnte wie eine Pilgerfahrt. Die reiche Illustrierung vermittelt etwas vom beeindruckenden visuellen Charakter der verschiedenen Religionen. Die persönlichen Erfahrungsberichte präsentieren eine Innenansicht. Ich glaube, dass es allen Religionen in einem ganz realen Sinn darum geht, ein gutes Herz und einen positiven Geist zu erzeugen, was uns beides letztlich Glück beschert. Ich hoffe aufrichtig, dass die Leser erkennen werden, dass es viele Wege gibt, dies zu erreichen. Wir können alle dazu beitragen, eine friedlichere und freundlichere Welt herbeizuführen, wenn wir glauben und diesen Glauben in eine spirituelle Praxis umsetzen.

MEILENSTEINE DER RELIGIONSGESCHICHTE

2500 v. Chr. Früheste Wurzeln des Hinduismus; Induskultur auf dem Höhepunkt

1750 Auszug Abrahams mit seinem Klan aus Mesopotamien

1500–600 Zusammenstellung der Veden

1240 Entgegennahme der Zehn Gebote durch Moses

1000 Beginn der Herrschaft Davids in Jerusalem

950 Bau des ersten Tempels in Jerusalem durch Salomo. 922 bei seinem Tod Teilung des Königreichs in Israel und Juda

600 Geburt Laozis (mythischer Gründer des Daoismus in China)

587 Zerstörung Jerusalems durch Nebukadnezar; bis 538 Exil der Juden in Babylon

563–483 Lebenszeit des Buddha

551–479 Lebenszeit des Konfuzius

540–468 Lebenszeit von Mahavira (Gründer des Jainismus in Indien)

520 Wiederaufbau des Tempels in Jerusalem

246 Blütezeit des Buddhismus in Indien unter Kaiser Ashoka; Verbreitung des Buddhismus bis nach Sri Lanka

165 Befreiung der Juden von der syrischen Herrschaft durch die Makkabäer

63 Eroberung Palästinas durch die Römer

6 v. Chr.–31 n. Chr. Lebenszeit Jesu

45 n. Chr. Verbreitung des Christentums durch Paulus

65 Schriftliche Niederlegung des ersten Evangeliums durch Markus

70 Zerstörung des Tempels in Jerusalem durch die Römer; Zerstreuung der Juden

100 Ausbreitung des Buddhismus nach China

313 Legalisierung des Christentums durch Kaiser Konstantin

325 Formulierung des Nizänischen Glaubensbekenntnissses auf dem ersten Konzil von Nicaea

350–800 Goldenes Zeitalter des Buddhismus in China

372 Ausbreitung des Buddhismus nach Korea

405 Vollendung der lateinischen Bibelübersetzung, der Vulgata, durch den hl. Hieronymus

410 Einnahme Roms durch Alarich

450 Ausübung des Buddhismus in Birma, im Süden Thailands, auf Sumatra und Java

496 Taufe Chlodwigs; Konvertierung der Franken zum Christentum

500 Niedergang des Buddhismus in Indien

500 Zusammenstellung des Talmuds durch jüdische Weise

529 Formulierung der christlichen Klosterregel durch den heiligen Benedikt

552 Ausbreitung des Buddhismus nach Japan

570–632 Lebenszeit Muhammads; 622 Beginn der islamischen Zeitrechnung mit seinem Exodus nach Medina

596 Entsendung Augustinus' als Missionar nach England durch Papst Gregor I.

632 Erstes Kalifat unter Abu Bakr; Einnahme von Damaskus, Jerusalem, Persien und Ägypten durch seine Nachfolger

651 Zusammenstellung des Korans durch muslimische Gelehrte

661 Beginn des Umayyaden-Kalifats

680 Spaltung des Islam in Schiismus und Sunnismus

711 Vordringen der Muslime nach Indien und Spanien

747 Ausbreitung des tantrischen Buddhismus nach Tibet (Vajrayana-Buddhismus)

750 Ablösung der Umayyaden durch die Abbasiden; Gründung der Sufi-Bewegung durch muslimische Mystiker

800 Kaiserkrönung Karls des Großen durch Papst Leo III.

1054 Spaltung der Christenheit in die orthodoxe und die römisch-katholische Kirche

1058–1111 Lebenszeit von al-Ghazzali, der Sufismus und orthodoxen Islam miteinander versöhnte

1095 Beginn der Kreuzzüge durch Papst Urban II.

1100–1300 Blütezeit des Mahayana-Buddhismus in Japan

1100–1400 Ausbreitung des Theravada-Buddhismus in Südostasien

1135–1204 Lebenszeit von Moses Maimonides, der das jüdische Gesetz kodifizierte

1209 Ordensgründung durch den heiligen Franziskus

1215 Einberufung des vierten Laterankonzils durch Innozenz III.; Höhepunkt päpstlicher Macht

1225–74 Lebenszeit des Thomas von Aquin

1375 Übersetzung der Bibel ins Englische durch John von Wycliffe

1414–18 Beendigung des abendländischen Schismas der Kirche („Babylonisches Exil von Avignon") durch das Konstanzer Konzil

1469–1538 Lebenszeit von Nanak (Gründer des Sikhismus)

1492 Zwang der Juden und Muslime zur Taufe oder zur Auswanderung durch die spanische Inquisition

1517 Anschlagen der 95 Thesen durch Luther

1534 Gründung der Kirche von England durch Heinrich VIII.

1536 Veröffentlichung der *„Christianae religionis institutio"* durch Johannes Calvin

1540 Gründung des Jesuitenordens durch Ignatius von Loyola

1545–63 Einläuten der katholischen Gegenreformation durch das Trienter Konzil

1620 Ankunft der Pilgerväter in Amerika

1692 Hinrichtung von 19 „Hexen" durch die Puritaner in Salem, Massachusetts

1791 Garantie der religiösen Freiheit für jeden Bürger durch die amerkanische Verfassung

1810 Gründung der ersten Reformsynagoge im deutschen Seesen

1847 Gründung des Kirchenstaats der Mormonen in der amerikanischen Wildnis

1849–1905 Lebenszeit von Muhammad Abduh, des ersten arabischen „Modernisten"

1869–1948 Lebenszeit des Hinduisten Mohandas Gandhi, Verfechter des gewaltlosen Widerstands

1870 Verkündung der Doktrin von der päpstlichen Unfehlbarkeit durch das Erste Vatikanische Konzil

1896 Abfassung der programmatischen Schrift „Der Judenstaat" von Theodor Herzl, dem Begründer des modernen Zionismus

1941–45 Ermordung von sechs Millionen Juden unter der Naziherrschaft im Zweiten Weltkrieg

1947 Schaffung des muslimischen Pakistan

1948 Gründung des Staates Israel

1948 Bildung des Ökumenischen Kirchenrats

1950 Gründung der World Fellowship of Buddhists (WFB)

1959 Flucht des Dalai Lama nach Indien nach dem chinesischen Einmarsch in Tibet

1962–65 Wende zur modernen katholischen Kirche durch das Zweite Vatikanische Konzil

1967 Der Sechstagekrieg

1967 Kontrolle über Ostjerusalem durch Israel

1968 Beginn der „Theologie der Befreiung" auf der Zweiten Lateinamerikanischen Bischofskonferenz

1978 Ernennung des Papstes Johannes Paul II.

1978–79 Revolution im Iran; 1979 Ausruf einer islamischen Republik unter Ayatollah Khomeni

1987 Gründung der palästinensischen islamischen Bewegung Hamas zu Beginn der palästinensischen Intifada

1989 Friedensnobelpreis für den Dalai Lama

1992 Zerstörung einer Moschee in Ayodhya durch militante Hindu-Nationalisten

1994 Beginn der Eroberung Afghanistans durch die Taliban

1998 Besuch Papst Johannes Paul II. auf Kuba

2001 Die größte religiöse Versammlung der Weltgeschichte beim hinduistischen Fest Kumbhamela in Allahabad

2001 Terroranschläge muslimischer Extremisten der al-Quaida unter Osama bin Laden am 11. September

GLOSSAR

HINDUISMUS

Agni: Feuergottheit; in seiner Form als Opferfeuer der Mittler zwischen Göttern und Menschen
Ahimsa: Gewaltlosigkeit
Ashrama: Zuflucht; bezieht sich entweder auf einen Ort oder ein Stadium des Lebens
Atman: die Seele (das Selbst)
Avatar: wörtlich „Herabkunft" (bezieht sich gewöhnlich auf Vishnu, der nacheinander in zehn Gestalten auf die Erde kommt)
Bhagavad Gita: „Der Gesang des Erhabenen", ein Teil des Mahabharata
Brahma: der eine Gott, der Schöpfer
Brahman: heilige Macht, die alles Leben erhält
Brahmana: die höchste Kaste (Priesterkaste) im hinduistischen Kastensystem
Dalit: Mitglied der niedrigsten sozialen Gruppe in Indien, früher „die Unberührbaren" genannt
Dharma: Moralität, eins der Ziele des menschlichen Lebens
Ganesha: elefantenköpfiger Gott, Beseitiger von Hindernissen
Ghat: Stufe
Guru: Weiser, Lehrer, spiritueller Meister
Hanuman: Affengott, der Helfer Ramas
Harijans: Klasse von Menschen außerhalb des Kastensystems; die „Unberührbaren"
Inkarnation: Verkörperung Gottes in menschlicher Form
Kaste: das Klassensystem im Hinduismus
Krishna: Gott, der als eine Inkarnation Vishnus angesehen wird (siehe *avatar*)
Kshatriya: zweithöchste Hindu-Klasse, Kaste der Krieger und Adligen
Lakshmi: Göttin des Reichtums und der Schönheit
Linga: Shiva als phallisches Symbol, ein Fokus in der Gottesverehrung
Mahabharata: großes indisches Götter-Epos
Mogul: muslimischer Herrscher in Indien
Moksha: endgültige Befreiung aus dem Kreislauf von Tod und Wiedergeburt
Murti: Bildnis einer Gottheit
Nataraja: Gottheit Shiva, der Herr des kosmischen Tanzes
Nirwana: Erleuchtung. Wörtlich „Verlöschen". Zustand der Befreiung
Parvati: Göttin, die Gefährtin Shivas
Puja: täglicher Gottesdienst
Purusha: das Urwesen, das zur Schaffung der Welt geopfert und aufgeteilt wurde
Rama: Heldengottheit, ein *avatar* Vishnus
Ramayana: epische Erzählung
Rigveda: Sammlung uralter heiliger Schriften
Sadhu: heiliger Mann
Samsara: der endlose Kreislauf von Geburt und Wiedergeburt
Samskara: Übergangsritus
Satyagraha: Ergreifen der Wahrheit
Shiva: Hauptgottheit
Shudra: vierte und niedrigste Klasse im Kastensystem, die Arbeiter
Sita: Ramas Gattin
Swami: heiliger Mann
Tirthankara: wörtlich „Furtbereiter", Guru des Jainismus, der eine Brücke zur jenseitigen Welt darstellt
Unberührbare: früher der Name für die niedrigste soziale Gruppe in Indien
Upanischaden: heilige Schriften der Hindus, die spätesten vedischen Schriften
Vaishya: dritte Klasse des hinduistischen Kastensystems, die Bauern und Kaufleute
Varna: allgemeine Bezeichnung für die Klassen im hinduistischen Kastensystem
Veda (die Veden): siehe Rigveda
Vishnu: die neben Shiva wichtigste Gottheit der Hindus
Wayang: Puppe des Schattenspiels auf Java. Die Geschichten haben aber meist hinduistischen Hintergrund: Oft wird das Ramayana gespielt

BUDDHISMUS

Anatman: Nicht-Selbst
Arhat: Edler, ein Nachfolger Buddhas
Bhikkhu/Bhikshu: (Pali, Sanskrit) buddhistischer Wandermönch
Bhikkhuni/Bhikshuni: buddhistische Nonne
Bodhi: das „Erwachen", die Erfahrung der Befreiung aus dem Kreislauf von Tod und Wiedergeburt
Bodhisattva: Wesen, das nach Buddhaschaft strebt
Buddha: ein „Erwachter", im Westen oft „Erleuchteter" genannt
Chakra: wörtlich „Rad"; auch ein Energiezentrum im Körper
Chan: (japanisch: Zen) in China ausgeprägte Form des indischen Meditationsbuddhismus
Chedi: in Thailand das Wort für Stupa
Daodejing (Taoteking): Basistext des chinesischen Daoismus, der dem legendären Weisen Laozi zugeschrieben wird
Daoismus (Taoismus): chinesische Lehre, als deren Gründer oft der Weise Laozi bezeichnet wird
Dharma: die Lehren Buddhas, die andere Menschen zum Erwachen führen können
Erleuchtung: westlicher Begriff für *bodhi*
Karma: wörtlich „Tat", eine Handlung und ihre Konsequenzen in diesem oder einem zukünftigen Leben
Koan: eine paradoxe, das heißt nicht mit den Mitteln des Denkens zu lösende (Denk-)Aufgabe für den Meditierenden im Zen-Buddhismus
Konfuzianismus: die Philosophie, Religion und das Gesellschaftssystem, das auf den Lehren des chinesischen Weisen Konfuzius (Kongzi) basiert
Laozi (Laotse): legendärer chinesischer Weiser aus dem 6. Jahrhundert v. Chr., der als Autor des Daodejing und Begründer des Daoismus gilt
Mahayana-Buddhismus: Schule des Buddhismus vor allem in Ost- und Zentralasien, deren Endziel die Befreiung aller fühlenden Wesen ist
Mandala: symmetrisches Diagramm, das im Buddhismus als Meditationsobjekt verwendet wird
Nirwana: der vom Buddha verwirklichte glückselige Zustand der Befreiung vom Kreislauf von Tod und Wiedergeburt
Pagode: ostasiatische Variante des Stupa
Pali: indische Sprache, in der die frühen heiligen Schriften des Buddhismus aufgezeichnet wurden
Pali-Kanon: der Korpus der Schriften des Urbuddhismus; auch Tipitaka
Samana: Asket, buddhistischer Mönch
Sangha: die Gemeinschaft der den Buddhismus Praktizierenden
Schinto: wörtlich „Weg der Götter", die japanische Urreligion, die später in friedlicher Koexistenz mit dem Buddhismus lebte. Offizielle Nationalreligion Japans, dessen Kaiser als Schinto-Gottheit betrachtet wird
Stupa: buddhistischer Sakralbau, der eine Reliquie des Buddha enthält. Siehe auch Chedi, Pagode
Theravada: wörtlich „Weg der Älteren", der von den Anhängern des Mahayana („Großes Fahrzeug") auch Hinayana („Kleines Fahrzeug") genannte Urbuddhismus
Tipitaka: (Pali; Sanskrit: Tripitaka) drei Körbe, nach dem Behälter für die ursprünglich auf Palmblätter niedergeschriebenen Schriften benannter Korpus der Lehren des historischen Buddha. Siehe auch Pali-Kanon
Wat: buddhistischer Tempel oder buddhistisches Kloster in Thailand
Zazen: wörtlich „sitzende Versenkung"; Meditation im Zen-Buddhismus
Zen: japanische Lesart des chinesischen Wortes Chan; Schule des Buddhismus, die die japanische Kultur stark geprägt hat

JUDENTUM

Aschkenasim: mittel- und osteuropäische Juden
Bar Mizwa: religiöse Volljährigkeitszeremonie für Jungen
Bat Mizwa: religiöse Volljährigkeitszeremonie für Mädchen
Beschneidung: Abtrennung der männlichen Vorhaut; vorgeschriebenes Zeichen der Zugehörigkeit zum Bund mit Gott

Brit Mila: Beschneidungsritus acht Tage nach der Geburt eines Jungen
Bundeslade: der Schrein im Tempel, der die Bundestafeln enthielt
Chassidismus: religiös-mystische Glaubensbewegung aus dem osteuropäischen Judentum
Diaspora: Zerstreuung unter andere Völker
Exodus: Auszug aus Ägypten; auch Zweites Buch der Bibel
Gemara: Kommentar zur *mischna*, engere, eigentliche Bezeichnung für den Talmud
Ghetto: zwangsweise zugewiesener jüdischer Wohnbezirk
Jahwe: unausgesprochener Name Gottes in der hebräischen Bibel
Jiddisch: ehemalige Volkssprache der Juden Osteuropas
Jom Kippur: Versöhnungstag, höchster jüdischer Feiertag
Kabbala: engere Bezeichnung der jüdischen Mystik
Kaddisch: Gebet, das im täglichen Gottesdienst sowie zum Andenken an verstorbene Verwandte gesprochen wird
Kodesch Kodaschim: das Allerheiligste
Konservatives Judentum: in den USA verwurzelte Glaubensrichtung mit gemäßigt traditionalistischer Ausrichtung
Megilla: die (Schrift-)Rolle Esther
Messias: der von Gott verheißene Erlöser
Midrasch: Auslegung des Bibeltexts
Mischna: erste autoritative Gesetzessammlung des nachbiblischen Judentums
Mizwot: Gebote (die Bibel enthält 613 Mizwot)
Orthodoxes Judentum: Bewegungen, die das Gesetz (die Tora) buchstabengetreu befolgen
Pessach (Passah): Frühlingsfest zur Feier des Auszugs aus Ägypten
Pharisäer: Schriftgelehrte zur Zeit des Zweiten Tempels
Pogrom: (russ. „Zerstörung") gewalttätige Ausschreitungen gegen jüdische und andere Bevölkerungsgruppen
Rabbi: (hebr. „Meister") geistlicher Führer der jüdischen Gemeinden
Reformjudentum: religiöse Strömung, die den Gedanken der Entwicklung in der jüdischen Tradition betont
Reconstructionism: Glaubensrichtung des amerikanischen Judentums, die sich durch das gemeinsame jüdische Kulturerbe definiert
Rosch Haschana: jüdisches Neujahrsfest
Sabbat (Schabbat): Ruhetag, beginnend am Freitagabend
Schawuot: Wochenfest; Pfingstfest zur Feier der Offenbarung am Sinai
Schiwa: Trauerwoche
Schma: jüdisches Glaubensbekenntnis: «Höre *(schma)* Israel! Der Herr, unser Gott, der Herr ist einzig.»
Seder: (hebr. „Ordnung"), ritueller Ablauf des häuslichen Pessachmahls
Sephardim: aus Spanien und Nordafrika stammende Juden
Sohar: Hauptwerk der Kabbala in Form eines Tora-Kommentars
Talmud: Sammelwerk mündlicher Überlieferungen des Judentums und wesentliche Grundlage des jüdischen Religionsgesetzes, bestehend aus *mischna* (Text) und *gemara* (Kommentar)
Tanach: die hebräische Bibel
Tora: göttliches Gesetz; die ersten fünf Bücher der Bibel (Genesis, Exodus, Leviticus, Numeri, Deuteronomium)
Zeloten (griech. „Eiferer"): jüdische Sekte im 1. Jh. v. Chr. und Aufstandsbewegung gegen die römische Herrschaft in Palästina
Zionismus: Bewegung zur Gründung eines jüdischen Staates

CHRISTENTUM

Altes Testament: die hebräische Bibel
Anglikanismus: seit dem Bruch Heinrichs VIII. mit Rom (1534) Staatskirche in England
Apostel: von Jesus selbst zur Ausbreitung des Reiches Gottes bevollmächtigte „Ausgesandte"
Apostolisches Glaubensbekenntnis: aus dem römischen Taufbekenntnis des zweiten Jahrhunderts nach Christus hervorgegangenes Glaubensbekenntnis. Das wichtigste Glaubensbekenntnis in den westlichen Kirchen
Auferstehung: zentrale christliche Glaubensaussage, Christus sei leibhaftig vom Tod auferweckt worden, lebe bei Gott und erschließe jedem Gläubigen die gleiche Zukunft
Bischof: seit der Frühkirche Vorsteher und oberster Lehrer („Episkopus", „Aufseher") einer Ortskirche. Heute Vorsteher eines Gebiets („Diözese" oder „Bistum") mit vielen Pfarreien
Calvinisten: durch Persönlichkeit und Lehre Johannes Calvins (1509–1564) geprägter Zweig des reformatorischen Christentums
Candomblé: brasilianischer Kult, der katholische mit afrikanischen Elementen vermischt
Canones: kirchenrechtliche Beschlüsse von Synoden, z.B. die 20 Canones des ersten ökumenischen Konzils von Nicaea (325)
Christus: „der Gesalbte"; Titel, der Jesus nach seiner Auferweckung von den Toten verliehen wurde (siehe auch Messias)
Diakon: der in der frühen Kirche für die Armenpflege Zuständige. Später Vorstufe zum Priesteramt oder diesem untergeordneter eigener Stand
Diözese: auch Bistum genannt; Verwaltungseinheit der territorial organisierten katholischen Kirche, der jeweils ein Bischof vorsteht
Dreifaltigkeit: Begriff, mit dem versucht wird, Gott als Drei-Einen zu beschreiben: Vater, Sohn und Heiliger Geist
Epiphanie: Fest der „Erscheinung" Gottes auf Erden am 6. Januar. Der Festinhalt ist die Verehrung des Jesuskindes durch die Weisen aus dem Morgenland (Matthäus, Kap.2, 1–12)
Eucharistiefeier: christlicher Sonntagsgottesdienst, der aus einem Leseteil und einer Mahlfeier zur Vergegenwärtigung des letzten Abendmahls Jesu besteht, bei der in der Gestalt von Brot und Wein der Leib und das Blut Christi empfangen werden
Evangelien: die ersten vier Bücher des Neuen Testaments mit Darstellungen des Lebens Jesu
Fastenzeit: die 40 Tage der Vorbereitung auf Ostern, heute „österliche Bußzeit" genannt
Gegenreformation: Reform- und Erneuerungsbemühung der katholischen Kirche im 16. Jahrhundert als Antwort auf die protestantische Reformation und Kirchenspaltung
Heiliger Geist: die kreative, inspirierende Energie und grenzenlose Liebeskraft Gottes, die dritte Person der Dreifaltigkeit (Trinität)
Homousie: Begriff des Konzils von Nicaea (325) zur Bezeichnung der Wesensgleichheit von Gott Vater und Gott Sohn
Hugenotten: französische Calvinisten, die in Frankreich lange verfolgt wurden
Hutterer: 1529 entstandene Gruppe von Täufern mit Gütergemeinschaft; wahren bis heute ihre Lebensform in Gemeinden in den USA, Kanada und Paraguay
Jesuiten: „Gesellschaft Jesu", 1534 von Ignatius von Loyola gegründete Ordensgemeinschaft
Kardinal: Bischof, der vom Papst zum besonderen Ratgeber und Mitarbeiter in der Kirchenleitung berufen wird; Wahlberechtigter bei der Papstwahl
King James Bible: 1611 veröffentlichte anglikanische Bibelübersetzung, über Jahrhunderte die beliebteste englische Bibel
Kommunion oder Eucharistie: (griechisch „Danksagung") Teilen von Brot (bei vielen auch Wein) an den Messe bzw. im Abendmahl. Darin soll – symbolisch oder real – der Leib und das Blut Christi empfangen werden, als Ausdruck der engsten Vereinigung mit ihm
Konstantin: 306–337 römischer Kaiser. Konvertierte zum Christentum und führte es als Staatsreligion im gesamten Römischen Reich ein
Konzil: Versammlung aller Bischöfe einer Gegend (Lokalkonzil) oder der ganzen Erde (ökumenisches Konzil) zur Entscheidung von

GLOSSAR

Fragen der Kirchenlehre und Disziplin

koptische Kirche: christliche Kirche in Ägypten; vertritt den Miaphysitismus

Kreuzzüge: sieben zwischen 1096 und 1270 vom christlichen Westeuropa aus unternommene Kriegszüge zur Rückeroberung Palästinas, des „Heiligen Landes", von den Muslimen

Liturgie: offizieller gemeinsamer Gottesdienst

Liturgisches Jahr: regelmäßige Inszenierung und Feier aller wichtigen Glaubensereignisse und -themen im Lauf jedes Jahres, beginnend mit dem Advent

Martin Luther: leitete ab 1517 die protestantische Reformation ein; betonte die Bibel als Grundlage des Glaubens, die Gnade statt der Werke und die Unmittelbarkeit des Einzelnen vor Gott

Messe: andere Bezeichnung für Eucharistiefeier

Messias: „der Gesalbte", griechisch „Christus". Von den Juden erwarteter Erlöser. Die Christen glauben, er sei in Jesus gekommen

Miaphysiten: Gruppe von orthodoxen Kirchen, die gegenüber dem Konzil von Chalcedon (451 n. Chr.) lehrten, dass es nur eine Natur (griechisch: *mia physis*) des fleischgewordenen Gottessohnes nach der Einung (Inkarnation) gebe

Mormonen: auch Heilige der Letzten Tage genannt; 1830 in den USA von Joseph Smith gegründete Glaubensgemeinschaft. Grundlage ist das „Buch Mormon", das ihnen als gleichwertiges Gegenstück zur Bibel gilt

Nestorianer: Anhänger des Patriarchen Nestorius von Konstantinopel, die sich 484 zur eigenen Kirche formten und sich bis nach Indien ausbreiteten. Heute auch als „Assyrische Kirche" bezeichnet

Neues Testament: Sammlung der 27 Bücher, die den Christen als verbindliche „Heilige Schrift" gelten. Zusammen mit den kanonischen jüdischen Schriften, dem von den Christen so genannten Alten Testament, bildet es die christliche Bibel

Nizänisches Glaubensbekenntnis: auf dem Konzil von Nicaea (325) beschlossene Bekenntnisformel; hebt besonders die Dreifaltigkeit und die Gottheit Christi hervor

Numinos: unbegreifliche, zugleich Vertrauen und Schauer erweckende göttliche Macht

Ökumenismus: Bemühen vor allem der drei großen Konfessionen Katholizismus, Protestantismus und Orthodoxie, ihre Trennung zu überwinden

orthodox: griechisch für „richtig"; allgemeine Bedeutung: recht-, strenggläubig; spezielle Bedeutung: zu einer orthodoxen Kirche gehörig

orthodoxe Ostkirche: alle aus der byzantinischen Kirche hervorgegangenen Kirchen, die sich nicht der Jurisdiktion und dem Ritus der römischen Kirche unterstellten, sondern dem Patriarchen von Konstantinopel den Ehrenprimat zuerkannten

Ostern: Fest der Auferstehung Christi; zentrales Fest der Christenheit

Patriarchate: Geographische Territorien bestimmter Hauptbischöfe (Patriarchen), denen andere Bischöfe unterstehen. Der Papst gilt als Patriarch der Westkirche

Pfingsten: der 50. Tag nach der Auferweckung Jesu; Tag der Ausgießung des Heiligen Geistes und der Gründung der Kirche

Presbyter: wörtlich „Ältester"; in der frühen Kirche Stellvertreter des Bischofs in der Ortsgemeinde, deren Gottesdienstvorsteher und Leiter.

Priester: anderes Wort für Presbyter (siehe dort)

Puritaner: seit Mitte des 16. Jahrhunderts alle streng calvinistisch gesinnten Protestanten in England und Schottland. Viele wanderten in die USA aus und prägten deren Kultur

Reformation: Durch Martin Luther ausgelöste Reformbewegung des 16. Jahrhunderts, aus der die zahlreichen „Kirchen der Reformation" hervorgingen

Siebenten-Tags-Adventisten: 1831 entstandene Sekte, die die unmittelbar bevorstehende Wiederkunft Jesu und einen Endgerichtstag voraussagt

synoptische Evangelien: die drei Evangelien von Matthäus, Markus und Lukas, die in wesentlichen Zügen das Wirken Jesu aus der gleichen Optik (daher „syn-optisch") darstellen

Taufe: Besprengen mit oder Untertauchen im Wasser; erstes, grundlegendes christliches Sakrament zur Aufnahme in die Kirche und Vermittlung des Heils

Täufer: forderten im 16. Jahrhundert die Erwachsenentaufe. Heute vorwiegend Gemeinden in den USA (Mennoniten, Amische, Hutterer)

Transsubstantiation: Begriff der katholischen Theologie, um hervorzuheben, dass sich in der Eucharistiefeier Brot und Wein „wirklich" in den Leib und das Blut Jesu verwandeln

ISLAM

Ahl al-sunna: Sunniten, die größte Gruppe unter den Muslimen

Aya: Koranvers; Plural: *ayat*

Bismillahi r-rahmani r-rahim: Im Namen Gottes, des Erbarmers, des Barmherzigen; Beginn jedes Korankapitels

Dhu'l-Hidscha: der zwölfte Monat des islamischen Jahres, Monat des Hadsch

Dschihad: Aufruf zur Anstrengung, meint die Bekämpfung des Bösen und den heiligen Kampf des Islam

Fiqh: Gesetzesauslegung

Ghazwa: „Expedition", Beutezug

Hadsch: fünfte Säule des Islam, die Wallfahrt nach Mekka während des Monats Dhu'l-Hidscha

Hadith: Überlieferung von Worten und Taten des Propheten Muhammad

Hidschra: Muhammads Zug von Mekka nach Yathrib (Medina) im September 622, später das erste Jahr des muslimischen Kalenders

Id ul-Fitr: Fastenbrechen am Ende des Ramadan

Imam: Vorbeter; bei den Schiiten Oberhaupt aller Muslime, vergleichbar mit dem Kalifen

Islam: arabisch für „Hingabe an Gott"

Ka'ba: Heiligtum in Mekka

Khalifa: Kalif oder Nachfolger Muhammads

Koran: die heilige Schrift des Islam, bestehend aus 114 Suren oder Kapiteln, die in *ayat* oder Verse unterteilt sind

Medrese: Hochschule zum Studium der islamischen Wissenschaften

Mihrab: verzierte Wandnische, zeigt die Richtung Mekkas an

Muslim: Anhänger des Islam, im Arabischen „einer, der sich Gott hingibt"

Nyya: Absicht, eine religiöse Handlung auszuführen, z.B. ein Gebet

Prophet: jemand, der von Gott eine Offenbarung erhalten hat

Qibla: Gebetsrichtung, Mekka zugewandt

Ramadan: neunter Monat des muslimischen Jahres, in dem von Sonnenauf- bis Sonnenuntergang gefastet wird

Raschidun: die Rechtgeleiteten; Muhammads erste vier Nachfolger

Salam: Frieden; auch als Gruß gebräuchlich

Salat: das Gebet, zweite Säule des Islam

Saum: vierte Säule des Islam, das Fasten während des Monats Ramadan

Schahada: erste Säule des Islam, das Glaubensbekenntnis: Es gibt keinen Gott außer Allah, und Muhammad ist sein Gesandter

Scharia: der rechte Weg oder Führer; Gesamtheit der islamischen Lehr- und Glaubensregeln

Schi'at-Ali: „Partei" Alis; Schiiten glauben, dass Ali (der Cousin und Schwiegersohn Muhammads) und seine Nachkommen, die Imame, die islamische Gesellschaft anführen sollen

Schia: siehe Schi'at-Ali

Sufi: islamische Mystiker

Sunna: vorbildliche Lebensweise des Propheten

Sunnit: siehe Ahl al-sunna

Sure: Korankapitel

Tauhid: islamische Lehre von der Einheit Gottes

Umma: islamische Gemeinde

Zakat: dritte Säule des Islam; Almosen geben, religiöse Abgabe

LITERATURHINWEISE

Karen Armstrong, *A History of God,* New York 1991; *Kleine Geschichte des Islam,* Berlin 2002

Michael Avi-Yonah, *Das Heilige Land,* München 1983

Laleh Bakhtiar, *Sufi: Expression of the Mystic Quest,* London 1979

Stephen Batchelor, *Buddhismus für Ungläubige,* Frankfurt 2003

Eli Barnavi (Hrsg.), *Universalgeschichte der Juden: Von den Ursprüngen bis zur Gegenwart – ein historischer Atlas,* Wien 1993

Peter L. Berger (Hrsg.), *The Desecularization of the World: Resurgent Religion and World Politics,* Washington, D.C., 1999

Hartmut Bobzin, *Der Koran: Eine Einführung,* München 1999

Annette Böckler (Hrsg.), *Die Tora: Die Fünf Bücher Mose nach der Übersetzung von Moses Mendelssohn,* Berlin 2002

Thomas Cahill, *Abrahams Welt: Wie das jüdische Volk die Zivilisation erfand,* Köln 2000

Earle E. Cairns (Hrsg.), *Christianity Through the Centuries,* Grand Rapids/MI, USA 1981

Joseph Campbell, *The Mythic Image,* Princeton/NJ, USA 1974; *The Way of the Animal Powers,* Vol. I; *Historical Atlas of World Mythology,* London 1993

Owen Chadwick, *Die Geschichte des Christentums,* München 1996

Malek Chebel, *Symbole des Islam,* Augsburg 2000

Simon Coleman und John Elsner, *Pilgrimage: Past and Present in the World Religions,* Cambridge/MA, USA 1995

Harvey Cox, *The Secular City: Urbanization and Secularization in Theological Perspective,* New York 1965; *Religion in the Secular City: Toward a Post Modern Theology,* New York 1984

David Daiches, *Moses: Man in the Wilderness,* London 1975

Brian de Breffny, *The Synagogue,* New York 1978

H. Bryon Earhart (Hrsg.), *Religious Traditions of the World,* San Francisco 1993

David Edwards, *Das Christentum,* Würzburg 2001

Gerhard Endreß, *Der Islam,* München 1997

Emel Esin, *Mekka und Medina,* Frankfurt/M. 1964

John L. Esposito, *Unholy War: Terror in the Name of Islam,* New York & Oxford 2003; mit Todd Thornton Lewis und Darell J. Fasching, *World Religions Today,* Oxford 2002

Majid Fakhry, *An Interpretation of the Qur'an,* New York 2004

Bruce Feiler, *Walking the Bible: A Journey by Land through the Five Books of Moses,* New York 2001

Israel Finkelstein und Neil Asher Silberman, *Keine Posaunen vor Jericho,* München 2002

Helmut von Glasenapp, *Die fünf Weltreligionen,* Köln 1987

Dominic Goodall (Hrsg.), *Hindu Scripture,* Berkeley & Los Angeles 1996

Michael Grant, *Herodes der Große,* Bergisch-Gladbach 1986

Muhammad Abdel Haleem, *Understanding the Qur'an: Themes and Style,* London & New York 1999

Manfield Halpren, *The Politics of Social Change in the Middle East and North Africa,* Princeton 1963

Bernard Hamilton, *Die christliche Welt des Mittelalters,* Düsseldorf 2004

Raul Hillberg, *Die Vernichtung der europäischen Juden,* Berlin 1982

Brian Innes, *Death and the Afterlife,* New York 1999

Adel Theodor Khoury, *Der Koran,* Gütersloh 1987

Khoury/Hagemann/Heine, *Islam-Lexikon: Geschichte, Ideen, Gestalten (3 Bände),* Freiburg 1991

Minoru Kiyota (Hrsg.), *Japanese Buddhism: Its Tradition, New Religions and Interaction with Christianity,* Tokio & Los Angeles 1987

Tom Loewenstein, *The Vision of the Buddha,* Boston 1996

Martin Luther, *Die Bibel, Luther-Übersetzung (Nr. 1523),* Stuttgart 2004

Martha Morrison & Stephen Brown, *Judaism,* New York 1991

Gordon Mursell (Hsg.), *Die Geschichte der christlichen Spiritualität,* Stuttgart 2002

National Geographic, *Atlas der Völker,* Hamburg 2002

Kurt Nowak, *Das Christentum: Geschichte – Glaube – Ethik,* München 2001

Patrick Olivelle, *Upanisads,* Oxford 1996

Steven Ozment, *The Age of Reform 1250–1550,* New Haven & London 1980

S. K. Ramachandra Rao, *The Icons and Images of Hindu Temples,* Bangalore 1981

Pramesh Ratnakar, *Hinduismus,* Wiesbaden 1997

Francis Robinson (Hrsg.), *Islamische Welt,* Frankfurt/M. & New York 1997

Stefan Schuhmacher und Gert Woener, *Lexikon der östlichen Weisheitslehren: Buddhismus, Hinduismus, Taoismus, Zen,* Frankfurt/M. 1986

Hans Wolfgang Schuman, *Handbuch Buddhismus: Die Zentralen Lehren,* Kreuzlingen/München 2000

Georg Schmid, *Problemfall Islam: Friedensreligion oder Gefahr für den Weltfrieden,* Freiburg 2002

Frederick M. Schweitzer, *A History of the Jews since the First Century A.D.,* New York 1971

Ninian Smart (Hrsg.), *The World's Religions,* Cambridge: Cambridge 1989

Margaret Stutley, *Was ist Hinduismus: Eine Einführung in die große Weltreligion,* Frankfurt/M. 1989

Swami Prabhavananda und Christopher Isherwood, *The Song Of God: Bhagavad-Gita,* Hollywood/CA, USA 1944

Josef Franz Thiel, *Religionsethnologie: Grundbegriffe der Religion schriftloser Völker,* Berlin 1984

Fred R. von der Mehden, *Religion and Modernization in Southeast Asia,* Syracuse & New York 1988

Madhu Bazaz Wangu, *Buddhism,* New York & Oxford 1993; *Hinduism,* New York & Oxford 1991

K. Warikoo (Hrsg.), *Bamiyan: Challenge to World Heritage,* New Delhi 2002

David Westerlund und Ingvar Svanberg (Hrsg.), *Islam Outside the Arab World,* Richmond/England 1999

Robert Wilken, *The Land Called Holy,* New Haven & London 1992

AUTOREN, BERATER, FOTOGRAFEN

AUTOREN

SUSAN TYLER HITCHCOCK, PH.D., ist Autorin von elf Büchern über Geschichte, Kultur und Natur, darunter „Gather Ye Wild Things" und „Mad Mary Lamb". Sie lehrte Geisteswissenschaften an der School of Engeneering der Universität von Virginia. Für NATIONAL GEOGRAPHIC gab sie die Bücher „Revolutionary War", „Trail to Wounded Knee" und „On the Move: Transportation and the American Story" heraus.

JOHN L. ESPOSITO, PH.D., ist Professor für Religionswissenschaften und internationale Angelegenheiten sowie für Islamstudien an der Georgetown-Universität in Washington, D.C. Seine Spezialgebiete sind Islam und Politik, Islam und globaler Terrorismus sowie die Auswirkung islamischer Bewegungen von Nordafrika bis Südostasien. Er ist leitender Herausgeber der vierbändigen „Oxford Encyclopedia of the Modern Islamic World", der „Oxford History of Islam" und des „Oxford Dictionary of Islam". Zu seinen mehr als 25 Büchern gehören: „What Everyone Should Know about Islam: Questions and Answers", „Unholy War: Terror in the Name of Islam", „The Islamic Threat: Myth or Reality?", „Islam and Politics", „Islam and Democracy" (mit J. Voll), „Islam: The Straight Path" sowie „Women in Muslim Family Law".

BERATERGREMIUM

EINLEITUNG: ERZBISCHOF TUTU ist Autor zahlreicher Bücher, darunter „Crying in the Wilderness. The Struggle for Justice in South Africa", „Hope and Suffering: Sermons and Speeches" sowie „The Rainbow People of God: The Making of a Peaceful Revolution". Er wurde in Klerksdorp in Transvaal geboren und 1960 zum Priester ordiniert. Sein Diplom der Theologie erhielt er in England. Er lehrte Theologie in Südafrika und wurde anschließend Direktor eines theologischen Instituts in London. Im Jahr 1975 wurde er als erster schwarzer Geistlicher zum Dekan der St.Mary's Kathedrale in Johannesburg ernannt. Von 1976 bis 1978 war er Bischof von Lesotho und wurde 1978 der erste schwarze Generalsekretär des südafrikanischen Kirchenrates. Tutu ist Ehrendoktor einer Reihe führender Universitäten in den Vereinigten Staaten, Großbritannien und Deutschland. Im Jahr 1984 erhielt er für seine unermüdliche Arbeit für «eine demokratische und gerechte Gesellschaft ohne Rassentrennungen» den Friedensnobelpreis.

HOCHWÜRDEN MPHO TUTU wurde im Juni 2003 in der Christ Church von Alexandria im US-Bundesstaat Virginia ordiniert. Sie setzt den spirituellen Weg ihrer Eltern fort. Geboren in London wuchs sie in Südafrika auf, als dort noch Apartheid herrschte. «Ich hatte Eltern als Vorbild, die beide sehr lebhafte Amtszeiten hatten», sagt Tutu über ihren Vater Desmond und ihre Mutter Leah. «Ich spürte immer, dass die Kirche mein Zuhause war. » Vor ihrem Theologiestudium arbeitete Tutu im sozialen Sektor und verwaltete ein Stipendium für südafrikanische Flüchtlinge. Im letzten Jahr vollendete sie ein dreijähriges Programm für Diplomtheologie an der Episcopal Divinity School Für die kommenden zwei Jahre wird sie Pfarrerin an der Christ Church sein. Sie ist mit Joseph Burris, einem Sportjournalisten des *Boston Globe* verheiratet. Tutu hat eine siebenjährige Tochter, die Nyaniso heißt.

DIE URSPRÜNGE: LAURIE COZAD, PH.D., promovierte an der Chicago Divinity School über Religionsgeschichte, wo sie sich auf Hinduismus und Buddhismus spezialisierte. Zurzeit ist sie Professorin an der Universität von Mississippi. Sie arbeitet an der Fakultät für Philosophie und Religion sowie am Croft-Institut für Internationale Studien.

HINDUISMUS: ARVIND SHARMA, PH.D., ist Experte für Hinduismus und Themen, die Frauen und Religionen betreffen. Er lehrte an den Universitäten von Queensland und Sydney in Australien. Zurzeit ist er Professor für Vergleichende Religionswissenschaften an der McGill-Universität in Kanada. Er hat mehr als 30 Bücher veröffentlicht, darunter: „Our Religions", „Women in World Religions" „Religion and Women" sowie „Today's Women in World Religions". Außerdem ist er Mitherausgeber des *Annual Review of Women in the World Religions*.

BUDDHISMUS: DIE EHRWÜRDIGE LOBSANG DECHEN ist buddhistische Nonne und zusammen mit der Schwägerin des Dalai Lama Direktorin des Tibetischen Nonnen-Projekts (TNP). Dieses wurde unter der Aufsicht des Ministeriums für Religion und kulturelle Angelegenheiten von Seiner Heiligkeit dem Dalai Lama und der tibetischen Frauenvereinigung ins Leben gerufen. Dechen machte ihre akademischen Abschlüsse am St. Bedes College in Simla und an der Punjab-Universität in Chandigarh. Sie lebt im Geden Choeling-Nonnenkloster im oberen McLeod Ganj nahe Dharamsala (Indien).

JUDENTUM: RABBI JEREMY ROSEN, PH.D., ist Rabbiner, Lehrer und Akademiker. In Großbritannien geboren studierte er Philosophie an der Universität von Cambridge und wurde an der Mir Yeshiva in Jerusalem zum Rabbiner ausgebildet. Er übernahm 1968 das orthodoxe Rabbinat in Schottland und wurde 1971 zum Vorsteher des Carmel College ernannt. Im Jahr 1985 kehrte er ins Rabbinat zurück und war Rabbiner in der westlichen Synagoge in London. Im Jahr 1991 zog er ins belgische Antwerpen, wo er an der Universität und bei der Europäischen Union lehrte. Man berief ihn 1992 zum Professor und anschließend zum Lehrstuhlinhaber der Fakultät für Vergleichende Religionswissenschaften in Wilrijk bei Antwerpen. Seit 1999 ist er Rabbiner und Direktor des modernen orthodoxen Gemeindezentrums YAKAR in London.

ATLAS DER WELTRELIGIONEN

CHRISTENTUM: ROBERT LOUIS WILKEN, PH.D., ist Professor der Geschichte des Christentums an der Universität von Virginia in Charlottesville. Er ist Präsident des St.-Anselm-Instituts für katholisches Denken und Vorsitzender des Verwaltungsrats des Zentrums für katholische und evangelische Theologie. Er lehrte in Notre Dame, Fordham (New York), im Augustinianum, in der Gregoriana in Rom und an der Hebräischen Universität in Jerusalem. Er ist Autor von zehn Büchern, darunter: „The Spirit of Early Christian Thought: Seeking the Face of God", „Remembering the Christian Past" sowie „The Christians as the Roman Saw Them" (deutsch: „Die frühen Christen", Graz 1968).

ISLAM: HIBBA ABUGIDEIRI, PH.D., ist Professorin für Geschichte, Auszeichnungen und Internationale Angelegenheiten an der George-Washington-Universität in Washington, D.C. Sie gibt Seminare über die Geschichte des Nahen Ostens und Frauen in der arabischen Welt. Sie hat sich auf geschlechtsspezifische Geschichte und das Ägypten des 19. Jahrhunderts spezialisiert. Sie arbeitete zusammen mit John L. Esposito und Yvonne Y. Haddad an dem Buch „The Islamic Revival Since 1988: A Critical Survey and Bibliography" und veröffentlichte Arbeiten zum arabischen Nationalismus, Frauen in islamischer theologischer Literatur und Kolonialmedizin. Sie wurde im Sudan geboren.

NACHWORT: SEINE HEILIGKEIT DER DALAI LAMA TENZIN GYATSO wurde 1935 geboren und im Alter von zwei Jahren als die Reinkarnation des Dalai Lama erkannt. Mit 19 Jahren verhandelte er mit dem Chinesen Mao Tse-tung über die Zukunft Tibets, in das China 1950 einmarschiert war und das es seitdem besetzt. Nach jahrelangen vergeblichen Friedensverhandlungen und der gewaltsamen Unterdrückung der tibetischen Widerstandsbewegung floh der Dalai Lama 1959 nach Dharamsala in Indien. Dort ist er weiterhin für sechs Millionen Tibeter der geistige Führer und führt auch die tibetische Exilregierung. Der Dalai Lama erhielt 1989 den Friedensnobelpreis für seinen weltweiten Einsatz für die Menschenrechte – besonders für seine unermüdlichen Anstrengungen, sein Land von der chinesischen Herrschaft zu befreien. Seine Anhänger glauben, er sei die 14. irdische Inkarnation der himmlischen Gottheit des Erbarmens und der Barmherzigkeit. Er arbeitet für die Erneuerung und den Fortbestand des Vajrayana-Zweiges der buddhistischen Religion.

FOTOGRAFEN

JAMES BLAIR war von 1962 bis 1994 Fotograf bei NATIONAL GEOGRAPHIC. In dieser Zeit veröffentlichte er 47 Geschichten und mehr als 2000 Bilder, darunter Berichte über Jugoslawien, die Tschechoslowakei, Äthiopien, Westafrika, den Iran, Griechenland und die Vereinigten Staaten von Amerika. Zu seinen Büchern gehören „Our Threatened Inheritance und Mysteries of the Ancient World". Er gewann Preise vom Overseas Press Club of America, der National Press Photographers Association und der White House News Photographers Association. Sein Werk wurde von Teheran bis Washington, D.C., gezeigt, wo seine Bilder Teil der ständigen Sammlung in der National Portrait Gallery sind. Zurzeit fotografiert und unterrichtet er unter anderem an der Smithsonian-Institution, dem International Center for Photography und The Maine Workshops for Photography.

MARTIN GRAY: Der Fotograf und buddhistische Mönch begann seine Karriere als Fotograf von sakraler Architektur und Wallfahrtsorten als Sohn eines US-Diplomaten schon als Jugendlicher. Als sein Vater nach Indien versetzt wurde, besuchte er die heiligen Höhlen Indiens, Nepals und Kaschmirs und studierte den Hinduismus sowie den Buddhismus. Nach seinem Abschluss an der Universität von Arizona kehrte er nach Indien zurück. Er trat für zehn Jahre einem Mönchsorden bei, um gemäß der Tradition des Theravada-Buddhismus als Einsiedler in den Bergen zu leben. Als er das Kloster verließ, gründete er eine Reiseagentur, verkaufte sie dann aber wieder, um die sakrale Architektur der Welt zu fotografieren. Seit den 1980er Jahren fotografierte er mehr als 1000 heilige Stätten in mehr als 80 Ländern. Er studierte die Mythologie heiliger Orte, die Geschichte von Religionen und die Anthropologie von Pilgertraditionen. Zurzeit hält er Vorlesungen an Museen, Universitäten und bei Konferenzen rund um den Globus. Seine Website www.sacredsites.com zeigt seine umfangreiche Fotosammlung von Pilgerstätten.

DANKSAGUNGEN

NATIONAL GEOGRAPHIC dankt folgenden Personen für ihre Hilfe bei der Entstehung des „Großen NATIONAL GEOGRAPHIC-Atlas der Weltreligionen": Melissa Farris für ihr Cover-Design; Ngodup Dorjee und Tenzin Taklha für die Verbindungen zum Dalai Lama; Elizabeth Napper dafür, dass sie uns den Weg für eine Zusammenarbeit mit der Ehrwürdigen Lobsang Dechen ebnete, der Co-Direktorin des Tibetischen Nonnen-Projekts; Tracey und Joe Blanton, die uns das Werk des Fotografen Martin Gray nahebrachten. Jane Coughran bereitete alles für die Bildrecherche vor – wir sind sehr dankbar für ihre Unterstützung. Zusätzlich möchten wir Alice L. Laffey vom College of the Holy Cross danken; John O. Voll von der Georgetown-Universität in Washington, D.C.; Laurie Cozad von der Universität von Mississippi und Charlotte Bell für ihre Ideen zum Konzept des Buches. Dan O'Toole und Emily McCarthy assistierten bei der redaktionellen Produktion.

BILDNACHWEISE

COVER: Vorderseite: ganz oben: © M. Zahrl; oben links: Masterfile; oben rechts: © marlies plank; unten links: © Nicola Vernizzi; unten rechts: © Marco Antonio Fdez.; Rückseite: v.l.n.r: © J. Müllek; © M. Zahrl; © Frédéric Soltan/Sygmy/Corbis; Innenseiten: James P. Blair

SEITEN 2–3, James P. Blair.
BERATERGREMIUM: 4, Thomas J. Abercrombie.
INHALT: 6, James L. Stanfield.
VORWORT & EINLEITUNG: 10 & 12, www.sacredsites.com und Martin Gray.

DIE URSPRÜNGE: 14, James P. Blair; 16–17, Chris Johns/NGS; 19, Ira Block; 20, Gordon Donkin, mit freundlicher Genehmigung der National Library of Australia; 22, NASA und The Hubble Heritage; 23, ampersand from and; 24–25, www.sacredsites.com und Martin Gray; 26, Ekdotike Athenon, S.A.; 27, Raymond Gehman/NGS Image Collection; 28–29, Chris Johns/NGS; 30, www.sacredsites.com und Martin Gray; 31, Erich Lessing/Magnum Photos; 32–33, Richard A. Cooke III; 35, Kenneth Garrett; 36–37, Foto von Enrico Ferorelli, Computerrekonstruktion von Doug Stern; 38, Kenneth Garrett; 41, George F. Mobley; 42–43, Edward S. Curtis; 44, Jim Blair; 47, Gianni Dagli Orti/Corbis; 48, www.sacredsites.com und Martin Gray; 51, Richard A. Cooke III; 52, Paul Chesley; 54-55, Chris Johns/NGS; 56, Maria Stenzel; 60 & 62–63, www.sacredsites.com und Martin Gray; 64–69 (alle), James P. Blair.

HINDUISMUS: 70, James P. Blair; 75, Marilyn Gibbons/NGS Image Collection; 72–73, www.sacredsites.com und Martin Gray; 76 & 78–79, James P. Blair; 80, www.sacredsites.com und Martin Gray; 82 & 83, George F. Mobley; 86 © Raghubir Singh/Estate of Raghubir Singh; 88–89, Raghubir Singh; 90, Pierre Perrin/Corbis Sygma; 91, www.sacredsites.com und Martin Gray; 92–93, Roy Toft/NGS Image Collection; 94, Raghubir Singh; 95, Prakash Singh/AFP/Getty Images; 96, © Raghubir Singh/Estate of Raghubir Singh; 97, www.sacredsites.com und Martin Gray; 98, George F. Mobley; 100, www.sacredsites.com und Martin Gray; 103, Jehangir Gazdar/Woodfin Camp & Associates; 105, James P. Blair; 106, „Conquest of Kaliya", c. 1760, Metropolitan Museum of Art (27.37); 107, www.sacredsites.com und Martin Gray; 108, Jean-Louis Nou/AKG-Images; 111, James P. Blair; 112 & 114–115, www.sacredsites.com und Martin Gray; 117, James P. Blair; 120, Central Press/Getty Images; 122 & 124–125, www.sacredsites.com und Martin Gray; 126–131 (alle), James P. Blair.

BUDDHISMUS: 132, Paul Chesley; 134–135, www.sacredsites.com und Martin Gray; 137, Raghubir Singh; 138, The British Museum; 140, W.E. Garrett; 141 & 142–143, James P. Blair; 144, www.sacredsites.com und Martin Gray; 147, Hubertus Kanus/SuperStock; 150–151, James P. Blair; 153, Jodi Cobb/NGS Image Collection; 155, www.sacredsites.com und Martin Gray; 156, Reuters/Peter Andrews/Corbis; 158, Steve McCurry; 160, www.sacredsites.com und Martin Gray; 162–163, Ingrid Booz Morejohn/PictureWorks; 165, www.sacredsites.com und Martin Gray; 167, National Palace Museum, Taipei, Taiwan, Republik China; 168–169, James P. Blair; 171–172, www.sacredsites.com und Martin Gray; 174, George F. Mobley; 175, Gordon Gahan; 178, Michael Kuh; 179–187 (alle), www.sacredsites.com und Martin Gray; 189, Paul Chesley; 190–191, Galen Rowell/Mountain Light Photography; 192–197 (alle), Steve McCurry.

JUDENTUM: 198, James L. Stanfield; 200–201, Jodi Cobb/NGS; 203, Georg Gerster; 204–205, Ed Kashi; 207, Giraudon/Art Resource, NY; 209, Zeichnung von Marc Burckhardt, Kalligrafie von Julian Waters; 210–211, Nathan Benn; 212, Ted Spiegel; 213, © Artists Rights Society (ARS), New York/ADAGP, Paris/Réunion des Musées Nationaux/Art Resource, NY; 214, www.sacredsites.com und Martin Gray; 217, Ted Spiegel; 218–219, Robert Clark; 220, Bridgeman Art Library; 224, American Colony Photographers; 226–227, Princeton University Press/Art Resource, NY; 228, Jewish Community Center of Greater Washington – Weiner Menorah Collection; 230, Richard T. Nowitz/NGS Image Collection; 231, Jeffrey Markowitz/Corbis Sygma; 232–233, Jodi Cobb/NGS; 234, NGS Maps; 235, James L. Stanfield; 236, © The Israel Museum, Jerusalem/David Harris; 238–239, Richard T. Nowitz/ NGS Image Collection; 240, Annie Griffiths Belt; 243, Nathan Benn; 244–245, James P. Blair; 246, The British Museum; 249, Historical Picture Archive/Corbis; 253, Alexandra Avakian; 254–255, Annie Griffiths Belt; 256–257 & 258–259, REZA; 260, Giraudon/Art Resource, NY; 261, www.sacredsites.com und Martin Gray.

CHRISTENTUM: 262–267 (alle), Thomas Nebbia; 268–269, Nicolas Thibaud/Explorer; 270, Scala/Art Resource, NY; 272–273, Thomas Nebbia; 275, Scala/Art Resource, NY; 276, Thomas Nebbia; 278–279, Annie Griffiths Belt; 280 & 283, James L. Stanfield; 287, James P. Blair; 288, Reza; 289, Erich Lessing/Magnum Photos; 290–291 & 294–295, James L. Stanfield; 296, www.sacredsites.com und Martin Gray; 298, Bruce Dale; 299, Archivo Iconografico, S.A./Corbis; 300, www.sacredsites.com und Martin Gray; 304–305, James L. Stanfield; 307, Fred Peer; 309, © Biblioteca Apostolica Vaticana (Vatican); 310–311, James P. Blair; 313, Carole Devillers; 314–318 (alle), James P. Blair; 321 & 322–323, www.sacredsites.com und Martin Gray; 324–329, James P. Blair.

ISLAM: 330, Bruno Barbey; 332–333, Reza; 335, James L. Stanfield; 336, Sonia Halliday Photographs; 337, Bildarchiv Preußischer Kulturbesitz/Art Resource, NY; 338–339, Reza; 341, Thomas J. Abercrombie; 342–343, Reza; 344, James L. Stanfield; 348–349 & 350, Mohamed Amin/Camerapix; 354, Lynn Abercrombie; 355, Artefakt zur Verfügung gestellt von The Hispanic Society of America, New York; Foto zur Verfügung gestellt von Arthur M. Sackler Gallery, Smithsonian-Institution, Washington, DC; 358, R. & S. Michaud/Rapho, zur Verfügung gestellt von University Library, Istanbul; 360, Victor R. Boswell, Jr. aufgenommen im Museo Arqueológico, Granada, Spanien; 361, www.sacredsites.com und Martin Gray; 362–363, James L. Stanfield; 364, www.sacredsites.com und Martin Gray; 366–367, Bruno Barbey; 369, Bruno Barbey/Magnum Photos; 370–371, Bruno Barbey; 372, James L. Stanfield; 376, James P. Blair; 378–379, James L. Stanfield; 382, Reza; 383, James P. Blair; 384, Bill Ellzey/NGS Image Collection; 387, Thomas J. Abercrombie; 388–389 & 390, James P. Blair; 390–391, Ed Kashi; 392–393, Annie Griffiths Belt; 394, William Albert Allard, NGS; 395, Steve McCurry.
EPILOG: James L. Stanfield.

INDEX

A

A'ischa (Muhammads Frau) 355
Aaron (Moses' Bruder): Heiligtum 12
Aborigines 56; Rituale 52–53; Felsmalereien 20
Abraham (biblische Figur) 203–207, 340, 342; Stammbaum 209; Französische Buchmalerei 206–207; Opferung des Sohnes 206, 260–261, 345–346; Religiöser Weg 203–207, 256
Abravanel, Isaak 376
Abravanel, Juda 242
Abugideiri, Hibba 372–373
Achtfältiger Pfad (Buddhismus) 140, 149
Ad-Din, Fachr (Sultan) 368
Adam und Eva 202, 334
Aden, Golf von, Jordanien 332
Adi Granth (Heilige Schrift) 113
Ägypten 34–38, 57, 206, 209–212, 217, 222–225
Ägyptisches Totenbuch (Grabinschrift) 57
Äthiopien: Kirche 287, 318–319
Affan, Uthman ibn (caliph) 355
Afrika: Christentum 312–316, 319-320; Islam 365–368; Karawane 335
Agni (vedische Gottheit des Feuers) 40, 78, 81, 87
Ahmet I., Sultan (Osmanisches Reich) 380
Ainus 38
Ajanta-Höhlen, Indien 152
Ajgaivinath, Tempel, Indien 87–89
Ajinatepe-Kloster, Kayfirkala, Tadschikistan 157
Akaba, Golf von, Jordanien 216, 220, 334
Al-Aqsa-Moschee (Masdschid al-Aqsa), Jerusalem, Israel 374, 377
Al-Azhar, Universität, Kairo, Ägypten 364
Al-Baladhuri, (Chronist) 369–374
Al-Bucharis, Ismail (Autor) 359–360
Al-Chattab, Umar ibn (Kalif) 355, 374
Al-Chwarizmi, Musa (Mathematiker) 364
Al-Mansur, Abu Amir (Almansor) 375
Al-Mutawakkil-Moschee, Samarra, Irak 354–355
Al-Muttalib, Abd (Muhammads Vater) 337
Al-Nisaburi, ibn al-Hadschadsch (Gelehrter) 360

Al-Qurtubi, al-Scharif al-Idrisi 374–375
Al-Walid (Kalif) 298, 355, 360
Albert der Große 293
Alexander VI., Papst 308
Alexander der Große 102, 222, 225
Alexandria, Ägypten 222, 225, 234, 281
Algebra (al-dschabhr) 364
Alhambra, Granada, Spanien 369, 375–376
Alhambra-Erlass (1492) 376
Ali *siehe* Talib, Ali ibn Abi (Kalif)
Allah (Der Schöpfer des Universums) 334, 340–341, 344, 351, 357, 384, 386, 390, 392–393
Allahabad, Indien 121, 123, 124–125
Allen, Richard 316
Almorawideb 368
Altes Testament 223, 271, 285, 298; Übersetzung 281–282
Altneuschul, Synagoge, Prag, Tschechische Republik 242–243, 248
Alsteinzeit 21
Amaterasu Omikami (Schinto-Göttin) 173
„Amazing Grace" 312–316
Ambedkar, Bhimrao Ramji 188
Ambika (Jainistische Göttin) 102
Amida-Buddha, Ushiku, Japan 177
An (Sumerischer Gott) 23, 202
Ananda (Schüler Buddhas) 145, 146
Ananda-Tempel, Bagan, Birma: Statue 140
Anat (kanaanäische Göttin) 217
Anawratha, König (Birma) 178
Andamanensee 178, 183, 384
Andreas, Heiliger (Jünger) 274
Angkor Wat, Tempelkomplex, Kambodscha 10–11, 178
Animismus 38–39
Antisemitismus 45
Antiochia (Antakya), Türkei 271, 277, 283, 298–299
Antiochus IV. Epiphanes, König (Syrien) 225
Anton, Mark 230
Anu der Erhabene (babylonischer Gott) 61
Anubis (ägyptischer Gott) 57
Apollo (griechischer Gott) 40, 152
Apophis (ägyptischer Schlangendämon) 34
Aquin, Thomas von (christlicher Heiliger und Philosoph) 293
Aquitanien, Herzog von 292
Arabisches Meer 74, 113, 120, 384

Ararat, Berg, Türkei 202, 320, 322–323
Arche Noah (biblische Geschichte) 202
Arhats (Heilige) 140
Aristoteles 360, 375
Arjuna (hinduistische Sage) 105–106, 113
Artemistempel, Ephesos, Türkei 279–281
Aryas 40, 77
Aschera (kanaanäische Göttin) 217
Askalon, Israel 216–220
Ashoka, König (Maurya-Reich) 105, 116, 149–151, 154
Ashramas (Lebensstufen): Hausherr 91–95; Sadhu 96–97, 110; Schüler 91; Waldeinsiedler 95–96
Assyrien 220; Kirche 286
Atahualpa (Inka-König) 58
Athanasius (Bischof) 281
Athos, Gebirgszug, Griechenland 288
Augustinus von Hippo 315
Augustus, römischer Kaiser 230, 266
Aung San Suu Kyi 183
Auschwitz 251
Avalokiteshvara (Bodhisattva) 174, 184, 185
Averroes *siehe* Ibn Ruschd
Avicenna (Ibn Sina) (Gelehrter) 360
Azteken 309; Kalenderscheibe 23

B

Baal (kanaanäischer Gott) 206, 217
Baal Shem Tov 248
Babur (Begründer des Mogulreichs) 382
Babylonier 46–47, 61, 220–222
Bacon, Roger 293
Bagan, Birma: Tempel 132–133, 135, 178
Bagdad, Irak 335, 356, 359, 360, 364, 376
Bahubali, Gommateshvara 102–103, 105
Bakr, Abu (Kalif) 354, 368
Balams (Maya-Mythos) 30
Balfour-Deklaration (1917) 251
Bali, Indonesien 49–50
Bamian, Afghanistan: Buddha-Statuen 149, 156–157; Zerstörung 156
Basken 375
Bastet (ägyptische Göttin) 38
Battle of the Ditch (627) 346
Beduinen 334, 337, 346
Bel (babylonischer Gott) 61
Benares, Indien 91; *siehe auch* Varanasi

Benedikt (Mönch) 292
Benediktinerorden 292–293
Bengalen, Golf von, Indien 72, 73, 109, 184
Berber 356, 364, 368
Bernini (Architekt) 302
Beschneidung 53–55, 206, 215, 229, 250
Bethlehem, Mittlerer Osten 266, 271, 298; Geburt Jesu 266–269
Bhagavad Gita (Hinduismus, Heilige Schrift) 106
Bhagoriya-Fest 126
Bhaktivedanta Swami Prabhupada 123
Bharati, Sri Chandrasekhara 101
Bharatiya Janata Partei (BJP) (Indien) 120
Bhikkuni (buddhistische Nonnen) 146
Bhils 126–127
Bhubaneswar-Tempel, Indien 116
Bhumibol Adulyadej, König (Thailand) 183
Bhuvaneswari (Hindu-Göttin) 110
Bibel 216, 220, 225, 231, 237, 271–276, 282, 287, 306, 320; King James-Version 306; *siehe auch* Neues Testament; Altes Testament; Tora
Bilali (Rechtsgelehrter) 385
Bill of Rights 312
Bimbisara, König (Magadha) 145
Bin Laden, Osama 13
Birma (Myanmar): Buddhismus 178–183
Bismarckarchipel, Papua-Neuguinea 50
BJP *siehe auch* Bharatiya Janata Partei (BJP) (Indien)
Blaue Moschee, Istanbul, Türkei 380–381
Blavatsky, H. P. 188
Boas, Franz 34
Bodh Gaya, Bihar, Indien 136–139, 154, 161
Bodh-Gaya-Tempel, Bihar, Indien 159; Schrein 137; Kloster 144–145
Bodhidharma 164
Bodhisattvas 148, 157, 164, 167, 170, 174, 177–178, 184–185
Bombay (Mumbai), Indien 119
Book of Common Prayer (Cranmer) 306
Borobudur-Tempel, Indonesien 170
Bosporus, Brücke über, Istanbul, Türkei 288
Brahma-Tempel, Pushkarsee,

Indien 100
Brahma (Hindu-Gott) 99, 109–110, 122
Brahman 74, 99, 104
Brahmane (Priester) 88, 99
Brahmaputra, Fluss, Asien 82, 116, 184, 188
Bramante (Architekt) 302
Brennender Dornbusch (biblische Geschichte) 209, 214
Brigit (keltische Göttin) 39
Brownell-Grogan, Barbara 11
Bubastis, Ägypten 38
Buch Mormon 316
Buchenwald 251
Budai („Lachender Buddha") 165
Buddha 110, 152–188; Der Pfad 139–146; erste Anhänger 146–151; Tod 146
Buddhismus 109; ausgewählte Schriften 166; Chan 164–165, 167, 171, 177; chinesischer 157–169; Der Pfad des Buddha 139–146; Gebet 192, 194–195; Gelugpa 185; heutiger 188; indonesischer 170; japanischer 173–177; Joyge-Schule 171–173; Kabuki-Darsteller 174; Karte über die Ausbreitung 148; Kastensystem 145; Konzile 146–149, 153, 183; koreanischer 170–173; Mahayana 149, 152–153, 164, 177; Mönche 148, 152–157, 165, 167, 170, 178, 183–185, 192; Nonnen 146, 154; Rad von Leben und Wiedergeburt 138, 139; Reinkarnation 139–140, 184, 185; Shingon 177; Schinto 173–177; südostasiatischer 177–184; Spaltung 148–149, 152; Sri Lankischer 153–156; Stellung der Frau 146, 158–159; Symbol: Lotosblüte 153; tägliche Übung 176; Tendai 174–177; Theravada 146, 149, 152–154, 177–183; tibetischer 184–188; Tipitaka 154; Universitäten 152, 161; Ursprünge 74, 99, 102, 105; Vajrayana 8, 400; Verbreitung 119, 146–151; zentralasiatischer 156–157; Zerfall 151–153
Buddhistisches Institut für Höhere Studien, Sarnath, Indien 158
Bulguksa-Tempel, Kyongju, Süd-korea 170
Bundeslade 215, 217
Buschmänner 15, 26
Byzanz 282, 286–287, 301, 335, 360; siehe auch Römisches Reich

C

Cäsar, Julius 230
Cajamarca, Peru 58
Calvin, Johannes 306
Candomblé (Religion) 49, 312
Canterbury, Kathedrale, England 39
Castro, Fidel 319
Cerridwen (keltische Göttin) 39
Ceylon 151, 286, 334, 368; siehe auch Sri Lanka
Chacmool 27, 50–51
Chacs (Maya-Götter) 27, 30
Chadidscha (Muhammads Frau) 337–340
Chagall, Marc 212
Chan, Dschingis 377
Chan, Qublai 183, 377
Chandika (Hindu-Göttin) 110
Chandragupta I., König (Indien) 102, 109, 149
Chandragupta II., König (Indien) 109
Chanukka 228
Charles II., König (England) 119, 312
Chayyam, Omar (Mathematiker) 377
Chiang Kai-shek 165
Chiapas, Mexiko: Wandmalereien 34, 36–37
Chichén Itzá, Mexiko 27–30, 50–51
China: Artefakte 161; Buddhismus 157–169; Daoismus 161–164; Dynastien 57–58, 165; Große Mauer 157; Konflikte mit Muslimen 359; Konfuzianismus 161; Pilger 157–161; Seidenstraße 156, 157, 161
Chinesische Volksbefreiungsarmee 185
Chnum (ägyptischer Gott) 222
Christentum: Amische 306; Anglikanismus 306–308; apostolische Kirche 284; armenisch-orthodox 271; assyrische Kirche 286; Ausbreitung 276–284, 286–287, 308–313, 316–320; Auszüge aus der Heiligen Schrift 285; Baptisten 316; Bibel siehe Bibel; Calvinisten 306; evangelikale Bewegung 320; Bruch mit Juden 277; Feste 284–286; Fundamentalisten 320; Gegenreformation 308; Gesellschaft Jesu 293; Glaubensbekenntnisse 303, 283-284; Glaubensübernahme 286–297, 317–320; Gliederung 283; Gnostiker (Sekte) 281; griechisch-orthodox 271, 284, 298, 308, 319; heutiges 317–320; Hutterer 306; Jesus 271–282; Karte über die Ausbreitung 292; keltische Symbole 39; Kirche der Heiligen Letzten Tage 316; Kommunion 275, 286, 303, 329; koptische Kirche 281, 287; Kreuzzüge 241, 297–302, 365, 377; Lutheraner 308; Miaphysiten 286–287; Mennoniten 306; Methodismus 316; Nestorianer 286; Neues Weltbild 308–313, 316–320; Nizänisches Glaubensbekenntnis 283–284; orthodoxe Ostkirchen 282, 287, 308, 317–320; päpstliche Verwaltungsbehörde 297; Pfingstler 320; Presbyterianer 306, 316–317; Protestanten 284, 302–308, 317–319; Puritaner 306, 312; Quäker 312; Reformation 306–308; Reliquien 293, 297; römisch-katholisch 271, 282, 284, 293, 297, 301–302, 308, 319–320, 395; Römisches Reich 277, 282–286; Rolle der Frau 288; Siebenten-Tags-Adventisten 320; spanische Inquisition 301; Strukturen 281, tägliche Rituale 303, 314–315; Täufer 306; Teilung 286–287, 306–307; Totenrituale 50–53; Unitarier 320; Ursprünge 203, 271–276; Verfolgung 242, 282; Zehn Gebote 212–214
Chronik Perus (de Cieza von Leon) 308–309
Chwarizmi, Musa al- siehe Al-Chwarizmi, Musa
Cieza von Leon, Pedro de 309
Clemens V., Papst 302
Coelestin, Papst 297
Córdoba, Spanien 237–240, 375
Cordorvero, Moses 242
Cortés, Hernán 309
Coverdale, Miles 306
Cranmer, Thomas 306
Croagh Patrick, Berg, Irland 324–329
Cromwell, Thomas 306
Cuahtemoc, Prinz (aztekischer Befehlshaber) 309

D

Da Vinci, Leonardo 375
Dahlak Kebr, Eritrea 368
Dalai Lama 11, 13, 158, 159, 185, 396–397; Exil 185–188, 196–197; Friedensnobelpreis 188; Reinkarnation 185
Dalit (unterdrückt) 91, 188
Dante Alighieri (Dichter) 297
Daodejing (Daoismus, Heiliges Buch) 161
Daoismus 57–58, 161–164
Dao Wudi, Kaiser (China) 167
Darius, König (Persien) 222, 225
Darwin, Charles 38
Dasserah-Fest 109
David, König (Israel) 216–217, 266, 340; Goliath 216, 368
David gegen Goliath (biblische Geschichte) 216
Dechen, Lobsang 158–159
Demeter (griechische Göttin) 46
Desful, Iran 23
Dharamsala, Indien 158–159; tibetische Exilregierung 188, 197
Dharma (buddhistische Lehre) 140, 148–149
Dharmakshema (Bodhisattvas von Dunhuang) 157
Dia de los Muertos (Totenfest) 52
Diamant Sutra (buddhistisches Buch) 157
Die Göttliche Komödie (Dante) 297
Diokletian, römischer Kaiser 282
Djenné, Mali: Moschee 360, 362–363
Dogen Zenji (Mönch) 177
Dom von al-Nahawia, Jerusalem, Israel 374
Dominikus, (Gründer Dominikanerorden) 293
Dominikanerorden (Predigerbrüder) 293
Drachenquelle-Kloster, Longquan Si, China 165
Drei Juwelen (drei koreanische Klöster) 171
Drei Kostbarkeiten (der Buddha, seine Lehre, seine Gemeinschaft) 140
Dreyfus, Albert 250
Druiden 39
Dunhuang-Akademie 157
Dura-Europos-Synagoge, Syrien 225, 226–227
Durga (Hindu-Göttin) 110–111
Dschahan, Schah (Mogulherrscher) 382, 384
Dschami Masdschid, Moschee, Srinagar, Indien 395
Dschibril (Gabriel) (Engel) 337, 344–345, 351, 373
Dwarka, Tempel, Indien 113–115

E

Ebreo, Leone 242
Echo (griechische Göttin) 46
Eichmann, Adolf 251
Eiheiji-Kloster, Honshu, Japan 177
Eka Dasa Rudra (hinduistisches Ritual) 122–123
Elephantine, Insel, Ägypten 222–225
Eleusis, Griechenland 46
Eliezer, Israel ben *siehe* Baal Shem Tov
Elija (Prophet) 217, 241
Elisabeth I., Königin (England) 306
England *siehe* Großbritannien
Englische Handelskompanie 119
Enlil (sumerischer Gott) 23, 202
Eostre (keltische Göttin) 282
Epiphanie 284, 303
Erasmus von Rotterdam, Desiderius 306
Esala-Perahera-Fest 154
Esposito, John L. 44–45
Esra (jüdischer Führer) 221–222
Essaouira, Marokko: Handabdrücke 365–367
Essener 231
Estevancio 385
Esther (biblische Figur) 221
Euklid 360, 364
Euphrat, Fluss, Mesopotamien 61, 74, 202–205, 220–221, 225, 334
Eutropia (römische Missionarin) 282
Exodus aus Ägypten (biblische Geschichte) 201, 206–214

F

Faisal, König (Saudi-Arabien) 382
Falwell, Jerry 320
Fastenzeit 284
Fatima (Muhammads Tochter) 338, 355–356, 360, 365–367
Faxian (Pilger) 157–161
Felsendom, Jerusalem, Israel 237, 238–239, 261, 298, 364–365, 372
Fengdu, Kaiser (China) 57–58
Ferdinand II., König (Spanien) 242, 301, 308, 375–376
Ficino, Marsilio 242
Feuer 21, 27, 40, 52, 59
Firnas, Abbas ibn 375
Fort Saint George, Madras, Indien 119
Fort William, Hugli-Mündung, Indien 119
Frankreich 284, 288, 292–293, 297–298, 301–302, 308; Muslime 394–395
Frank, Anne 13
Franz I., König (Frankreich) 308
Franz von Assisi (Heiliger) 293
Franziskanerorden 293
Französische Missionsgesellschaften 316–317
Freitagsmoschee, Herat, Afghanistan 381
Friedensnobelpreis 188, 316
Fruchtbarkeitsgöttin (Vinca-Kultur) 21
Frühaufsteher (Schwarzfußindianer-Legende) 23
Führer der Unschlüssigen (Maimonides) 240
Fünf Bücher Mose *siehe* Tora
Die Fünf Säulen des Islam 351–353, 357; Steinigung des Satans 350–351
Fuguang Si-Kloster, Wutai Shan, China 165
Fuji, Berg, Japan 174

G

Gabriel (Dschibril) (Engel) 337, 344–345, 351, 373
Ganden Chöling-Nonnenkloster, Dharamsala, Indien 158
Gal Vihara (Höhle der Geister der Erkenntnis), Sri Lanka 154
Galen 364
Galerius, römischer Kaiser 282
Galileo Galilei 308
Ganden-Kloster, Lhasa, Tibet 158, 158
Gandhi, Indira 113
Gandhi, Mohandas (Mahatma) 13, 100–101, 119–120, 188
Ganesha (Hindu-Gott) 80, 81, 110
Ganges-Aktionsplan 121
Ganges, Fluss und Region, Indien 70–72, 73; Bestattungsrituale 96, 99; Eigenschaften 82–83; Hinduismus 74–77, 81–87; spirituelle Reinigung 74–75; Verschmutzung 121
Ganges-Ebene, Indien 82
Gangotri-Gletscher, Indien 82
Garebeg, Fest, Indonesien 385
Garuda (Legende, geflügeltes Reittier) 121
Gaumukh („Mund der Kuh"), Höhle, Indien 82, 83
Gautama, Siddhartha 105, 139, 188; Geburt 136; *siehe auch* Buddha
Geb (ägyptischer Gott) 57
Geistertanz (Indianer Nordamerikas) 59–60
Gemara 237, 242
Gesellschaft Jesu 293
Gethsemane, Jerusalem, Israel 275–277
Ghasi, Ertugrul (oguischer Fürst) 377
Ghasi, Orhan (osmanischer Sultan) 377
Ghasi, Osman (oguischer Fürst, Begründer des Osmanischen Reiches) 377
Gibraltar (Dschebel at-Tariq) 368, 375
Gilgamesch-Epos 202
Gobi, Wüste, China 157
Götterdämmerung *siehe* Ragnarök
Götterköpfe (griechisch-persisch) 61–63
Goldener Tempel von Amritsar, Pandschab, Indien 113
Goldenes Dreieck von Orissa 116
Goldstein, Baruch 13
Graham, Billy 320
Great Law 312
Gregor XI., Papst 302
Griechenland 30–31, 40, 46, 50; Minarett 382–383; orthodoxe Christen 271, 284, 298, 308, 319
Großbritannien: Kanalbau 121; Kolonialherrschaft 119–120; Salzhandel 119–120
Große Moschee, Córdoba, Spanien 375
Große Stupa von Sanchi, Indien 146–147, 149
Großer Schlangenwall, Ohio, USA 31–33
Grüner Mann (keltischer Naturgeist) 39
Gunung Agung, Berg, Indonesien 122
Gupta-Dynastie (Indien) 109–110, 116, 119, 121
Gurus (heilige Männer) 91, 113
Gusinde, Martin (Priester) 38–39
Gyatso, Tendzin 185; *siehe auch* Dalai Lama

H

Hadat (aramäische Gottheit) 355
Hagar (biblische Figur) 206, 261, 345, 352
Hagia Sophia, Istanbul, Türkei 286, 288–289, 380–381
Haida 26, 34
Hadsch (Wallfahrt) 334, 345–349, 351–352
Halevi, Juda (Dichter) 237
Halloween 52
Ham (Sohn Noahs) 202
Hammurabi (babylonischer König) 46–47, 61; Gesetzeskodex 61
Han-Dynastie, China 382
HaNassi, Jehuda 237
Hano-Clown *siehe* Koshari
Hanuman (Heerführer in Affengestalt) 106, 107, 109
Harappa (Ausgrabungsstätte), Industal, Indien 74; Artefakte 76–77
Harappa-Kultur 74; Tontafeln 76–77
Hare-Krishna-Bewegung 123
Harran, Türkei: Lehmhütten 256–257
Hasmonäer 228, 230
Haus der Weisheit (Bait al-Hikmah) 360
Heilig-Grab-Kirche, Jerusalem, Israel 283, 298
Heinrich III., römischer Kaiser 293
Heinrich VIII., König (England) 306
Hei Tiki (Maori-Mythos) 15
Helena (römische Missionarin) 282–283
Hephaistos (griechischer Gott) 46
Herakleios, Kaiser (Byzanz) 369–374
Hermes (griechischer Götterbote) 46, 277
Herodes I., König 230–234, 266, 374
Herz-Sutra 164
Herzl, Theodor 250
Hiei, Berg, Japan 174, 177
Himalaja, Gebirge, Asien 81–82
Hindukusch, Afghanistan 74, 156, 161, 335, 377, 386, 387
Hinduismus: ausgewählte Schriften 104; Bräuche 118; Ganges, Fluss 74–77, 81–87; Flusstäler 74–77; Götter und Helden 105–110; heilige Stätten 113–119; heutiger 121–123; Karte über die Ausbreitung 84–85; Kastensystem 74, 87–91, 102, 119, 188; Lebensstufen 91–97, 110; Mythen 23–26; Priester 90–91; Puranas 102; Reinkarnation 96, 99; religiöse Toleranz 151; Rituale 91–99; Schreine und Altäre 87, 113, 116, 118, 122–125; Shaivas 110; Shakta 96–97, 110; Sikhismus 111–113; spirituelle Erfüllung

INDEX

99; Tieropfer 99; Upanischaden 73, 99, 104; Ursprünge 74–81; Vaisnavas 110; Veden 77–81, 87, 91–99, 104, 109; Wiederbelebung und Ausbreitung 119–120

Hindu-Schriften: Aranyakas 104; Brahmanas 104; Shruti 104; Smriti 104; Upanischaden 99, 104; Veden 77, 81, 87, 91–95, 99, 109

Hiob (biblischer Prophet) 221
Hippokrates 360
Hippolyt (Presbyter) 284
Hira, Berg, Saudi-Arabien 340, 345, 351
Hiram, König (Tyros) 217
Hitler, Adolf 13, 251
Holdheim, Samuel 248
Holi (Phagwa) (Frühlingsfest) 123
Holika (Hindu-Dämonin) 123
Holländische Westindische Kompanie 242
Holocaust 13, 242, 244–245, 248, 251
Homo sapiens 21
Honan (Geist der Hopi-Indianer) 39
Horus (ägyptischer Gott) 57
Horyuji, Tempel, Nara, Japan 173
Hubal (arabischer Gott) 334
Hülägü (Mongolenkrieger) 377
Hui-yuan (Mönch) 167
Husain (schiitischer Anführer) 356
Hieronymus (Heiliger) 281, 285

I

Ibn Battuta 368
Ibn Ruschd (Averroes) 375
Ibn Sina *siehe* Avicenna
Ignatius von Loyola 293
Inari (Schinto-Gott) 173
Indian National Congress Party (Indien) 100
Indianer Nordamerikas: Apachen 49; Hopi 39; Kwakiutl 34, 40, 42–43; Lakota 57–60; Paiute 59; Pima 26; Schwarzfuß 21–23, 49; Totempfähle 34, 40–41
Indien: Ausgrabungsstätten 74–77; Einflüsse 105; Kühe 87–89; Kulturelle Monsunregen 86– 87; Partition 382; Teilung 120; Verschmutzung 121
Indra (vedischer Gott) 81, 87
Indus, Fluss und Tal, Asien 61, 81, 102, 113, 116; Hinduismus 74–77
Inka-Reich 49, 56–59, 309;

Mumien 56–57
Inti (Inka-Gott) 58–59
Inti-Raymi-Fest (Inka) 59
Iran 44–45
Irak: Artefakt 355
Iruya, Argentinien: Kirche 309–311
Isaak (Sohn Abrahams) 206, 209, 260, 261, 340, 345
Isabella I., Königin (Spanien) 242, 302, 308, 375–376
Isis (ägyptische Göttin) 57
Islam: Afrika 365–368; Asien 380–385; Ausbreitung 119, 237, 298–301, 308, 353–355, 365–386; Ausbreitung in der Neuen Welt 385–386; Ausbreitung in Europa 301, 375–376; Bürgerkrieg 355; Fiqh (Gesetze) 359; Fünf Säulen 351–353, 357; Hanafi-Schule 358; Hanbali-Schule 358; heutiger 386; Hui 384; islamische Revolution 44–45; Ismael 206; Karte über die Ausbreitung 353; Kharidschiten 355–356; Koran 331, 340–347, 352, 357–360, 368–369, 372–373; Kreuzzüge 241, 297–302, 365, 377; Malikiten 359; Mongolen-Konflikte 365, 377, 381–382; Muhammad 337–360; Rolle der Frau 372–373; Schlacht von Badr 346; Shaf'i 359; Shari'a 359; Schiiten 355–356, 376–377; Spaltung 355–356; spanische Inquisition 301, 380; Sufismus 359, 373, 377–379, 383; Sunniten 356–360, 376–377; tägliche Rituale 357; Tagespolitik 386; Terrorismus 386; Toleranz 369, 375; Totenrituale 53; Ursprünge 203, 288, 341; Zeitalter der Kalifen 360–365
Islamisches Museum, Jerusalem, Israel 374
Ismael (Sohn Abrahams) 206, 209, 261, 345–346, 352
Israel: Fundamentalisten 45; Neugestaltung 251–252, 384; Teilung 220; Ursprung 216; Zwölf Stämme 206
Istanbul, Türkei 380; *siehe auch* Konstantinopel

J

Jagannath (Hindu-Gott) 116, 119
Jagad-Mandir-Tempel, Dwarka,

Indien 113
Jahwe (jüdischer Gott) 209, 217, 222, 228, 231, 234, 252
Jainismus 116, 151; Ursprünge 99, 102, 105
Jakob (biblische Figur) 206–209, 340, 374
Jakobus (Heiliger) 298
Jangtsekiang, Fluss, China 164, 185
Japan: Buddhismus 173–177; Schinto 173–177
Japhet (Sohn Noahs) 202
Jefferson, Thomas 312
Jeremia (Jüdischer Prophet) 220
Jericho (Tell es-Sultan), Westufer, Israel 216, 234
Jerusalem (Zion), Israel 220–222, 345; Belagerungen 220, 228, 234, 377; Davids Rolle 217; Festung 217, 220, 221; Hügel 198–199, 201; Rolle der Muslime 298–301, 374
Jesuiten 293, 308–309; *siehe auch* Gesellschaft Jesu
Jesus 275–277, 340; Fastenzeit 271; Geburt 266; Höhlenfresko 266, 268–269; Kreuzigung und Wiederauferstehung 263, 276, 281–282; Taufe 270–271; Wunder 274–275
Jetavana-Kloster, Shravasti, Indien 145
Johannes X., Papst 301
Johannes XXIII., Papst 319
Johannes der Täufer 270–272, 274, 285, 355
Johannes Paul II., Papst 319
Jokhang, Tempel, Tibet 184
Jom Kippur 231
Jordan, Fluss, westliches Asien 206, 271
Jörmungand (Nordische Weltschlange) 31
Joseph (biblische Figur) 266
Josephus, Flavius (Geschichtsschreiber) 234
Juda der Makkabäer 220, 225–228, 230
Judäa 266, 271–273, 276–277
Juden: Braut 200–201, 250; Exil 220–221, 234; Gazastreifen 252; Verfolgung 45, 237, 240, 248, 251, 301; Zeloten 234; *siehe auch* Judentum
Der Judenstaat 1896 (Herzl) 250
Judentum: Abrahams Weg 203–206; Adam und Eva 202; Ägypten 222–225; aschkenasisch 241; Ausbreitung in Europa 242;

Ausbreitung in der Neuen Welt 242; aus den Schriften 223; Bräuche 53, 206, 212–215, 229, 250–251; Bruch mit den Christen 277; Chassidim 225; der Zweite Tempel 228, 230–234; Entwicklung 220–234; Exodus aus Ägypten 209–210; Ezras Erneuerung 221–222; Fundamentalismus 45; heutiges 250–252; Jesus 266–276; jüdische Diaspora 234–250; Kabbala 241–242, 248; Karte über die Ausbreitung 208; Mein Judentum 246–247; Moses 206–216; Napoleons Beistand 248; Nordamerika 250; orthodox 215, 231, 248, 250, 252; Ursprung 203–216; Reconstructionism 250; Sadduzäer gegen Pharisäer 228; Salomo 216–220; sephardisch 237–242, 248; Spanien 237–240, 242; Tora 214, 221–228, 236, 240–242, 246–251

Jüdische Diaspora 234–250
Jüdisches Wochenfest (Schawuot) 214
Julius II., Papst 302
Jupiter (römischer Gott) 355
Justinian, Kaiser (Byzanz) 286, 298

K

Ka'ba (Granitschrein) 334–337, 344–348, 352
Kabbala 241–242, 248
Kachinas (Geister der Hopi-Indianer) 39
Kailas, Berg, Indien 116
Kailas-Tempel, Ellora, Indien 116–117
Kairo, Ägypten 340, 364–365, 377
Kali (Hindu-Göttin) 110
Kalidasa (Dichter) 116
Kalifat der Abbasiden 356–365
Kalifen (muslimische Herrscher) 355
Kalki (Pferd, Vishnu-Inkarnation) 110
Kalkutta (Kalikata), Indien 119
Kambodscha: Buddhismus 177–178
Kami (Schinto-Gott) 173–174
Kampung Hulu Moschee, Malaysia 385
Kamtschatka, Halbinsel, Sibirien 34
Kanaan (das Gelobte Land) 206, 216
Kannon (Bodhisattva) 174
Kapilavastu, Nepal 135

Kapildhara-Fälle, Indien 126, 128–129
Karawijin-Moschee, Fès, Marokko 360–361
Karl der Große, Kaiser (Heiliges Römisches Reich) 241, 293, 375
Karmel, Berg, Israel 217
Karo, Joseph 242
Karten: die wichtigsten Religionen 8–9; Ausbreitung des Buddhismus 148; Ausbreitung des Christentums 292; Ausbreitung des Hinduismus 84–85; Ausbreitung des Islam 353; Ausbreitung des Judentums 208
Kashi, Indien 91
Kastensystem 74, 87–91, 102, 119, 145, 188
Katharina, Heilige 298
Katharinenkloster, Sinai-Halbinsel, Ägypten 214
Kathedrale der Verklärung, Valaam, Insel, Russland 296–297
Katholiken 281, 303, 306, 317–320; *siehe auch* Christentum
Katzen 34–38
Kauravas 105
Kelten 39, 52; Kalender 46
Kerbela, Irak 356
Ketura (biblische Figur) 206
Khema (buddhistische Nonne) 146
Khmer, Reich der (Kambodscha) 178
Khor Virap, Kloster, Armenien 320, 322–323
Ki (sumerische Göttin) 23, 202
Kilauea-Krater, Mauna Loa-Vulkan, Hawaii 31
Kim Dae-seong (koreanischer Premierminister) 170
Kingzhen Dasi, Moschee, Xi'an, China 382–384
Klagemauer (Kotel ha-Ma'arawi) 234, 237–240
Klara von Assisi, Heilige 293
Kleiner Vogel (Korjak-Mythos) 34
Kloster des Tigerbaus, Bhutan 134–135
Koan (Rätsel) 164
Königspalast, Fès, Marokko 330–331
Kolumbus, Christoph 308, 376, 385
Kommunion (Eucharistie) 275, 284, 286, 303, 314–315, 329
Kommunistische Partei 45, 317, 319
Konark, Indien: Tempel 105, 116
Konfuzianismus 161, 164, 167–171
Konfuzius (K'ung Fu-t'zu) 161

Konstantin, römischer Kaiser 266, 282–284, 286, 298, 302
Konstantinopel (Istanbul), Türkei 282–283, 286–287, 297, 301
Kopernikus, Nikolaus 308
Koran (Islam, Heiliges Buch): ausgewählte Schriften 331, 347; Inhalt 340–345
Korea: Buddhismus 170–173; Konfuzianismus 170
Korjaken 34
Koshari (Hano-Clown) 39
Koyasan, Berg, Japan 174, 177
Koyemsi (Geist der Hopi-Indianer) 39
Kreuzhügel, Litauen 320–321
Kreuzzüge 241, 297–302, 299, 364, 377
Krieg von 1812 385
Krishna (Hindu-Gott) 105–110, 113–115
Kshatriyas 87, 102
Kukai (Kobo Daishi) 174–177
Kumbhamela (hinduistisches Ritual) 121, 123–125
Kung-Fu 164–165
Kwakiutl (Indianervolk) 34, 40, 42–43
Kyrill (christlicher Missionar) 287
Kyrus, König (Persien) 221
Kyruszylinder 221

L
Lakshmi (Hindu-Göttin) 81, 109–110
Lalibela, König (Äthiopien) 319–320
Laozi (daoistischer Philosoph) 161, 167
Lat (arabische Göttin) 335
Lateranverträge (1929) 302
Laubhüttenfest (Sukkot) 221
Leo III., Papst 293
Leo X., Papst 302
Leo IX., Papst 293
Leon, Moses De 242
Levy, Asser 242
Lewis, C. S. 12
Li Zhi, Kronprinz (China) 161
Linga (religiöses Symbol) 87, 91
Livingstone, David 317–319
London Missionary Society 316–317
Londoner Synagoge, England 248–249
Longmen-Höhlen, China 167
Lorenzo der Prächtige 242
Ludwig der Fromme, König (Franken) 241

Lun Yu (Gespräche des Konfuzius) 161
Luria, Isaak 242
Lushan, China: Berg 167, Buddha-Statue 161–163
Luther, Martin 302, 306–307

M
Machu Picchu, Peru 48–49
Madame Pele (hawaiianische Göttin) 31
Madison, James 312
Magadhan, Königreich 145, 149
Mahabharata (Sanskrit-Epos) 106, 113
Mahamastakabhisheka (jainistisches Fest) 105
Mahanadi, Fluss, Indien 82, 116
Maharishi Mahesh Yogi 123
Mahavira (Religionsstifter Jainismus) 102, 161
Maheth (Ausgrabungsstätte), Indien 145
Mahinda (buddhistischer Missionar) 151, 153–154
Maimonides (Philosoph) 240–241, 246–247
Maisel, Mordechai 248
Maitreya (Bodhisattva) 165, 167, 170, 174
Malcolm X. 386
Malik, Abd al- (Kalif) 298
Manaf (arabischer Gott) 334
Manat (arabische Göttin) 335
Manchu-Dynastie *siehe* Qing-Dynastie
Mandala 138, 139, 170, 185
Mansa Musa, König (Mali) 365
Manu (Gesetzeskodex) 104
Manu, Bismarckarchipel 50
Mao Zedong 167
Maoris 15
Mar Saba-Kloster, Israel 298
Mara (buddhistischer Dämon) 139
Marduk (babylonischer Gott) 220
Markus (Heiliger) 271, 274, 285
Martell, Karl 375
Marwan, Abd al-Malik ibn (Kalif) 374
Maria (die Jungfrau) 266, 284, 286, 298, 302, 319, 340, 372
Massada, Israel 231, 234, 235
Masupa (Pygmäen-Legende) 53–57
Matthäus (Heiliger) 271, 274, 285
Mauna Kea-Vulkan, Hawaii 31
Mauna Loa-Vulkan, Hawaii 31
Mauren 301, 368, 375–376
Maurya-Reich 102–105, 149

Maya, Königin (Shakya-Stamm) 135–136
Mayas 27–30; Wandmalerei 34, 36–37
Medina, Saudi-Arabien 337–339, 344–346, 350, 352, 356, 359–360, 373, 380, 382
Mehmet II. (osmanischer Herrscher) 380
Mekka, Saudi-Arabien 334, 337, 345–346, 352, 364–368, 382–384
Methodios (christlicher Missionar) 287
Mevleviyye-Orden (tanzende Derwische) 359; *siehe auch* Sufismus
Michelangelo 302–304
Mihindu Guha, Sri Lanka 154
Mihintale, Berg, Sri Lanka 154–155
Milchstraße 26
Mindon, König (Birma) 183
Ming-Dynastie (China) 58, 382
Minoische Kultur: Schlangengöttin 26–27
Mirandola, Pico della 242
Mischne Tora („Wiederholung der Tora") (Maimonides) 240
Mishnah 237, 240, 242
Mishra, Veer Bhadra 121
Mithila, Indien 106, 108–109
Mittlerer Weg (Buddhismus) 139
Moai (steinerne Wächter), Osterinseln, Chile 14–15, 64–69
Mochica-Kultur: Artefakt 34–35
Moctezuma, König (Azteken) 309
Mogao-Höhlen, China 157
Mogulreich 119, 359, 382
Mohammed (der Prophet) *siehe* Muhammad
Mohenjo-Daro (Ausgrabungsstätte), Industal, Indien: Ruine 74, 77–79
Mongolen 365; *siehe auch* Mogulreich
Mongpo (chinesischer Gott) 58
Mongwa (Geist der Hopi-Indianer) 39
Monotheismus 61, 335–337, 345
Mordechai (biblische Figur) 221
Moriah, Berg, Israel 206, 261
Mormonentempel, Salt Lake City, Utah, USA 317
Moroni (Mormonen-Engel) 317
Moschee des Propheten, Medina, Saudi-Arabien 337–339, 351
Moses 340; brennender Dornbusch 209, 214; Exodus aus Ägypten 209–210; Fünf Bücher 214–215; Zehn Gebote 212, 213, 214
„Moses empfängt die Gesetzestafeln"

INDEX

(Chagall) 212
Moslems: Extremisten 153, 157, 386; Frauen 372–373; Gläubige 390–395; *siehe auch* Islam
Mother Bethel African Methodist Episcopal Church, Philadelphia, Pennsylvania, USA 316
Motu Nui, Osterinseln, Chile 69
Moulay Idris-Moschee, Fès, Marokko 360–361
Mu'awiya (schiitischer General) 355–356
Muhammad (der Gepriesene) 206, 337–340; Botschaft des Korans 340–345; Geburt 336; Tod 350; Medinas Rolle 345–346; nächtliche Reise 344–345; Nacht des Schicksals 340, 345, 352; Rückkehr nach Mekka 346–351
Muhammad, Elijah 386
Muktananda, Swami 101
Mumifizierung 38, 57
Mussolini, Benito 302
Mutasiva, König (Sri Lanka) 154
Muttergottes von Guadalupe (Heilige) 319
Myanmar *siehe* Birma
Mykenische Zeit 40
Mythen: Ursprünge 18–26
Mytikas, Olymp, Griechenland 30–31

N

Nadschaf, Irak 356
Nalanda, Indien 152–153
Namaki (hawaiische Göttin) 31
Namira-Moschee, Ebene von Arafat, Saudi-Arabien 341–343
Nammu (sumerische Göttin) 23, 202
Nan-Pu-Tempel, Xiamen, China: Gläubiger 167, 168–169
Nanak (Sikh-Guru) 111–113
Nanchan Si, Kloster, Wutai Shan, China 165
Nanna-Sin (sumerischer Gott) 202
Napoleon 248
Narbengesicht (Schwarzfußindianer, Legende) 21–23
Narmada (Hindu-Göttin) 126–131
Narmada-Jayanti-Fest (Hinduismus) 131
Narmada, Fluss, Indien 109, 126–131
Nasr (arabischer Gott) 334
Nataraja (Hindu-Gott) 110
Nation of Islam 386
Natur: Animismus 38; Einfluss auf die Religionen 18–39
Nazarites 216
Neandertaler 21
Nebo, Berg, Moab-Gebirge, Jordanien 216
Nebukadnezar (babylonischer König) 220
Nehardea, Babylon 221, 225
Nehemia (jüdischer Führer) 221
Nehru, Jawaharlal 120
Nemrud Dagi, Türkei: Grabhügel 61–63
Nero, römischer Kaiser 271
Nestorius (Patriarch) 286
Neues Testament 271–274, 281–282, 285, 298, 306–307
Newton, John 316
Ngawang Lobsang Gyatso (der fünfte Dalai Lama) 185
Nihon Shiki (schintoistisches Epos) 173
Nikolaus II., Papst 301
Nil, Fluss, Afrika 61, 209, 222
Nirwana 139–140, 146, 164, 166, 170
Notre-Dame, Kathedrale, Paris, Frankreich 220, 298
Nu, U (Premierminister) 183
Nürnberger Gesetze 251
Nut (ägyptische Göttin) 57
Nuzhat al-Muschtaq, Buch (Roger) 375

O

Ödipus, König (Theben) 40
Ölberg, Jerusalem, Israel 252, 254–255, 275, 298
Olymp, Berg, Griechenland 30–31, 46
Omar (Kalif) 298
„Die Opferung Isaaks" (Gemälde Rembrandts) 260–261
Orden der Armen Klarissen 293
Organisation des Islamischen Rats 352
Origenes (Gelehrter) 266
Orinokotal, Venezuela 39
Orissa, Indien 116, 119–120, 140, 141, 149
Osiris (ägyptischer Gott) 57
Osmanisches Reich 374, 377–380; Burg 331–333
Osterinseln (Rapa Nui), Chile 15, 64, 69; Moai 14, 64–69
Ostern (Paschafest) 282, 284, 286, 298, 303
Ostindische/Ostindien-Kompanie 119, 316, 385

P

Pachamama (Inka-Göttin) 58
Päpste 281–282, 292–297, 301–302, 306–309, 319
Pakistan 120, 381–382
Palästina 216, 222, 230–231, 240, 250–252
Palästinensische Verwaltung 271
Pali (buddhistische Sprache) 154, 183
Palik Mana (Geist der Hopi-Indianer) 39
Palni, Indien: Pilger 122–123
Pan (griechischer Gott) 46
Pandavas 105
Parker, Z. A. (Lehrerin) 59
Parsen 53
Parvati (Hindu-Göttin) 110, 116
Patrick (Heiliger) 297, 324, 326, 329
Paulus (Saulus) 277–281, 285, 296
Paul VI., Papst 319
Pende, Zaire 49
Penn, William 312
Persephone (griechische Göttin) 46
Pessachfest (jüdischer Festtag) 212, 229, 274, 282
Peterskirche, Rom 293, 302, 304–305
Petrus (Heiliger) 274, 281, 297, 302, 306, 315
Pharisäer 228, 236, 275, 277
Philippus (Heiliger) 274
Philister 216
Phra Phuttha Chinnarat, Buddha-Statue, Thailand 178, 179
Pietà (Michelangelo) 302
Pine-Ridge-Reservat, South Dakota, USA 59–60
Pinkos-Synagoge, Prag, Tschechische Republik 248; Holocaust-Gedenktafel 242, 244–245
Pius XI., Papst 302
Pizarro, Francisco 58, 309
Platon 360, 375
Platonische Akademie 248
Pol Pot 13
Poliahu (hawaiische Göttin) 31
Pomona (römische Göttin) 52
Pompejus (römischer Feldherr) 228
Poseidon (griechischer Gott) 31
Potala, Klosterpalast, Lhasa, Tibet 184, 188, 190–191
Praetorium, Jerusalem, Israel 277, 278–279
Prahlada (Hindu-Geschichte) 123
Prajapati (vedischer Gott) 81
Ptolemäus II., König (Ägypten) 225
Ptolemäus (Astronom) 364
Ptolemäische Astronomie 360
Pu Tuo Shan-Tempel, Punio, China 165
Puja (hinduistisches Ritual) 118
Pura Besakih, Tempel, Gunung Agung, Indonesien 122
Pura Panataran Agung, Tempel, Indonesien 122
Puranas (18, „Alte Erzählungen") 102
Puri, Indien 116; Tempel 116–119
Purimfest 221
Purusha (vedischer Gott) 40, 87, 91
Pushkarsee, Indien 100
Pygmäen 53–57
Pyramiden von Giseh 60–61
Python (mykenischer Wächter) 40

Q

Qarawiyin, Universität, Fès, Marokko 365
Qing-Dynastie (China) 58, 165
Quechuan 59
Queen Charlotte Islands, British Columbia, Kanada 26, 34
Quinkans (böse Geister) 18–19
Quirinius, Publius Sulpicius 266
Qumran-Höhlen, Israel 230–231
Quraisch, Stamm der 337, 344, 346
Qurra, Thabit ibn (Astronom) 364

R

Rabe (Korjak-Mythos) 34
Raben 34
Rabin, Geschichte des Großen 26
Rabin, Jizchak 252
Rad des Lebens 138–139
Raffles, Stamford 385
Ragnarök (Götterdämmerung) 31
Rahaman, Abdul 385
Rahman, Abd ar- 375
Rajneesh, Bhagwan Shree 123
Ram Rajya (indische Ära) 109
Rama, Prinz (hinduistische Legende) 106–110, 120
Ramadan 340, 350, 352, 372
Ramayana (hinduistisches Epos) 106–110; Wandteppich 108–109
Ramoche, Tempel, Tibet 184
Ramses II., Pharao (Ägypten) 209
Raschid, Harun ar- 360
Rathayatra (hinduistisches Wagenfest) 116–119
Ravana (Hindu-Dämon) 109
Re (ägyptischer Gott) 34, 57
Red Lady, Wales 21
Reichspogromnacht 251

Reines-Land-Buddhismus 167, 170
Reinkarnation 96, 99, 139, 184
Reis, Piri (Kartograf) 385
Religion: Einfluss der Natur 18–39;
 Feste und Feiertage 46–49;
 gestern und heute 60–61;
 globale Wiederkehr 44–45;
 heilige Stätten 40–46; Karte über
 die wichtigsten Religionen 8–9;
 Kultur 58–60; Lebenszyklen
 49–50; Reinigungsriten 39–40;
 Tiergeister 34–39; Tod 50–59;
 Ursprünge 21–26; wesentliche
 Elemente 12–13, 396–397
Rembrandt 261
Reza, Iman (Kalif): Grab 376–377,
 386, 388–389
Ricci, Matteo 308
Richard I., König (England) 301,
 377
Römisches Reich 52–53;
 Christentum 248, 271, 282, 284,
 293, 301–302, 308, 319–320
Roger II. von Sizilien,
 Normannenkönig 374
Rosen, Jeremy 246–247
Rosch Haschana 216
Rotes Meer 209, 220, 332, 335, 337,
 366, 384
Rousanou, Kloster, Meteora,
 Griechenland 288, 290–291
Rubaiyat (Chayyam) 377
Rubenstein, Richard 101
Rudra (vedischer Gott) 81, 122
Rumi, Dschalaladdin (Dichter) 13,
 359
Russisch-orthodoxe Kirche 45
Ryobu (Doppelter) Schinto 174

S

Saba, Königin von (Biqis) 217–220,
 372
Sadduzäer 228
Sadhus 96–97, 110, 119, 121
Sahara, Afrika 331
Saicho (buddhistischer Führer) 174
Said, Omar Ibn 385
St.-Bede-Konvent, College, Shimla,
 Indien 159
Saladin (Sultan) 301, 377
Saliendra-Königreich (Indonesien)
 170
Salomo, König (Israel) 216, 220,
 252, 340; Handel 217–220,
 Tempel 217, 220, 225, 228
Salomos Tempel, Jerusalem, Israel
 217, 220, 225, 228, 374, 377;
 siehe auch Zweiter Tempel

Salzmarsch 120
Sambha (hinduistische Legende) 113
Sambesi, Fluss, Sambia 27–29
Sambia: Beschneidungsritus 53–55
Samson (biblische Figur) 217–219
Samudragupta (hinduistischer
 Krieger) 109
Samye, Kloster, Tibet 184
Sanbangsa, Tempel, Chejo Do, Süd-
 korea: Buddha-Statuen 171
Sangha (Lehrer) 140, 146–148, 176
Sanghamitra (Nonne) 154
Sanhedrin 236
Sankat Mochan Foundation 121
Santería 312
Santiago de Compostela, Kathedrale,
 Spanien 296, 300–301
Sarah (Abrahams Frau) 206, 345
Sarasvati (Hindu-Göttin) 81, 110
Sarasvati, Fluss, Indien (Sage) 81,
 121
Sassanidenreich 335, 353
Satchidananda, Swami 123
Satis (ägyptische Göttin) 222
Schariati, Ali (Philosoph) 352
Schef We-Jatiw, Synagoge,
 Nehardea, Babylon 225
Schiiten 355–356, 376–377
Schlacht von Amselfeld/Kosovo
 (1389) 380
Schlacht von Badr (624) 345
Schlacht von Yarmuk (636) 298
Schofar 216–217
Schriftrollen vom Toten Meer
 230–231
Schulchan Aruch („Der gedeckte
 Tisch") (Joseph Karo) 242
Schule für Buddhistische Dialektik,
 Dharamsala, Indien 158
See Genezareth, Mittlerer Osten 206,
 263–265, 274
Seidenstraße 156, 157, 161, 286,
 337, 359, 382
Seldschuken 301, 365, 376–380;
 siehe auch Osmanisches Reich
Sem (Noahs Sohn) 202–203
Semiten 203
11. September 2001 45, 386
Sergius (römischer Prokonsul) 277
Seth (ägyptischer Gott) 57
Shakti (Hindu-Göttin) 110
Shakyamuni 174
Shakyas 136, 174
Shankara (Philosoph) 113
Shaolin-Tempel, Song Shan, China
 164
Sharma, Arvind 100–101
Shelley, Percy Bysshe 15
Shikoku, Inseltempel, Japan 174

Schinto-Religion 173–175, 177;
 Ryobu Schinto 174
Shiva (Hindu-Gottheit) 87, 91, 99,
 102, 110, 116, 118, 122–123,
 131, 152, 178
Shiva-Tempel, Prambanan, Java,
 Indonesien 81–82
Schlangengöttin 26, 27
Shomu, Kaiser (Japan) 173
Shotoku, Prinz (Japan) 173
Shravasti, Indien 145–146, 149
Shu (ägyptischer Gott) 57
Shwe Sandaw, Bagan, Birma 178
Shwezigon-Pagode, Bagan, Birma
 178, 183
Siddhartha siehe Gautama,
 Siddhartha
Sikhismus 111–113
Simonos Petras, Kloster,
 Griechenland 293–295
Sinai, Berg, Ägypten 212, 214
Sinai-Halbinsel, Ägypten 209–212
Sinan, Mimar Koca (Architekt) 380
Sisiutl (indianische Tiergestalt) 34
Sita (Prinz Ramas Frau) 106–109
Sita-ki-Nahani, Höhle, Indien 116
Sixtus IV., Papst 302
Skandhas 139
Smith, Joseph 316
Sokkuram-Höhle, Südkorea
 170–171
Soma (vedischer Gott) 81
Somapura Mahavira (Ruinen),
 Paharpur, Indien 153
Song-Dynastie, China 167
Songshan, Berg, China 164–165
Songsten Gampo, König (Tibet) 184
Songyang-Akademie, Songshan,
 China 164
Sonne (Schwarzfußindianer, Legende)
 21–23
Sonni Ali, König (Songhai) 365
Sophokles (Dramatiker) 40
Sophronius, Umar bat (Bischof) 374
Soto-Schule, Japan 177
Spanien 368; Inquisition 301–302,
 380; Ausbreitung Islam 298,
 375–376; Eroberung der Neuen
 Welt 308–309
Spanische Inquisition 301–302, 380
Sri Dalada Maligawa, Tempel,
 Kandy, Sri Lanka 154
Sri Lanka: Buddhismus 153–156
Sri Ranchhodrayji (Krishna-
 Emanation) 113
Statut über die Religionsfreiheit 312
Stonehenge, Salisbury Plain, England
 23–25, 46
Stupas 135, 146, 149, 151–152,

 157, 165, 177–178
Stuyvesant, Peter 242
Styx (griechische Göttin) 46
Suddhodana, König 135
Sudra 87, 91
Süleyman, Kaiser (Osmanisches
 Reich) 374, 380
Sufismus 359; Tänzer 377–379;
 Tidschaniya-Orden 373
Sugriva (Affenkönig) 109
Suiko, Kaiserin (Japan) 173
Sukarno, Achmed 122
Sumer, Götter von (Steinrelief), Susa,
 Iran 23
Sumerer 23, 61, 74, 202–203
Sundiata, Kaiser (Mali) 365
Sunga, Pushyamitra 151
Sunniten 356–360, 376–377
Surya (Hindu-Gott) 105
Susa, Iran 23
Suzuki, Daisetz T. 188
Swayambhunath-Stupa, Kathmandu,
 Nepal 185–187

T

Tadsch Mahal, Agra, Indien 382,
 384
Taego Pu (koreanischer Mönch) 171
Taishan, Berg, China:
 „Himmelstreppe" 160, 161
Taj Mahal siehe Tadsch Mahal
Taklamakan, Wüste, China 157
Talib, Ali ibn Abi (Kalif) 355
Talmud 223, 236–237, 241–242,
 248, 251
Tanach (hebräische Bibel) 220
Tang-Dynastie (China) 58, 165, 359
Tangata manu siehe Vogelmann
Tanzende Derwische siehe
 Mevleviyye-Orden
Taoismus siehe Daoismus
Ta-Prohm-Tempel, Angkor,
 Kambodscha 178, 180–181
Tara (tibetische Göttin) 184
Tashi-Lhünpo-Kloster, Indien 196,
 197
Tausendundeine Nacht (alf Layla wa
 Layla) 360
TCV siehe tibetisches Kinderdorf,
 Dharamsala, Indien
Tefnut (ägyptische Göttin) 57
Tello (Ausgrabungsstätte), Irak 61
Teresa, Mutter 13
Teschik-Tasch (Ausgrabungsstätte),
 Usbekistan 21
Thailand: Buddhismus 183
Thar, Wüste, Südasien 74, 81
Theodosius I., römischer Kaiser 286,

INDEX

355, 368
Thomas (Apostel) 316
Thor (nordischer Gott) 31–34
Tibet (China): Buddhismus 184–188; chinesische Besatzung 185–188, 192; Flüchtlinge 159, 188; Frau mit Kind 192; Kampf um Freiheit 159; Nonne 159; Prozession 192–193; Regierung 188, 197; Rollbild (19. Jh.) 138–139
Tibetisches Kinderdorf (TCV), Dharamsala, Indien 158
Tibetisches Totenbuch 184–185
Tibetisches Nonnen-Projekt 158–159
Tiere: Religion 34–39, 99
Tierra del Fuego, Chile 38
Tigris, Fluss, Mesopotamien 61, 74, 202, 220–221, 334
Tilaurakot (Ausgrabungsstätte), Nepal 136
Timbuktu, Mali 365
Tipitaka (buddhistische Lehre) 154, 166, 183
Tissa, König (Sri Lanka) 154
Tissa (birmesischer Mythos) 183
Titus, Kaiser (Rom) 234, 237–238
Tlaloc (Tolteken-Gott) 30
Tod: Jenseits 57–58, 96–99; Rituale 50–57, 96
Todaiji, Tempel, Japan 173
Tolteken 30
Tongdo-sa, Kloster, Yongjuk-san, Südkorea 171
Tongsa-Kloster, Bhutan 188, 189
Tora 221–223, 225, 228, 231, 241, 250–251, 248; Fünf Bücher Mose 214–215; Mischne 236, 240, 240, 242; Talmud *siehe* Talmud; Sohar 242; *siehe auch* Altes Testament
Totes Meer, Mittlerer Osten 216, 230–231, 256–259; Schriftrollen vom 230–231
Trois Frères, Frankreich 21
Tutu, Desmond (Erzbischof) 11–13, 316
Tutu, Mpho (Reverend) 11
Twain, Mark 250
Tyndale, William 306

U

Uisan (Philosoph) 170
Uma (Hindu-Göttin) 110
Umayyaden-Kalifat 355–356, 380
Umayyaden-Moschee, Damaskus, Syrien 355
UNESCO (United Nations Educational, Scientific and Cultural Organization) 380
Ungud (Unumbal-Gott) 26
Unterricht in der christlichen Religion (Calvin) 306
Unumbal 26
Upanischad, Svetasvatara 73
Upanischaden (hinduistische Schriften) 73, 99, 104
Ur (Ausgrabungsstätte), Mughair, Irak: Zikkurat 202–203
Urban II., Papst 301
Uzza (arabische Götin) 335

V

Vaishyas 87, 91
Varanasi, Indien 70–71, 73, 87–91; spirituelle Reinigung 74–75; Scheiterhaufen 98–99, 121
Vardhamana 102
Varnas (Klassen) 87, 119
Varuna (vedischer Gott) 77
Vatikan 302, 319–320
Veden (Heilige Schriften) 77–81, 87, 91–99, 104, 109
Vereinigte Staaten von Amerika: religiös Verfolgte 312; Sklaverei 312–316, 385
Vereinte Nationen 252
Via Dolorosa, Jerusalem, Israel 262–263
Vittorio Emmanuele III., König (Italien) 302
Vier Edle Wahrheiten (Buddhismus) 139, 149
Vima, König (Kushana-Reich) 152
Vinca-Kultur 21
Virungaberge, Zaire 15–17
Vishnu (vedischer Gott) 81, 102, 106, 109–110, 113–119, 121–123
Völkerbund 251
Vogelmann (irdischer Vertreter Osterinsel-Gott) 69
Von Humboldt, Alexander 39
Voodoo: Riten 312–313
Vulgata (Bibelfassung) 280, 285

W

Wallanganda (Unumbal-Gott) 26
Wartburg, Eisenach, Deutschland 306–307
Wasser: Mythos 23, 26–27, 40, 46, 53
Weihnachten 284, 319
Weltkrieg, Erster (1914–1918) 251, 380
Weltkrieg, Zweiter (1939–1945) 246, 248
Wesley, John 316
Westgoten 375
Wilken, Robert Louis 314–315
Winthrop, John 312
Wondjina (Unumbal-Geister) 26
Wounded Knee (Massaker), South Dakota, USA 60
Wovoka (Paiute-Indianer, Führer) 59

X

Xaver, Franz (Jesuit) 308
Xuanzang 161

Y

Yahgán 38
Yam (kanaanäischer Gott) 217
Yamas der Zehn Hallen (chinesischer Mythos) 58
Yamuna, Fluss, Indien 81–82, 105, 121
Yazid (sunnitischer Kalif) 356
Yellowstone-Nationalpark, USA 27
Yi-jing (chinesischer Pilger) 170
Yinyé-a-nyúet (Korjak-Mythos) 34
Yochai, Simon Bar 242
Yoga 91, 102
Yomei, Kaiser (Japan) 173
York, Kap, Australien 18–19
Young, Brigham 316
Yungang-Höhlen, China 167

Z

Zagazig, Ägypten 38
Zakkai, Rabban Jochanan ben 236
Der Zauberer (Höhlenmalerei) 21
Zazen (sitzende Meditation) 177
Zehn Gebote 212–214; Fünf Bücher Mose 214–215
Zeus (griechischer Gott) 46, 277
Zhongyue-Tempel, Songshan, China 164
Zhu Fu *siehe* Dharmakshema
Ziegenhöhle von Paviland, Wales 21
Zion *siehe* Jerusalem, Israel
Ziyad, Tariq ibn 368, 375
Zohar (Yochai) 242
Zoroastrismus 335–337, 380
Zulu 50
Der Zweite Tempel 231; Zerstörung 234, 236, 237; Klagemauer 234, 237–240
Zweites Vatikanisches Konzil 319–320
Zwingli, Huldrych 306
Zwölf Stämme Israels 206

Die Weltreligionen

von Susan Tyler Hitchcock, Ph.D.
mit John L. Esposito, Ph.D.

Veröffentlicht von der National Geographic Society
John M. Fahey, Jr., *President and Chief Executive Officer*
Gilbert M. Grosvenor, *Chairman of the Board*
Nina D. Hoffman, *Executive Vice President*

Erarbeitet durch die Fachabteilung Buch
Barbara Brownell Grogan, *Vice President and Editor-in-Chief*
Leah Bendavid-Val, *Director of Photography Publishing and Illustrations*
Marianne R. Koszorus, *Design Director*

Mitarbeiter an diesem Buch
Karin Kinney, *Editor*
Cinda Rose, *Art Director*
Charles Kogod, *Illustrations Editor*
Suzanne Poole, *Illustrations Researcher*
Karin Kinney, *Researcher*
Suzanne Crawford, *Associate Editor*
Christian Kinney, Ann Oman, *Captions*
Carl Mehler, *Director of Maps*
Thomas L. Gray, *Map Editor*
Matt Chwastyk & The M Factors, *Map Research and Production*
Ric Wain, *Production Project Manager*
Mike Horenstein, *ILA Production Project Manager*
Meredith Wilcox, *Illustrations Assistant*
Margo Browning, *Release Editor*
Robert Swanson, *Indexer*

Herstellungs- und Qualitätskontrolle
Christopher A. Liedel, *Chief Financial Officer*
Phillip L. Schlosser, *Vice President*
John T. Dunn, *Technical Director*
Alan Kerr, *Manager*

Übersetzung: Frank Michael von Berger, Thomas Laugstien, Bernardin Schellenberger, Stephan Schuhmacher
Lektorat: Fred Langer, Alexandra Schlüter (Ltg.)
Wissenschaftliche Beratung: Dr. Andreas Brämer, Dr. Sabine Löhr, Prof. Dr. Winrich A. Löhr, Prof. Dr. Roland Mischung
Schlussredaktion: Katharina Harde-Tinnefeld, Birte Kaiser
Titelgestaltung: Groothuis, Lohfert, Consorten
Produktionsgrafik: Sandra Cordes
Karthografische Bearbeitung: Klaus Kühner
Herstellung: G+J Druckzentrale / Herstellung

Printed in Singapore

Druck: Tien Wah Press Ltd.

Die National Geographic Society, eine der größten gemeinnützigen wissenschaftlichen Vereinigungen der Welt, wurde 1888 gegründet, um «die geographischen Kenntnisse zu mehren und zu verbreiten». Sie unterstützt die Erforschung und Erhaltung von Lebensräumen sowie Forschungs- und Bildungsprogramme.

Ihre weltweit mehr als neun Millionen Mitglieder erhalten monatlich das NATIONAL GEOGRAPHIC-Magazin, in dem namhafte Fotografen ihre Bilder veröffentlichen und renommierte Autoren aus nahezu allen Wissensgebieten der Welt berichten. Ihr Ziel: *inspiring people to care about the planet*, Menschen zu inspirieren, sich für ihren Planeten einzusetzen.

Die NATIONAL GEOGRAPHIC Society informiert nicht nur durch das Magazin, sondern auch durch Bücher, Fernsehprogramme und DVDs.

Falls Sie mehr über NATIONAL GEOGRAPHIC wissen wollen, besuchen Sie unsere Website unter **www.nationalgeographic.de**.

ISBN: 978-3-86690-202-2

Copyright © 2004 National Geographic Society.
Veröffentlicht von der National Geographic Society, Washington, D.C., 2004. Alle Rechte vorbehalten.

Titel der amerikanischen Originalausgabe:
Geography of Religion – Where God lives, where pilgrims walk

Copyright © der deutschen Ausgabe National Geographic Society, Washington, D.C., 2004. Alle Rechte vorbehalten.
Deutsche Ausgabe veröffentlicht von NATIONAL GEOGRAPHIC DEUTSCHLAND (G+J/RBA GmbH & Co KG), Hamburg 2010

Reproduktionen, Speicherungen in Datenverarbeitungsanlagen oder Netzwerken, Wiedergabe auf elektronischen, fotomechanischen oder ähnlichen Wegen, Funk oder Vortrag auch auszugsweise nur mit ausdrücklicher Genehmigung des Copyright-Inhabers.